当代中国学术文库

瑶族文化之教育传承

韦祖庆◎著

中国文史出版社

图书在版编目（CIP）数据

瑶族文化之教育传承 / 韦祖庆著．—北京：中国文史出版社，2015.5

ISBN 978-7-5034-6411-9

Ⅰ．①瑶…　Ⅱ．①韦…　Ⅲ．①瑶族—民族文化—研究—中国　Ⅳ．①K285.1

中国版本图书馆 CIP 数据核字（2015）第 114698 号

责任编辑：李晓薇

出版发行：中国文史出版社
网　　址：www.chinawenshi.net
社　　址：北京市西城区太平桥大街 23 号　邮编：100811
电　　话：010－66173572　66168268　66192736（发行部）
传　　真：010－66192703
印　　装：北京天正元印务有限公司
经　　销：全国新华书店
开　　本：170mm×240mm　1/16
印　　张：17.5
字　　数：314 千字
版　　次：2015 年 6 月北京第 1 版
印　　次：2015 年 6 月第 1 次印刷
定　　价：52.00 元

前　言

瑶族是一个奇特的民族，具有独特的民族文化。作为一个迁徙的民族，从其发源武陵，之后不断迁徙，成为具有显然迁徙特征的民族。其基本的迁徙方向，是由发源地之武陵不断向南迁徙，在向南迁徙过程中，华南几个省份基本上都有分布，直至向着东南亚一带迁徙，于是瑶族成为一个跨境民族。在这个不断迁徙的过程中，瑶族形成了自己的居住特点，那就是大分散小聚居，也因为大分散的缘故，瑶族形成了众多的内部支系，而且其来源也并不完全同源同宗，具有不断同化和转化的现象，这也使之不同于其他少数民族，也就此生成了自己丰富多彩的瑶族文化。瑶族支系的划分，在民间有不同的分类，在学术界也是不同看法。“事实上，从语言、族源及文化变迁的过程来看，将瑶族分为盘瑶、布努瑶、平地瑶和茶山瑶四大支系是比较科学合理的。盘瑶是瑶族中人口较多的主干支系，过山瑶、山子瑶、排瑶、尖头瑶、盘古瑶、山瑶等大多都属于盘瑶支系，这部分人和历史上的莫徭、长沙武陵蛮有密切的历史渊源关系……史籍上多称其为山瑶、过山瑶、高山瑶、生瑶、盘古瑶”。“平地瑶、民瑶是从盘瑶分化出来的新支系。这部分瑶族大多分布在湘桂粤边界的平坝地区，是从山上搬到山下的盘瑶或被封建王朝征为瑶丁、瑶兵的盘瑶转化而来”。“布努瑶是居住在广西桂西北一带的瑶族。据《宋史·蛮夷列传·南丹州蛮》记载，宋熙宁（1068—1077）年间，南丹境内已有瑶族分布。明代，布努瑶已进入广西都安一带的大石山区。因其自称‘布努’、‘努努’的人较多，后人将其称为‘布努瑶’。其语言为苗瑶语族苗语支。从人类遗传基因的研究来看，他们与苗族的关系比他们与盘瑶的关系密切，生活习俗也多与苗族相近，故有学者认为，这一支系的主干应是从湘桂黔边界迁徙入桂的苗族演变同化而来”。“茶山瑶是瑶族中人口最少的支系，20 世纪 50 年代初仅有 5000 余人，元明清时期则更少。学术界大多数人认为，茶山瑶应是百越人的后裔，大约在明代进入广西大瑶山境内，因其最初居住地名‘茶山’，故名。据茶山瑶民间传说、族谱和有关学者考证，茶山瑶先民约在明代时分别从广东、湖南等地进入广西大瑶山，与山内的盘瑶、山子瑶、花蓝瑶、坳瑶等支系共同生活，这些来自不同地区的族群由于长期共同居住在大瑶山内，有着大致相同的经济生活环境，经过长期的文化接触，相互产生了民族认同感，为民族融合提供了基础”。① 四大支系下，还可以区分更多细小支系，各个支系之间甚至不能进行语言交流，瑶族主要使用三种语言，即勉语、拉珈语和布努语，勉语属于瑶语支，拉珈语属于侗水语支，布努语属于苗语支，由此可见其内部的复杂性。基于不同族源和不同语言，在不同的生存环境造就下，虽然由于民族认同形成具有共同民族文化的心理取向，但是也必然形成具有自己特色的个性化族群文化，于是构成中华文化不可或缺的精彩部分。

同时，我们还知道，瑶族是一个没有自己文字的民族，这样一种多姿多彩的文化，如何实现民族文化的有效传承，必然涉及教育传承问题，也是值得高度关注和研究的课题。由于瑶族长期以来处于弱势地位，于是很少能够在行政统治系统发出自己的声音，缺乏必要的政治话语权。这就限制了瑶族在官方体制内的教育资源，不能独立地实施自己民族的文化传承教育，只能依赖汉族及其他占据中央政权之蒙古族和满族等少数民族政权的施予，从这个层面看，瑶族在官方体制内的文化传承教育存在极大的缺陷。即使进入了体制内学校，瑶族学生也不能研习自己的民族文化，都是学习占据统治地位的社会主流文化，且基本上就是汉族的儒家文化，由此也必定在一定程度上冲击着瑶族自己的民族文化。瑶族社会精英如果希望通过文化学习，依托科举考试等方式进入统治阶级的官僚集团，也必须认同当时的社会主流文化，不然就不能通过这条路径进入统治阶层。在整个封建社会，科举是进入统治阶层最为有效且便捷的途径，即使是已经占据一定官僚地位的官僚家庭，也基本如此，更何况普通士人，或者少数民族家庭。因此，整个封建历史阶段，对于瑶族而言，其文化传承基本上不能从官方体制内教育渠道获得，这应该也是不能弥补的缺憾吧。

但是，我们也知道，瑶族丰富多彩的文化虽然没有官方体制内渠道的教育传承，却依然延绵上千年，可见其民间的教育传承渠道相对比较流畅，而且应当说比较成功，否则不可能形成今天所能见到的瑶族文化之大同而族群支系文化之小异。瑶族民间的教育文化传承，同时由于瑶族民众总体文化水平低下，不可能具有完全自觉意识之下的教育文化传承系统性理论，只能基于感性层面的非自觉无意识的文化教育传承，却能够实现我们通常在清醒意识、自觉设计之下文化教育传承的效果，这不能不说是一个奇迹，也值得我们高度关注和研究。瑶族民众没有受到任何人本主义理论体系的学习和思想熏陶，不知道什么儿童中心主义教育

---

① 奉恒高：《瑶族通史》（上卷），民族出版社 2007 年版，第 311－314 页。

论，但是瑶族民众却事实上真正从人格层面尊重儿童，尊重儿童的情感、认知和思想，能够完全给予儿童一个平等的地位。反观现今的学校，虽然反复强调以学生为本，学生是学校和学习的主体，但是能够真正落实者寥寥无几。瑶族民众并不懂得什么左脑开发和右脑开发，却能够无意识地实现着右脑开发，能够通过右脑打通左脑，实现双脑的联动开发，达到以形象带动抽象的学习模式。瑶族民众不懂得什么情境教学理论，不懂得抽象必须寓于形象之中，不懂得语符的能指与所指的关系理论，但是能够恰当地适时地结合具体情境进行教育，使之能够有效地将能指与所指进行关联，有效地发挥左脑与右脑的联通效用，达到记忆与理解的最佳效果。诸如此类，瑶族民间具有许多优秀的教育行为思想，确实是一座教育宝库，值得我们去挖掘。在当今一个不断追求创新，而且正在走向全球化的时代，国家和民族的竞争在很大程度上是教育的竞争，因为教育具有最为根本的本源性。如果我们能够从瑶族的民间教育文化传承中总结归纳一些教育原理，以及一些教育路径，不仅对于现代家庭教育有所帮助，对于体制内的学校教育也不无裨益，这正是我们关注和研究瑶族文化教育传承的本旨所在。

目 录
CONTENTS

第一章

贺州瑶族历史影像

民族是历史的产物。任何一个民族都不是当下即时形成的,而是历经一个相当长的历史阶段,通过历史风雨的洗礼,若干族群在政治、经济、信仰、民俗等文化各个方面生成一种心理认同,于意识层面自觉归属同一社会圈子,民族也就由此形成。历史是一个过程,过程是动态的存在,动态就意味着生成与消失,但这种消失并非空无,而是以某种方式积淀于当下,于是,当下就必然层积着历史影像。虽然当下包含着历史影像,但往往并不以显性的方式呈现,通常形成文化地质层,越是久远的历史越是埋藏于底层,越是难以钩沉,越是需要文化考古。因此,考察一个民族,关注当下表层是需要的,但还需要运用文化考古方法,不断挖掘民族的文化地质层,如此才有可能还原民族的历史影像。由于历史影像涵盖无限丰富的内容,任何文化考古都只能是某些断面或点的挖掘,不可能全面呈现,因此对于贺州瑶族历史影像的复现,只能采取散点透视的方法,从个别点加以复现,努力呈现贺州瑶族某个断面的模糊影像。

第一节　主动和被动的迁徙

众所周知,瑶族是一个迁徙的民族。"瑶族是我国历史上迁徙较多的民族之一。秦汉时期(公元前 3 世纪初 ~2 世纪),瑶族先民主要集中在湖南的湘江、资江、沅江流域的中、下游和洞庭湖一带。进入南北朝时期(5 ~6 世纪),沅江流域的部分少数民族向北迁移至长江、淮河之间的广大地区,其中可能也有瑶族的先民在内。后来,因统治阶级不断压迫,又逐步向南返迁。瑶族民间流传着漂洋过海的传说,可能是人们对这一次迁徙时越渡长江、洞庭湖的追忆。隋唐时期(6 ~10 世纪初),瑶族主要居住地在长沙、武陵、零陵、巴陵、桂阳、衡山、澧阳、熙平等郡,即湖南大部分和广西东北部、广东北部等地区。五代时(10 世纪),湖南资江的中、下游和湘、黔之间的五溪地区,仍有较多的瑶族居住。到了宋代(11 ~13 世纪),湖南西南部的辰、沅、靖诸州以及湖南南部、广西东北部和广东北部的韶州、连州、贺州、桂阳、郴州等地,都是瑶族的主要分布地区。这时广西的清江府(桂林)所属各县和融州(今融安、融水)等地区,也有瑶族在活动。元明时期(13~17世纪),瑶族被迫继续大量南迁,不断深入两广腹地。特别是明代,两广已成为瑶族主要分布地区;当时的瑶族,已占全省人口的3/10,有的地区高达7/10。广东11个府的54个州县都有瑶族居住。进入明末清初(17世纪),部分瑶族又由广东、广西分别迁入贵州和云南的南部山区。这时,遍及南方六省区的瑶族,已基本和今天分布一样,形成了大分散、小集中的局面”。① 其实,没有哪个民族没有迁徙的历史,至少从目前所掌握的历史资料看,没有任何一个民族,自其生成之初,就一直到现在依然生活在同一个地域,从来就没有任何迁徙。可以说,迁徙曾经是每一个民族的现实,但是并非每个民族都被认为属于常态迁徙的民族,只有部分民族被视为属于迁徙的民族。这里涉及“迁徙”的界定,从字面看,迁徙就是从一个地域移向另一个地域,显然这不能定义迁徙民族。能够标示迁徙的民族,一般说来,应当具有三个基本特征,一是具有某种主动迁徙特性,二是属于一定意义的常态迁徙,三是两次迁徙时间间隔较短,诸如吉卜赛人和瑶族都具有此类特征,因此他们就是迁徙的民族。

一、主动迁徙:游耕生产的必然

一个民族的族性,大都可以在其祖源上寻找到某种根据。作为一个民族总有维系个体使之生成民族心理归属感的文化符号,在中国传统文化熏陶下,最能够聚合个体心理使之生成内在认同感者莫过于民族始祖。在政治上,传统社会实行家国一体的政治体制,从正式国家建立的夏朝开始就实行了家国政体,国家首脑由家族继承,直到清朝覆灭才彻底改变这种格局。在民间信仰上,大力推崇祖先崇拜,各个族群各个姓氏各个家族,都努力寻找本系历史始祖,且这个始祖一定具有某种光环,并将光环辐射的光芒福泽后人,从而使得整个民族都于某种程度上携带祖先的印迹。

瑶族人民的祖先是盘瓠。有专家考察,“从文献资料记载来看,盘瓠神话传说最早见载于东汉时的《风俗演义》”。② 其载云:

昔高辛氏有犬戎之寇,帝患其侵暴,而征伐不克。乃访募天下,有能得犬戎之将吴将军头者,购黄金千镒,邑万家,又妻以少女。时帝有畜狗,其毛五采,名曰槃

---

① 高其才:《国家政权对瑶族的法律治理研究》,中国政法大学出版社2011年版,第5-7页。
② 玉时阶:《瑶族文化变迁》,民族出版社2005年版,第61页。

瓠。下令之后，槃瓠遂衔人头造阙下，群臣怪而诊之，乃吴将军首也。帝大喜，而计槃瓠不可妻之以女，又无封爵之道，议欲有报而未知所宜。女闻之，以为帝皇下令，不可违信，因请行。帝不得已，乃以女配槃瓠。槃瓠得女，负而走入南山，止石室中。所处险绝，人迹不至。于是女解去衣裳，为仆鉴之结，着独力之衣。帝悲思之，遣使寻求，辄遇风雨震晦，使者不得进。经三年，生子一十二人，六男六女。槃瓠死后，因自相夫妻。织绩木皮，染以草实，好五色衣服。制裁皆有尾形。其母后归，以状白帝，于是使迎致诸子。衣裳班兰，语言侏离，好入山壑，不乐平旷。帝顺其意，赐以名山广泽。其后滋蔓，号曰蛮夷。外痴内黠，安土重旧。以先父有功，母帝之女，田作贾贩，无关梁符传、租税之赋。有邑君长，皆赐印绶，冠用獭皮。名渠帅曰精夫，相呼为蚗徒。①

查阅电子图书应劭《风俗演义》(中国古典精华文库)，还有与瑶族相称密切相关的“武陵蛮夷”两处：“会车骑将军冯绲南征武陵蛮夷，绲与伯起同时公府辟，瓒为军曲候”②；“会武陵蛮夷黄高攻烧南郡，鸿卿以威名素著，选登亚将，统六师之任，奋鸠虎之势”。③ 其他地方只出现“蛮”字者，亦有三处。此之“蛮”，据三国之《魏书》云：“蛮之种类，盖盘瓠之后，其来自久。”④由此可以间接说明，盘瓠之称于汉朝已经形成，这应该没有什么疑义。从蓝万清先生的研究文章中看到：“《山海经》说：‘有人曰：大行伯把戈，其东有犬封国，犬封国曰犬戎国，状如犬。’郭璞注：‘昔盘瓠杀戎王，高辛以美女妻之，不可以训，乃浮之会稽东海中，得三百里地封之生男为狗，女为美人，是为狗封之民也’。应劭《风俗通义》：‘高辛氏之犬盘瓠，讨灭犬戎，高辛以小女妻之，封盘瓠氏。’郭璞《玄中记》也载：‘高辛时代，犬戎为乱。帝曰；有讨之者，妻以美女，封三百户，帝之物曰盘瓠，去三月，杀犬戎，以其首来，帝以女妻之，不可以训，浮之会稽东海中，得三百里封之，生男为狗，女为美女，是为犬封民。’”⑤这就更加可以确证，盘瓠之名在东汉已经出现，相关的民间神话传说也应当顺势包含其间。

虽为南朝人的范晔，但同是记述汉朝事象的《后汉书》，对于应劭所述盘瓠之事也进行了长篇转载，只增加一句“今长沙武陵蛮是也”，明确了盘瓠又称武陵蛮夷。

应劭已经涉及盘瓠的来历，其源于犬，显现了神话特性。至于神话更为具体

① [东汉]应劭：《风俗演义·佚文》。
② [东汉]应劭：《风俗演义》(电子版)，第31页。
③ 同上，第72页。
④ 《魏书·列传第八十九》。
⑤ 蓝万清：《论畲族盘瓠传说的演变》，载《民族文学研究》，1991年第3期。

内容,据可考文献,较早记载盘瓠神话者当是三国时期魏国的鱼豢,他于《魏略》中记载:"高辛氏有老妇,居王室。得耳疾,挑之,乃得物,大如茧。妇人盛瓠中,复之以槃。俄顷,化为犬。其文五色,因名'盘瓠'。"①其神性之处在于盘瓠非常人之母腹产道出生,而是耳窝所生,显现其出生就异于常人,也就预示着其人必将具有超常的能力。贺州市八步区(原贺县)里松镇瑶族民间有传说:"在很久以前,盘王投胎于唐王的妻子,唐王妻子怀胎之后,便面黄肌瘦,食不下,睡不安,唐王为之甚念,但也无法治好。后来到期生产了,唐王甚喜,然而出生的婴儿却是一个肉蛋。但是唐王妻子的病好了。他们没有把肉蛋丢掉,将其放好,看见肉蛋在动,唐王认为里面一定是仙佛投胎,想怎样使仙佛出来。之后他就将其物放置缸中,用盘子盖着。经过了七天七夜出来了,却是一条大狗,然而很懂事,长得又好看。唐王很喜爱,因为是用盆子盖着出来的,所以取名叫'盘护'。"②这个民间传说与《魏略》的文字记载大同小异,但更加民俗化了,也更加人性化了,但核心内容依然保存着,那就是盘瓠是一只犬。西晋郭璞在他的《房玄记》中述及:"高辛帝时,犬戎为乱,帝曰:'有讨之者,妻以美女,封三百户。'帝之狗曰盘瓠,去三月而杀犬戎,以其首来。帝以女妻之。不可教训,浮之东南会稽中,得地三百里,封之。生男为狗,女为美人,是为犬封氏。"③

东晋干宝《搜神记》,不仅记述了盘瓠的来历,还记述了盘瓠的神奇经历,展现了作为瑶族祖先应有的光辉形象,盘瓠神话基本上完善于干宝。其述曰:

高辛氏,有老妇人居于王宫,得耳疾历时。医为挑治,出顶虫,大如茧。妇人去后,置以瓠篱,覆之以盘,俄尔顶虫乃化为犬,其文五色,因名"盘瓠",遂畜之。时戎吴强盛,数侵边境。遣将征讨,不能擒胜。乃募天下有能得戎吴将军首者,购金千斤,封邑万户,又赐以少女。后盘瓠衔得一头,将造王阙。王诊视之,即是戎吴。为之奈何?群臣皆曰:"盘瓠是畜,不可官秩,又不可妻。虽有功,无施也。"少女闻之,启王曰:"大王既以我许天下矣。盘瓠衔首而来,为国除害,此天命使然,岂狗之智力哉。王者重言,伯者重信,不可以女子微躯,而负明约于天下,国之祸也。"王惧而从之。令女从盘瓠。盘瓠将女上南山,草木茂盛,无人行迹。于是女解去衣裳,为仆竖之结,著独力之衣,随盘瓠升山入谷,止于石室之中。王悲思之,遣往视觅,天辄风雨,岭震云晦,往者莫至。盖经三年,产六男六女。盘瓠死后,自

① 袁珂:《中国神话传说词典》,上海辞书出版社 1985 年版,第 419 页。

② 广西壮族自治区编写组:《广西瑶族社会历史调查》(第 3 册),广西民族出版社 1985 年版,第 162 ~ 163 页。

③ 蔡郇:《瑶族源流史》,梧州市政协文史资料委员会编印 1999 年版,第 16 页。

相配偶，因为夫妇。织绩木皮，染以草实，好五色衣服，裁制皆有尾形。后母归，以语王，王遣使迎诸男女，天不复雨。衣服褊裢，言语侏离，饮食蹲踞，好山恶都。王顺其意，赐以名山广泽，号曰“蛮夷”。蛮夷者，外痴内黠，安土重旧，以其受异气于天命，故待以不常之律。田作、贾贩，无关繻、符传、租税之赋：有邑君长，皆赐印绶；冠用獭皮，取其游食于水。今即梁、汉、巴蜀、武陵、长沙、庐江郡夷是也。用糁杂鱼肉，叩槽而号，以祭盘瓠，其俗至今。故世称“赤髀横裙，盘瓠子孙”。①

盘瓠神话可以解读的层面很多，这里只从迁徙的视角加以必要的解读。瑶族奉盘瓠为祖先，盘瓠即为犬，是为犬崇拜。犬即为祖先，于是食犬就成为禁忌。“民国前后，瑶族同胞，特别是妇女，一律禁食狗肉，更不准用狗肉菜肴作祭品供奉祖先。据传，昔日瑶族部落酋首与它部落战争时，瑶首战败失利，生命受到威胁时，家养猎狗突然参与助战，咬死了对方；另一说是瑶族始祖刚降生，父母即双亡，家养一雌一雄猎狗，将其喂养长大成人，嗣后为了尊狗之恩德，所以忌讳。又有解释说，狗带秽，一小孩吃狗肉后会破相（五官损伤），手足抖颤；妇女吃了狗肉，生小孩时会难产；‘度过戒’的人吃了狗肉，以后作法会不灵，甚至加重罪罚”。② 这是贺州市富川瑶族自治县瑶胞的风俗，并且于民间传说解读禁食狗肉的原因，这种解读当然有一定道理，其实最为重要的原因就是狗是瑶族祖先。具有慎终追远情结的中国人，从来都是对祖先怀有无限的崇敬，不仅自己不会玷污祖先，也不允许别人玷污自己的祖先。这种玷污既可以是直接作用于祖先，诸如刨挖祖坟污辱尸首等，也可以是祖先的象征物，诸如祖宗牌位、图腾等，不管哪种玷污，都为族人所不能容忍。由此可以更好地说明，瑶族同胞为何拒绝吃狗肉了，因为那是他们的图腾，是他们的祖先。“图腾制度是一种原始社会制度。弗累兹（Frazer）说：‘图腾是初民所迷信崇拜的一类物体，他们相信和这类物体中的各个分子之间，有一种密切并且完全是特殊的关系。’又说：‘一个人对于他的图腾的结合是互惠的，图腾保护人，人则以各种方法表示对图腾的敬重；若是动物则不杀害他，若是植物则不采割他。’（见 Totemism and Exogamy）凡实行图腾制度的氏族，他们即以该图腾之名为该族之徽帜，并且相信他们确是该图腾之后裔，如弗氏举伊洛圭的龟氏族以为他们是一个大龟的后裔；伊洛圭的熊和狼氏族，是熊和狼的后裔。因此对于其所崇拜之图腾，不但不能杀害，而且也不吃它，甚至连接触或正目而视也在禁

① 干宝：《搜神记》卷十四。

② 富川瑶族自治县志编纂委员会：《富川瑶族自治县志》，广西人民出版社 1993 年版，第 498 ~499 页。

例”。① 但是,我们似乎还是可以发现一些反例,广东雷州半岛的居民,他们崇拜狗,以狗为图腾,狗肉同样也吃得欢。这到底是为什么呢?早先雷州土著的黎族和瑶族居民,他们都崇拜狗,属于犬图腾民族,与其他地方的瑶族一样禁忌吃狗肉。后来,福建客家人移居雷州,他们不但不敬狗,还大肆吃狗肉。随着民族融合,客家人的风俗逐渐影响雷州土著居民,于是出现了既敬狗,雷州各种镇邪石狗上万件,又吃狗肉的现象。② 说到底,这也不是反例,这是一种融合,且这种习俗同样包含着敬畏之情,因此还是隐约体现瑶族的犬崇拜思想。

祖先是人之根本,没有祖先也就没有后人,在崇尚祖先的国度,每个族群的祖先都具有某种光辉形象。祖先都生活在遥远的过去,随着历史长河的淘洗,祖先也会随着历史的迁移,其内在的光辉形象不仅不会越来越暗淡,反而还会越来越焕发耀人的光芒。心理学告诉我们,人们对于过去历史的记忆,大都倾向于选择美好的影像,并且还会不断放大这种美好影像。即使历经某种痛苦,也会随着时间的推移,正如普希金所言:“那过去了的,将成为你亲切的回忆。”回忆的自然规律如此,更重要的是人们还会有意识地为美化祖先,进一步弘扬原有的光辉形象,如果祖先存在某些缺憾与不足,也会自觉地为祖先避讳,使之逐渐地成为完人。“龙生龙,凤生凤,老鼠生儿会打洞”,正是因为血统论思想长期作用着国人,祖先的荣耀就是后人的荣耀,祖先的污点就是后人的污点,于是每个族群每一个体都会自觉不自觉地维护祖先的形象。后人的每一个体都流淌着祖先的血液,后人的每一个成就都携带祖先的福佑,这是传统民间社会的基本理念。返溯历史,如果祖先从来就是一个默默无闻的普通人,其族群也会觉得脸上无光,总会千方百计地为祖先脸上贴金,从而找到后人所以辉煌的历史根据。仔细考察各个族群各个姓氏的始祖,没有全然无功无德者,总有某些方面展现其独特与神奇,显现其异于常人(他人)的智慧与能力。这种血统论的追远溯源其实隐含着合法性追求,每个个体都必须确证自身属于族群的正统,只有具有正统血缘,才能真正属于族群,才能具有族群个体应该享有的权利与义务,也才会被族群从心理层面接受。反之,如果是没有族群血缘的“野种”,就会被族群当作另类看待,不会获得族人同等的权利与义务,于心理层面处于被排斥的地位。小至一个家庭都是如此,偏室子女在家庭中不待见,嫡亲子女在各方面都显示嫡正的特权。正统的确认之源就是追溯到始祖,因为随着历史的迁移,同一族群就会不断壮大,就会衍生无数聚落,他

① 中央民族大学中国少数民族语言文学学院:《马学良文集・中卷》,中央民族大学出版社 2009 年版,第 304 页。

② 北京电视台公共频道节目中心:《四海漫游・传奇篇》,华艺出版社 2010 年版,第 211 页。

们必然会分居不同地域，如果没有一个共同认可的始祖，就无法聚合这些聚落，更不能从心理层面聚合个体。因此，民族之所以能够聚合个体，能够认同民族共同的始祖，“群体成员之间的相互联系就属于这类认同作用的性质——以重要的情感共同性质为基础，我们可以猜想，这类共同性质在于与始祖的确认就使得具有始祖血缘的不同聚落拥有了一体的基础，每个个体都于意识层面臣服于始祖，始祖也就获得了精神领袖的神圣性，以及统摄聚合个体的与领袖联系的性质”。①这种情感的联系基础就是血缘，始祖就是民族的精神领袖和权威。始祖在获得如此合法性之后，也同时拥有了一定的马太效应，后人会根据历史的需要，自觉不自觉地不断塑造祖先的光辉形象，从而使得祖先具有更加强大的精神统摄力。

作为犬崇拜的瑶族，不仅不能食犬，还要美化神化祖先。这种美化始于祖先的诞生，盘瓠的出生与其他民族始祖诞生一样，都有其神奇色彩。盘瓠非产道出生，而是耳生，耳出顶虫，顶虫化为犬，是为瑶族始祖，显示其诞生之异。禹则是男人腹生，更为神奇。《山海经》记载：“洪水滔天。鲧窃帝之息壤以堙洪水，不待帝命。帝令祝融杀鲧于羽郊。鲧复生禹。帝乃命禹卒布土，以定九州。”《山海经·海内经》郭注引《归藏·启筮》：“鲧死，三岁不腐，剖之以吴刀，化为黄龙。”《初学记》卷23、《路史·可后纪》注引作：“鲧殛死，三岁不腐，副之以吴刀，是用出禹。”禹不仅有男人腹生之传说，还有吞物破胁而生之说。《吴越春秋·越王无余外传》：“鲧娶于有莘氏之女，名曰女嬉，年壮未孳，嬉于砥山，得薏苡而吞之，意若为人所感，因而妊孕，剖胁而产高密（禹）。”《三国志·蜀书·秦宓传》注引《帝王世纪》：“修己……臆圮胸折，而生（禹）于石纽。”鲧甚至还可以像孙猴子那样生于石，使之更迫于神话。《淮南子·修务训》：“禹生于石。”高注：“禹母修己，感石而生禹，析（拆）胸而出。”《竹书》沈约注：“修己背剖而生禹于石纽。”李氏祖先李耳老子则是腋下而生，据《史记·老子韩非列传》的《正义》中称“《玄妙内篇》云：‘李母怀胎八十一载，逍遥李树下，乃割剖左掖而生’”。只要搜集神话人物和各个族群始祖，其出生之神异者还会有许多。之所以有如此传说，初始可能是由于生殖知识缺乏而导致认知不足，在已经明白人之繁衍基本常识之后，民间依然流传且相信这样的出生传奇，那就不能简单归之于生殖知识的蒙昧了，肯定有着更为深刻的文化因素在起作用。其中之一应当是通过神化祖先的出生，达到强调本族群异于他族的神异，由此占据心理高地取得心理优势。一个区域大都生活着不同的民族或族群或姓氏，相互之间都可能处于某种竞争状态，因此不管是战争时期，还是和平时期，不管是强势族群，还是弱势族群，都存在着族群的比拼心理，只是呈

① 车文博：《弗洛伊德文集（第四卷）：精神分析导论》，长春出版社2004年版，第88－89页。

现形态有所不同而已。这种比拼心理可以涉及社会生活的各个层面,当然也会上溯到祖先层次,希望于源头层面就取得优势,充分满足人们不能输在起跑线上的心理,于是,就连阿Q也会说:“我们先前——比你阔的多啦!你算是什么东西!”这说明炫耀祖先是人之共性,不管是强势族群,还是弱势族群,都具有这种心理需要。强势族群炫耀祖先功绩,可以进一步强化内在的自豪感,使之更可以高居其他族群之上;弱势族群炫耀祖先,可以抵御现实落差,满足心理需要,提振变革信心。正因为祖先出生之时就已经展现了其内在的神奇,因此后人也可以由此获得某种神奇或成就,并且这种神奇或成就在某种意义上属于理所当然,就能够在心理层面更加有效地激励族人不断追求族群的发展壮大。这是炫耀祖先的实质意义所在,也是祖先福佑后人的合法性依据,充分体现后人假借祖先服务当下的机智。

异于常人的出生,也就意味着具有超常的能力,这是渲染神奇出生的必然追求,因为能力是立足社会的生存法宝。一个族群要生活在处于竞争状态的社会,就必须具有竞争能力,否则就难免在社会生存竞争中处于劣势,这种能力的获得在古人看来都具有神授或祖传的特点,因此历代改朝换代的统治者都宣传其政权的神授性,以此强化统治的合法性和神圣性。这种神授一般都集中于开国皇帝,渲染其神奇出生,说明其注定要成为一个朝代之主,其家国天下得到上天福佑。各个族群虽然不是一种政权状态,但都具有聚合功能,都需要延续发展族群,于是也都接受这种思想,旨在强调祖先的神奇能力,从而达到强化族人提升自身能力的意识与信心,确保族群的兴旺发达。瑶族祖先之龙犬,其出生不仅异于犬,也异于人,因此不仅具有超越一般犬的能力,而且还具有超越常人的能力,在百官手足无措无力应对强盛戎吴侵扰之时,龙犬以其机智斩杀戎吴将军,献首级于宫殿之上,救国家于水火之中。盘瓠的能力是在比较中体现出来的,在众多官员面前,在诸多之“人”面前,一只“龙犬”却能脱颖而出,以其机智战胜强敌,其智在“官人”之上。这就提升了瑶族人民的内在自豪感,在于其他民族(或族群)的比较中,其智不仅不在其下,而且还高于其人,并非历代统治者所污辱的“蛮”:无智无识。历代统治者的统治中心都居于中原,于是形成大国沙文主义,以自我为中心构筑文明标尺,称呼四周民族为东夷西戎南蛮北狄,他们都属于未开化的非文明之族群。在这样一个中心话语权下,主流媒体不断重复着这样一种定性评价,普通民众也就自然地接受这样的评价,都认为他们愚昧无知野蛮无智,即使有些智慧,也是给予负面评价,诸如“外痴内黠”。但是,作为瑶族民众自身,却不会于内心层面认同这样的评价,因为这样的评价不仅与事实不符,而且还在于矮化本民族,于是必然要通过各种形式予以澄清或回击,借助始祖的功绩予以回应当属其中之一,由此也就不断地传唱这个神奇故事。这个事迹不仅说明盘瓠具有非凡的能力，而且还是救国家于危难的功臣，为国家立下了丰功伟业，为本民族创造了无限荣光。这样的荣光就成为民族骄傲之本，成为民族自立的力量之源，成为个体追求幸福的动力之因。既然是国家功臣，就隐含着盘瓠会获得相关的权利：选择生活方式的权利，以及相应的豁免权：免交赋税免服徭役。这就为瑶族后人选择山林生活且不交赋税不服徭役提供了合法性，它不仅是国王的恩赐，更是盘瓠努力的结果。

龙犬携公主上南山，开始山林生活，由此成为瑶族的基本生活方式。广西民谚："高山瑶，半山苗，汉人住平地，壮侗住山槽。"贵州民谚："苗族住河边，布依住田间，瑶族高高在山巅。"云南西双版纳民谚："汉族住街头。傣族住坝头，瑶族住山头。"广西三江侗族自治县流民间俗谚："汉人住平原，壮人住河边，侗人住山冲，苗人住山腰，瑶人住山顶。"它形象地说明了各个民族对于周边生活环境的选择，虽然侗族苗族和瑶族都是深居山林的山地民族，但居所选择还是有所不同。广西富川瑶族自治县也流传着相类似的一首民谣："民人①住中央，瑶人住两旁，富川立得好，两边白水流。"这首民谣介绍了富川主要民族居住分布，即汉族居住在县中部的平原地带，瑶族居住在县东西两侧山脚或山腰，乃至山顶。在瑶族与其他民族杂居的区域，都具有类似的现象，各个民族居住分布呈现出某种规律。只要仔细考察这些居住分布，瑶族的居住选择基本上都是山林，这是一个基本事实。这个事实的形成，有专家认为，那是统治者驱赶的结果，是瑶族同胞的被迫选择，应该说确实有这个因素。但，也不全然如此，从盘瓠神话传说中也可以窥见，居住山林也是盘瓠的自主选择，或者说，这是更为重要的选择，这是瑶族同胞自主选择的生活环境和生活方式。这种选择对于瑶族有着奠基性的意义，深刻地影响着瑶族同胞其后的生活方式与生产方式，一定程度上也就决定着瑶族成为一个迁徙民族。

依照常识，平原较之山林具有更优越的生存环境，在可自由选择的前提下，人们应当倾向于选择平原而非山林作为生活环境，但盘瓠却主动地选择山林作为生存环境，这是为什么呢？其中很值得深究。瑶族祖先盘瓠是一只龙犬，他们是犬图腾崇拜民族，犬的祖先是狼，狼是继人类之后，分布最广的群居群猎野生动物。狼属于肉食动物，主要生活在平原与山林，在过去很长一段历史时期内，祖国大地各省都有它的踪迹。在南方，更多的地形地貌属于山地丘陵，因此山林就成为狼的主要生活场所。以犬为图腾的瑶族，狼的生活习性也会以潜意识方式积淀于民族意识记忆深处，从而潜在地影响其生活方式的选择，于是选择山林生活也就有

① 民人：富川瑶族自治县民家人（族群）的简称，汉族。

着一定的内在关联性。“我们根据经验发现，潜意识的心理过程本身是无始无终的。这就是说，首先，它们不是按年代顺序编排的，时间在它们身上不发生变化，时间的观念也不适用于它们。”①据此，山林生活之潜入潜意识不仅来源于瑶族祖先，也可以来源于他们开始山林生活之后的历史，两者叠加达到不断强化的效果，从而成为瑶族挥之不去的不舍情结。即使是能够在平原生活，也还是流露出向往山林生活的心理情结，表现为还是选择具有丘陵山地的地形地貌区域生活，就如广西富川的平地瑶，虽然已经归化，且从深山老林中移居出来，但也还是居于县境两旁之山脚丘陵地带，中间平原区域依然由汉族民家人族群居住。狼作为野生动物，其性在于“野”，虽然它也有自己的生活势力范围，但人们通常认为野生动物是居无定所的，也就是处于迁徙状态。实际上，狼的生活势力范围通常很广，可以达到方圆100公里以上，因此在人们的生活视野中，狼就是一种迁徙动物，这种迁徙状态也积淀成为人们的潜意识。狼生活于山林且处于迁徙状态，这种犬图腾崇拜所生发的潜意识共同作用着瑶族同胞，于是一定程度上也就影响着瑶族成为迁徙民族。

瑶族始祖盘瓠“好山恶都”，还在于山林能够给人身心自由，这正好切合瑶族爱好自由不喜约束的自由个性。山与都，在某种意义上具有对举特性，“山”代表着自然未开发，“都”代表着人文礼制。“都”是人工营造的聚居场所，最早是聚落村庄，后来发展为城和都。“远古时代的人出于生产和生活的限制，都采用群居的生活方式，这就产生了多座建筑组合而成的聚落，这些聚落不是随便形成的，在建造之前对于聚落的选址、布置、分区和防御性都做了规划，这在母系社会时期的遗址中已经得到了验证。这些聚落就成为后来城市的雏形”。② “都”作为人的本质力量对象化的产物，它是社会组织系统的物化，必然要体现社会的秩序和理念，如此才能有效地聚合居住者，也就必须伴随着对居住者某种程度的控制，形成对人身心某种有形无形的约束。换句话说，“都”既是人们征服自然改造自然的文明象征，也是束缚身心限制自由的物化意象。“山”是自然的产物，不说在远古时代，就是当下时代，人类对于山也还是不能完全掌控使之变成人类的自为之物，还是以自然性存在，因此“山”就与“都”相对而成为自由的象征。“好山恶都”隐含的信息就是远离基于文明外衣之下对于身心的控制，向往能够自由放飞身心的原生态生活。在瑶族同胞的心目中确实就存在着这样一个理想与现实共栖的理想场所：千家垌，千家垌是一个曾经存在但已经消逝被瑶族同胞们世代传颂和向往的世外

① 车文博：《弗洛伊德文集（第四卷）：精神分析导论》，长春出版社2004年版，第21页。

② 王其钧：《华夏营造：中国古建筑史》，中国建筑工业出版社2005年版，第22页。

桃源。千家垌:风景秀丽,土地肥沃,物阜财兴,五谷丰登,击锣擂鼓,吹唱燕歌,人欢神乐,日共青山对坐,夜有百鸟同栖,男人吹笛学师,女人学花针线,没有剥削和压迫,人们过着丰衣足食团结和睦的幸福生活,这就是瑶胞所追求的山林生活。汉族同胞也曾塑造过这样一个理想之所,那就是陶渊明撰写的《桃花源记》,但这是一个虚构的文学意象,正如西方伊甸园,不像瑶族的千家垌那样曾经是一个真实的存在,从而成为瑶族同胞魂牵梦绕的理想家园和幸福乐园的象征。简单比较千家垌与桃花源,两者的生活环境都十分相似,都是处于四面环山的盘地之中,属于山地丘陵地形地貌,这也就折射出中华民族的共同取向,只有山地丘陵生活,才有可能存在理想的生活乐园。因为山林是一个开放的存在,不像"都"那样构筑严密的防御工事,它是一个封闭的存在,于是,山林也就不像人造物"都"那样对人形成强烈的身心控制,它就成为一个可以放飞身心的自由之所,"官不差,兵不扰"①。环境造就人,人也创生环境。瑶族祖先不仅将瑶族同胞引领到山林生活,而且还教诲瑶胞应该保持自由个性,各个版本的《评皇券牒》(《评王券牒》)和《过山榜》都有类似规定,王瑶子孙"迁徙外出择山,途中逢人不作揖","见官不下跪"②,要求保持纯真的原生态为人品性,由此确保身心处于自由状态。反观在"都"城生活的人们,从可查的文献看,夏朝就制定了非常繁复的礼节,作揖下跪成为文明礼貌的基本标志,但也是控制身心的基本方式,从而使人处于受控的不自由状态。瑶族选择的山林生活,既提供了有形的开放性生活环境,又解放了无形的身心束缚,创造了有利个性自由的社会环境,因此瑶胞心仪山林生活且倾向于主动迁徙。

山林作为一个自由的意象,总是吸引着向往自由的人们,历代文人墨客都心倾于此。陶渊明在《归园田居》就将山林与官场对举,认为官场是尘网,束缚个性身心,而山林则是理想家园,可以放飞身心自由:"少无适俗韵,性本爱丘山。误落尘网中,一去三十年。羁鸟恋旧林,池鱼思故渊。开荒南野际,守拙归园田。"其《桃花源记》更是对山林生活给予直接赞美,描绘了一个无剥削压迫的个性完全自由的理想乐园,此后一直成为世人向往美好生活的象征。王维对山林作了另外一番描述,同样展示了与世俗不同的清净,塑造一个淘洗肮脏世俗的形象,从而成为放置心灵的处所。《鹿砦》:"空山不见人,但闻人语响。返景入深林,复照青苔上。"《竹里馆》:"独坐幽篁里,弹琴复长啸。深林人不知,明月来相照。"《山居秋暝》:"空山新雨后,天气晚来秋。明月松间照,清泉石上流。"其实,只要稍加搜索,

---

① 《过山榜》编辑组:《瑶族〈过山榜〉选编》,湖南人民出版社1983年版,第1页。

② 同上,第11页。

就可以找到更多描写郊野山林之作,它们都与世俗的庙堂形成比较意象,成为保存心灵自由的理想归所。诗画同源,更为集中体现山林自由意象者,当是典型的中国画:水墨山水。成熟的传统山水画,并不追求西方科学透视法下的形似,而是追求内心理想与心灵体验的神似,既可以包含儒家的入世思想,更多则是体现具有出世精神的佛道理念,成为承载文人精神家园的基本载体,使得文人画士不至于在残酷的现实面前全然迷失自我,依然可以保有一方心灵净土。即使是受制于现实,无缘山林生活,也会艺术地创造山林意象,使之能够暂时地摆脱现实的身心束缚,于精神层面实现逍遥游,从而可以实现在现实与理想之间游走。最能够表现人造山林的建筑就是园林,中国园林一般不是简单地围圈自然,而是依据主体的理想追求进行人工造景,"最典型、最独特的中国古代园林的造景手法,要数假山。和水景园中的水一样,假山是对山林环境追求的体现,是祖国山河在庭院中、园林中的摹写,是对自然山川深入观察并加以传神刻画、仿造的艺术品",①它艺术地再现了自然山水。"从古代园林发展中,大概有两种原因促使人们向往山水。一种原因是城市化的生活环境使人远离了自然界的山水;另一种是为了逃避社会现实"。② 其实,不管是城市化携带的生活方式,还是社会现实所表征的社会控制,两因归并都说明"都"具有对人性束缚的功能,而山水则能解放身心,因此人们在不能自由选择生存方式的情况下,只有退而求其次,通过营造园林来缓解身心的疲惫,从而营造一个可以暂时安放心灵的临时处所。

山林意象对于士大夫和文人墨客而言,那是一个精神家园,这个家园具有某种幻象性质,虽然基于现实,但同时又远离现实,即使具有物化的存在形式,也还是表现出非物质的精神性存在,具有内在深刻的悖论,因此,这个精神家园总是呈现某种不可触摸性,成为一种形而上的存在。但是,瑶族的山林却是一个现实家园,具有客观实在性,因此山林就不是意象存在,而是现实存在。瑶族同胞就生活在这样一个如诗似画的自由世界里,不仅身体无所拘束,精神更是充满自由,可以充分展示生活的原生态。如果说精神家园体现的是理想追求,那么千家垌生活就是化美丽理想为美好生活的样板,因为曾经拥有,后来被统治者残酷摧毁,因而就成为瑶族一个永远的痛,也更坚定了瑶族同胞坚持山林生活的决心。士大夫和文人墨客永远没有真正进入这样一个生活乐园,其精神家园也永远只是一个虚拟体验,并不可能获得任何真实感受。不仅如此,就是这样的精神家园也只具有个案特点,其与普通民众没有什么关联,广大的劳苦大众就生活在世俗的现实世界里,

---

① 耿刘同:《中国古代园林》,商务印书馆 1998 年版,第 58~59 页。

② 同上,第 126 页。

山林对于他们而言就是一个物的存在,没有表示高雅的形而上意义。在这个层面上,一般普通民众的感受与瑶族同胞具有某种相似性,因为山林生活对于瑶胞已经惯常化,高高的理想已经化为连接地气的现实,已经由个案化为全覆盖的共性,因此山林也成了物的存在。但是,瑶族同胞的山林生活还是与一般普通民众眼中的山林依然存在差异,这些民众生活在统治者控制的聚落之中,因此不管是在身体层面,还是在精神层面,统治者都对他们实施有效控制,因此山林就不能完全成为他们身心自由的真正家园,所谓"任是深山更深处,也应无计避征徭"。瑶族同胞生活的山林,那是官府所没有控制的区域,而且瑶胞在精神上也具有独立性,"逢人不作揖,见官不下跪"就是精神独立的表征,因而山林不仅是物的存在,更是自由精神的存在。某种意义上说,已将理想化为生活当是一种化境,平淡中孕育绚烂,无色里包孕七彩,无形中蕴含有形。

山林生活之所以为瑶族同胞所追求,精神层面的自由当然是其中重要原因,但依然不排除形而下的现实诉求,那就是免赋税、免徭役。对此,不同的文献,包括官方史书,以及民间抄本,都大同小异地记述瑶族同胞拥有赋税和徭役豁免权。《后汉书》:"以先父有功,母帝之女,田作贾贩,无关梁符传、租税之赋。"《搜神记》:"以其受异气于天命,故待以不常之律。田作、贾贩,无关繻、符传、租税之赋"。《过山榜》:"任深山之处,鸟宿之方,自望青山活躬养生。并无皇税,官不差,兵不扰,斩山无税,过渡无钱。"①《评王券牒》:"过渡不费钞,耕山不纳税。"②赋税和徭役的豁免得益于瑶族始祖盘瓠,后人是承荫功享清福,瑶胞就以此为尚方宝剑,持续不断地证明自身行为的合法性,要求永世不缴赋税不服徭役。回顾历史,任何朝代都给予皇族或大臣以一定的赋税和徭役豁免权,但是基本上都不能永世享受如此待遇,在改朝换代之后或大臣犯事之时,相应的豁免都会被取消,能够跨越朝代变迁而永久获得一定豁免者,恐怕只有曲阜的孔府。瑶胞在获得豁免权之初,就一直享有这个权利,这与其自主选择山林生活密切相关。任何朝代统治者都有行政控制力的问题,其控制力并非均等地播撒到每一个行政区域,一般而言,其控制力呈现波纹效应,越是靠近行政中心的区域,中央的控制力越强,反之,则越弱;越是效能便利的区域,中央的控制力也越强,反之,则越弱;越是具有战略意义的区域,中央的关注度就越高,控制力相对也越强,反之,则相对较弱。瑶族发源于长沙武陵,居于南方的长沙长期以来都处于政治的边缘,由于长江阻隔,加上武陵险峻的地形地貌,就是之后的更南迁徙,也是迁往群山峻岭的五岭山

---

① 《过山榜》编辑组:《瑶族〈过山榜〉选编》,湖南人民出版社 1983 年版,第 1 页。

② 同上,第 11 页。

脉和云贵高原,它们更属于天高皇帝远的区域,中央的行政控制力一直以来都相对较弱,因此依照惯例本该取消的豁免权而不能及时取消,由此生成瑶胞可以一直享受豁免的心理。其实,只要是山高皇帝远的地区,都有可能由于行政控制力减弱的因素,而可以出现避税的现象。贺州市黄洞瑶族乡的"都江有瑶族、壮族及汉族三个民族。其中瑶族即为盘瑶、汉族有客家人、本地人、湖南人及广府人。壮族自认是近代才从南乡迁过来的。以壮族最集中的公螺肚(公罗肚)为例,据黄洞瑶族乡企业办公室吴品喜主任的父亲吴家瑾介绍,新中国成立前这里只有两三户壮族,本地人是国民党抓壮丁时从大宁搬进山来的,大部分壮族是 1956 年从南乡迁来这里的。新中国成立后之所以有这么多壮族迁来,是因为这里地处深山,距大宁 40 公里,离南乡约 30 公里,到黄洞要走 3 个钟头,交通不便,历来是免税区"。① 在现实中,避税豁免有时也确实可以起到一定作用,瑶胞拿着《评皇卷牒》争取到了自己的豁免权利。"解放战争时期,国民党发动内战,兵员紧张,到处拉兵,十万大山的瑶族青年也难免被抓去当炮灰。这引起瑶人的反对,青年们都逃上山躲避,有的越境逃入越南。后来十万大山瑶族的头人盘金福、邓升形代表本民族到国民党伪县府谈判,要求免除瑶族的兵役和杂税。这两个人和国民党县长谈判时,向县官们出示《评皇卷牒》,说免除瑶族兵税,是盘古大王的圣旨,前朝(清朝)不征我们瑶族的兵税。现在瑶族不当兵、不交税就是按盘古大王的圣旨办事。县官看了《评皇卷牒》,并把它拍照下来,答应免瑶族兵役,但税不能免。以后,国民党政权确实不在瑶区征兵,但收人口税。由于县府免征瑶族兵役,乡村长作难时,这些瑶族就拿《评皇卷牒》同他们讲理,有些乡村长也只好作罢"。② 相对较弱的行政控制力,就松懈了社会的政权约束,他们更多地实现内部自治,与其他民族或族群相比,也就获得了更多的身心自由。这不仅使得山林成为自由的意象,而且更坚定了瑶族坚守山林生活的心理欲求,即使迁徙,也在山林之间流转。赋税是统治者维持自身穷奢极侈生活的基础,是确保国家机器有效运转的物质保障,是维持统治得到长治久安的前提。合理的税赋,老百姓还是认可并支持的,因为大家都知道皇粮国税不可免,可见民众是多么的善良。但是,统治者可不是善待之辈,往往在改朝换代之初能够吸取前朝覆亡的教训,实施一些轻徭薄赋政策,但是快者十来年,慢则三五十年,必然开始走向重赋的苛捐杂税道路,因为这既是欲壑难填的人之本性使然,更是家国天下的统治本性使然,于是老百姓又开始陷入

---

① 徐杰舜等:《贺州族群族源认同论》,载《广西右江民族师专学报》,2002 年第 1 期,第 4 页。

② 广西壮族自治区编辑组:《广西瑶族社会历史调查》(第 6 册),广西民族出版社 1987 年版,第 620 页。

水深火热的苦难生活之中。善良的老百姓不到活不下去就不会造反,统观历史上的农民起义,重要的原因就是繁重的苛捐杂税逼迫到人已经不能维持基本的生活,在饿死和战死两者之间,两害相权取其轻,由此选择参加起义,以求获得可能的活命。经济控制具有根本性意义,掌控了一个族群的经济命脉,也就掌控了这个族群的命运。可见,能够免除赋税和徭役具有多么重要的意义,也是无数民众的向往,瑶胞就获得了这个权利,某种意义上说,瑶胞就生活在一个理想境界,他们摆脱了官府的现实控制。不交赋税就相当于由自己掌控经济,自己成为自己的主人,身心也就可以获得充分的解放,因此也就会一直追求并向往这样的生活。

在进入国家控制的时代,在普遍需要缴纳赋税的时候,能够回避这些国家义务,就必须生活在国家行政控制力弱的区域,山林生活就是其中一个选择。山林因为其地形地貌的关系,一般不宜实施规模化的农耕,只好因地制宜地实施游耕和狩猎。虽然一些瑶胞聚落也有水田,他们在山间盆地平整土地,开挖水田,或者在小山岭开掘梯田,诸如著名的广西龙胜龙脊梯田(包括平安壮寨梯田和金坑红瑶梯田),但都不具有典型意义。传统社会,瑶胞比较典型生产方式是狩猎和游耕,耕作形式是刀耕火种,向往吃尽一山过一山的生产形式。关于瑶族的耕作方式,《后汉书》记述:瑶胞"好入山壑,不乐平旷",《搜神记》记录:他们是"好山恶都",这两本史迹文献虽然没有直接记述瑶族最初就选择刀耕火种的生产方式,但是隐含其中,因为在山林中开展规模化的水田农耕,其难度还是相当大的,而狩猎与游耕则顺理成章。各地瑶胞珍藏的民间文本,则基本上都对刀耕火种的游耕生产方式予以记载。《评皇券牒》有大量如下内容:"良瑶永管山场,刀耕火种","王瑶子孙,居住山林。搬移家眷,刀耕火种营身活命","久居人众山穷,开支发展,迁徙外出择山","一十二姓王瑶子孙,任从浮游天下,随风渡浪,逢山食山,逢水食水,有山砍山,有田种田。田土吃完了,一山又过一山,这山无鸟那山飞,这山无地那山种"。《过山榜文》:"管山吃山,管水吃水,有底开田。除免王税。"①《榜文》:"任便犬龙子孙,刀耕斧种,斩畬养活。"②广西富川县志记载:"天子将公侯送入青州县会稽山七贤洞青竹林白云山脚下,任游普天之下。鸟不识人之处,四方无邻,高山石壁有水低处开田,瑶田在山,尽力开种。不种不耕民田,望青山斩杓,刀耕火种作田养活,除免王税夫役、钱米等件各物。""原瑶人祖居青山,以瑶人田头三

① 《过山榜》编辑组:《瑶族〈过山榜〉选编》,湖南人民出版社1983年版,第4页。

② 同上,第6页。

锹泥为界,任便龙犬子孙刀耕火种,诸色人等不许强取。”①这些文献一者记载了瑶胞实行游耕的历史事实,二者也论证了刀耕火种的历史合法性,这是承继了祖训,遵旨行事。作为一个家国天下的行政体制,一个尊祖敬宗的宗法社会,祖先的意旨具有最高的法律效力,所谓“天不变,道亦不变,祖宗之法不可变”。这样一种认识已经积淀成为中华民族的集体心理,具有强大的内在控制力和保守力,后人的重大举措与行为,都要援引祖训,不管是完全遵从,还是创新变革,不管是正解,不是曲解,总之都要语有出处,都需要从祖先那里获取合法性依据。这种思维取向,其内在的保守性不言而喻,能够严重地影响着后人的创新,但其具有的内在聚合力,也是显而易见,能够借助祖先的力量规范后人的思想和行为,可以有效地实现族群的内在控制,从而能够始终保持一体性。各民族族群内部之所以具有如此强大的凝聚力,祖先所具有的强大号召力就是其中的原因之一,个体在现实之间可以存在不同意见,但是只要诉诸祖宗,那就比较容易达成求同存异的局面,从而求得问题的相对合理解决,也达到了内部的和谐统一。考察不同版本的《评皇券牒》和《过山榜》,大致都有类似的内容,说明它们的最初出处一致,只是在后世的流传过程中存在着一些出入。源出一致的现象,就更加说明其中旨意的权威性,它就向后人证明旨意就来源于盘瓠祖先,因此具有不可违背的权威性,后人必须遵从,不管十二姓氏支系分布何处,都没有违背的理由。其实,影响瑶胞走出刀耕火种游耕生产方式的思想樊篱,还在于有着一个潜在的心理暗示,它源于祖先盘瓠的龙犬崇拜。犬之祖先是狼,狼是群猎动物,其演化为犬,居于山林生活的瑶胞,其犬主要功能也还是猎犬,都属于狩猎的生产方式。狩猎倾向于游走,而非定居,转化为耕作,就是游耕,刀耕火种就是游耕的有效载体,因此盘瓠龙犬崇拜的潜意识也在作用着游耕的生产方式,从而成为瑶族不弃的心理情结。山林、盘王券牒、犬崇拜,三个层面共同作用,于是生成了瑶族难以割舍游耕情结,也成为瑶族主动迁徙的内在动力和经济基础。

一定的生产方式决定着一定的生活方式,传统的农耕方式必然带来定居生活,游牧生产必然是逐草而居,游耕的刀耕火种必然要求迁徙,这是历史的必然。“物质生活的生产方式制约着整个社会生活、政治生活和精神生活的过程”。② 也许,我们从共时的角度看,当下不同层次的生产方式对于我们的生活方式并不具有决定性影响,第一产业、第二产业和第三产业在一个区域共同存在,其生活方

---

① 富川瑶族自治县志编纂委员会:《富川瑶族自治县志》,广西人民出版社 1993 年版,第 663 页。

② 马克思、恩格斯:《马克思恩格斯选集》(第 2 卷),人民出版社 1995 年版,第 32 页。

式，特别是对于居所的选择几乎没有影响，不会引发定居和迁徙的状况。我们应该看到，现代社会虽然存在不同的生产方式，却基于共同的社会生产的经济基础，那就是有着高度社会化的组织管理系统、高度发达便捷的交通网络、高度发达快捷的信息通信网络、高度机械化智能化的生产技术，以及其他高度契合的辅助设施和体系功能，因此三大产业之间人员的社会生活不会产生明显的差异。这种基于高度发达的社会生产力之下的结果，如果生产力水平相对低下，甚至是全然手工作业，那么其情形就会完全不同，不同的生产方式就能够明显地制约社会生活。在手工生产的农业社会，虽然同是第一产业，但依然存在着不同的生产方式，有农耕生产、渔猎生产、狩猎生产、游牧生产和游耕生产等，它们就显著地影响人们的生活方式，农耕生产者选择定居生活、渔猎生产者选择飘游的水上生活、狩猎生产者选择随猎生活、游牧生产者选择逐草而居、游耕生产者选择迁山生活，因此可以看出不同的生产方式还是能够影响人们生活方式的选择。如果推及更远的原始社会，那么应该都是选择迁徙生活，因为古人的自主生产能力有限，基本上属于靠天吃饭，食物全然由自然界提供，因此也就追逐食物而动。由此可知，生产力水平越低，生产方式对于社会生活的制约力越强，反之，则制约力越弱，人们越能够克服生产方式的限制，越能够具有自由选择生活方式的能力。反思古代人们的活动范围之所以更多地受制于生产方式，主要取决于生产力水平，且主要受制于交通水平、通讯水平和机械化水平，在工业化社会之前，其人的活动范围极其有限，基本上以人之一天往返体力为尺度。在这样一个生产活动半径内，那么人们就倾向于定居生活，如果超出这个半径尺度，则倾向于选择迁徙生活，也就是随产而居。很显然，游耕的生产方式就决定人们不能采取长久定居的生活方式，那样将不能有效地管理农作物，只能采取随产而居的方式生活，即耕作到哪里，人就居住到哪里，于是瑶族的迁徙就具有自主性特征。

牧民的逐草而居，其迁徙取向肯定就是草原，相应地，瑶族居住山林，其随产而居的迁徙取向自然就会是山林。盘瓠"好山恶都，不乐平旷"。《后汉书》："帝顺其意，赐以名山广泽。"《搜神记》："王顺其意，赐以名山广泽。"其意即为帝王已将崇山峻岭赐给瑶胞，是为已有的生产生活之所，那么从事生产生活的迁徙自然应该在自己的地盘内进行，而不应该越出地界迁徙到他人之所。这是一个基本的自然法理。山林拥有丰富的物产资源，不仅可以实施人力的刀耕火种获取生活资料，还可以直接向山林索取，获取自然状态下的生活资源，于是采集和狩猎也是瑶胞不可或缺的生产方式。相比较而言，在南方的平原与山林，山林自然物产资源远胜于平原，因为众多的自然动植物更多地生存于山林，且人类活动的深广度也较之平原为少和弱，因此可以更多地保存自然资源，因此不管是瑶族，还是其他民族,采集与狩猎都倾向于向山林索取。瑶胞原本就居住在山林,其占地利优势,自然不会放弃这个优势,于是也就于山林从事采集与狩猎的生产活动。这样的生产活动,也同时会影响刀耕火种的地域选择取向,因为两种生产方式,其所提供的生活资料不相上下,因此刀耕火种的迁徙必须充分考虑有利于采集和狩猎,这也促进瑶族的迁徙取向于山林。刀耕火种虽然属于人力生产,其靠天吃饭的性质依然非常严重,由于这是广种薄收,其收成不多且不稳定,因此不能仅仅依靠游耕生产满足生存需要,必须依靠采集和狩猎予以必要的补足。自然,采集和狩猎也是属于靠天吃饭的生产方式,但其资源更多地存在于山林,山林就成为这种生产方式的主要场所,如果居住其间,那么就可以有着更为充裕的生产时间,也就可能获取更多的生活资源,于是也就有了更多地山林迁徙的内在冲动。南方平原面积相对较少,不像山林面积那样广阔,由此可以提供采集和狩猎更多的机会,因此游耕迁徙不会发生的平原。不仅如此,平地往往已被汉族民众所占据,已被开垦为定居生活的生产农田,已经失去刀耕火种的生产价值,因此瑶胞已经没有向平原(平地)进行生产迁徙的机会和可能。不仅由于土地资源利用方面受到客观限制,就是有着闲置的土地资源,且可以从事刀耕火种进行生产,瑶胞也没有取向平原(平地)迁徙的内在动力,因为平原地带属于统治者行政控制力的有效范围。盘瓠之所以领着公主深入山林生活,重要原因就是为了后人能够免除赋税和徭役,能够回避统治者的有效行政控制力范围,如果现在回到平原生产生活,那不是一切都作废了吗?这当然是瑶胞所不愿意的。由此看来,刀耕火种的生产迁徙,其内在取向也是山林,同样具有自主性特征。

既然刀耕火种的游耕生产方式注定要表现为生产迁徙,那么瑶胞就摆脱不了迁徙的宿命,必然是处于不断迁徙状态,时间短者三五年一迁徙,时间长者十来年也应该一迁徙。“以种山场为主的过山瑶,在新中国成立前,大部分是处于被剥削的地位。他们没有占有土地,纵然是占有,为数也不多,其余大部是向山外其他民族的地主批种,也有批种公共山场的。他们所批租的土地,一般是草木丛丛的荒山野岭,他们的房舍也随山场而设,三三两两地建筑在山岭上面。新中国成立前,他们的耕作技术比较落后,不习惯于施肥,而且还存在有‘刀耕火种’的落后耕作方式,这就使得土地肥力不断消失,三四年后,耕地就贫瘠下来,于是不得不翻山越岭的迁移他处,另寻新地开垦,故有‘过山瑶’之称”。[①] 瑶民“无定居,视山之可

① 广西壮族自治区编辑组:《广西瑶族社会历史调查》(第3册),广西民族出版社1985年版,第98页。

种作者，即篱茅为屋。聚处，焚山布犒一二年，地力尽。又徙别山，谓之过山瑶”。① “湖南《桂阳直隶州志》上说：……‘自云瑶耕山，民耕田，凡山则群瑶世业也。过山瑶依山为食，一二岁辄弃去，更治他山……’许多曾居住过瑶人的州县地方志，大有类似记述”。② “1981 年我们在广西大瑶山调查六巷区大岭村的 78 岁老人郑志才时，知道他在新中国成立前 46 年中，曾搬迁 24 次之多，平均不到两年就迁居一个地方”。③ 如果从一定时间长度回顾历史，瑶族确实处于不断迁徙状态，从长沙武陵不断迁往南方，迁往广西、广东，再迁往云贵高原，直至迁往东南亚之越南、老挝和缅甸等，但是如果以十年左右为一个时间段，则瑶族并不总是处于迁徙状态，甚至在一个区域内生活二三百年。“《富川县志》（光绪版）载：瑶族‘来自黔中五溪’，‘散居富川’。瑶族各姓氏族谱、始祖源流记则分别说他们来自灌阳、道州、永明。从时间上说，瑶族入富，始于北宋，一般宋末明初，最晚是清末”。④ 这部分瑶族现在依然生活在富川，居住时间都在一百年以上，期间没有大的迁徙。广西恭城三江乡牛尾寨黎姓老人讲述，“据说，自乾宗公到三江坝起，至今已有十九代人，他是在明万历十二年到三江坝的”。⑤ 其人居住历史已经超过四百年。“考察江永瑶族，大多数于唐宋时期就居于此，谓之高山瑶、平地瑶。后来从江华、富川、恭城等地迁来一些，也有从江永迁往江华、富川、恭城以及各省各国的，其历史族源是很清楚的”。⑥ 如此看来，居住江永的部分瑶族同胞远者达到上千年历史。可见，迁徙与定居，也是相对而言，瑶族的整体迁徙游耕，并不代表每个瑶族聚落或每个瑶人，都必然每隔几年或十余年一迁徙。所谓游耕，就是一处新开垦的山地，在耕作三五年之后，待其地力耗尽消失，又重新于他处寻觅山地再行开垦耕作，如此反复，就是游耕。后世的游耕一般都采取刀耕火种的方式进行生产，在新开垦山地上将杂草树木吹倒，待其风干枯干晒干后，用火将它们烧成灰作为肥料，未经括地松土就直接把粮食种子播撒上去，中间最多除一次草，之后只等收获，这就是刀耕火种。刀耕火种的生产方式，第一年因土地肥力足，农作物往往丰收，第二年平产，第三年减产，第四年只得丢荒。另谋出路，故有“一丰、二平、三减、四丢”之说。贺县狮狭乡（注：今并入贺州市平桂管理区沙田镇）瑶族的

---

① 黄成助发行：《贺县志》，成文出版社 1933 年版，第 70 页。

② 蔡�武：《瑶族源流史》，梧州市政协文史资料委员会编印 1999 年版，第 42 页。

③ 胡起望：《瑶族研究五十年》，中央民族大学出版社 2009 年版，第 56 页。

④ 盘承和：《富川瑶族的分布及其源流》，《富川文史》（第 6 辑），1991 年版，第 5 页。

⑤ 中国社会科学院民族研究所：《广西恭城县三江乡瑶族社会历史调查报告》，广西少数民族社会历史调查组编印 1963 年版，第 6 页。

⑥ 江永县政协编印：《江永文史》（2），1991 年版，第 34 页。

耕作制度:“木山的种植期至多不超过五年,以后就要丢荒。芒山一般可种三年,至于茅草山往往只能种植粮食两年。在习惯上,木山第一年都种黄粟,第二年种苞谷,第三年可种芋头或木薯,第四年种苞谷,第五年也种苞谷。芒山第一年种红薯,第二年种芋头或地禾(旱禾),第三年种地禾。茅草山第一年种红薯,以后则种植茶叶去了。”①很显然,只要是刀耕火种,那是肯定要迁徙的,除非改变这样一种生产方式,否则那就是必然。但这并不等于就一定需要大跨度的地域迁徙,可以是区域内以一天人之活动半径为尺度的小跨度迁徙,表现为生产耕地的轮休,属于一种生态迁徙。轮休的耕作方式,早在周朝就已经开始。《周礼·地官·大司徒》说:“凡造都鄙,制其地域而封沟之,以其室数制之。不易之地,家百晦;一易之地,家二百晦;再易之地,家三百晦。”由此可见,很早以前就存在着耕地轮休的耕作制度,正是这种轮休,才使得瑶胞在生产生活半径内相对定居生活,不必过于劳神地远途迁徙。据广东省《连山文史》载:“我县瑶族有过山瑶、排瑶,共五千余人。其中,过山瑶有一千一百余人,聚居在三水区。他们多数从湖南的江华、蓝山、零陵等地迁来,也有从广西的贺县,乎乐等县进入。来得较早的已有七八代人,共一百多年历史;来得较迟的是在20世纪30年代末至40年代初;其次,有少数是新中国成立后从毗邻的贺县搬迁而来的。”“过山瑶族人民来到三水区后,肥沃的土地宜人的气候,丰富的森林资佩又有大宁河的便利,因而他们在新中国成立前就在钟铜山周围‘小迁’,新中国成立后才真正定居下来,形成现在的布局”。② 富川“葛坡关源李姓《鼻祖玉牒历代留记》云:其始祖李肇基于宋真宗咸平壬定寅(1002)由楚南再择仁里,至富川关源村立宅。五代后,一房仍居关源,一房迁居新华(注:富川县新华镇)茅樟坨”。③ 富川这支李姓瑶胞,其生活在富川历经千年没有大迁徙,于境内的小迁徙也是五代一百年左右之后,才从关源迁往新华茅樟土厄坨,两者直线距离约20公里。富川其他各姓氏的瑶胞,其情况与此相似,都属于久居富川,而小有迁徙,基本上采用不迁徙的轮休耕作制度。轮休耕作的刀耕火种生产方式,属于地转人不转的耕作制度。之所以能够实现人不转,就因为刀耕火种的轮休具有生态迁徙特点,虽然一处耕地的地力在耕作三五年之后,地力被耗尽消失,但并没有被根本破坏,土地依然处于自然生态自我修复能力之内,因此在轮休弃耕之后的几年内,这些旧有土地依然能够恢复地力,依然可以重新被

① 广西壮族自治区编辑组:《广西瑶族社会历史调查》(第3册),广西民族出版社1985年版,第224页。

② 连山县政协编印:《连山文史》,1985年版,第32页。

③ 盘承和:《富川瑶族的分布及其源流》,《富川文史》(第6辑),1991年版,第5页。

瑶胞所耕作。“过山瑶砍种山场，普及实行轮作的方法，以枫木冲（注，属富川瑶族自治县）为例，一般砍种山场只能种四年，他们第一年种黄粟，第二年种苞谷，第三年也是苞谷，第四年则种地禾或六谷”。[①] 这种轮休引发的迁徙，那就是一种生态迁徙，既保持瑶族原有刀耕火种的生产方式，又能够基本定居，而不至于远途劳顿迁徙。

二、被动迁徙：生存斗争的无奈

刀耕火种的游耕生产方式生成瑶族不断迁徙的内生力，但是，历史上的瑶族迁徙并不总是表现自主性，其中还包括相当部分的被动性，实在是迫于生存斗争的无奈。“明朝为了镇压瑶族人民的反抗斗争，千方百计地在瑶区边缘戍军屯垦，封锁瑶区，禁止售与铁质农具，同时不断抢占瑶族劳动人民开垦出来的田地。于是，瑶族被迫迁徙他处另行开垦”。[②] 瑶族虽然希望自立于社会之外，建立只是属于自己的社会形态，为此选择山林居住，但是其所选择的生产生活居住地域，依然还是处于统治者控制的区域范围之内，于是必然还会受到统治力的辐射和影响。有诗云：“任是深山更深处，也应无计避征徭。”这个时候的迁徙，就没有任何田园牧歌式的诗意浪漫，也不具有内生的自主性，而是迫于生存需要的无奈迁徙，这在历史上的各个民族都存在过的迁徙现象，不独瑶族所特有。

瑶族迫于外界压力的迁徙，自有其独特性。中华民族是一个“多元一体”的民族大家庭，汉族是这个大家庭的主体民族，拥有最众多的人口和中国腹地的国土，其他民族都属于少数民族，基本上生活在中原腹地四周，拥有广阔的国土。历史上，中央政权都建立在中原腹地，相当部分政权也由汉族建立，少数民族中只有蒙古族和满族建立了全国性的中央政权，其他少数民族也有相当部分曾经建立了地方性政权。由于汉族长期以来占据着中央政权，且位居中原腹地的国土，比较自然地形成了汉文化作为中华文化的主体地位。这种文化的主体地位，使之具有了内在的文化魅力感染功能，即使是在中原腹地建立了全国性中央政权的少数民族，也为之所感染且接受汉文化，于是形成了汉文化的文化沙文主义。不仅是统治者，不管是汉族统治者，还是少数民族统治者，而且是普通老百姓，都认同汉文化代表中华民族主体文化，都以之为优，并产生文化自豪感。这里以一个细小例子予以例证，那就是“瑶”的称谓与书写。《风俗演义》首次称呼瑶人为“蛮夷”，是

---

① 广西壮族自治区编辑组：《广西瑶族社会历史调查》（第 3 册），广西民族出版社 1985 年版，第 104 页。

② 杨绍猷、莫俊卿：《明朝民族史》，四川民族出版社 1996 年版，第 354 页。

为“武陵蛮夷”,后人称呼整个南方各民族都为“南蛮”。蛮者,虫形,虫者,一为长虫,即为蛇,二为大虫,即为老虎,三为昆虫,总之都是野生动物,于是也就引申为野蛮、不开化、没文化、不文明等意义。蒙古人建立的元朝开始将唐宋称之“徭”改称为“猺”,突出反犬旁“犭”,也与“蛮”之突出“虫”的用意一致,而改称为“瑶”,则由周恩来总理提议所致,以“玉”为旁,表征民族平等。瑶族是一个没有自身文字的民族,在其手抄的《评皇券牒》和《过山榜》中也都使用这个汉字,某种意义上说,也就相当于认同这个称呼,其文化心理的依附性可以得到一定程度的反映。“蛮”“猺”之称充分体现了中央政权统治者对于瑶族的态度,他们就是未开发的野蛮人,文化的蔑视昭然若揭。统治者的蔑视带有权力性质,其占据中原,是为“中央之国”,犹如北斗七星位居宇宙中央,其他四周各国都应该来朝拜贺,俯首称臣。即便是原本位于边缘的蒙古人和满人,一旦进入中原腹地,也由原来的边缘而变成中心,自我也实现了质的转换,也由原来的夷狄变成文明人,掌握了文明的话语权,转而指责周边民族的野蛮不开化,“猺”之称就是始于蒙古族统治者建立的中央王朝。之所以有着这样的心理转换,既有元清的蒙古人和满人统治者的政治选择,也有文化交锋表征自我为文明人不得已为之的被动选择,更有中原腹地文化强大魅力感染的必然选择。中原腹地的汉文化以其历史悠久且发展相对完善,具有强大的内在包容力而显示强大的生命力,也形成了汉族同胞内在的文化优越感。这种基于文化优越感的文化沙文主义强烈地辐射着周边文明,形成一种自大心理,以至“夜郎自大”成为饱含贬义的典故,由此也影响入主中原的少数民族中央政权统治者,有意无意地选择这种文化作为治理全国的基础性文化,并且要求其他文化向它看齐,进而出现文化霸权主义,以文化的方式挤压着瑶族的生存空间,迫使他们不断迁徙。盘瓠负公主入山之后,久不出山相见,“王悲思之,遣往视觅,天辄风雨,岭震云晦,往者莫至”。之所以如此,也极有深意,因为瑶族已经形成了自己独具特色的文化,“织绩木皮,染以草实,好五色衣服,裁制皆有尾形。……衣服褊裢,言语侏离,饮食蹲踞,好山恶都”。为了保存自己的文化,于是“好山恶都”,远离统治阶级主流文化,可以避免一定程度的同化,因此其迁徙也就具有文化自我保存的被迫性。马克思认为:“统治阶级的思想在每一个时代都是占统治地位的思想。这就是说,一个阶级是社会上占统治地位的物质力量,同时也是社会上占统治地位的精神力量。”①同理可以推演,占据着社会主流地位的民族文化,也必然是占据社会统治地位的文化,因而具有同化其他民族文化的力量,或者使得其他民族文化边缘化。汉民族文化由于历史的关系,长期以来占据着社

① 《马克思恩格斯选集》(第1卷),人民出版社1995年版,第98页。

会主流文化地位,因此生成了强大的内在同化力量。如果不与统治者行政控制力保持相当距离,那么具有强大文化包容力且同时具有文化霸权性的汉文化就会同化瑶族文化,就如蒙古人和满人即使建立中央政权,也同样需要认同汉文化,在中原腹地即使其本民族文化也要进行适当的改易,以求获得生存的土壤。同样的,瑶族也不是铁板一块地一直生活在崇山峻岭,有的生活在高山,就被称为高山瑶;有的转入高山与平原交界的浅山区或山边的平坝上生活,他们就被称为平地瑶。平地瑶因为"他们一般不迁徙,生活相比过山瑶要安定一些,富裕一些。他们不同程度地存在着汉化现象,如失去了本民族的语言等,所以常常也被称为'民瑶'、'良瑶'。平地瑶主要分布在湘西南与桂东北地区,以江华、江永、恭城、富川等县的人口数量最多"。① 平地瑶就是因为坚持在最初原住址生产生活,没有遵循随着汉文化深入而进行被动的迁徙,于是就出现被汉文化为主体的中华文化所同化的现象,再次显现汉文化所具有的内在文化霸权主义特性。贺州市富川瑶族自治县"大围村的瑶族,属平地瑶,据说其祖先是由千家垌迁来的,到大围材聚居已有数百年的历史。至今尚有本族语言,即使十来岁的小孩亦懂瑶语。但在民族服饰方面,无论男女老幼,基本上已和附近汉族无别"。② 按理说,服饰那是最具民族外在特性的表征,也是民族文化最为直观的表现,应当为民族所据守,但由于生活在以汉族为主体的富阳镇周围,因此出现了汉化现象。"居住在平坝或乡镇、圩集附近的瑶族,和汉族及其他民族接触较多,受汉文化影响较大,其民族文化变迁就较快,故被封建文人称为'熟瑶'或'良瑶';而居住在高山上的瑶族,由于和汉族及其他民族接触较少,受汉文化影响不深,其民族传统文化保留较多,文化变迁进程较慢,故被称为'生瑶'、'山瑶'"。③《天下郡国利病书》说:"听招者有想念抚瑶领之",或听招者,调之攻守,纳粮当差,与民为一,谓之良瑶;背招者,势穷则降,稍利则摄;险恶者,赋不可与化。《广东通志》也说:"洪武三十一年(1398 年),西山瑶人盘穷肠为暴,官兵捣其巢穴,设立瑶首,统领抚瑶甲总,每岁来朝。"《广东新语》卷七又说,瑶族"以避赋役,潜窜其中,习与姓成,逐为真瑶"。④ 基于保存民族文化的迁徙并不具备武力强制的强迫性,它是在一种和风细雨环境下的悄然实施,表面上体现为一种主动迁徙特征,实际上是作为一种弱势文化的无奈之举,具有更深层次的被动性。因为他们面临着两难的选择,要么停留在原住地生产生

① 宫哲兵:《千家垌运动与瑶族发祥地》,武汉出版社 2001 年版,第 94 页。

② 广西壮族自治区编写组:《广西瑶族社会历史调查》(第 3 册),广西民族出版社 1985 年版,第 257 页。

③ 玉时阶:《瑶族文化变迁》,民族出版社 2005 年版,第 12 页。

④ 胡起望:《瑶族研究五十年》,中央民族大学出版社 2009 年版,第 38 页。

活，这一切都已经非常熟悉，且创造了良好的生产生活环境，但必须改变自己的文化，接受汉文化的同化或改易，要么就只有随着汉族人口的移入、汉文化的不断侵入而选择不断迁徙的策略，迁往更崇山峻岭的地方生产生活，由此才能保持自身文化的纯洁性，二者必选其一，这样的迁徙难道不具有被动性吗？这种基于文化的迁徙，并不全然就是被动，被动中包含主动性，主动中也内含无奈，其中具有非常复杂的情愫。"据老人讲：以前贺县都是瑶人，成立县之后来了九都人，而瑶人没有文化即被赶到山里，就走散了"。① 客观地说，如果没有基于文化逼迫之下的被动迁徙，瑶族文化就有可能完全被同化或改易，将不能为后人相对完整地呈现民族文化，就像平地瑶那样有的人甚至连瑶话也失落在历史的尘埃里。平乐县瑶族约在元代中后期到明代初期，从湖南的千家垌辗转迁来，康熙五十五年《平乐县志》载，平乐当时共有自然村300个，瑶壮村寨共175个，占全县总村数58.3%，他们基本上使用本族群语言。后来，许多瑶族群众在对外交往中，因政治上受歧视，开始逐步放弃自己的民族语言，转而采用占主导地位的汉族"官话"，以便提高自身的社会地位。现在，平乐县境内，瑶族约占总人口10.4%，多数已经使用汉语，仍使用瑶语的约占总人口1.1%。恭城瑶族自唐代开始从湖南、广东、江西等地陆续迁入，现有人口132950人，占全县人口49.85%，有盘瑶、平地瑶、过山瑶等，县境内各民族交往的共同语言则是恭城汉族官话（西南官话之一种）。钟山县瑶族人口约3.05万，现在还会讲瑶语的约5千人，只占瑶族人口14%左右，其他都讲汉族钟山话。富川瑶族自治县境内，瑶族人口约13万，保留瑶语方言的不多，他们在家庭中使用瑶话，在社会上则使用境内各族人民社会交际的主要语言汉族"富阳话"，能讲瑶话的仅4千多人。② 因为不迁徙而杂居在汉族地区，表征民族之根的语言也由此丧失，民性虽然还可能保存，但被同化之事实已经不可否定。正因为语言具有民性表征功能，因此一些民族或民系就具有强烈的语言保守意识，客家人都说"宁卖祖宗田，不卖祖宗言"，其理就在于此。从这个层面看，瑶族的被动迁徙有利于保持民族文化，也为中华文化的丰富多彩贡献了独特的力量。

如果说文化魅力感染具有软性逼迫的被动性，那么统治者的歧视性民族政策就具有硬性逼迫的被动性，致使瑶族同胞不得不走向迁徙之途。中原腹地一直是中央政权的所在地，中央政权与中原周边地方政权的关系，从大的历史层面看，可

① 广西壮族自治区编写组：《广西瑶族社会历史调查》（第3册），广西民族出版社1985年版，第164页。

② 韦浩明：《论杂居族群语言的融合》，载《广西梧州高等专科学校学报》，2004年第3期，第2页。

以主要区分三个大致阶段(细致划分应该还有许多形态关系),一是属国或藩国阶段,二是土司(土官)自治阶段,三是改土归流任命官员阶段。在不同阶段,中央政权对于周边地方政权有着不同的民族政策,或者不包含歧视性,或者存在不同程度的歧视性,这里只能做一个大致的分析,旨在能够基本说明不同歧视性民族政策之下隐含的迁徙关系。在属国或藩国之时,中原周边的政权具有最大的独立性,甚至还是一个相对完整的独立国家,基本上对中原政权只有进贡关系,没有直接的行政管理关系,具有比较平等的性质,因此也就没有基于这种民族政策的迁徙。在土司阶段,中原腹地的中央政权则是进入了封建社会成熟期,都有着大一统的国家观念,它们之间形成了隶属关系,因此都希望加强各地的行政控制力,以便维护国家的统一完整,由此也就加强了对周边地方政权的管控,从汉朝开始逐渐发展了羁縻政策,尔后再发展到土司政策。“土司制度是由汉唐时代的羁縻政策发展、演进而来的,开始于蒙古帝国及元朝时期,大盛于明代和清朝前期,衰落于清末,是主要施行于我国西南、西北少数民族地区的特殊行政制度”。① “土司在其辖区内具有无上权威,为名副其实的‘土皇帝’,自设总理、家政、舍巴、土知州、土中军等。自宋代开始,所辖最小行政单位为洞。土司统治等级森严,用等级确定权力和地位,主仆之分十分严格。土地按等级分配,土司占有肥田沃土,舍巴头人可分平地。土民只能在山坡上开一块‘份地’。在住房上,土司‘纺柱雕梁,砖瓦鳞砌’,舍巴头人‘许竖梁柱,周以板壁’,土民则‘叉木架屋,编竹为墙’,皆不准盖瓦,如有盖瓦者,即‘治以僭越’之罪,俗云:‘只准家政骑马,不许百姓盖瓦。’有土司出巡时,仪卫颇盛,土民见之皆夹道拜伏,否则以‘谴责诛杀勿论也。’土司自称‘化日本爵’,土民称其为‘爵爷’、‘都爷’,土司居住的衙署自称为‘化金銮宝殿’,其宿舍称‘娄宫’,其妻要有‘三宫六院’,其墓葬地称‘紫金山’,其花园称‘御花园’,其宗祠称‘太庙’。残酷的刑法,是土司对土民实行野蛮残酷统治的重要手段。土司操有杀伐之权,其刑法有断首、宫刑、断指、割耳、挖眼、杖责等。土人有罪,小则知州长官治之,大则土司自理。土司的残酷统治,给土民带来了深重的灾难,土民生活的困苦,连封建王朝也不得不承认”。② 其实,统治者对于各地各民族的土司政策还是稍有区别,根据各自特点有所改易,其中针对瑶族的土司政策就有其自身特点。“宋王朝在隋、唐羁縻统治的基础上,进一步加强了对瑶族的控制,采取的政策措施是:‘分析其种落,大者为州,小者为县,又小者为洞。推其长雄者为首领,籍其民为壮丁,以藩篱内郡,障防外蛮,缓急追集备御,制如官军。其

① 闫丽娟:《中国西北少数民族通史》(民国卷),民族出版社2009年版,第107页。

② 崔建林:《中华文化常识千讲》,吉林大学出版社2010年版,第98~99页。

酋皆世袭,分隶诸寨,总隶于堤举。'从某种意义上讲,这就是土司制度的发端"。① "元朝开始在瑶族地区建立土司制度,瑶族地区的土官在政治上是封建王朝的代表,在经济上是领主。土官拥有辖区内的土地所有权,并将占有的土地实行'计口给田'或'籍尸授田',这种按人口分得的土地,农民只有使用权,而无所有权,不得典卖和'私易'。土地上的收获归农民私有,但接受土地的农民必须承担劳役或租赋,人身被束缚在土地上,世代隶属土官。土官建立起城堡、衙门,设置统治机构进行统治。同时,在社会中还保留有较多的原始社会残余。明朝加强了瑶族地区的土司统治制度,在瑶族居住的山区也加封了不少的土酋为土官,被封的瑶族首领有瑶首、统领、瑶镇、瑶目、总甲等官职,让他们去直接统管瑶民,只规定瑶族土官定期向中央王朝朝贡即可。由于土官对瑶族人民沉重的租税、劳役和超经济强制剥削,因此,瑶族人民便要求摆脱土官的统治,不断进行反抗土官统治的斗争,使土官统治下的封建领主制在明末清初开始崩溃了,再经清朝的改土归流,瑶族的土官统治制度不复存在了"。② 瑶族由于历史地形成小聚居大分散的居住特征,因此其土司制度也相应形成了自己的特点,一是土司的官职小、品级低,不像其他少数民族土司那样属于土皇帝,这也就意味着其对土民的羁縻力相对较弱;二是一些地方出现土司(土官)与流官并举的现象,这就削弱了土司的权力,中央政权对于土民的控制力无形之中就得以加强,编户齐民政策将不断限制土民的随意迁徙;三是瑶族人口较少且与其他少数民族杂居的地方,往往归属当地其他民族土司管理,不设瑶族土司,由此瑶民将会受到更多重的剥削与压迫。四是瑶族土司的统治相对其他民族土司,其统治的残酷性相对较轻,因为瑶民处于小聚居大分散状态,难以形成聚落控制场,在无气场的情况下,土司的控制力也就被无形地相对削弱。土司制度在某种意义上它是以定居(或相对定居)为前提,需要将瑶胞束缚在一定区域内生产生活,如果瑶民处于不断迁徙状态,那么瑶族土酋将难以实现真正管理,这就与迁徙形成了某种矛盾。但是,这依然可以实现有效迁徙,一是在土司控制范围内的许可迁徙,因为土司管辖都有一定范围,且有的土司管辖范围达到方圆几百公里,如此其迁徙可以得到土司认可,虽然其中包含着主动迁徙或被动迁徙的因素,但都在土司的有效控制范围内;二是由于瑶民受到中央政府和土司的双重剥削与压迫,其承受能力超过极限之时,瑶民就会反抗土司的统治,结果往往是瑶民在统治者的残酷镇压下被迫迁徙,它基本上是逃离土司有效控制范围的迁徙。

① 云南民族研究所:《瑶族文化论》,云南人民出版社 1993 年版,第 65 页。
② 陈连开:《中国民族史纲要》,中国财政经济出版社 1999 年版,第 699 页。

“明朝继承了历代封建统治阶级的衣钵,对瑶族采取‘以夷治夷’的政策,在瑶区边缘地带设置屯军或土司,录用壮族土官或瑶首戍军于此,封锁瑶区,企图断绝瑶区的食盐及铁器生产工具的供应,还抢占瑶族开垦的田地。以致造成广大瑶民生计无着,辗转沟壑,无法继续生活下去。于是,广大瑶族人民被迫拿起武器,联合当地壮族农民,与反动统治阶级展开你死我活的斗争”。① 这是明朝统治者对付南方瑶族(例如广西大藤峡瑶山)的基本政策,也说明这种政策使得原本具有某种民主特色的瑶老制逐步演变成为统治王朝的统治工具,变成了统治者统治瑶族同胞的爪牙。雍正年间,清政府在西南大部地区废止当地各少数民族中普遍实行的世袭土司制度,按内地制度重新建立行政区划,委派有任期的“流官”进行直接治理,大大加强了中央政府对这些地区的控制,史称“改土归流”。“雍正十三年(1735 年),清江、台拱地区苗民奋起反抗清王朝的残暴统治,攻陷凯里、黄平州,震动了整个苗疆。清廷派刑部尚书张照率兵前往镇压。张照一向反对鄂尔泰等人推行的改土归流政策,又不懂军事,以致旷日持久,师劳无功。刚刚即位不久的乾隆帝下令罢免张照,改派以前平苗有功的张广泗前往贵州负责苗疆事务。张广泗分兵三路,对各地生、熟苗民进行大肆屠戮,焚毁苗寨 1200 余处,擒斩苗民数万人,镇压了当地苗民的反抗斗争,并在贵州各地强行改土归流,加强了清王朝对该地区的统治”。② 同时,清代在瑶区推行的保甲制,实行来往人口登记,“稽汉奸及外来苗、瑶在寨居住,一人容隐,九家连坐”(《清高宗实录》卷一三九)。瑶人简直失去了任何行动自由,其控制之严可谓史无前例了。故史称:“防瑶之法,肇自前明,至今而大备。”③“国民党政府承袭了历代‘以夷制夷’的法律政策,利用瑶老制组织,委派头人、地方和上层人物,充任区、乡、村长,为其效劳。在瑶族聚居地区,还设立‘瑶务处’、‘化瑶局’、‘设治局’、‘警备区署’等机构,以加强政治、法律和军事上的控制。国民党政府除直接派遣官吏进行统治外,又利用‘社老’、‘石牌’、‘寨老’等组织的头人,充当‘设治局’等机构的官吏和区、乡、村长。这样,原有的瑶老制、石牌制组织,就逐渐失去作用,充当政府官吏和区、乡、村长的头人,成为国家政权治理瑶族地区的代理人”。④ 于是瑶族土民与统治者的矛盾就直接表现在瑶老制演化的土司和瑶首的矛盾,并因此而引发激烈的反抗斗争,多数情况下是瑶民被迫迁徙,逃离原来的生活地域。原件保存在富川瑶族自治县长塘

① 杨绍猷、莫俊卿:《明朝民族史》,四川民族出版社 1996 年版,第 357 页。

② 陈晓丹:《中国历史博览(4)》,中国戏剧出版社 2009 年版,第 179 页。

③ (清)姚柬之:《连山绥瑶厅志·卷五·瑶防》,道光十七年(1873 年)刊本。高其才,《国家政权对瑶族的法律治理研究》,中国政法大学出版社 2011 年版,第 148 页。

④ 高其才:《国家政权对瑶族的法律治理研究》,中国政法大学出版社 2011 年版,第 151 页。

村,收载于江永县《瑶族古籍资料选编》的《李氏族谱》记述:

广西长塘村李氏开基,始祖原居千家垌高岩山。大德年间因世乱迁移至青州居住数代,又迁至湖广永州府置知县后,又至道州统里源居住数代后,至幼一公幼二公所见人稠地窄,迁居永明分石岭。居住五六代,又至永明十五都夏层铺,居住六七代后至六一公,又迁至旱田肥地居住数代,又至八四公迁移至广西富川长塘村小畔洞居住,又至端第公移居涧下湾。居住数年又迁移到漳别人水穴。安居十余代,至宗腾公,迁居正润村居住五六代。

从该族谱中可以看到,李氏既有定居之时,也一样存在迁徙。其于湖南总体居住时间约十代,但不是固定居住在一个地方,而是存在迁徙现象,这个迁徙可以看出是小范围的迁徙,即有效可控范围的迁徙。之后,就实施了跨省长距离的脱离可控范围的迁徙,进入到广西居住。在广西居住期间,也不是固定一处,同样居住三五代再行迁徙,但基本上是在富川范围内迁徙,同样属于可控范围的迁徙。虽然,这其中没有言明迁徙原因,但迫于土司的政治经济压迫,应该属于原因之一,这估计不会总体上违反事实。因此,在全国统一政权之下的土司制度,其本意在于羁縻瑶民,但依然可以存在被动迁徙,且这种迁徙的压力来源主要是土司。“土司的残暴统治,正如土司(注:广西忻城莫氏土司)衙门的大门对联写的‘守此土,莅此民,十六堡群黎,谁非赤子;辟其疆,治其赋,三百里区域,尽隶黄封’。‘赤子’在此即是‘奴隶’,但坚强的壮、瑶人民是吓不倒的,边境的八寨农民起义就在明代延续了一百六十多年,土县内的农民起义更是此落彼起。如光绪末年动乱时,土司的少爷莫仲求等经常骑马在街横冲直撞,引起了公愤,县城张尚忠的大哥,为民打抱不平,奋然拿一把大刀睡在街上,准备在莫仲求骑马过时跃起杀他,莫仲求见状不敢过。事情发生后,张尚忠的大哥想到自己与土司不共戴天之仇,便告别了亲人,连夜走了几十里山路,到马泗敢泵村投奔覃火生义军去了”。① 个案不能说明一切,但个案能够说明问题,那就是在土司的残酷统治下,瑶民确实会选择被动迁徙的行动,以便逃离土司的控制,旨在获得有效的生存条件。由此看出,瑶民与土司之间产生深刻矛盾之时,也有可能引发瑶民的被迫迁徙,这种迁徙既可能是个人的,也可能是群体性的。

土司与瑶民可以存在矛盾,土司与中央政权之间也会存在矛盾,这种矛盾激化之时,就可能引起中央与土司的激烈冲突,甚至于武力斗争,这时也会引发百姓灾难,继而也会引起各种形态的被迫迁徙。土司虽然是地方土皇帝,但中央政权依然对其具有某种控制力,对于不遵政令者,也都有一定的管束措施,将土司迁徙

① 覃桂清:《广西忻城土司史话》,广西民族出版社 1990 年版,第 41 页。

（相当于流放）就是其中之一。“迁徙，把有罪土司迁徙到其他地方安置，以削其势力和作用。据《土宫底簿》卷下载：云南广南府土同知依即金，因违抗朝命，永乐六年‘赴京自首’。给予宽大处理，‘发去辽东住坐’；结伦州冯郎黄，本应承袭，‘缘伊父存日曾告本人有悖逆夺印情况’，不准承袭，以‘无礼’罪名，‘发去辽东都司安置’。又据《新纂云南通志》卷一百七十三载：正统‘十一年，总兵官言：“陇川致乱，皆由恭项暴杀无辜，刻虐蛮人，同知多歪孟为蛮众信服，乞安置项于别卫，以多歪孟代。”英宗以项来归有功，屈法宥之，命于曲靖安置’。这样处罚土司，尤以明代中期为多”。① 这种罪官迁徙，它是中央政权对罪官的一种惩处措施，当然就是被迫迁徙。一般情况下是个人流徙，但也有家族一同流徙者，甚至还有土民一直陪同流徙者，这些流徙者都属于被动迁徙。作为一种流徙惩戒，这是处理双方矛盾的一种事后处理办法，一般也是和平解决问题的一种办法。但也有一些矛盾不是和平方式能够解决的，于是中央政权与土司之间就通过诉诸武力来寻求问题的解决，战事一起，往往都会引发瑶民的避乱迁徙。这种形状冲突不管是土司战胜，还是中央政权获胜，饱受战争之苦者必定是百姓，原本相对安定的生活就此被打破，生活的家园变成了战场，百姓也就变成了离乱犬，被迫四处躲避战争。贺州市土瑶“据沙田镇新民村马窝寨盘弟客所收藏的白布质《过山榜》所记，该支土瑶是宋至道元年（995 年）因征战广东调遣来的土兵定居后形成的”。② “1933 年瑶人反抗中华民国政府统治，发动了大起义，潘内（注：广西龙胜）全村都参加了起义。国民党用屠杀镇压了这次起义，将杨梅等屯财物抢掠一空，房屋烧成废墟。仅杨梅就被杀 20 余人，瑶人纷纷逃上高山或外地，生命财产损失惨重”。③《文献通考》记载：嘉泰三年（1203 年）湖南安抚赵亮励上言：“湖南九郡皆接溪峒，蛮夷叛服无常，深为边患，制驭之方，岂无其说，臣以为为今之计莫若光事，选择土豪为瑶人所信服者为总首，以任弹压之责，潜以御之。”④叛服无常的蛮夷，其领导者不可能是普通的百姓，一定是在瑶族地区具有一定控制力的瑶族首领，或者是瑶首等政府任命的土官，或者是自然形成的民间首领，但依赵亮励的建议，如果是和平时期产生的“为瑶人所信服者”都会转为总首（即土司、土官），于是引发“叛服”的武力斗争，就转变成为土司与中央政权的斗争。蛮夷瑶首为何“叛服无常”？具体原因可以各有不同，但肯定不是简单的瑶民与中央政权的矛盾，而是土司瑶首们与

---

① 龚荫：《中国土司制度》，云南民族出版社 1992 年版，第 85 页。

② 唐择扶：《贺州市志》，广西人民出版社 2001 年版，第 918 页。

③ 广西壮族自治区编辑组：《广西瑶族社会历史调查》（第 4 册），广西民族出版社 1986 年版，第 203 页。

④ 李祥红、任涛：《江华瑶族》，民族出版社 2005 年版，第 43 页。

中央政权的深刻矛盾,如果瑶首于这种无常的叛服中没有任何利益,甚至于在这种斗争中完全只是自身利益受损,或者不是表现为其与中央政权的矛盾,甚至于只是完全出于主持正义,由此发动与中央政权的武装斗争,即使存在这种可能,那也是微乎其微的。当然,瑶首可以狡猾地利用瑶民对统治者不满,表面上完全转化成为瑶民与统治者的矛盾,机巧地将自己的目的隐藏起来,由此希望达到自己利益的最大化,这却是完全可能的。元代至正元年(1341 年)四月,道州瑶酋蒋丙、唐大二、蒋仁五领导瑶民在大江源起义,湖南江华、永明、桂阳,广东连州、广西贺州一带的瑶民纷纷响应。明朝政府较早地在大藤峡地区实行改土归流政策,用武装夺取瑶、僮族居民土地,又利用食盐垄断和专卖,对当地居民进行苛重剥削,甚至以封锁食盐进入广西,作为迫使瑶、僮族人民就范的手段,因此激起大藤峡地区各族人民的激烈反抗。明代大藤峡起义,以瑶民为主,以广西大藤峡地区为中心,从洪武年间开始到天启年间为止,前后历时 250 余年,此起彼伏,前仆后继,其中规模较大的有 10 余次。大藤峡起义是广西历史上规模最大的以瑶族为主的少数民族起义,也是明朝中后期全国较大的农民起义之一。明朝景泰元年(1450 年)二月,江华瑶首王茂与广西富川、湖南永明瑶首盘性子、廖八仔、何音保等率众千余联合起义,结寨于八尺漯(今富川大源村),与官军浴血奋战,660 多人战死,980 多人被俘,起义失败。这些起义都有着大量普通瑶民的参与,当然不会纯然是土司与中央政权的矛盾,起义之所以得到瑶民的广泛拥护参与,重要原因也是官逼民反,但依然不能排除存在瑶首与中央政权的深刻矛盾,以及瑶首希望利用这种矛盾达到自己的私人利益,否则作为既得利益者,不会为此付出利益受损的代价,不会轻易加入起义反抗行列,并且承担组织指挥之责,因为普通民众基本上没有组织指挥规模战役的才干,从而把自己置于中央政权的对立面。明朝隆庆五年(1571 年),湖南东水源陈陇州、陈陇田率瑶汉人民数千人起义,从广西开山镇进攻岭东,与岭东高寨营千长冯国宝所率官兵相遇,击毙千长冯国宝等 12 人,但义军也付出了惨重代价,首领陈陇州、陈陇田战死,最后导致义军无人统领而失败。这也从另外一个层面说明,瑶族与中央政权的反抗斗争一定会有瑶首级人物介入,否则基本上不可能形成气候。

瑶族土司与中央政权既有利益矛盾的时候,也更有相互合作与利用的时候,从而共同维护相互的统治,于是瑶首就可能成为中央政权的鹰犬而被调遣,普通的瑶民也随之因为戍守而被迫迁徙。瑶族先民营田戍边,调发守隘,《过山榜》均有记载。乳源瑶族自治县牛婆峒《察院(本字 = 更 + 生)瑶碑》载:弘治年间调李本琛瑶兵(原籍肇庆),“奉部院易调,从英德至乳源牛婆峒,把守连阳、清远、英德隘口”。据《过山榜》载:“隆庆二年(1568 年),江(华)蓝(山)二县苏都太爷,在广东奉旨招瑶弩手，镇治郴（州）城池，助国安邦。”明嘉靖年间，戚继光奏请“南调湖广土兵、广东瑶兵、广西俍兵”到浙江沿海抗倭，“乃助国之人，与朕分忧”。①《宋史·刘子荐传》载：“德祐二年（1276年）十一月，北兵（指元军）至静江，权经略使马暨遣子荐提瑶兵药弩手守城东门。”这些记载都表现了瑶族土司与中央政权的亲密合作，从而接受中央的戍守调遣，这种合作既有镇压其他族群起义的事例，也有抵御外侮的战斗，呈现多面性特征。但是，从迁徙层面看，其结果却是一样，那就是造成了因为戍守而离开故地，具有某种被迫性，特别是由此而留守驻防地并且转入百姓生活，可以看成就是被迫迁徙。

历史上各个民族都存在过基于人事的迁徙，也有许多是基于自然灾害的迁徙，瑶族迁徙也包含这些因素。中华疆域既是一块福地，也是天灾频仍之所。“20世纪初期，南开大学一项研究成果显示从公元前108年到公元1911年的2000多年的时间中，中国发生了1828次灾荒。据邓云特（邓拓）《中国救灾史》统计，我国自公元前1766年至公元1937年的3700多年间，发生各种灾荒5258次。陈高佣《中国历代天灾人祸表》中列出了自秦汉至清末发生的大量灾害事件，总计7481次”。② 由于统计方法、所掌握的资料以及统计的灾害基准线不同，对于中国历代的灾荒统计数据存在差异，但历史上发生众多灾荒却是不争的事实。这些自然灾难主要表现在水灾、旱灾、火灾、风灾、雪灾、冰灾、虫灾和地震等众多类型，它们都具有自然性和不可抗拒性，由于是在过去人类科学技术能力不足的情形下，基本上只能是被动承受，即使是现代科学技术相对发达的情形下，许多自然灾难依然是人力所不能为，基本上也还是被动承受。这种承受，在过去的历史中，往往需要付出惨重代价，甚至于大批平民百姓的死亡。“中国学者根据历史灾荒资料统计的近2000年来中国历史上因灾死亡人数足以令人大吃一惊：第一份资料是陈玉琼和高建国先生1984年的统计值，在1949年之前的2129年中，共发生203次死亡万人以上的重大气候灾害，死亡2991万人。第二份资料是张振兴先生1989年的统计值，在最近的2000年中，历史灾害造成3558.14万人死亡，死于旱灾者即达2773.33万人，占九种灾害死亡人口总数的78%。第三份资料是高建国先生1994年的统计值，在明清到民国时期的581年中，因灾死亡人数达到7567万人之多。第四份资料是冯焱、胡采林先生1996年的统计值，历史上中国重大灾害的死亡人数总计为13722.9万人，其中死于水灾者6578万人，死于旱灾者6440万人（不包

① ［清］戚祚国：《戚少保年谱·附征兵考实》。

② 侯建新：《经济—社会史评论》（第二辑），生活·读书·新知三联书店2006年版，第185页。

括1959—1961年的大饥荒),其他灾害致死人数为704.9万人,即使和同期的世界其他各国因灾死亡人口总数相比,中国的因灾死亡数还要高出3077.9万。尽管因为统计对象的差别而使统计结果有很大出入,但在总体上还是能够反映出中国古代因灾死亡人口的概况,即中国历史上因灾死亡可能有数千万人之多,甚至也可能超过1亿人,我国是世界各国中因灾死亡人数最多的国家"。① 这样的灾难结果令人触目惊心,虽然自然不会进行贵贱选择,但是由于各个阶层占有的社会资源不同,灾难的承受力也会存在差异,因此可以依照常理推算,处于社会底层老百姓的自然灾难承受力应当较差。于是,前面提到的各种灾难死亡人数,虽然也不乏统治者层面的人,但其比例可能较之普通老百姓要低得多,绝大多数死亡者可能就是社会底层劳动者。

死亡是人类承受自然灾难的极端形式,但是人类在可能的条件下还会选择逃避,主观上是主动,但客观上是被动的生存迁徙,虽然没有基于前面灾难统计的迁徙统计,但在某种意义上可以看成它们具有一致性,也就是有多少统计数据上的灾难,就会有多少次逃难迁徙,特别是涉及大量人员死亡的灾难,肯定伴随着逃难迁徙。道光初年,湘南、湘桂边境水灾、旱灾连年暴发,粮食颗粒无收,饿殍遍野,瑶民"母子相泣难度日,女悲饿,儿啼饥,嗷嗷待哺无生期",原本就有迁徙倾向的瑶胞,这个时候必然倾向于迁徙寻求一线生机,不可能全然坐以待毙。广西北部盘古瑶还愿法事,其经书记载:"洪武年间管上朝,改换君王散九州。架羽移居南海上,天旱四岁对也忧。无粮度命难安住,有羽无门难得游。实在民量无头叩,约齐贤兄飘过湖。……搭上广东韶州府,罗(乐)昌县里立花街。"《广西瑶族社会历史调查》载:田林县那拉乡瑶族传说:"明洪武年间四月初八,南京海岸,寅卯年天下大旱三年,官仓无粮,百姓无米,人民慌乱,树木出烟,瑶友子孙,浮游过海,千里之路,三月后到广东韶州府乐昌县。"其歌云:"住在广东江(雷)化县,山头渐败无田丘。如今到了韶州地,行到湖南大路上,后又转程达广西。"②"在生活极端贫困的情况下,广大劳动人民的抗灾能力受到了很大的限制,尤其是在水、旱灾面前,显得无能为力。自然灾害成为三只羊(注:广西都安瑶族自治县三只羊乡)各族人民最凶恶的敌人之一。1944年,三只羊发生了大旱灾,造成大批人逃荒与饿死人的惨剧。次年,又发生水灾,只10天的暴雨,就把整个三只羊的鼻场变成为'水晶

① 侯建新:《经济—社会史评论》(第二辑),生活·读书·新知三联书店2006年版,第191页。

② 《中国少数民族社会历史调查资料丛刊》修订编辑委员会:《广西瑶族社会历史调查》(第五册),民族出版社2009年版,第75页。

宫'，人民损失惨重"。① 在基于自然灾害的迁徙，已然成为瑶民心里一个无比的痛，通过各种形式积淀成为集体记忆。盘王节有着不同的来由，其中就有着如此传说。瑶族民间都有这样的说法："传说古时天下大旱，颗粒无收，瑶族被迫离乡背井去逃荒。途中，12 姓瑶族分乘 12 条船渡海，遭狂风恶浪袭击，有 6 条船被打翻。危急之中，瑶族烧香求始祖盘王保佑，并许下日后还愿的诺言。祈毕风平浪静，瑶族脱险到达彼岸。后来，瑶族遵守诺言，举行盛大的'还盘王愿'活动，代代相传。"②广西钟山县两安镇瑶人起源传说，也与盘王节形成传说相似，他们是这样描述的："据说湖南有个千家洞，洞里生活着十姓瑶人。当时，洞里有一条用于灌溉的河坝，全用大杉木架立而成，因此叫作'杉木坝'。有一年，久不下雨，江河无水，杉木坝也因此干涸。人们生活困难，采野物充饥。有人发现杉木坝的间隙里有许多蜂窝，要取蜂蜜，就用火烧，不慎引起火灾，烧毁了杉木坝。从此无水耕种，生活极度困难，而县官不顾百姓死活，派了两个差役下来追粮。差役看到瑶民极苦，深为同情，便住了下来，和瑶人结下了鱼水情谊。县官久等差役不回，认为被瑶人害了，就加派差役兵员下去。瑶人被逼得无法生活，到了绝路，暗中商定逃跑，就把一支牛角锯成十二节，十姓瑶人各持一节，两个差役各持一节，议定以后持牛角返回千家洞重建家园。就这样，他们携儿带老，四散逃跑，到四面八方去安家落户，谋求生存。其中就有一户跑到两安一带落脚。这瑶人带领家族人员，艰苦创业，勤俭持家，子孙繁衍，代代相传，发展成了现在的两安瑶乡。"③这个传说显然已经地方化，从盘王节的生成转化变成族群的起源，但也更加强化了自然灾难的迁徙记忆，虽然直接促成迁徙者是官府的迫害，引发原因还是旱灾与火灾。贺州市里松镇民间流传："据瑶族老人讲，盘护王是在会记(稽)山成长起来的，后来带其子孙到西山。盘护死后，其子孙迁到广东南山岸(一说即今之海南岛)，在当地开山种庄稼，到庚戌二年时天旱，十二姓人一起漂游过海，七天七夜不能靠岸，十二姓人即还起盘王愿，求其祖先保护。"④盘王节是瑶族同胞的共同节日，其形式与内容都具有神圣性，它记录了瑶族的历史，凝聚着瑶胞的情感，已经成为一个民族的集体记忆。在这个记忆里面，就直接地反映了瑶族迁徙起于自然灾难，且途中还遭遇了风灾，说明迫于自然灾难的迁徙已经深深地印在了瑶胞的心里，

---

① 《中国少数民族社会历史调查资料丛刊》修订编辑委员会：《广西瑶族社会历史调查》(五)，民族出版社 2009 年版，第 222 页。

② 《广西通志·民俗志》，广西人民出版社 1992 年版，第 332 页。

③ 《钟山县志》编纂委员会：《钟山县志》，广西人民出版社 1995 年版，第 778 页。

④ 广西壮族自治区编写组：《广西瑶族社会历史调查》(第 3 册)，广西民族出版社 1985 年版，第 164 页。

虽然具体灾难有所差异,但都已经成为他们心中一个永远的痛。这种痛是那样真切地存在着,不仅盘王节的起源记载了痛苦的历史,而且在瑶族独特的"兴郎铁玖舞"民间舞蹈中也有所反映,它在瑶历达努节(农历五月二十七至二十九日)时隆重表演。"此舞集中反映了瑶族人民历经世代搬迁逃难的历史,是一部以舞蹈艺术形式记载民族史的'过山榜',世世代代吸引着瑶家山寨的男女老少。兴郎铁玖舞由10个既互相联系又独立成章的舞蹈组成,有猴鼓舞、藤拐舞、猎兽舞、开山舞、南瓜舞、采茶舞、丰收舞、牛角舞、芦笙舞和花伞舞"。① 这种对于灾难的重复提醒与记忆,既说明这些灾难已经深深地烙印在瑶胞的心灵,同时也表明瑶胞勇于面对自然灾难的信心,于灾难中表现一种英雄气概与不屈精神。基于自然灾难的迁徙,我们在一些家谱中也能找到它的印迹。据保存在界牌乡大林江村(注:湖南省江华县)的《李氏家谱》,其谱之《千家垌流源记》记述:"我李姓先祖开始走灌阳,向灌阳地主租投居,一共住了十一年。至十二年的元月一日因为那年干旱,我先祖请不起酒,交不出批头钱,因此,就被灌阳地主赶到祁阳去了。我先祖的妇女不愿意和汉人地主结婚,于是又被祁阳地主赶到江华蒋姓地界。我先祖到了蒋姓地界住了十多年,这个地方和灌阳一样,每年元月一日要请租酒,要交纳批头钱,于是就跑来富川向杨姓人租地立寨,就是现在所谓的大岭寨村。每年也要请租,交地主钱,直到现前三年才废止。"从李氏家谱的历次迁徙看,其中就有着因为自然灾害的原因,窥一斑而见全豹,瑶胞基于自然灾难的迁徙应该不在少数。

三、定居:安稳生活的意象

众人已经形成了这样一个观念,瑶族是一个游耕民族,处于不断迁徙的生活状态,似乎与定居无缘。其实,这只是概念化的印象,瑶族并非总是处于迁徙的游走状态,不同的瑶族支系有着不同的生产生活方式取向,既可以倾向于迁徙,也可以倾向于定居,就是同一个瑶族支系,也会因为时期不同和地域差异,同样存在着定居与迁徙并存现象。但是,如果要充分把握瑶胞的定居情况,还需要厘清定居的概念,否则将无法进一步分析。所谓定居,就是在一个地方稳定的居住生活,它是一种生活状态,具有精神归宿定位之义。定居应当具有几个基本要素,一是拥有相对固定的住所,倾向于建造永久性住房;二是在本地居住较长时间,通常不会少于一代人;三是倾向于在当地谋生,有效地利用当地资源从事生产生活;四是居民被纳入某种程度的户籍管理,从法律上成为被羁縻之人。这些要素只是具有原则性意义,其中包含某种灵活性的内容,只要观察我们周边的生活,就可以知道这

① 王毅:《中国民间艺术论》:山西教育出版社2000年版,第46页。

种感性认可,但确实难以数学般精确的数据量化。于是,我们就从这既可以从原则性层面界定,又具有某种模糊性的观念入手,从而分析瑶族的定居现象。

从历史层面看,瑶族是倾向迁徙的族群,特别是最初之时,大概表现得更加明显一些,于是他们在走向定居之时,似乎存在着一个渐进状态,呈现为宽定居与窄迁徙并存的状况。所谓宽定居,就是这样一种状态,它是在一个行政区域羁縻范围内居住,表现某种稳定性,并不必须长久固定生活在一个狭小的区域,而且处于某种迁徙状态。但是,这个迁徙属于所谓的窄迁徙,即是在所居住的行政羁縻范围内的迁徙,没有脱离行政管辖的监控范围,于是呈现某种定居性质。两者之间具有某种包含关系,定居中包含小幅度迁徙,似乎不同于通常认可的定居稳定性,迁徙中包含区域定居的内容,不是长距离全然陌生环境的迁徙,而是熟悉环境的延伸,具有定居的羁縻性,似乎也不同于通常意义的迁徙。这就是所谓既定居又迁徙的模糊状态。在大家想象中,瑶族在"耕作之余,成群结队漫游各处。物色到更好的佳境,便进行迁居,所以称之为过山瑶。可是,据亲自实地调查的结果,也未必如此。过山瑶也有'定冲'(固定的村落)。但由于随地垦殖,所以只是耕种的土地不固定而已。在一处种植3年或5年后,就换到别的土地上进行种植"。①这个定冲就是居民定居点,因而具有定居性质,但也同时包含迁徙的内容,居民也会因为种植地的变换而稍有搬迁居住,只是还在保存原来的定冲,大伙依然会回到定冲生活,喜迁徙的过山瑶也定居。这应该就是比较典型的宽定居窄迁徙现象。

宽定居窄迁徙不是一个理论推测,而是有着调研事实。在广东连阳三属(连县、连山县、阳山县)大瑶山里,"据莫辉熊的调查,八排瑶居住于远隔汉人村邑的深山中,他们聚居处的地势,周围是170平方公里的山脊地带,极为险峻。这正好与过山瑶的情况相反。这就是说,在山顶附近,组成八排瑶(深山瑶)长久的密集村落,而从山腰到山麓的山脚地带,遍布着比较不稳定的、规模零散的、非集中的过山瑶村落。"②这个调查结果说明,八排瑶倾向于定居,他们是长久地密集地居住在一起,形成了定居的聚落。但是,过山瑶虽然也有村落,呈现某种定居性质,但相对不稳定,且规模零散,具有某种流动性,也就是窄迁徙。因为这里的过山瑶虽然迁徙,但实际上是在那一百几十平方公里的范围内迁徙,于是在这个区域内体现定居的稳定性特征,属于小范围内迁徙,于是属于宽定居。如果说在一百几

① (日)竹村卓二著:金少萍、朱桂昌译:《瑶族的历史和文化:华南、东南亚山地民族的社会人类学研究》,民族出版社2003年版,第15页。

② 同上。

十平方公里范围内迁徙,相对而言还是比较大跨度的空间区域,具有某种勉强性质的窄迁徙,那么在一座山周围不断的迁徙,那确实就是窄迁徙了,甚至于可以看成一定意义的定居,这正如一个大村庄居民不断往外搬迁建房一样。"在旧社会,瑶族人民为了逃避繁重的徭役赋税,而'三年一小迁'(过山过岭),'五年一大迁'(过州过省),在大山峻岭之中刀耕火种,过着漂泊不定的生活,尚未进化到完全定居的农业时代,这种状况一直维持到新国成立前夕。过山瑶族人民来到三水(注:属广东省连山壮族瑶族自治县三水乡)后,肥沃的土地,宜人的气候,丰富的森林资源,又有大宁河(注:属广西贺州市大宁镇)的便利,因而他们在新中国成立前就在钟铜山周围'小迁',新中国成立后才真正定居下来,形成现在的布局"。① 虽然没有找到数据说明钟铜山的面积,但可以间接感受其山并不大,因为三水乡总面积才 139.1 平方公里,一座山估计不会占据四分之一的面积,也就是不会超过 30 平方公里,确实是"小迁"。这种情形不仅广东存在,广西贺州也同样存在。贺州市桂岭镇天堂村,"天堂,天堂村驻地,山区。11 户,44 人,瑶族。1851 年建,此地山清水秀,故名"。"上堂,在天堂村西面,山区。7 户,70 人,瑶族。1909 年村民从天堂村分居迁此,地势比天堂高,故名"。"小元金,在天堂村西北,山区。6 户,32 人,其中瑶族 27 人,汉族 5 人。1875 年从大元金分居迁此,故名"。"大元金,在天堂村西北方,山区。11 户,58 人,瑶族。1875 年有个叫大元金来此定居,故名"。② 据"天地图"网络测量,天堂与上堂直线距离约 1000 米,共同居住 58 年后分迁,之后一直各自定居于此;小元金与大元金的直线距离约 600 米,当年分迁,之后也一直定居于此,这就不管是从时间层面,还是间距方面,都属于"小迁"。其他许多瑶族居住地,也具有类似特点,诸如广西大藤峡瑶山的瑶胞即是如此。庞新民曾这样叙述这里的瑶民有"五种瑶人,板瑶和山子瑶两种,完全无田地,且多随时迁徙。正瑶、花蓝瑶、茶山瑶三种,多有田产,自耕或佃给他人"。③ 这里就暗示了居住与田地等基本生产资料的关系,板瑶和山子瑶没有田地的羁绊,因此可以随时迁徙,自然也就没有永久性住房。正瑶、花蓝瑶和茶山瑶占有田产,于是也就受其羁绊,虽然没有说明他们处于一种定居状态,但因为是对举例说,因此必然呈现定居状态,否则就难以实现田地的自耕。这也就充分说明瑶族并非自始至终都是选择刀耕火种的游耕生产方式,在历史进程中,部分瑶民保持着原有的生产生活方式,部

---

① 政协连山壮族瑶族自治县委员会:《文史资料》(第 1 辑),1985 年版,第 32 页。

② 贺县人民政府:《贺县地方志》,1985 年,第 71 ~ 72 页。

③ (日)竹村卓二著,金少萍、朱桂昌译:《瑶族的历史和文化:华南、东南亚山地民族的社会人类学研究》,民族出版社 2003 年版,第 31 页。

分瑶胞顺应历史的要求,选择了农耕生产方式,选择了定居的生活方式,呈现出分流现象。居住方式的差异,根本原因取决于生产方式,只要是游耕,就是希望定居生活也是困难重重,选择典型的农耕方式,心向迁徙也会受到严重羁绊,一句话,生产方式决定着生活方式。接庞新民调查,徐益棠则进一步报告:“依其地理环境言之,瑶民村落可分为山村与水村两种……板瑶及山子瑶,几乎全部住于山村,花蓝瑶、正瑶及茶山瑶则有少数住居于水村者。住居水村之瑶民,较为富庶,农业特别兴盛,房屋亦较高敞宽大,似乎定居生活已有甚久的历史。板瑶与山子瑶同称为过山瑶者,则因承种长发瑶(注:茶山瑶、正瑶和花蓝瑶)山田之故,盖所种之田,不施肥料,二三年后生产力减少,而租税依然繁重,劳役依然苛虐,不得已时则必他徙改种。……此种(过山瑶)村落,可称之为暂居村落”①,即是可以随时遗弃,不做长久打算的临时性居所,属于窄迁徙范围。对此,费孝通前妻王同惠另有补充记叙:“花蓝瑶的村落形态是集中的。瑶山中房屋分布形态有两种一种是分散型(过山系),另一种是集中型(长发系)。分散型就是同属一村的住宅,零星地散布于各处的类型。集中型就是一村几十户住宅,比比相邻,密集于一两处的类型。……山地耕种由于十多年间地力耗尽,收获极少,必须寻求新的耕地。所以他们的住居时常迁移,难以形成固定村落。并且,由于山地单位面积平均收获量很低,而各家庭的必要耕作面积又很大,也促使住宅的移动,这样其村落形态越发分散了。然而,花蓝瑶专门耕种水田。由于依存于固定的灌溉设施,经营水田的住民居住于固定住宅,因此易于形成永久村落。”②

再看富川瑶族的个案迁徙情况,更可以说明属于宽定居窄迁徙:

陈姓在富川分布最广,在富阳、古城、福利、朝东四个区,总共有一千余户,都说原系同一祖先,是陈金龙、陈芳美的后代。又说由千家洞来的,根据对新栗家和中屯的了解,在他们现在保存的简单的文字记载里说:其祖原在广东省连州府阳山县尚岁乡七巩桥(土夹)水边村,七星黎头庙青竹社居住,然后再搬迁到大竹坪,生下四子二女。长子亚光,现居住于凤溪,二于亚明住大竹坪,三子亚德住涝溪源,四子亚胜住南江源,大女妹三招赘李大华,二女晚招蒙进富入赘为婿,先住大竹坪,后迁杨狮塘(现在的古城区的旧洋社连塘村)。在口头传说上有不同之处,说陈金龙原生四子三女,可是后来只有三房,尚有一房不知去向。一房到江华,二房由凤溪迁居贺县里松,三房住涝溪源村。三个女分别招赘唐、姚、李姓人为婿。

---

① (日)竹村卓二:金少萍、朱桂昌译:《瑶族的历史和文化:华南、东南亚山地民族的社会人类学研究》,民族出版社2003年版,第34页。

② 同上,第35页。

中屯村《陈姓流水归迹簿》的后面还记载为："迄今古迹由来久矣，于是远溯于前，由周文王武王而有大上，封舜帝之后于陈，而陈氏亦舜之后也，乃后以几为姓焉，由及陈平之后居湖南，以宋移居于广东南海，以明祀居于梧州郡，到嘉靖年移居于富川县中乡大竹坪村居住，陈三太公名字明保，徙居于涝溪源村上（名陈长先太公，三太公）。清朝顺治王，陈金念公由涝溪源村出居于大中上居住，水西五下里回龙井口，巡湾庙，回龙竹根二社苏公招赘为子，于是由涝溪源出居于大中屯。居于奉拾代。"①

这就历史性说明，瑶族并非总是处于迁徙状态，在众多瑶族支系中，确实存在着总是迁徙的支系，不管是远迁徙，还是近迁徙，比如大家都比较感性地认为总是迁徙的过山瑶，但也存在着由迁徙走向定居的瑶族支系，诸如茶山瑶、正瑶和花蓝瑶等，并且定居时间都比较长久。

时间作为判定是否定居的基本要素，在历经定居与迁徙的模糊状态之后，依照逻辑发展，必然会产生一批具有真正定居意义的瑶族支系。"根据全州县地名委员会编印的《全州县地名资料汇编》提供的数据，东山瑶族乡共有 144 个自然村（1993 年统计），其中汉族村 46 个，瑶族村 98 个。这 98 个自然村中，群众口碑所认可的，有 57 个是江西迁来的。57 个村共有人口 10788 人（1993 年统计），占全乡瑶族人口的 54.79%"。"从口碑中我们听到东山瑶民血与泪的诉说，无论盘姓李姓还是包姓奉姓，不管哪一姓东山瑶民在其自身的发展史上，无不充满着磨难与坎坷。他们从原居住迁入东山，大多是从江西迁出后进入东山定居的，当在元末明初之际这一说法是可信而很客观的"。② 从时间上计算，东山瑶居住在现今聚落已经超过 600 年历史，无论从哪个层面说，他们都属于瑶族共同体中的入山"定居型"，全然没有观念中三五年一迁徙的迁徙意象。这种取向定居的瑶族不在少数，全国各省区都有所存在。广西"金秀县茶山瑶是定居民族，号称'山主'，有大片水田，盘瑶无田无地，被称为'山丁'。光绪二十三年（1897 年）金秀茶山瑶 7 个村寨与盘瑶 23 个村寨为抵御土匪侵扰建立'两瑶大团石牌'。至中华人民共和国建立时，在 50 多年间，茶山瑶 7 个村寨尚存，连村名都未改，而 23 个盘瑶村，仅有 7 个存在，其余 16 个村寨已消失在游耕迁徙的征程中"。③ 即以光绪年间起算，茶山瑶在原住址居住年限也在百年以上，完全可以归入定居行列。而更多的瑶族

① 广西壮族自治区编辑组：《广西瑶族社会历史调查》（第 3 册），广西民族出版社 1985 年版，第 91 页。

② 《东山瑶社会》编写组：《东山瑶社会》，广西民族出版社 2002 年版，第 14 页。

③ 莫金山：《居山游耕：瑶族传统文化的基本特征》，载《广西民族研究》，2005 年第 2 期，第 118～119 页。

聚落,其居住历史甚至达到几百年,已经名副其实地变成了定居民族。《樊氏族谱》:"祥庆公先自元末由江西迁居全州石塘圩,本姓周迁自白竹改为盘姓(《樊氏族谱》卷五第一世第一页)。由石塘圩徙白竹自庆公始以时考之当时在明正统之世(《樊氏族谱》卷一第 25 页,《娄迁考》)"。① 据保存在广西富川瑶族自治县城北乡神源村,民国 27 年版本《盘氏宗谱》序说:

吾祖之来神源,本原所自,唯赖历代父老笔记流传,方知大概。自大元大德元年(1297 年),吾始祖蒲增公,与奉姓始祖,由湖南永明县之源口同时迁徙,另有吾族数房有迁往恭城。属者,有吾蒲增公之房第蒲茂公,即迁至富川所属之清光乡上洞村安居者,有迁居石臼新头源者。唯吾始祖迁来马上乡之神源立宅,奉族则居大源。是时地方,人稀地阔,所有山场地段,盘奉二姓公共管领,绘图注册,请照管业。于是神源、大源二村盘、奉二姓,除将村之附近山均分为己有,其余较远之山,二姓公共掌管。后邓族来到,即在大源口之白水源居住,久后与邓族情感相和,盘、奉公共山场许其公共,如是承受田业,完粮纳税,共立五户。

宗谱记载榜下村(注:富川瑶族自治县新华乡)盘氏始祖是八六公(1348—1411),迁徙如下:始祖来自湖南永明源口,迁至广西恭城县松木寨,嗣由八六公于元朝至正年间再迁此地,立宅安居迄今,约有五百余年。

《盘氏宗谱》清晰地表明,盘氏瑶族进入富川居住距今已达 700 多年的历史,毫无疑问,他们就是定居民族。族谱记述属于个案事例,官方记载富川瑶族各姓氏进入其地居住的时间虽然各不相同,但都表明他们属于定居民族,有的甚至早在宋朝就开始定居富川,至今超过 1000 年的历史,以下就是富川瑶族主要姓氏入迁的基本情况:

富川境内瑶族从何时何地迁入,说法不一。清乾隆、光绪版《富川县志》载,瑶族来自黔中五溪,散居富川;县内瑶族后裔流传自述是来自灌阳、道州"千家洞"。现据县内瑶族主要姓氏始祖源流、族谱记载简述如下:

李姓:来富川分两支,一支葛坡关源李姓,其鼻祖玉牒历代留记,言其中祖李肇基于宋咸平五年壬寅岁(1002 年),由楚南再择仁里,至富川关源村立宅,五代后分两房,其中一房迁居新华乡茅樟扼;另一支麦岭小田李姓,其族谱记载,始祖来自楚南,嗣后九三、九五于明初(1368—1398),由湖南道县杨柳塘迁居广西富川山口源,后迁地家。

唐姓:朝东镇塘源村唐姓族谱记载,其始祖丹成于宋建炎二年(1128 年),由湖南永州府避乱至广西富川,路经福溪村(今油沐福溪村)留居其地。其长子智,

① 《东山瑶社会》编写组:《东山瑶社会》,广西民族出版社 2002 年版,第 13 页。

后卜居抵源(今塘源村)。其后裔分别迁往新华乡莲山塘、葛坡乡清塘等地。

廖姓:据油沐乡长塘廖姓族谱载,其始祖上壹郎,于南宋开禧三年丙寅岁(1206年)由湖南道县高岗山迁移富川黄沙岭居住,后移至涧下湾(今油沐长圹涧上),至第七代分房,荣六迁移谷塘马铵山(今城北乡新寨马铵山)。明洪武三年(1370年),蒙圣恩发谕告示,凡有户籍之人,给赏由帖付照保立。另有石家乡六丈廖姓始祖流源记述,其始祖生于元至正年间,明初迁入富川石家六丈定居。

黄姓:城北乡红珠湾黄姓族谱载,时值宋末(1225—1279)蒙古势力崛起,日益深入中原,天下骚动,举家惊惶,势难联聚。其始祖念十二郎,即嘱二弟念十五郎移居宁远水字桥,独偕三弟念十八郎避难富水。路由茗山(今麦岭乡茗山)经过,觉地势甚佳,遂与弟同家焉。(编者注:其始祖念十二郎,约在宋端平年间(1234—1236)入富。后由茗山分迁于龙溪、石龙、龙湾(今红珠湾)等地。)

盘姓:县内盘氏宗谱载,城北乡神源盘姓始祖蒲增,葛坡乡上洞盘姓始祖蒲茂于元大德元年(1297年),由湖南永明源口迁入富川;新华乡榜下村盘姓始祖八六,于元至正间(1341—1368),由广西恭城松木寨迁至富川榜下立宅。后分支迁移于井头湾、木龙等地。

奉姓:据县内奉氏宗谱载,奉姓来自江西泰和县,至宁远、祁阳、道县等处居住。后潜入"千家洞"隐居,不服元化。于元大德元年(1297年),由湖南永明(今江永县)来富,分居俩源和灵亭乡七都北界里老屋地(今古城茶源老村),后分支迁居于雾溪、浮田、白竹等地。

邓姓:柳家乡平寨邓姓始祖源流记载,立太祖以来,洪武年间由全州灌阳"千家洞"发迹到广西富川。洪武二年(1369年)岁次己酉,原籍瑶族壹处地坊,居住平寨。现其族内保存有从"千家洞"出走时,十二姓十二节牛角其中的一节;新华乡关塘面邓姓族谱(稿)载,考其房始祖系由贵洪洲(今古城桂洪洲)到八百岭旋至白菜(福利乡毛家白菜),自邓领于明洪武年间由白菜支分落居此地——关塘面。

沈姓:石家乡黄竹村沈姓始祖源流记载,恩养支系,于明弘治三年(1490)遗下给照一张,内载洪武年间蒙韩总兵官(韩观)招抚,立宅黄竹源(今石家乡黄竹村),于洪武二十四年(1391年)攒造黄册入户口。

任姓:新华乡东湾任姓族谱载,其始祖孟九,于明永乐年间(1403—1424),从湖南江华县上伍堡分支来富川居住新华东湾,后分支居住大井、尖子树、松树下等地。

赵姓:据朝东镇高宅斑竹坪赵苏金口述,其始祖来富川,开始住富阳洋溪山,再到城北泗源,经朝东石林,才到斑竹坪定居的。赵苏金为来富川的第九代,现年

62岁,按每代25年计算,赵姓来富川约在清雍正期间(1723—1735)。①

当然,进入贺州市生活的瑶族,其定居的时间还是各有不同,时间短者不过数代,例如贺县(今之贺州市八步区)盘瑶"自称'匾优',他称'过山瑶'或'补寨瑶',人口3.1万多人,定居历史不长,多数为数代,最长十七八代,分别由广东、湖南省和广西的桂北、苍梧等地迁入"。② 即便如此,依照定居的基本时间界定,他们也属于定居民族。而在贺县生活年代最久者当属土瑶,"据中国科学院民族研究所广西少数民族社会调查组1964年4月《广西壮族自治区贺县新华、狮狭乡瑶族社会调查》:在这里居住的年代以土瑶最久,为17代,定居时间在1539—1624年,即明嘉靖至明天启年间。而据沙田镇新民村马窝寨盘弟客所收藏的白布质《过山榜》所记,该支土瑶是宋至道元年(995年)因征战从广东调遣来的土兵定居后形成的"。③ 贺州市昭平县各族民众,"见于史籍迁来较早的是瑶族盘氏和森冲汉族何氏。盘氏始祖盘管七,原籍广东青州巷口石榄村。北宋淳化年间(990—997),受诏剿盗有功,赐地落籍昭平,其后裔分居于走马乡玉洞村、庇江乡联安村,昭平镇古站村、文竹乡七冲村以及平乐源头镇蓝洞村。清嘉庆年间,玉洞、联安、古站等盘氏被迫'改土归流',渐与汉族融合但风俗习惯仍保留瑶族诸多特点"。④ 汉族与瑶族同时于北宋进入昭平生活,期间已生活约1000年,虽然并非一直居住一地,但也是在昭平境内生活,同样也可以看成是定居生活。贺州市钟山县瑶族定居情况,据《钟山县志》记载:"县西北之花山,及西南之桔芬,南区之义安,皆层峦叠嶂,林箐幽阻,当元明时,向为瑶壮所依。"⑤由此可以推定,钟山两安、红花等乡镇的花山瑶,最迟也应该于元明之时进入钟山县生活。再据钟山县两安瑶族乡沙坪瑶族村在清同治二年所立的关锁记载:"(瑶族)自始祖历来出(江永),全州观阳千家垌,七姓人等分散。赵万四、黄富四太祖于洪武元年(1368年)流落居住沙坪,不以年岁,被梁上君子拢,难安居住,为避世乱搬住老屋居。少难,又移栏洞岭头,辟居数载,为泉水遥远移下高寨岭多叨。蒙县雇太老爷太平不立崖岸,居家万世流芳百世。到嘉靖四十年,三会齐众丁三十余家,复回沙坪旧居居住。周围杉排四方笠,造四门关锁,始于明朝至今数百余载。因世民或茂咸宁,人居多众,外无关锁集会,协力各捐资财于井泉处。赵加盛、赵加智二人扩增园方其地,重立

---

① 富川瑶族自治县志编纂委员会:《富川瑶族自治县志》,广西人民出版社1993年版,第451页。

② 贺州市地方志编纂委员会:《贺州市志》,广西人民出版社2001年版,第917~918页。

③ 同上,第918页。

④ 昭平县志编撰委员会:《昭平县志》,广西人民出版社1992年版,第519页。

⑤ 黄成助:《钟山县志》,成文出版社1933年版,第284页。

东门一座山家,正作庚山甲向择用。咸丰辛酉年三月十七日午时。上乘兴工建造立寨,主本镇本村人安物阜财兴隆,创立立碑芳名不朽矣。"①沙坪瑶族虽然在进入钟山之后,也小有迁徙,但也于沙坪居住数百年,确实属于定居民族。

定居一处,自然就生成家的意识,成为人们的精神归所,这虽然无法量化,却是定居民族的重要考量因素。如果一直处于迁徙漂浮状态,就没有生活的根,也不能形成稳定地指向现实的生活归所,某种意义上说,就是精神处于无所归依的状态,说明其思想上就没有定居的精神指向。这种状态不太符合中国人的人生哲学,传统哲学主流指向是现实人生,不太关注非现实世界,正如先贤说:"未知生,焉知死","君子不语怪力乱神","可怜夜半虚前席,不问苍生问鬼神",如此等等,因此没有根系现实生活的哲学玄思并不为普通民众所推崇和认可。中国人具有强烈的家意识,家是现实安居之所,也是安放精神的现实象征寓所,既可以联结未来,更取向过去,构筑基于始祖的族群发展之链,形成具有聚合功能的似无形又有形的强大系统质。因此,不管选择何种生活状态,都会于潜意识深处生成根意识,指向现实生活中某个曾经居住过的区域,或者指向孕育族群发展壮大的始祖,这就是家的意识。瑶族虽然具有强烈的迁徙倾向,甚至被称为东方吉卜赛,但他们毕竟不是吉卜赛,也不是西方宗教人,虽然具有崇尚自由的强烈意向,但依然没有形成不必依托现实居所的精神自由意象,没有形成可以抛开人间亲情和现世世界的宗教精神,同样深受中华文化影响,依然具有强烈的家意识,指向于根的祖宗崇拜。汉族具有祖先崇拜情结,瑶族同样具有这种情结,甚至较之汉族有过之而无不及,形成遍及瑶族各个支系的还盘王愿。"为缅怀瑶族始祖盘王的功德,为祈求盘王的保佑,在瑶族民间自古到今,流传下为盘王设置歌堂良愿隆重祭祀的习俗。这一活动称为'还盘王愿',一般在每年冬季进行。还盘王愿的仪式神秘肃穆,无论还大愿小愿,都按规定的祀神程序进行。其程序是:起事、接圣开坛、上大众光、诏禾开仓、还元盆愿、请翁敬祖、游乐、盘王宴席、结愿散筵等,当中均有歌、舞、喃语、喃词交替表现。这是还盘王愿整个活动中程序最为严格、场面最为盛大、内容最为丰富的主体部分"。② 盘王作为瑶族始祖,奠定了瑶族的发展基础,不仅在生命上给予了瑶族十二姓氏支系,更确定了瑶族的生产生活方式,还在瑶族渡海迁徙过程中予以有力保护,从而成为瑶族的生命神和保护神,得到瑶族民众的共同爱戴,成为联系"小聚居,大分散"的瑶族作为一体民族的精神纽带。这种指向远祖的祖先崇拜与家意识具有契合关系,虽然家的形成有赖于定居,而瑶族在尚未

---

① 韦祖庆、杨保雄:《贺州客家》,广西师范大学出版社 2010 年版,第 42 页。

② 张声震:《还盘王愿》,广西民族出版社 2002 年版,第 27 页。

定居之前就具有崇拜盘王的传统，这就说明瑶族在中华文化氛围熏陶下，不管在什么状态下，都具有取向定居的潜在心理，因此在历史发展在一定阶段之时，相当部分瑶族就由迁徙生产走向定居生活。这种定居的心理取向，还可以追溯瑶族曾经有过的一段美好的定居生活历史，那就是千家垌生活。“在很古的时候，瑶族人民集中居住在一个叫千家垌的地方。千家垌四周环山，森林茂密，只有一个山洞通到外面。对汉人来说．这个地方就跟世外桃源一样。千家垌美丽而富饶，那里山峦重叠，怪石耸立，瀑布高悬，无数的清泉汇成一条大河贯通于峒中。峒内田地宽阔，土质肥沃，千户瑶人同生活，共耕种，大家丰衣足食，快乐无穷”。[①] 这个时光真是人间天堂的日子，在被汉族统治者发现之后，就被强行攻打镇压，最后瑶胞被迫放弃千家垌生活，走向不断迁徙的游走状态，也是生活异常艰苦的状态，由于前后生活形成强烈对比，千家垌也就成为美好生活的意象，成为定居生活的潜意识之梦。这同样反映在祭祀盘王的活动之中，“平地瑶大多都有自己的土地，他们聚族而居，形成自己的村落，有的村落已有几百年的历史。他们有了自己的土地和生存空间，所以不像过山瑶那样具有强烈的‘寻找千家垌’及‘返回千家垌’的意识……在祭盘王时，平地瑶与过山瑶有一个很大的区别是：平地瑶中心弦律是千家垌，过山瑶的中心弦律是漂洋过海。千家垌象征安定的生活，漂洋过海象征着迁徙不定的生活”。[②] 这就是选择定居生活的瑶族同胞的家意识，向往安宁生活，向往美好生活，因此在迁徙过程中还是希望能够过上安稳定居生活，且只要存在过这样一段时间，都会成为他们津津乐道的梦想。板瑶“一念（支）下广东道韶州府乐昌县安居。又开田开地，耕种很好，各人立宅安居。又谢恩他（盘皇）有灵神，十二姓才抬香炉，各人分开，敬奉盘皇翁”。[③] 板瑶于乐昌县的立宅安居，就是在迁徙进程中的一段美好生活，成为瑶胞的一个现实存在，也成为之后值得回味的美好梦想。由此可见，瑶族虽然倾向于迁徙，但依然具有向往美好安稳生活的内心梦想，具有家的意识，作为定居衍生的这种精神追求，也可以成为判定是否定居的一个尺度。

定居因为稳定居住一处，这同样是统治者所梦寐以求的效果，由此可以有效地实现羁縻政策，可以开征徭役赋税。瑶族作为一个深居崇山峻岭且不断迁徙的民族，不说其先是否具有免徭役赋税的特权，就是没有相应特权也相对难以征缴，

---

① 宫哲兵：《千家垌运动与瑶族发祥地》，武汉出版社 2001 年版，第 308 页。

② 同上，第 94 页。

③ 《中国少数民族社会历史调查资料丛刊》修订编辑委员会编：《瑶族〈过山榜〉选编》，民族出版社 2009 年版，第 97 页。

因此某种程度上游离于统治者的羁縻之外。一旦定居,那情形就完全不同了,民众确实可以获得某种稳定生活,但也给予统治者剥削压迫以便利,因为可以有效地跟踪到人。富川瑶族黄竹沈姓始祖源流记述:"明弘治三年(1490年)遗下给照一张,内载洪武年间韩总兵官招抚立宅黄竹源。于洪武二十四年(1391年)攒造黄册,故知吾鼻祖生于元朝末。"①给照是一种官方文书,这里记载沈氏因为接受招抚而立宅黄竹源,说明沈氏由游耕而立宅定居,由自由生活走向羁縻生活,由不从统治者管理而接受招抚管理,由此被迫接受羁縻。整体而言,富川瑶族历经从不服徭役,到交纳赋税的渐进过程,这与其从深山老林搬迁至峒外平地定居密切相关。"据部分姓氏族谱记载和始祖源流记述,最早始于宋末,从'黔中五溪'开始陆续迁入富川,定居深山老林,不入户籍,不服徭役。元明期间较大量地从湖南道县、永明、江华,广东西北部和广西恭城等县徙入富川境内。明初,封建王朝对瑶族实行'招抚'与'分治',采用以瑶治瑶政策,富川瑶族人民逐步入了户口编籍。至明景泰元年(1450年),在富川瑶族聚居地设有三十六源(现富川瑶族自治县有东山五源、西北边十三源),加强了对瑶族人民的控制,强行输赋,交纳徭粮"。②这就说明只要定居,就必受羁縻,在古代社会羁縻的主要表征就是承担统治者赋予的各项义务,接受统治者的剥削与压迫,这也就成为普通百姓注定的宿命。确实,政府要维持正常的社会运转,必要的赋税肯定是不可避免的,就是当今世界各国也都如此,必然要收取一定的税负。据清乾隆、光绪版《富川县志》有载,其云:"旧志曰,瑶本盘瓠种类,来自黔中五溪蛮。散居富川者,田占沃饶,每四亩仅输民税一亩,赋而不役。"③从这段文字材料看,当时的富川瑶族只是交赋税,而不必服徭役,相对而言,还是比较幸运的。但是,其税为四税一,从现代社会考察,这个税率是相当高的,在生产力比较低下的古代社会,民众的生活必定相当艰难。不过,放在古代社会考察,却还是属于税负比较低的,而且当时的富川瑶族还享受着不役的待遇。

但是,如果查看更为翔实资料,就可以发现民众的赋税,远比四税一重得多,特别是进入近代之后。请看民国版《钟山县志》所载:

县属田粮,向有民粮壮粮之别,民粮内有亩税丁税。在富川方面,亩税分中下二则。凡中则民田地山塘税,每亩征银九厘,科粮五升三合五勺,征本色米三升五

① 富川瑶族自治县志编纂委员会:《富川瑶族自治县志》,广西人民出版社1993年版,第145页。

② 盘承和:《瑶族族源、族称》,《富川文史》第3辑,1988年版,第12~13页。

③ 盘承和:《富川境内瑶族源流初探》,《瑶学研究》第二辑,第36页。

合六勺六六五。征折色米一升七合八勺三三五,每担折银五钱二分。下则民田地山塘税,每亩征银九厘,科粮四升二合八勺,征本色米二升八合五勺三三四。征折色米一升四合二勺六六六,每担折银五钱二分。其在昭平方面,则分上中下三则。凡上则民田地山塘税,每亩征银九厘,科粮五升三合五勺,征本色米三升五合五勺。征折色米一升四合五勺零,每担折银五钱。中则民田地山塘税,每亩征银九厘,科粮三升二合一勺,征本色米二升二合三勺零。征折色米九合七勺零,每担折银五钱。下则民田地山塘税,每亩征银九厘,科粮二升二合二勺五,征本色米一升五合五勺。征折色米六合七勺零,每担折银五钱。①

瑶壮赋而不役,故壮粮有亩税无丁税,在富川方面仍分中下则,中则瑶田地塘税,每亩征银九厘,科粮五升三合五勺,征本色米三升五合六勺六六五,征折色米一升七合八勺三三五,每担折银五钱二分。下则瑶田地塘税,每亩征银九厘,科粮四升二合八勺,征本色米二升八合五勺三三四,征折色米一升四合二勺六六六,每担折银五钱二分。在昭平方面,仍分上中下则。凡上则壮田税,每亩征银九厘,不征本色米,征折色米三升三合五勺,每担征公费四钱,折银三钱五分。中则壮田税,每亩征银九厘,不征本色米,征折色米三升二合一勺,每担征公费银四钱,折银三钱五分。下则壮田税,每亩征银九厘,不征本色米,征折色米二升二合二勺五,每担征公费银四钱,折银三钱五分。此壮粮之大致也。②

从文献中可以看出,瑶壮“赋而不役”,不必承担丁税,但其亩税却与汉族百姓的民粮一样,于是相对汉族而言,瑶壮税负就轻些,但还是比四税一要重。其实,在20世纪上半叶,由于社会动乱,实际的税负比这还要重。有资料表明,农民税负大约占到收成的一半左右。

纳租分量据民国31年调查,分租制以行对分之地为最多,主六佃四,主四佃六之情形次之。依田地种类而言,水田平均分租率46%(地主所得),平原旱地为42%,山坡旱地36%,水田之分租率最高,平原旱地次之,山坡旱地多瘠薄土壤仅能种植杂粮,收益有限,租率亦低,较标准地租尤少1.5%。不过,以同期中国某些地方的地租相比,广西地租不能算太重。同一时期“闽西各县的租率,最低的60%,长汀70%,连城南乡高至80%”,而与同期赣南的兴国县,租率大抵相当,“赣南的兴国县,一乡(凌源里)二乡(永丰圩)四乡(侯径)租率均是50%,田乡(山坑)大部分60%,少部分50%”。定额租,即按每亩产额收取地租。1937年,广西水田每亩的实物定额租为1.21石,当时平均每亩水田产量为2.5石,租率为

① 黄成功:《钟山县志》,成文出版社1967年版,第83~84页。

② 同上,第85页。

48.4%,1941 年定额租为 1.46 石,租率为 58.4%,可见定额租不仅高而且有越来越重之趋势。平原旱地和山坡旱地的定额租也有明显的增加。①

在生产力水平相对低下,产量不高的情况下,高比例的地租决定了百姓如果要获得基本的生存,就只能依靠借贷才能维持最基本的生活。民间借贷的利息从来都不低,因为放贷者基本上没有普通劳动者,都是富贵人家,他们就是依靠剥削来维持永久性的奢侈生活,因此不会理会劳苦民众的承受能力。据悉,20 世纪初期的富川瑶族地区,其借贷基本情况是:"有借谷子的,有借盐的,放利息时全都折合成谷子。一般为 50% 的利,有时达 100%。如涝溪过山瑶李富仁借涝溪源地主陈金思的一担谷子,第二年要还 2 担。还不起时利中起利,所以他借一担谷子,三冬之后本利共还 8 担。"②在高地租与高利贷的双重逼迫下,借贷者就被锁定将永远成为高利贷大耳窿嘴边的菜,并将永远没有翻身的日子。劳动者之所以会被迫向高利贷举债,可以存在各不相同的原因,但起因还在于生产力水平的低下,百姓积累的财富十分有限,如果家中能够储备充足的财力,就可以应付某些变故而不至于向高利贷大耳窿借贷。造成农民贫困的原因,还在于平均地租高达 50%,甚至 80%,而当时的亩产水平只达到 300 斤左右③,如此的高地租就是现在的生产力水平,平均亩产达到 1000 斤左右,也会令人难以承受。贺县,"在瑶族内部何时出现私有财产,何时有了阶段的分化现象,目前无法查出,也无确实资料可考。但是据几个老人所说,瑶族人民都是同等命运的,靠山吃山,过一山吃一山。至于贫富的分化,只是由劳动力的多少强弱而定,开荒种山,种得宽好些,收获就多,生活就好些,劳动力少者或是没有劳动力的人家生活就差些。这样逐年积累,较富裕户有了剩余,加之受到汉族地区的影响(如与汉族做工,批山场),后来到了清朝时开始租种水田,由此也就逐渐的用剩余的财富购买水田耕种。据老屋冲、山虎一带的老人讲,瑶族在清末时购买水田的较为普遍,租田的也多起来。又据枧冲的老人讲,当地在民国初年时才有买卖水田的现象。然而瑶族内部很早应有借贷关系,是无息的借贷,带有互助的性质,如在结婚时,互相无息借贷猪、黄豆、米等物。后来与汉族往来,批山租田之后,因而也就逐渐发生高利贷的剥削,这种情况在新

① 涂运根:《民国时期广西农民贫困问题研究》,广西师范大学硕士学位论文,2007 年版,第 7~8 页。

② 中国科学院民族研究所:《广西富川县红旗人民公社(富阳区)瑶族社会历史调查》,1963 年版,第 26~27 页。

③ 中国社会科学院广西少数民族社会历史调查组:《广西壮族自治区贺县新华、狮狭乡瑶族社会历史调查》,1964 年版,第 8~9 页。

中国成立前是严重的,在这种情况下,阶级分化逐渐显著"。[1] 由此可见,定居不只是带来生活的安稳,由于统治者羁縻能力的加强,定居也同时带来生活的痛苦,身心的自由也随之受到严重破坏,定居也成为一体两面的生活状态。

不管怎样,定居应当是居住状态的必然发展,也是社会发展的必然,因为定居较之游居能够创造更多的社会财富。首先,从已知的人类居住发展状态看,起初人类没有建筑能力,只好居住在随机的天然洞穴等自然状态的所谓"居所";之后,各个国家和民族都有自己的有巢氏,于是开始简单的筑巢居住,向着定居建筑发展;而今,社会由着村庄聚落向着城镇化发展,城市化程度成为一个国家现代化的重要标准,传统意义的游居民族已经实际消亡。其次,从财富创造与积累的生产方式看,人类起初无所谓"生产",属于攫取性经济,完全依赖自然的恩赐,当然只是追逐自然环境进行采集与狩猎,因此无法定居。自从人类进入生产性经济时代,需要人类依靠自身能力进行生产,于是需要充分利用自然资源,这就内在地要求具有一定稳定性,定居就此逐渐形成。社会由农耕经济向工业经济过渡之后,社会由土地等自然资源的客观稳定性向机器设备等人造不动产资源的主观稳定性过渡,于是呈现由原本相对被动性定居向内心要求的主动性定居转向,形成更加深刻的定居形态,因为这已经与财富累积速度形成某种程度的正比。这确实意味着,定居是一种历史必然。

第二节 自争和抗争的诉求

人是一个具有独立意识的个体,都会表现区别于其他个体的独立性,只有具备独立意识的人,才是完全的人。一个国家、民族或族群,虽然都是由不同独立个体组成,由于这是基于一定内在诉求的集合体,也一定具有自身的团体意识,否则就不可能组合形成具有某种凝聚力的集体,因此民族意识非常重要。民族意识的表现方式方法一定呈现多种多样性,其中自争与抗争应该属于民族自觉性的重要表现形式,因为民族总是在区别和比较中才能显现,于是就必然呈现矛盾与斗争,虽然矛盾斗争的形式可能剧烈,也可能缓和,可能文争,也可能武斗,总之,这是历史经验告诉我们的基本结论。

---

① 中国社会科学院广西少数民族社会历史调查组:《广西壮族自治区贺县新华、狮狭乡瑶族社会历史调查》,1964 年版,第 20 页。

一、自争:主体意识的体现

中华民族是一个“多元一体”的民族大家庭,内含56个民族兄弟姐妹,大家共同创造着中华民族的伟大文明。在这样一个历史长河中,正如一个家庭内部的兄弟姐妹一样,大家有欢声笑语,也有矛盾纠纷,各自以自身特色促进中华民族的发展。相对而言,汉族属于中华民族大家庭的主体民族,占据着人口的绝大多数,其他民族属于少数民族。在中央政权方面,汉族政权也长期占据中央政权位置,只有蒙古族和满族分别在元朝和清朝成为少数民族掌控的全国性朝廷,其他少数民族虽然建立自己的王朝,也只是地方性政权,甚至还有部分少数民族从来就没有建立过真正属于自己的地方性政权,完全成为中央政权统治下的民族。瑶族就是这样一个从来没有建立过自己王朝或地方性政权的民族,甚至也没有自己的文字,因此瑶族的民族主体意识不能像蒙古族和满族那样,可以通过国家机器显性地彰显推行,只能运用柔性策略软性争取,以期有效地为统治政权所认可,并且由此获得民族利益的最大化。

运用柔性策略进行利益争取的方式属于文争,这虽然不是一种激烈的斗争方式,却是主体意识觉醒的最为重要方式,因为只有觉醒的主体意识,才会主动争取自身利益。在一个国家框架内,一个集团的利益获得从来都是妥协平衡的结果,大家在这样一种交锋过程中你来我往,从而找到一个利益共同点,由此维持一个国家内部的稳定与均衡。于是,在政治利益的博弈中,各个民族应当发出自己的声音,至少应当拥有自己的代言人,否则极有可能被边缘化,历史上的统治者就这样边缘化着一些少数民族,瑶族之“瑶”的称谓变化应当能够说明这种情况的存在。虽然瑶族长期以来处于中央政治边缘,但是并不能说明瑶族民众就自觉地认同这种边缘化,还是通过文争的形式努力进入统治者系统之内,希望成为体制内人员,并且利用体制之便提升瑶族形象与利益,比较典型的方式就是参加统治者组织的科举考试。

科举考试起于隋朝,形成于唐朝,完善于宋朝,衰落于清朝。科举考试较之汉朝的举荐方式,应该说更加公平透明,更加能够选拔国家有用人才,虽然其后弊端百出,因此,李世民唐太宗才说:“天下英雄尽入吾彀中矣!”由于应举是进入统治阶层的基本路径,因此广受读书人追捧,不管是官宦之家,还是乡绅之族,不管是汉族之人,还是少数民族之家,都积极备战科举,可以说对于科举是又爱有恨。当然,由于历史缘故,汉族人士能够更多地考取功名,少数民族人员相对较少能够博得科举功名,但是依然有着大量少数民族读书人通过科举道路进入统治阶层,瑶族士人也不例外。首先,开办学堂。据《明史》卷165载,陶鲁在从征广西大藤峡、荔浦等地瑶民时，“将兵不专尚武，尝言‘治寇贼，化之为先，不得已始杀之身’。每平贼，率置县建学，以兴教化”。嘉靖初，唐胄“迁广西提学佥事，令土官及瑶蛮悉遣子入学”。①《明太祖实录》卷197亦记载说，洪武年间，曾在“忻城山洞瑶蛮”处，“建学立师”。清朝在瑶区兴办学校，“义学初由京师五城各立一所，后各省府州县多设立。教孤寒生童或苗、蛮、黎、瑶子弟秀异者，规制简陋”。② 清人林愈蕃《鄘县志》卷二载，该县平地瑶，“其始佃种营生，后渐置产，兼及诗书，故有观化社学之设”。经过学校教化，瑶族“野蛮人”的形象正在改变，“不但士之子恒为士，可使佣贩之子亦事诗书，瑶蛮桀骜之徒驯归礼义”。③ 据清人成守廉《蓝山县图志》卷14记载：“清乾隆间钟玉振承袭抚瑶，颇用开导，稍裕之冲峒，于人烟较密处设蒙馆，读四子书，念熟八股文十余篇，为入学捷径，故有瑶人孙祖三代皆入则孝进学之趣事史。”该县大桥下洞杨家润等处的平地瑶，“皆以杉木起家，成为巨族，其人情风俗，与汉人无少差异，后益趋于文化，不靳重资，敦聘老师宿儒，训迪子弟，有援例纳资通籍出仕者。”明朝在少数民族开科取士上采取积极开放、机会均等、一视同仁政策，但出于对少数民族经济、文化、教育发展实际的考虑，在少数民族中试者相同条件下，对他们“加俸级优异之”。④ 据载：万历年间，“有土舍杨载清者，应袭推官，尝中贵州乡试，命于本卫所加俸级优异之”。另据载：“宋儒为麻哈州世袭土同知，胄北直隶定州籍等第，为隆庆辛未进士，入韦京朝近吏，任礼部主事。”⑤这些史料充分说明西南、南部土官子弟参加科举入仕受优待的情形。由于瑶族的历史性差异，清王朝除规定一般的学额外，也还设立专门名额，录取瑶族考生。顺治十六年（1659年），“设湖南辰州五寨学。巡抚袁廓宇疏言，五寨界接苗瑶，向事诗书，今更归化输诚，应请设学，考取童生七名，廪生六名，增广生八名。出贡年分，俱照各县事例，两年一贡。从之”。⑥ 康熙五十四年（1715年），“定湖南衡、永、宝、辰、郴、靖六府州属苗瑶入学额数，别编字号于正额外，量取一二名”。⑦ 于是，各地都有一定名额的瑶族子弟应试后被录取。新宁县“八峒瑶子弟入学，谓之瑶生，应试额取二名，康熙中增广一名”。⑧ 鄘县“瑶自康熙间奉例与考

① 《明史》卷二〇三。

② 《清史稿》卷七〇五。

③ （清）谢启昆：《广西通志》卷一三三。

④ 徐杰舜、韦日科：《中国民族政策史鉴》，广西人民出版社1992年版，第349页。

⑤ 同上，第353页。

⑥ 《清文献通考》卷六九。

⑦ 同上。

⑧ （清）张葆连：《新宁县志》卷十五。

岁科取进文生一名,谓之新籍”。①“雍正三年(1725年),部覆准湖南衡、永、宝、郴、桂、靖六府州属苗瑶,向例取一二名。陶淑既久,额少人多,嗣后岁科考试增取三名,永为定例”。② 于是,汝城县瑶族在康熙年间“奉例科、岁各取一名”,雍正三年时,“各加二名,每案三名”。③ 兴宁县在“雍正三年又增一名,每岁、科考各取二名”。④ 宁远县“旧额三名”,雍正三年时增加到5名。⑤ 在广西,道光三年(1822年),兴安县瑶童应试,10名以上取1名,20名至30名酌取2名。道光十四年(公元1834年),富川县设瑶童学额2名。咸丰五年(公元1855年),设平乐县瑶童学额2名。⑥ 其次,参加科举考试,博取功名利禄。瑶学开办后,对一些剿寇有功的平地瑶人,清政府还给予学额上的照顾。咸丰五年(1856年),平乐县四冲的平地瑶助官府御寇有功,经广西巡抚劳崇光奏请,清朝廷特准在四冲添设瑶学,准允每次科举增加四冲平地瑶人的学额两名。即每届开科,不论四冲的平地瑶子弟中是否有人参加考试或是否有人考中,均可获得两个固定的秀才名额。⑦ 昭平乐县的平地瑶老人王运良称,其王家有一个叫王才礼的人得过这种秀才名号。⑧ 后来,清朝廷又因四冲的平地瑶民“迭遭兵燹,户口凋零,应试寥寥,取进不能如额”,遂渐扩大到县属大冲、大贝、小贝、猫儿、巴江、油麻等平地瑶村寨。读书应举只是手段,目的还是培养统治者所需要的管理官员或代替人,以便达到以夷制夷的效果。湖南省宁远平地瑶,雍正、乾隆年间有人“两科先后中乡试额”。⑨ 宜章县莽山八排瑶中有人中过进士、举人,资兴雷连十二洞瑶在康乾年间出过生员、庠生。资兴碑记乡茶坪、郴县月峰乡落林洞两地赵姓过山瑶,从嘉庆年间到废除科举考试止,共出过1个监生、7个庠生。郴县东波、棉花垅两瑶山的盘姓过山瑶中,也出过7个庠生。⑩ 广西全州建恩二乡瑶,“有子就学列博士弟子者”。⑪ 富川县“瑶族中

---

① (清)唐荣邦:《酃县志》卷七。

② (清)吴起凤:《靖州直肃州志》卷二。

③ 陈必闻:《汝城县志》卷三。

④ (清)郭树馨:《兴宁县志》卷十二。

⑤ 《清文献通考》卷六九。

⑥ 李彦福等编:《广西教育史料》,广西人民出版社1990年版,第93页。

⑦ (清)全文炳、伍嘉酉等:《平乐县志》卷五·瑶学,光绪十年(1884年)刊本。

⑧ 广西师大地方民族研究所平地瑶调查组2002年1月在荔浦、平乐、蒙山三县调查所得资料。

⑨ (清)曾钰:《宁远县志》卷十。

⑩ 田伏隆主编:《湖南瑶族百年》,岳麓书社2000年版,第415~416页。

⑪ (清)谢启昆:《广西通志》卷二七八。

的举人也很多”。① 湖南宁远,“平地瑶则多读书能文之士。近年应童试者多至百余,易瑶籍为新籍生员,考列一二等岁、科试,每不乏人。雍正壬子(1732 年),乾隆丙午(1786 年)两科先后中乡试额,实自楚省瑶籍所未有”。② 东安瑶族,“本朝以来,久已向化……又置瑶馆二处,间有读书明理者,荷蒙皇仁,特以瑶童另试入学,岁不乏人。虽列新籍,而衣冠状貌,风俗礼仪,实与齐民无异”。③ “列成均黉宫者亦复不少”。④ 光绪《贺县志》卷七记载:贺县瑶族“其就居乡村之瑶,与汉民比屋相连,则服食皆或无所异,今亦知向学,有应试童子者。即居山冲间,有延识字汉人为师课子弟,风亦日变”。⑤ 据秀水村光绪十八年(1890 年)明义房《毛氏族谱》记载:秀水历代考取状元 1 人,为宋代毛自知;考取进士为 26 人,这些进士分别为唐代毛承吟、毛延瑀、毛延铎,宋代毛焕、毛元、毛维瞻、毛维藩、毛篪、毛雍、毛浚、毛杭、毛奕、毛必达、毛崇、毛璋、毛奎、毛壎、毛基、毛新、毛恭、毛振、毛宏、毛经,元代毛商之,明代毛章彦,清代毛亮。秀水村属于富川瑶族自治县朝东镇,朝东镇之北 2 公里处,与湖南省江永县桃川镇石枧村相毗连。秀水村由水楼、八房、安福、石余等 4 个汉族自然村环绕秀峰山而组成,周边居住瑶族,其丰厚的文化底蕴,无形中影响着富川瑶族,因此富川瑶族才能在贺州瑶族中脱颖而出。

表面看,开办学堂,参加科举,只是习得文化而已。其实,深入思考,事情并未如此简单,而是蕴含丰富的人文哲理。文化是人区别动物的基本标志,因此卡西尔进行才说,人是文化动物。文化是人所创造的具有意识形态特征的精神之物,具有形而上的意义,于是能够区别只有形而下的动物特征。正因为如此,不管什么样的民族,都一定拥有文化,形成不仅能够区分动物,而且能够区别不同民族或族群的精神形态特征。这是主体意识觉醒的基本表征,因为它是一种积极主动的自主建构,基于不同生存环境和生存境遇,就会构建不同的文化,于是才有今天我们所能见到的丰富多彩的文化景观。所有的民族都有自身独特的文化,从历史生成的适应性角度看来,民族文化没有高低贵贱之分,没有先进落后之别,它们之间只有基于环境的差异性。于是,在历史统治者看来,瑶族属于没有文化的野蛮这族,显然是没有道理的,瑶族自其形成一个民族以来,就拥有自身独特的文化。瑶族只是因为生存环境的关系,没有形成自己的民族文字,也没有形成与汉族一般

① 广西壮族自治区编写组:《广西瑶族社会历史调查》第 3 册,1985 年,广西民族出版社,第 69 页。

② (清)曾钰:《宁远县志》卷十。

③ (清)宗绩辰:《永州府志》卷五。

④ (清)汪姚柯:《东安县志》卷四。

⑤ 韦冠英:《贺县志·风俗》。

的文化景观,因此在汉族看来,其人似乎有些怪异,于是斥之为没有文化。一个民族没有自己的文字,确实对于文化传承有其缺陷与不足,因为口传文化更容易产生变异,而且也不易保存,容易丢失。今天,我们如要寻找瑶族历史,确实存在资料缺失的困难,只能通过师公等特定人群的口传记忆中零星获取,而且还不可能全面完整地了解瑶族丰富的历史文化。不仅如此,随着历史的演变,口头传承还遭遇失传的危险,因此借助非物质文化遗产行动计划,国家实施文化传承人保护政策,目的就在于保护这些通过口耳手相传的文化遗产,尽可能避免这些文化的消失,避免造成遗憾。但是,瑶族因为生活在中华民族的社会大家庭里,在强大的汉族文化影响下,很早就开始借用汉字书写自己的文化,并且进入汉文化学堂进行文化学习,于是能够有效地拓展自己的文化空间。当然,拥有文字的民族,也并不能由此证明其文化高于无文字民族的文化,只能说明文字的创生标志着这些民族找到了更好保存自己文化的媒介载体。无文字文化适应其所生存的环境,有文字文化适应不同历史阶段的生存环境,两者具有不能完全通约性。也许,有文字文化还不能有效适应无文字文化的生存环境,无文字文化也会遭遇有文字文化环境的无限尴尬,两者虽然存在交集,但肯定存在只能适应各自环境的独特性,因此它们应该是一种交叉关系。从历史发展态势看,任何民族如果要引领时代风潮,迟早都要创造文字,因为文字具有超越个人的生存年限之时空跨越性,能够有效地累积人类的历史经验,可以有效地实现纵向与横向的具有充分深广度的传播,因此可以有效地加快人类社会的进步。在不能即时创生瑶族文字的情况下,进入汉族学堂学习汉族文化,不失为一种明智选择,这是一种文化自觉的表现。这种文化觉醒至少标志两个层面的意义,一是通过借鉴汉字书写瑶族历史文化,实现更高层次的文化自觉,有利于传承瑶族文明;二是透过汉族文化的学习,能够有效地进入主流社会,可以获得更多改变瑶族命运的机会,可以避免进一步边缘化。

以科举进入仕途的瑶人既是以文而入,同时还有以武而入成为瑶官者,他们多因招抚瑶人或有军功而授予。在瑶人聚居的地区设立瑶首,用于统治与管理当地瑶人,但他们并非真正意义的政府官员,具有一定办官办民的性质。宋太祖时,以辰州瑶人秦再雄智勇双全,而熟悉当地情况,在瑶族中有威信,擢为辰州刺史,"自辟吏属,予一州之赋"。后又升为辰州团练使。其所管辖的地区数千里,国家不增一兵,不费蒂皮,终太祖之世,边境无患。① 元代对瑶族首领封以官职,称之为土官。如"泰定三年二月,广西全茗州土官许文杰率诸瑶以叛"。② 而对于率领

---

① 《宋史·蛮夷列传》卷四九四。

② 嘉庆《广西通志》卷八九。

瑶人归附的首领，封以官职，以约束瑶人。而所封官职大小，视其所率归附瑶人多少而定。例如“大德五年十一月，瑶人蓝赖率丹阳三十六洞来降，以赖等为融州怀远县簿尉”。① 明朝正统十三年（1448 年），朝议正式任用有功瑶首为副巡检、典史、主簿等职，从此，开始改变完全由汉人担任抚瑶的州、县官员状况。据载：“广东清军监察御史刘训言：‘高州、肇庆两府归化瑶人，往往被信宜、泷水瑶贼诱引，四出攻劫，累遣人招抚，虽一时从化，终非经久之计。乞如琼州府例，拘集瑶首，推保有能抚管五百户以上者授以副巡检，一千户以上者授以典史，两千户以上者授以主簿，就于流官衙门到任，专抚瑶人。或有别项瑶贼出没，悉听总兵官调遣，同官军剿杀。’上谓兵部臣曰：‘训所言，即行巡抚御史同广东三司从长计议，奏来处置，务在经久可行，毋得轻忽，贻害地方。或能擒捕蛮贼，依例升赏。”②这一规定当时是否全面推行，尚不得而知。但明代确曾授瑶人以州县届官名目则是有据可查的。据载：“巡抚戴景议欲择招主，旧时阳江、阳春等县，俱有巡抚主簿、巡检，乃用土人。”③此为以瑶人为主簿、巡检之例。天顺三年（1459 年），“广东兴宁县土官巡检彭伯龄等各来朝，贡马及方物”。④ 又，成化间平大藤峡后，韩雍上言：“诸流官巡检不谙瑶俗，往来迁转，难以责成，请授诸有功土人李晟等为土官巡检，因请移周冲巡检司于勒马，移靖于巡检司于献俘，移思隆巡检司于碧滩，而添设东乡、龙山巡检司各一。”⑤此均为以瑶人为“土官巡检”之例。又，成化时，朱英为两广总督，招抚瑶僮，“而荔波贼李公主有众数万，久负固，亦遣子纳款。为置永安州处之，俾其子孙世吏目”。⑥ 此为以瑶人为州吏目之例。至于土巡检一职，万历十年（582 年），更明文规定作为制度在广西瑶僮地区广为推行。据载：“兵部覆广西督抚右侍郎郭应聘、刘尧诲题：贺县里松、八峒与樊屯、努江等瑶僮，往盘踞万山中，时肆流动。顷年就抚输粮，愿为编户。樊屯、努江，俱已建立土司住守，迄今宁谧，惟里松、八峒延袤百里，界联三省，奸徒逋逃于中，招主吓骗于外，里排利其膏腴，往往招兵征剿，诸夷身虽向化，心尚怀疑。乞照樊屯例，于适中心处所建立土司，即以各色把总黎邦伯移家住守，管束僮民。三年之后，果地方安靖，各准于副土巡检职衔，世守其土。若失策误事，据法处治。……上然其言。”⑦正统六年

① 《元史·成宗纪》。

② 《明英宗实录》卷一六七，正统十三年六月壬戌条。

③ 《古今图书集成·职方典》卷一三九四。

④ 《明英宗实录》卷三一〇，天顺三年十二月辛酉条。

⑤ （清）毛奇龄：《蛮司合志·两广一》。

⑥ 《明史·朱英传》卷一七八。

⑦ 《明神宗实录》卷一二三，万历十年四月戊戌条。

(1441年),明政府决定,在广西瑶獞聚居地设长官司,选土人为长官。据载:监察御史韦广建言:"'臣广西庆远人也。窃见广西自永乐二十年以来,宜山、思恩、忻城县瑶僮黄公檀、韦万广等,伪称王侯都督,入寇我境,大肆焚掠。时镇远侯顾兴祖,率兵往征,贼皆奔入巢穴。俟官军既退,仍复入寇不已。后都督山云兴师进剿,斩获无算。忻城残贼,则委土人莫贤抚化,至今听服。唯宜山县之莫往、清潭、南乡、述昆及罗夷江等村峒,思恩县之川山、广南、中州、茆滩等里,优复不悛。招之则朝降暮叛,守备则出没不常,军民累世被荼毒,无有宁息。盖此贼实顽,难以德化,可以威服。乞教总兵官安远侯柳溥会同布按二司及巡按御史,大集官军,攻其巢穴,殄戮其朵魁。置长官司以抚安其余众,选土人之有智识兵力如莫贤者,俾为长官,从府管辖,则瑶僮畏服,地方宁谧,实为军民永远之利。不然则贼患日深,将有不可测者矣。'上嘉纳之。"瑶官由州县直接管辖,并无独立机关,而是附属于流官衙门,成为其组成部分。上述拟授予典史、主簿的瑶人,也明确规定"就于流官衙门到任,专抚瑶人"。至于基层瑶首,则不言而喻了,这是瑶官势力微弱的直接表现,也是瑶官与土司的重大不同之处。甚至于,明政府为了加强控制瑶官管理的某些局部瑶区,由流官直属改拨给土司代管,因广西土司多为僮族,故此举是以僮制瑶的一种手段。贺州瑶人担任政府官员者不多,但也有例外。邓佛胜是富川县有名的大地主,占有1800多亩水田,分布于富川之柳家、富阳、大围及钟山、恭城、贺县等地,出租或雇人耕种。其儿孙有的是国民党军队连长,有的是教导官、教育局局长,政治上有势力。民国时期,邓佛胜凭借其政治、经济势力,在贺县八步街等地和大商业资本家合股,开了一个大铺子,1947—1948年内,又在富阳、古城开两个铺子,出售食盐及杂货。食盐从广州进货。其儿子邓克诚下广州,一次运回食盐七八十担至一百担至八步,转富阳出卖。①

人具有多棱面性,不仅是文化人,而且更是政治人,因为人是群居的社会动物,因此就涉及社会管理,于是就会把所有的人都纳入政治范畴,成为一个政治人。孙中山说过:"政就是众人的事,治就是管理,管理众人的事便是政治。"②由此看来,每个人都在政治之内,没有外于政治的人,其区别只在于管理与被管理。瑶族由于选择山林生活,内在地希望回避管理,期望着保持身心完全自由的状态。当然,这是一个不可能实现的幻象,虽然瑶族是大分散小聚居,毕竟还是聚居,因此必然发生人际关系,因而也就需要管理,绝大多数民众也就成为被管理者。只

① 广西壮族自治区编写组:《广西瑶族社会历史调查》(第3册),广西民族出版社1985年版,第264~266页。

② 孙中山:《孙中山选集》,人民出版社1981年版,第692~693页。

是这种管理与中央政权的管理具有某种差异，或者说具有自己的一些管理特点，可以获得较之中央政权管理更多的身心自由度，也就更切合瑶族的族性特点，因而更能够得到瑶族民众的欢迎。因为《评王券牒》规定："评王旨敕下，许各出山，另择去处，途中逢人不作揖，过渡不费钞，见官不下跪，耕山不纳税。"①这样一种管理属于原始社会的管理孑遗，具有民间管理性质，大体是基于人性的松散管理，个体可以获得较大的自由度。但是，当历史进入国家时代，国家建立了基于系统的行政、司法和军事的管理体制，这些政权机关属于国家的暴力机器，具有最为强大的控制力和强制性，因而也对个体形成最为严酷和系统的约束与压制。这种国家管理是社会发展的历史必然，虽然具有个体自由的破坏性，但也有历史发展的进步性，可以更加有效地组织社会，协调各个方面的利益，促进社会的有序发展。因此，一个民族或族群如果要在国家中拥有合理化利益，就必须在国家政权机关中占据一定位置，才能达到有位有为，从而有效地维护民族或族群利益。政权机关能够赋予在位者相应的权力和权威，拥有国家暴力机器赋予的权力，就可以依靠政权系统推动社会工作，实现当政者的施政纲领。瑶族从制度层面整体获得进入国家政权机关始于明朝，由此极大地改变了长期以来瑶族在国家政权机关集体失语的现象，可以在一定程度上发出瑶族的声音，维护瑶族的利益。从这个意义上说，政治意味着话语权。简单回顾瑶族发展历史，瑶族历经由中心到边缘，再由边缘初步进入统治者视野的状态。瑶族始祖盘王因为斩杀敌酋高王荣立军功得到平王敕封，并且得到平王之女为妻，应该说作为王室女婿，已经进入中央政权中心，至少是切近朝廷中心的边缘，于是拥有相当的话语权，也得到万民的拥戴。但是，盘王并没有利用这个机会真正进入中央政权中心，而是避入山林远离政治中心，这既有盘王自身的主动选择，可能也包含无奈的选择，因为群臣皆曰："盘瓠是畜，不可官秩，又不可妻。虽有功，无施也。"这种远离政治中心的选择，当然可以保持自由之身心，但也使得瑶族子孙长期处于集体失语状态，并且长期处于政治边缘地带，使得瑶族长期处于弱势群体，严重地影响瑶族的整体发展。"广西土司多为僮族，统治者为加强对瑶官的控管，将一些局部瑶区的瑶官改拨给土司代管，这也是以僮治瑶的一种手段"。② 在各个生活于山林的少数民族中，瑶族总是居住在最山顶和最深处，在广西许多情况下，瑶族总是被朝廷委托壮族土司管理，使之置于其他少数民族统辖之下，从而表明瑶族政治地位的低下和缺少政治话语权。

① 《过山榜》编辑组：《瑶族〈过山榜〉选编》，湖南人民出版社1983年版，第11页。
② 王明生、王施力：《瑶族历史览要》，民族出版社2005年版，第118页。

从瑶族进入学堂到通过考试进入官场，至少从三个方面说明瑶族已经在国家社会中再次实现主体意识的觉醒，从而引导瑶族进入一个新时期。一是认同并融入主流社会。瑶族是一个生活在山林的民族，诸如高山瑶等名称可以看出，但是随着历史的前行，也开始生活在平坝盆地平原，所谓平地瑶即可说明这种变迁。这是瑶族从地理环境层面开始认同并融入主流社会的具体表征，因为主流社会的各色人等都生活在自然条件相对优越且地势平坦的地区。如果这只是一种外在的融入，那么瑶族还有更为深层的融入，即由生瑶变成良瑶，与汉族民众一样接受统治者的管控，接受汉族的社会礼仪和文化，因此得到统治者“良”的肯定。瑶族之所以能够变成良瑶，其中重要原因在于接受汉族学堂的教育，从语言层面认同并融入主流社会。瑶族民众主动习得汉语是从口语开始的，迫于生活的压力，瑶族民众都能够熟悉运用本族语言之外的其他民族语言，都能够操持多种语言，从而开始在语言层面认同并逐渐融入主流社会。贺县瑶族同胞能够熟练操持“本地话”、客家话、桂柳话和白话等当地主要方言，钟山县瑶族同胞能够说钟山“二哥话”、桂柳话等当地主要方言，富川县瑶族同胞能够讲桂柳话、民话、梧州话、都话等当地主要方言，昭平县瑶族同胞能够运用“本地话”、客家话等当地主要方言，这种现象在瑶族生活的其他地区也一样存在，具有相对普遍性。“平地瑶在与周边的汉、壮等民族的交往过程中，逐步吸收了汉语发音，形成一种介于瑶汉语间的方言——平地瑶语，其自称为‘爷贺尼（丙多优）’”。① 这种平地瑶语在各县也存在一些差异，但基本上相通。富川、钟山与湖南江永、江华平地瑶语基本相通，荔浦、平乐、蒙山三地平地瑶语也能相互交流。② 平地瑶语形成后逐渐成为平地瑶人的母语，并对周边的民族产生了影响。如恭城栗木，原来讲壮话的何姓壮族定居六岭后，改习“土话”。来自江西的汉族岭尾黄姓，也改习“土话”。③ 这种语言上的相互影响体现了民族文化交流的双向性。平地瑶人还学会了周边民族的多种语言，形成平地瑶语言的多样性。例如，恭城栗木平地瑶人能说客家话、麻介话、福建话、壮话、桂林话等多种方言和民族语言。④ 官川平地瑶人也会讲梧州话、七都话、桂林话、勉话等。⑤ 其他地区的平地瑶都有类似情况。“母语为主，多语并

① 湖南江华县地方志编纂委员会：《江华瑶族自治县志》，中国城市出版社 1994 年版，第 563 页。

② 广西师大地方民族研究所平地瑶调查组 2002 年 1 月在荔浦、平乐、蒙山三县调查所得资料。

③ 莫纪德：《恭城平地瑶之特点》，现存广西师大社会文化与旅游学院资料室，第 15 页。

④ 同上，第 13 页。

⑤ 徐靖彬：《试论平地瑶中的汉文化因素》，现存广西师大社会文化与旅游学院资料室，第 7 页。

用”,反映了平地瑶同周边民族文化交融的特点。① 通过口语交流能够进入对方民族文化,但是还不能达到更加有效进入的层次,只有深入学习语言文字,才能全面且细致地进入对方民族文化的深层底蕴,这就需要进入学校进行系统的语言学习。贺州市富川县“平地瑶的汉语文教育始于清道光年间,富川训导朱德鈌在五源平地瑶区创办了‘五源书院’和‘蒙泉义学’,入读的全是五源地区的瑶族学童。这些官办瑶学在教学内容上以讲授儒学经典为主,平地瑶开始接受正规的儒学教育,汉字也逐渐成为平地瑶习礼、记事、交往的唯一文字。如富川瑶族记载本族起源和历史迁徙的《狗皇的故事》《千家洞史记》《盘王出世歌》以及迁居越南瑶族的《交趾曲》、歌信等都由汉文写成,从汉区传入的梁山伯故事也被平地瑶用汉文演绎为七言山歌体的《梁山伯歌》。除了政府官方的汉语文教育,平地瑶内部开始兴办学习汉语文的私塾。富川平地瑶的私塾教育约始于清朝中期,最早见于洋冲平地瑶。洋冲平地瑶定居不久即延请汉族塾师到村中设帐收徒,讲授《三字经》、《百家姓》、《千字文》以及《四书》等汉文启蒙教材和儒家经典。随着平地瑶文化教育水平的提高,由平地瑶本族先生开办的私塾也开始出现,数量逐渐增多。他们在家乡开设蒙馆、私塾,推动了汉语言文化在平地瑶乡的传播,语言转制也逐渐完成”。② 凭借学校语文的系统学习,通过参加科举考试就可以更加深入地融入主流社会,这也是汉族民众进入统治阶层的基本方式。只有参加了政权机关的管理工作,才能真正全面地融入主流社会,如果始终只是普通百姓身份,那么就不可能真正全面细致地体会主流社会的制度文化,不能深入到主流文化的核心层面,因为不在其位不谋其政。

二是放弃无所约束的自由进入文明外衣下的管理。进入主流社会其实是一把双刃剑,能够更多地享受社会创造的物质财富成果,但也必须承受由于社会制度管理所带来的对于个体自由的限制。《评皇券牒》中说,瑶族始祖盘贵为驸马,其子孙属皇亲国戚,“虽受皇禄之身”,却“食嗜山猎之味,终朝趋野,逐日奔山”,过着“刀耕火种”的生活。由此观之,瑶族先民宁愿终年奔波,食不果腹,也不愿仰人鼻息,受制于人,表现了瑶族先民人格的独立性。《评皇券牒》还规定,王瑶子孙“迁徙外出择山,途中逢人不作揖”,“见官不下跪”,作为王瑶子孙穷也要穷得有志气,那些置民族利益和尊严于不顾的人不配做王瑶子孙。但是,只要习得儒家文化,只要进入统治者官场,还能做到“不作揖”、“不下跪”吗?显然这是不可能

---

① 谭肇毅等:《从桂东北平地瑶文化教育的演变看民族融合》,载《中南民族大学学院报》(人文社会科学版),2005 年第 1 期,第 64 页。

② 周玉蓉:《族群互动下的语言接触》,载《青海民族研究》,2007 年 4 期,第 28 页。

的,因为这是儒家提倡的为人处事基本准则。这只是身体层面的外在管理,更为深入的则是对于思想层面的管理,就是必须遵守统治者极力推崇的"三纲五常"为基本载体的封建伦理道德体系,使得进入主流社会的瑶民成为统治者的心奴,从而在身心两个层次全面管理管控瑶族民众,使之成为统治者的顺民。

三是运用体制内规则争取并维护民族利益。进入主流社会如果只是收获身心被管控,那么瑶族同胞不会自觉自愿地进入主流社会,能够运用文争策略有意识地挤入主流社会,一定还是拥有某些的政治或经济等多方面利益,能够在国家政权内部为瑶族精英自身及瑶族民众争取并维护民族利益。前之所述,十万大山瑶族头人盘金福、邓升形就凭借《评皇卷牒》,争取到免除瑶族兵役的承诺,这就说明适当地运用体制内规则,能够通过最小成本获得民族利益。"选择土豪为蛮人所信服者的总首,以任弹压之责,替以御之,凡细微争斗,止令总首处分,开谕劝解,自无侵凌之患"。① 这是赋予瑶官的基本职责,相对而言,较之瑶族争端全由汉族官员处置,应当更为有利瑶族民众,因为毕竟还是内部处分,某种意义上说,对于争执双方可能更为公平合理。封建统治者也以此作为管理瑶族的策略之一,认为"以恩怀之,以信结之,以瑶治瑶,不易其俗。官府不拘牵文法,弗扰其地,则此椎髻侏㑩,文衣负剑者皆吾良民也"②。因为有着瑶族自己官员的管理,于是获得清政府"弗扰其地"的承诺,这就有效地维护了瑶族民众的利益。不仅如此,而且还能够影响政府决策,清下府严禁汉民侵占瑶人山场,禁止买卖土地和交换田产,"尔等各守旧定界址管业耕种,瑶人不得越占汉民田土,汉民不得越占瑶人田山,如有私相典卖,无论活契绝契悉照原价赎回,均无递延"③。这就说明能够进入统治阶层,一定程度上确实能够带给瑶族民众有限的利益保护。

二、抗争:生存压迫的回应

欲壑难填是人的本性,作为统治者从来都追求穷奢极侈的生活,虽然在每个朝代建立之初,开国统治者尚能汲取前朝灭亡的教训,不断训导各级官僚克制自己的欲望,也给予百姓必要的休养生息机会,但是随着政权稳定,统治者享乐的本性也就暴露无遗,由此造成民众生活的困苦。对于少数民族百姓而言,其痛苦更是汉族民众的双倍,因为历代统治都推行民族歧视政策,于是也就带给百姓双重的压迫。夏族具有强烈的民族优越感,认为自己是"中国",居"天下之中",属于

① 《宋史·诸蛮传》。

② 道光《永州府志》卷五,《风俗·瑶俗附》。

③ 嘉庆十六年一月《桂阳(汝城)县令通知》。

经济发达地区,歧视其他民族"先华夏后夷狄"或"内诸夏而外夷狄"的思想观念,在先秦文献典籍中就有清楚记载。《尚书·禹贡》的"五服"、《周礼·夏官司马》的"九畿"、《周礼·职方氏》的"九服",以及《礼记·明堂位》记载的周公朝诸侯四夷之事,都明显反映出"内诸夏"、"外夷狄"的思想观念。周朝民族观曾被奉为经典,《周礼·明堂位》规定:"昔者周公朝诸侯于明堂之位。天子负斧依南乡而立。三公中阶之前,北面东上。诸侯之位,阼阶之东,西面北上。诸伯之国,西阶之西,东面北上。诸子之国,门东,北面东上。诸男之国,门西,北面东上。九夷之国,东门之外,西面北上。八蛮之国,南门之外,北面东上。六戎之国,西门之外,东面南上。五狄之国,北门之外,南面东上。九采之国,应门之外,北面东上。四塞,世告至。此周公明堂之位。明堂也者,明诸侯之尊卑也。"通过明堂位的排列,明确了周代在制度层面对少数民族不平等的歧视观点。而春秋之时,这种夏夷观念更加理性化,孔子提出了明"华夷之辨"和立"夷夏之防"的观念,同时提出"修文德以来之"主张。《春秋公羊传》云:《春秋》是"内其国而外诸夏,内诸夏而外夷狄",这种内外有别、夏夷之分、恩威并施的思想成为各个朝代统治者民族政策的基本来源。

马克思曾经说过:"统治阶级的思想在每一时代都是占统治地位的思想。这就是说,一个阶级是社会上占统治地位的物质力量,同时也是社会上占统治地位的思想。支配着物质生产资料的阶级,同时也支配着精神生活资料,因此,那些没有精神生产资料的人的思想,一般的是隶属这个阶级的。"①那么在历史上,是否只有汉族制定过针对少数民族的民族歧视政策呢?非也。虽然马克思是从阶级观点进行统治思想的分析,但也可以借鉴分析民族政策,即大凡占据统治地位的民族,也会在统治思想及政策措施层面凸显本民族利益,使之成为主导思想与政策,制定压制其他被统治民族的利益。事实也是这样,凡是在历史上取得政权的少数民族,都会制定有利于本民族的国家政策,出台一些压制汉族的行政措施。在专制社会里,权力即是真理。当少数民族成为统治民族后,他们主宰国家社会,理所当然地具有优越感,一样压迫剥削和歧视其他民族。在秦汉之际,匈奴强汉族弱,匈奴族统治了北方广大地区,自称"天所立匈奴大单于","天地所生日月所置匈奴大单于","南有大汉,北有强胡。胡者,天之骄子也"。在东晋南北朝时,鲜卑族所建国家,对鲜卑族人称"国人",对汉族人称"汉儿",视汉族人为统治下的奴隶。女真族之金世宗大定六年(1166 年)设太学,太学"初养士百六十人,后定

① 马克思、恩格斯:《马克思恩格斯选集》(第 1 卷),人民出版社 1995 年版,第 98 页。

五品以上官兄弟子孙百五十人,曾得府荐及终场人二百五十人,凡四百人"。① 可见,虽然太学和国子学入学资格一样严格,但是女真贵族子弟享受真正特权,汉族和其他民族的知识分子子弟的地位比较低下,在入学与录取数量方面还是受到限制。"元代入仕,首论社会出身元制:中枢省府台部的高级官员,乃至地方上府州县的长官,皆由皇帝任命勋臣、名门以及儒吏出身且品资相当者担任。入仕重国姓,亲本族,历代统治者莫不如此,而元代尤甚。元朝官制,一贯坚持'长则蒙古人为之,而汉人、南人贰焉'②的原则"。"在应试程式上,规定在常规的乡试及会试中,蒙古、色目人试'经问'、'场策'两场,汉人、南人则需另加试'古赋、诏诰、表章'。后者不仅在考试场次上要较前者多试一场,而且在具体要求上也要较前者高得多"。"会试总额全国限定为300名,平均分配给四个民族,即蒙古、色目、汉人和南人各占75名应考殿试。属于'南人'的江浙、江西、湖广、河南分别配得28名、22名、18名、7名③,其中的'江浙'地区包含了宋代原来的福建、浙东、浙西与江西东路四个考区,这些宋代科举考试极为繁盛的地区在元代只能分到28个参加会试的名额,可见民族歧视事实的客观存在"。④ 清朝在民族治理方面,实行"顺者以德服,逆者以兵临"的政策,虽然注意安抚汉族,但对于满、蒙、汉之间的等第区别,满洲统治者并不隐讳,满洲人与蒙古人、汉人相比,拥有同等条件下的优先择用权。雍正帝曾明言:"如宗室内有一善人,满洲内亦有一善人,朕必先用宗室;满洲内有一善人,汉军内亦有一善人,朕必先用满洲;推之汉军、汉人皆然。"乾隆帝在敕撰的《清朝文献通考》中亦明言:"我朝封爵之制,亲亲而外,次及勋臣,所以隆报功之典,广世禄之恩也。兹所纪载首满洲,次蒙古,又次汉军。其间以公侯伯子男为经,八旗为纬。若汉人为军功封者,则次于汉军之后焉。"⑤这些都说明,历史中民族歧视政策普遍存在,并不特指某个民族,汉族政权存在歧视少数民族现象,少数民族政权也不同程度地制定歧视汉族的政策,因此必须认识民族歧视政策的不平等性和危害性。

当然,由于汉族在历代历朝中占据最长时间,而且不管在人口数量、文化辐射等方面都占有优势,因此我们在论及民族歧视之时,更多指向是汉族统治者对少数民族的歧视。而在被歧视的各个少数民族中,瑶族又是属于最为深重者,不仅

---

① 《金史·选举志》(卷五一),《金史·百官志》(卷五六)。

② 《元史》卷八五(百官志一)。

③ (明)宋濂:《元史·选举志一》(卷八一),中华书局1976年版,第2021页。

④ 花文凤:《科举体制下中国少数民族教育公平问题的研究》,西北师范大学硕士学位论文,2009年,第27页。

⑤ 《清朝文献通考》(卷20),封建考五,浙江古籍出版社2000年版,第7093页。

因为瑶族从来没有建立过属于自己民族的地方性王朝,而且还受到其他少数民族的排挤,生活在距离政治中心最为边缘的地理深处。统治者既在政治上抑制瑶人,更在经济上钳制瑶人。明朝统治者严禁汉人进入瑶山买卖,禁止瑶民入城贸易,对瑶族实行经济封锁。明嘉靖二十七年(1548 年),"提督军务都御史欧阳必进严山禁,照得国家通山之禁,法制甚严。今查各处报到贼情,皆系乡村奸民,为之倡率向导……若使守土巡捕官知严禁地方,哨守巡司官知严禁军兵,无一奸民敢与相通。鱼盐布货之利,非听抚者不得相济。则导率无人,凶器无备,鱼盐布货之利又足以制其生命,又安有猖獗之患耶?"①同时规定"严立私盐贩之禁",违者处死,以隔断汉瑶联系,企图通过围困瑶山手段达到防止瑶民反抗目的。此外,明代国家政权禁止私藏、私贩、私造军器。弘治十一年(1498 年),南京浙江道监察御史万祥奏:两广瑶僮之地,"仍须严禁军器,抚过村分,有收长枪、腰刀、盔甲、药弩并私造、私贩、私用军器者,俱治以重罪"。地方土司也同时制定自己的禁条,瑶族"土司还制定歧视老百姓尤其是瑶民的禁令,如百姓不能穿白衣、花衣,瑶民只准穿粗麻灰土布,并不准钉纽扣,只能用麻线钉绑;瑶民住房不能开正门,正厅不能书写神台,供奉自家先祖,以示与壮、汉人区别等,以维护其封建领主的统治"。② "土司法极严肃,鞭笞杀戮,其人死无二心。民怯于私愤,勇于公斗,似秦。严刑峻法,娴于文司,似郑。商贩入其境,以二枪交植境上,曰关。税未输而越关者,许射之。既输,暮行露宿,货物狼藉,无敢睨者"。③ 在清朝,自从雍正大规模改土归流后,就把保甲制从汉族地区推广到少数民族地区;乾隆以后,在广东湖南的一些瑶区,往往以保甲制代替瑶官制。瑶人被编入保甲后,粮赋均与汉民无异,宜章县瑶人"向寄十四都各递年里户代征,新民苦之"。④ 在不设保甲制的瑶区,也采用保甲制管束之法,其执行者为瑶族头人。进入民国以后,瑶区继续实行保甲制度。

由于统治者在政治与经济两个层面的封锁,必然造成瑶族地区生活困顿。明代,瑶人一经入户即供赋税和徭役,赋税种类有田赋、山赋两种。田赋要确定赋额,故有"丈田定税"之举。据《明史·食货志二》卷七八载:"永乐中,肇庆瑶人内附,输赋比内地";"曲江瑶……耕亩者编户与庶民同"。在瑶区生产条件普遍落后的情况下,税负与汉族一样,那么瑶民赋税就显得异常沉重。除田赋外,瑶族还要

---

① (明)顾炎武:《天下郡国利病书·广东下》,四部丛刊本。

② 韦标亮:《布努瑶历史文化研究文集》,贵州民族出版社 2003 年版,第 125 页。

③ (明)邝露:《赤雅》法制条,《赤雅考释》,广西民族出版社 1995 年版。

④ 嘉庆《直隶郴州总志》卷二十二,《苗瑶志》。

征收山赋，即凡山中出产之物均课之以税，其负担轻重不一。瑶民的田赋与山赋加起来，负担必然远甚于汉人。同时，明统治者还对瑶区实行残酷的经济掠夺。在平时为加重科税，万历十年(1528 年)，广西巡按郭应聘云："有兴安、融江六峒诸瑶"，重新"丈复田粮，已加数倍"。① 在对瑶区作战时期，明王朝经济掠夺政策更是骇人听闻。其主要表现有：摧残瑶人村寨，收谷粟以绝瑶粮，侵占瑶田等。史书关于明王朝对反抗的瑶人采取"倾其巢穴，绝其党类"一类的记载颇多，这种血腥的剿杀政策，瑶族经济因此遭遇到灾难性的洗劫。洪武二十一年(1388 年)，广西都指挥使司言：广西平乐府诸县及湖南道州、永明、江华等县，逼近瑶峒，认为"'比调卫兵收捕，即逃匿岩谷。及兵退，复肆跳梁。臣等欲秋成之时，统率所部，会永道诸卫官军，屯驻贼境，扼其要害，收其所种谷粟。彼无粮食，势必自穷，乘机擒戮，庶可绝其后患。'从之"。② 清代统治者根据不同地区与不同社会经济状况，制定了三种不同的赋役政策。一是供赋役，主要是对"与民无异"的熟瑶而定，如湖南江华县，"近年以来，熟瑶纳补当差，令行禁止，与民无异"。③ 二是赋而不役，又称税而不任差遣，主要对象也是熟瑶。如广西临桂平地瑶，"佃田纳赋，惟不任差遣"。④ 三是无赋役，主要对象是生瑶。广西永安县，"长发瑶不赋不役"，而广西永宁熟瑶，"居山谷，最僻处，男妇以耕织为主，无赋役"。⑤ 值得指出的是，自清雍正、乾隆改土归流之后，无赋役瑶民大量减少。清王朝在采取稳定瑶区土地所有制政策的同时，又大规模地对此加以破坏，即以"清叛产"之名，行疯狂地掠夺瑶民田产之实。在乾隆年间，清廷议定，对湖北、广西两省苗瑶地区的善后事宜之一为"清叛产"。《平瑶述略》载：将起瑶人之田产户业，"照例入官，召变充公"。道光年间，在镇压瑶民起义后，也袭用此策。

如果说，那只是政策层面的压迫剥削，还没有一些具体实际的感受，那么我们可以看看一些个案，亲自感受瑶族同胞当时的困苦生活。首先，瑶民甚至连基本的生产工具都极度缺乏。"在广西大瑶山罗香村共 30 多个瑶族仅有铁耙一把；而在十万大山，南丹大瑶寨部分瑶族地区，使用的主要是木制生产工具，铁器工具很少"。⑥ 如此生产条件也许不带有绝对普遍性，但也绝不是只有一两处，依据明朝统治者的禁令，瑶民的生产工具不会好到哪里去。可以想象，这样的生产条件能

① 据《明神宗实录》卷一二六载。

② 《明太祖实录》卷一九〇。

③ 同治《江华县志杂记》卷二二。

④ 《广西通志·列传二三》卷二七八。

⑤ 同上。

⑥ 人大复印资料，载《中国少数民族》，1982 年第 7 期。

够生产多少粮食，瑶民的生活能够好到什么地方。瑶民基本上全年有四至八个月吃红薯及玉米、麦类和野菜，能有四个月白米吃的，只有地富阶级。以白岭乡白吟村为例：142户人家，全年中有20%秋收后就无粮吃了，有30%要借半年粮。全村靠借债度日的有50%以上，还有20%以上的人冬天无衣无被，靠烤火、睡禾草、蓑衣过冬夜。又如沙乐源四个村160多户人家，无衣无被过冬的30%以上，找野菜、借贷、帮短工过日子的有80%左右。小孩在七八岁就得帮地主看牛，十二三岁的儿童要参加常年劳动。有的家庭终年吃不上一餐大米饭，有的人家终年吃不上油盐。① 再看全州东山瑶族：一年中有八个月要吃野菜，有70%左右的人缺粮，有80%的人缺盐吃，有40%的人无盐吃。有40%的人无棉衣、棉被和衣服，十四五岁的孩子无裤子穿，多数冬天无被盖，白天围着火炉不出门，晚上睡在火塘边。所以，瑶族是广西最苦的少数民族，人权发展水平十分低下。② 甚至到中华人民共和国成立之后，生活依然十分艰苦，广西人大代表赖国荣等于2003年给广西政协九届一次会议提案中说：贺州"土瑶群众在一年只能在贫瘠的坡上种玉米、木薯等粗粮来维持不足半年的口粮，不足部分只能靠平时编织些箩箕、箩筐等竹器或砍两根杉木背到镇圩上卖，以此换取些米来补充，大部分土瑶群众生活十分艰苦，相当部分瑶民整个家产不足200元，一日三餐有两餐是玉米粥"。③ 另据《贺州市土瑶扶贫报告》："据统计，有47.5%的土瑶群众没有水田，只能依靠自古以来原始的粗耕种的生产方式，种植的旱稻、玉米、粟米产量很低，木薯、红薯等杂粮作为主粮补充。""2003年以前60%的土瑶群众睡觉没有蚊帐，70%以上的土瑶群众缺少防寒衣物。食以大米为主（多数靠购买），红薯、芋头、玉米、粟米、木薯等杂粮为辅食。经统计，2003年六个村委会的缺粮户有1234户，占总户数的98.6%；一日三餐吃粥和杂粮的有126户，占总户数的10%。"④21世纪的瑶族尚且存在这种恶劣的生存状况，在过去统治阶段严酷的苛捐杂税的盘剥下，瑶民生活自然不会好过。如果再加上兵匪恶霸的骚扰，日子真的就没有办法过下去了。"清代乾隆四十七年时，汉族统治者曾派兵杀戮桂北瑶民一次。咸丰年间又进行屠杀一次。同治八年又杀戮一次。反动统治者的不断杀戮，瑶民受苦不少。以同治八年为例：当年十一月十五日反动团董带兵到桐木江烧十二幢房子，结果打了官司，又是瑶民受亏。反动头子陈国人、陈炳南、马家越、唐太昌、严昌亭等以'恶瑶骑王，久佃升君'

---

① 广西壮族自治区编辑组：《广西瑶族社会调查》（第四册），广西民族出版社1986年版，第15页。

② 陶小平：《广西少数民族人权刍议》，广西师范大学硕士学位论文2004年版，第15页。

③ 赖国荣等：《关于进一步加大对土瑶群众扶贫力度的提案》，2003年。

④ 贺州市扶贫办：《贺州市土瑶扶贫报告》，2004年12月。

为讼词诬告瑶族，霸占山场，结果他们以大量钱财贿赂官府，而得胜诉，以后不断来桐木江收租、收税，安葬祖坟等。他们来时威风凛凛，坐着大轿，一坐下来吃十天八天，除酒款待外，走时还要送茶叶等，打起三口炮送行。他们来到村中横行作恶，调欢妇女，谁也不敢开口。后来再打起官司，瑶族虽然胜诉，判陈炳南、唐太昌等人坐了牢，但又被他们用钱通官，很快释放出来，瑶族又遭到种种迫害"。① 生活总要过，怎么办？只好举债，这无异于饮鸩止渴，把自己置于火炉之上。贺县里松镇新华村(原新华乡)，瑶人"借贷的种类有谷物和货币两种，一般均为食物，借谷子利率有一本一利、一本二利、百分之八十、百分之六十的利息几种"。"赵文明在 1946 年借赵才凤之谷 100 斤，年利一本一利，借时写好押典的契约先交给借方才给秤谷子，第二年本利还 200 斤"。"赵福定在 1942 的买赵福京的田，价谷三千二百斤，交了一千九百斤，另一千三百斤作为借贷利息，利为一本一利，三年时间债谷共七千二百斤"。② 类似的例子还有许多，这个调查报告中还罗列了新华乡瑶民的其他个案，限于篇幅原因不必列举，如果再拓展开去，《广西瑶族社会调查》收集这方面的原始资料更多，确实已经不是简单的个案，极端贫困属于瑶民的常态现象。为此，统治阶段之官方也不得不承认：广西"由于地瘠民愚，强半皆无生计，饥寒者众，贼盗斯多"。③ "明代广西各族人民反夺田的斗争遍布种地，举不胜举。如洪武二十年，富川灵亭乡破纸山瑶两千多人，聚焦起来，'占耕内地'"。"正德、嘉靖间，贺县瑶民起而耕占田地。由此可知，一方面由于明朝统治者大量夺占农民土地为兵田，引起了广西各族农民开展轰轰烈烈的反夺田六十分，致使土地问题成为广西严重的社会问题，成为阶级矛盾激化的主要根源"。

官方把造反民众说成贼盗，原因在于地瘠民愚和无生计，虽然对民众有所诬蔑，但原因归纳不无道理。清人徐珂分析云："粤人贫富之不均，甚于他省，富者极富，而贫者极贫。贫人既无生计，饥寒亦死，为盗而为官所捕亦死，等是一死，而饥寒重迫，必死无疑，为盗虽犯法，然未必为盗者人人尽为官所捕，即捕，亦不过一死。是不为盗则死在目前，且必无幸免之理，而为盗则非特目前不死，且可以侥幸不死。既若此，是亦何乐而不为盗也。粤人为盗者之心理盖如此。"④这个分析既

① 广西壮族自治区编辑组：《广西瑶族社会调查》(第四册)，广西民族出版社 1986 年版，第 16 页。

② 中国科学院民族研究所：广西少数民族社会历史调查组，《广西壮族自治区贺县新华、狮狭乡瑶族社会历史调查》，1985 年版，第 23 页。

③ 两广总督岑春煊折(光绪二十九年十月三十日)，中国第一历史档案馆编，《辛亥革命前十年民变档案史料》(下)，中华书局 1985 年版，第 557 页。

④ 徐珂：《清稗类钞》，中华书局 1986 年版，第 5337 页。

深刻,也是常理,不只粤人,其他各省民众亦是如此,在必死的情况下,大家自然会选择可能的活路,于是造反抗争。记得很早以前陈胜吴广就说过:“今亡亦死,举大计亦死;等死,死国可乎?”徐珂与陈胜由于立场不同,赋予抗争行为的价值判断不同,道理和结果其实都是一样的。为此,张钊秉文称:“蚁等生逢盛世,悉属良民,家本名乡,习闻义理。以频年水患,力农则粒米难求,贸易无资工作,则投身匪党,通来西省,欲觅枝栖。适遇故乡之人,共怜同病,聊效绿林之客,暂济饥躯,事非迫切以相从,势值穷途而妄作。”①

不管怎样,瑶民为了自己的生存,还是不断起来反抗统治者的压榨盘剥,希望为自己赢得基本的生存权利。“南宋绍兴二年(1132 年),曹成农民起义军发展到道州和富川时,当地的汉瑶人民纷纷响应,唐富八、毛顺良等为领袖。岳飞率师经道州追至富川,在富川、贺县与曹成、唐富八作战,义军败。富川鲁洞乡现存唐富八墓碑,碑文是:‘吾唐姓始祖富八义保公,原任富邑抵源,后巡游至宁塘坊东泽村立居。公天资颖悟,少怀大志,曾随信国公赵榛影王抗金,威武善战,一努安民,功烈周武。奈因宋皇腐败贪乐,不顾人民死活,对金屡抱儿皇,故与同僚李成、毛善良、何廷寿等于江西图事,转战赣、皖,以暴易暴,四海声威。后因朝廷派岳飞进剿,由赣入湘,继而返桂,不幸事败殉难,被害杀身成仁,玉骨金骸,落于富邑牛背岭东侧塘源岗,开然成坟。亡命于宋绍兴二年(1132 年)九月,享寿四十有六秋。为追溯始祖,特立此碑,以作留记,永垂不朽焉耳。威灵唐相公义保始祖之墓。大宋乾道乙酉年(1165 年),仲春望二日。’”②

据《贺州市志》、《富川县志》和《昭平志》记载,贺州市范围内瑶民起义大致有:

元代元统二年(1334 年)九月,唐七领导瑶族起义,攻占贺州,“据其险,连行数百里”。先后攻占恭城、阳朔及湖南江华、永明等州县,各地瑶民纷纷响应。元朝廷命镇国将军章伯颜统发河南、江浙、江西、湖广诸军及八番义从军进行镇压,擒斩 3000 人。

元代至正三年(1343 年)九月,道州、贺州瑶族首领唐大二、蒋仁五率瑶民起义,被湖广行省平章政事巩卜班擒拿,押至京都杀害,瑶民被斩无数。

洪武九年(1376 年)三月,贺州(今贺州)屯军陈华四领导数千士兵起义。有

① (日)佐佐木正哉:《清末秘密结社》(资料编),第一部分《广西艇匪关系文书》,日本东京近代中国研究文员会,1969 年。转见秦宝琦,《中国地下社会》(晚清秘密社会卷),学苑出版社 2005 年版,第 64 页。

② 宫哲兵:《千家垌运动与瑶族发祥地》,武汉出版社 2001 年版,第 299 ~ 300 页。

史料记载这件事说:"广西贺州屯军陈华四等作乱。桂林卫指挥姜旺率兵击斩之,俘其众千余人。"①这次士兵起义虽然很快被官军所镇压,但是它却揭开了明代广西府江起义的序幕。

洪武二十一年(1388年)四月,瑶族盘大孝率瑶民2000余人起义,攻克富川县城,杀知县。后占领恭城、贺县、道州、江永、永明。翌年秋,广西都指挥使韩观会合道州永明,永明领兵屯境镇压,盘被俘受害。

洪武二十三年(1390年)十月,正五千户钟益领兵抵红花镇压壮瑶人民起义。起义军斗争两年后被灭。

景泰元年(1450年)二月,富川、江华、永明三县瑶民在富川八尺累联合起义,号胜道君王。三月,首领盘性子、廖八子和瑶民6002人被征蛮军田真部所剿杀。其余被招抚,分置特设三十六源中,是为富川有源之始。

天顺六年(1462年)夏,桂岭瑶民起义,湖广总兵官李震率师由锦田、江华抵云川、桂岭、横江诸寨,俘斩瑶民2800余人。年仅十一岁的瑶女纪氏被征蛮皇兵掳送京师,后成为纪太后。事后,瑶民逃往广东。

弘治十二年(1499年),壮、瑶首领覃福成聚众起义,转战平乐、富川两县后到花山,被就地剿灭。

正德十二年(1517年),都御史陈某领兵在富川剿杀瑶民,首领全文清被俘,并抚镇罗溪、罗旧、龟石等地瑶民。

正德十六年(1521年),封川、开建、贺县三县的石砚、大和、鸡洞山、大玉、小玉、大台、贺洞、金石、上洞、下洞等地瑶族,在盘古仔、盘古义的领导下起义。明提督御史萧翀调集官兵1032人,以分三大哨镇压,俘斩瑶民619人。

嘉靖六年(1527年),贺县瑶民起义,明将雪守仁在镇压田州后,仍无力对付,乃"以僮治瑶",急调藤县五屯千户覃铎的500壮兵,由张凌率领到贺县镇压。

嘉靖二十七年(1548年)正月十四日,贺县倪仲亮、邓良朝领导弓山、螺石、黄洞数千人起义。副都御史张岳遣副总兵59000余人,在湖广、连山官兵的配合下夹击义军,至二十一日战事结束,起义群众被屠杀3000人。之后,起义军还在三省交界地区坚持斗争三十年。

嘉靖三十六年(1557年),富川县派兵镇抚西乡瑶民首领邓文经、莫狗里等于大庄、大岷、小岷、沙溪、槽椎源。

万历二十六年(1598年),富川在土龙设置巡检司,并立松柏、骑龙、顶高、鸭公、高梁等五营以镇压当地瑶壮起义。

---

① 《洪武实录》卷一〇〇。

崇祯九年(1636年),富川俸四瑶民起义军入江永,与官军相持月余。

清顺治十二年(1655年),富川清兵剿抚西乡、白马一带瑶民。四月,湖南江华长塘的赵金龙领导瑶族起义,战死于常宁的羊泉。六月,江华县九冲瑶民盘均华在贺县组织瑶族2000余人起义。六月二十五日,起义军与清军激战于芳林渡,战至二十六日黎明,义军败,死千余人,被俘600人。盘均华等转移湖南,途中被清兵执获,后遭杀害。

嘉庆年间,连州八排瑶胞起义,贺州瑶胞接应。官府在桂岭建立大营,驻兵1200人,分守赖村、大坪、相思、龙脊、村洞、大坳、黄洞、莲花、草水、停歇、龙水、石板、金坳等13处各一营,外设石牛、沙田、里松、大岛、江尾、勒塘、车田、大塘等营,控制各路隘口,监视瑶民活动。①

1933年,以瑶族聚居中心的兴安、全州、灌阳、龙胜等地的桂北瑶民同时暴动,并随后得到广西其他各地的响应。起义是空前的,震动了整个广西。虽然起义被血腥镇压下去了,却使瑶民在维护自己权利方面开始觉醒,动摇了李、白、黄在广西的专制强权统治,让统治者认识到"汉、瑶两民族间种种不平等依然存在","必须实践解放国内弱小民族及国内民族一律平等之主张","对于瑶民有所解放,对于瑶族之政治、经济、文化有所提高,使瑶族得与汉享平等幸福"。②

这些起义起事的原因,熟悉广西情况的王翱作了比较深刻的分析:"观其背叛不服,实非本心,乃出于不得已也。皆缘将臣所司不得其人,德不足以绥怀,威不足以慑服。甚至欺其远方无告,掊尅残忍,使其不得安其身;谓其蠢尔无知,颠倒是非,俾不得顺其性。既害其生,又拂其性,虽良善懦弱之人,犹不免于动作,况素无教令而禀性强梁者!"③这些都是十分正确的分析,是知情人的真实叙述。其实,明代广西少数民族所谓"叛蛮"从规模到次数到激烈的程度到'斩获'人数,都有地方官"张皇边事,诳惑朝廷",夸大事实以邀军功的成分在内。而一些民族起义,都是由于地方官"掊尅残忍"、"搜剔太甚"引起人民愤怒,实在是"出于不得已"。

统治者内部相对明智的官僚或学者,确实已经从现实层面进行相对有效地策略分析,但是,如果从学术研究层面看,还可以从中挖掘更加深层的抗争意蕴。首先,理想与现实。理想是对未来的想望,那是基于主观意愿构筑的美好景观,成为

---

① 韦祖庆、杨保雄:《贺州客家》,广西师范大学出版社2010年版,第38~39页。

② 广西壮族自治区编辑组:《广西瑶族社会历史调查》(第4册),广西民族出版社1986年版,120页。

③ 王翱:《抚辑两广瑶僮疏》,载《粤西文载》卷五。

个人生活的未来指向与动力源泉。现实则是当下的状态,它是基于客观事实不可更改的呈现,成为个人生活的实存基础和前提条件。没有现实则理想没有着落,没有理想则现实也失去方向,两者互为补充互为条件。依照马斯洛需要层次论,他认为人的需要可分为五类,即生理需要、安全需要、归属及爱的需要、尊重需要和自我实现的需要,这些需要从低级向高级依次发展,形成金字塔形的层次。作为一个生命体的存在,动物性的生理需要最为根本,它是确保生命存在的基础,没有生理需要的满足,生命将无所依存,于是其上的所有需要都将归于零而没有任何意义。正因为如此,统治阶层的明智官僚明确指出,瑶民之发展成为武力抗争,就是因为已经不能获得最为动物性的生存条件,武力抗争也成为动物性的基本反抗形式,"实非本心,乃出于不得已也"。瑶族从其始祖盘瓠就为瑶民建立了一个理想,那就是不过那种仰人鼻息的富贵生活,追求一种自食其力与自然为伍的逍遥游生活,即其后广为瑶族同胞所津津乐道的千家垌世界。在这个世界里面,没有赋税,没有徭役,没有官府,没有他族,完全是瑶人自己的天下。也许有着这样一个世界的导引及潜意识,因此瑶人始终有着一个千家垌的梦想,梦想自己能够过上美好生活。现实总是严酷的,虽然山高皇帝远,但是毕竟还有皇帝,因此瑶族理想不可能全然实现,官府制定一系列歧视性民族政策,汉族的一些恶人也不断在山外和山里骚扰,于是即使瑶民想要一个基本温饱生活都不可能,更别说千家垌美梦了。理想是现实得以延伸的风筝,在理想的风筝线扯断之后,人就只能全身心地关注现实,回到作为动物的最为本能的需要,满足作为生命体的基本存在形式,因此武力抗争成为唯一选项。回顾历史现实反观瑶民的抗争,虽然也有瑶首等精英分子鼓动的抗争,更多则是被逼入死角的破釜沉舟,生存需要的第一法则起着最为重要的作用。最典型的是永乐五年(1407 年)的马平事件,"永乐年间,马平县五都贼人梁公竦等作乱,胁从者不过七八百人,攻劫本县永南街等处。都督韩观乘以征进交趾退回兵力,将本县地方通六都,每都三里,共一十八里,不分善恶,一扫而平"。这次本是小小的一次事件,只有七八百人参加。根据《明太宗实录》,明成祖得到虚假情报后,下谕诏出动交趾总兵官张辅、指挥同知朱广、鹰扬将军方政,会同都督韩观"勦捕",总兵力在数万人以上,要把起事的人"殄灭尽绝"。韩观指挥官兵"爬山搜岭,却杀良民首级补数。甚至发山新螺,以取首级;或窥伺孤独之人,割其首级与军官上功"。[①] 这就是典型的官逼民反了。

其次,群体与个人。所有成规模的武力抗争都不是单个人所能完成,必定包含一定数量的个体,以群体方式对抗官府,以期争取自身利益。这里,也就涉及个

---

① 周琦:《条陈地方利弊疏》,见《粤西文载》卷五。

人与群体关系问题。就普通瑶民而言,个人加入武力抗争行列,首先不是为了族群团体利益的原因奋起抗争官府,确如一些明理官员所言,其实是不得已而为之,只是为了简单的现实原因,那就是为了活命。在饥饿必死,抗争可能会死,于是希望借助抗争的群体力量得以活命。这应当是相当部分民众的基本心理,他们具有主动参加抗争群体的意愿,这时群体对于个人具有某种保护功能。当然,也有一些加入抗争行列的民众属于无奈被迫参与,在一些瑶首的威胁之下,不得不参加,否则个人性命就难以保证。这时,个人与群体的关系属于一种被胁迫性质,个人不参加则被所谓的群体胁迫难以活命,参加这样的抗争团体也可能因为武力冲突导致丧命,总之是否参加群体都存在威胁生命的可能,群体就是一根绞索。光绪末年陕西道监察御史叶芾棠还奏称:"官办清乡,则乡与匪通。其不通匪之民,非一夕数迁,即挚家远遁……匪根何在?在恶团通匪以敛钱耳。方匪之入乡也,先勾结贪财团保,劝人入会……乃暗与匪通,反以不入会辄抢之言恐吓乡愚。于是出钱保家,被胁者众,而恶团因之分赃暴富。间有不从匪者,则必劫掳临门。遂至党匪日多,贼来而乡邻不敢援,贼去而村落不敢执,若执匪送官,即结仇恶党,乘间报复,良善几无以自存。而不肖团保,又借奉官拿匪为名,重敛富户。出钱者,虽匪而力庇,不出钱者,非匪必送官。官讯无供,则又以曾经拜会为言,强官正法。官或从宽保释,该恶团辄以得贿纵匪上控不休,而残忍巧患之徒,转以附团为得计。一经团送,无不加诛。民之畏团,甚于畏匪。"①对于抗争群体的瑶首、首领,或言组织者,也存在两种情况。一是为了瑶族同胞群体利益,不惜顾及性命之忧而组织瑶民奋起抗争,旨在争取族群基本生活权利。曹成之起义就具有如此性质,他是因为皇室腐败,人民生活苦难,出于救民水火之义,由此举起义旗。明朝治者严控食盐和划拨军田,"在各地各隘口各港口设兵布防,又要用屯田解决卫所、巡检司、隘口守兵的粮食后勤供应,因此发生与民抢田和武装镇压盐贩走私,致使社会矛盾较之以往历朝更为复杂尖锐。尤其是地处偏远的'种山'苗瑶壮各族人民,生产生活成本提高,往每户'种山'和'伐猎'均不足以换取50斤盐巴的情况下,破产的瑶壮各族人民不断发起对官府和粮仓、盐仓的进攻,这便是广两乃明代民变最频繁地区之由来,历明清民国三代广西成为中国最大民变起义基地的由来,诱发了大藤峡起义、太平天国起义、会党起义、新桂系崛起等一系列重大事

① 陕西道监察御史叶芾棠折(光绪三十三年九月二十一日),中国第一历史档案馆编,《辛亥革命前十年民变档案史料》(下),中华书局1985年版,第614页。

变”。① 其中主要有洪武十九年(1386年)至二十八年(1395年)爆发的浔州大亨、老鼠、罗禄山瑶民起义;永乐三年(1405年)浔、桂、柳三府瑶民起义和十三年(1415年)胡通四、韦保遵领导的壮民起义;宣德四年(1429年)至七年(1432年)覃公领导的起义;景泰二年(1451年)侯通二领导的瑶民起义;正统至成化间蓝受贰、侯大苟领导瑶、壮民人民起义等。这些起义首领就具有不为私利,而着眼于民族群体利益,由此发动武力抗争的性质,这种抗争延续整个明朝250多年,直至影响到民国时期。如果没有一批出于公义的首领,真的难以想象。但是,历史总是鱼龙混杂泥沙俱下,同样也有一些不良瑶首浑水摸鱼趁火打劫,为了个人私利鼓动或要挟普通瑶民参与民族斗争。这些贪婪的瑶首,利用瑶民生活过于艰辛,掠夺别人财富比创造财富更容易,由此刺激他们的贪欲,于是瑶首指挥瑶民掠夺,矛盾激化就会形成战斗。在晚清时期,就出现专门招收散匪、游民从事劫掠的“米饭主”,他们多是地方上的土豪富绅,按官方的说法,就是堂匪、盗匪的窝主。他们“出货招募,使心腹者数人统之,无头目姓名,但称某堂,己则置身局外,先议劫掠之所,至而瓜分其所得,劫后即散匿”。这种“米饭主”之“堂”,“其初起于南太泗镇,咸丰四五年后得柳梧平皆效之”。② 仅据《堂匪总录》统计,咸同时期各地的堂号就达200多个,其中平乐最多,有45个。这些“米饭主”,为了谋取更大的财富,他们给这些散匪、游民供应伙食或提供帮助,派他们去劫掠,然后分赃,自己一般不直接参与。如柳州黄昭观,《堂匪总录》记载:“貌冲团长,实贼也。坐地分赃,为米饭主。张彪攻庆远,黄四攻天河,昭观皆助之。”③兴安县武举张凤冈,凛生侯尔宇“居南乡,武断乡曲,人皆畏之。咸丰三年四月,冈等诡倡邪说,胁人拜会,聚众马平村……以石生仁、廖老九、王苟晚、蒋方隆等为元帅,自称洪秀全余党。五月二十二日袭陷县城”。④ 新宁秀才黄万年于咸丰十六年冬就“偕同客匪千余人到那隆好开始打单”。⑤ 又如怀西监生韦三“富而贪,往往出资与匪徒越境抢劫,坐收其利”。⑥ 可见在抗争的队伍中,部分所谓抗争群体真的就是土匪,其首领就是一些士绅,他们完全为了个人私利,借助群体形式主动地走上了反社会、反官方的道路,成为正常社会秩序的“叛乱者”。这种反抗与我们所言具有某种正义性的反

---

① 吴学东,奉恒高主编;钟海青,何龙群,吴尽昭,玉时阶副主编:《茶山瑶历史与文化》,民族出版社2011年版,第37页。

② 苏凤文:《堂匪总录》卷一。

③ 苏凤文:《堂匪总录》卷二。

④ 苏凤文:《平桂纪略》卷一。

⑤ 民国《同正县志》卷十,“盗乱”条。

⑥ 光绪《贵县志》卷六,“纪事”。参见张仲礼,费成康等译:《中国士绅的收入》,上海社会科学出版社2002年版。

压迫剥削的民族抗争,性质完全不同,应该给予有力打击和谴责。

第三,自由与生活。瑶族始祖盘瓠之所以选择山林生活,重要原因就是追求精神自由,不受所谓文明社会的"文明"束缚,也与文明社会保持远离状态,两者各不往来。但是,精神追求还得有着生活的物质基础,瑶族社会还是不能形成完全自给自足的封闭社会,还是需要与主流社会沟通交往,于是在这个过程中,其所追求或向往的精神自由就已经开始削减。尚且,主流社会的统治者不会任由瑶族脱离行政控制,还是通过各种方式实现对于瑶族的羁縻,于是汉朝开始逐渐发展羁縻政策,瑶族开始从自由生活状态转入管束形态。这种管控力度不断加强,于行政层面形成了土司制度,从蒙元时期直至清末,为了进一步加强中央的权力控制,明清时期又陆续开始实行改土归流制度,全面管控少数民族,形成政治和行政的大一统格局。这就总体说明,盘瓠所规划的精神自由之美好蓝图,在历史浪潮的冲击下,一点点被剥蚀,最后完全融入文明社会设定的樊篱之中。在这样一个剥蚀过程中,历史不会是一种平滑的过渡,因为涉及少数民族头人既得利益的剥蚀,因此必定会借助民众的群体诉求方式进行抗争,甚至于武力抗争,部分的民族抗争就属于这种情况。例如"1477 年(成化十三年)由于寻甸土府土司统治势力的衰落,土官为保其统治而发动叛乱,加上土司家族长期为争夺土司职位而仇杀,导致土官统治的灭亡,明朝借机将寻甸土府改为流官知府"。① 还有"1665 年(康熙四年)云南新兴州(今云南省玉溪)土司王耀祖和宁州土官禄昌贤联络熠峨、石屏、蒙自、陆良、弥渡、维摩、王弄山、教化等大小土官共起反抗,被吴三桂镇压后,废除了这些地区的土官,改新兴、宁州为流官知府,在教化、王弄山、维摩等原土司地区设立开化府,委派流官管理"。② 所有这种抗争既不能摆脱中央政权的控制,也不能带来民众自身的自由,反而成为更为深重的生活苦难。普通民众希望通过参加武力抗争能够获得精神生活和物质生活的自由,由于武装团体是最具强力的强制性群体,虽然少数民族武装会在与主流社会武装斗争过程中,借助民族情感形成内部的温情,以及基于拜把兄弟形成的哥们义气,但是由于这是需要付出生命代价的武装斗争,因此必定表现严酷的帮会、堂会或义军的规矩或纪律,普通兵士于其中并不自由。即使起义或抗争成功,最终获益者还是群体的首领头人,普通兵士也还是受制于人,并没有获得想象中的精神层面和物质层面的充分自由,正是"兴,百姓苦;亡,百姓苦"。由此,普通民众不会从武力抗争中真正地直接得到什么,只会为此付出生命代价。当然,从长远看来,也能够迫使统治者进行自我反

---

① 王钟翰:《中国民族史》(下册),民族出版社 1999 年版,第 1445 页。

② 同上,第 1447 页。

省,也能够为整个族群争取部分利益,这应该是民族抗争的意义所在吧。

三、和谐:理想社会的追求

和谐,从哲学层面看,并非没有矛盾,因为没有矛盾也就意味着事物的死亡,因此所谓和谐应是矛盾处于平衡状态。和谐的族群关系,不能只是针对族群内部而言,还必须关涉不同族群之间的联系,因为在中华民族这样一个大家庭中,各个民族基本上处于交错生活状态。对于瑶族而言,其和谐的社会理想追求就是曾经存在的千家垌生活,那是一个相对封闭与世隔绝的世界,只有瑶族自己的生活,外面的世界,特别是主流社会的中央政权不能也不会插手其间,于是整体生活其乐融融。“在很古的时候,瑶族人民集中居住在一个叫千家垌的地方。千家垌四周环山,森林茂密,只有一个山洞通到外面。对汉人来说,这个地方就跟世外桃源一样。千家垌美丽而富饶,那里山峦重叠,怪石耸立,瀑布高悬,无数的清泉汇成一条大河贯通于峒中。峒内田地宽阔,土质肥沃,千户瑶人同生活,共耕种,大家丰衣足食,快乐无穷”。① 当然,这真的只是一个幻象,千家垌的消失根源在于脱离中央政权的行政管控,虽然表面上是由于瑶胞热情款待进访官员收税逾期不归,由此导致官府误解,之后官府举兵进剿扫荡千家垌,致使瑶族十二支系四散逃离,最终形成小聚居大分散的生存格局。“后来,千家垌被官府发现了。官府起先派粮官进峒收租,后来又派兵马血洗了千家垌……他们庄严地发誓,五百年后,子孙后裔不管漂泊到天涯海角,都要返回到千家垌团聚”。② 从社会行政管理层面分析,千家垌的消亡有其必然逻辑,因为它是建立在脱离中央政权管控的预设逻辑之上,而这种预设显然不符合中央利益,也不符合社会发展规律,中央管控是历史的必然,因此政府在发现千家垌之后就要进去收税,就要实施管控。在社会关联日益紧密的情况下,任何族群的社会和谐都必须放置在整个社会大系统中,只有族群内部的和谐不是真正的社会和谐,只有各个关联族群之间的相互和谐,才是真正的社会和谐。

历代统治者确实制定了民族歧视政策,少数民族难以获得与统治者民族相对平等的待遇,但是为了政权的稳定,历朝统治者也在自己利益的范围内调整民族政策,甚至给予少数民族适当的优惠和安排,希望缓解民族之间矛盾,追求自身统治的稳定。一些开明统治者能够有效地认识民族关系的重要性,一定程度上强调民族平等。康熙皇帝曾经强调“朕君临天下,无分内外,视同一体,夙夜勤劳政事,

① 宫哲兵:《千家垌运动与瑶族发祥地》,武汉出版社 2001 年版,第 308 页。

② 同上。

凡有益于民者,务求必济。至于绝域荒陬之蒙古等,无不抚育,使各安其业,咸遂其生。”①打破了“华夷之防”的历代观念,形成“视天下为一体,率土之人,靡不执恤”②的思想,具体地提出了“顺者以德服,逆者以兵临”的政治原则和用兵原则。清朝政府在国家民族事务管理方面,能够相对落实民族关系的战略思想,努力构建不同民族的共同利益基础。在制定和实施民族政策上,其着眼点不仅仅是其他民族的统治阶级,也包括其他民族的被统治阶级,致使“有清一代,统一多民族国家得到进一步巩固和发展。清王朝奠定和巩固了多民族统一国家的基本疆域,密切了各民族间的经济文化联系。由于清政府的悉心经营,东北、蒙古、新疆、西藏、云贵等边疆地区向心力增强,对中央政府的隶属关系更为直接和牢固”。③ 于是,从总体而言,实现了历史上少有的民族和谐大局面。

一族的和谐不是真正的和谐,只有族群互动之间生成的和谐,才具有更深刻的社会意义。这种和谐方式大量存在于民间,通过一些民俗的方式得到有效确认。“客家人喜欢认契,但他们很多人不喜欢当别人孩子的契爷,因为他们认为,认别人的孩子作契子,就会与自己的命相克。而瑶人则没有那么多的忌讳,客家人也认为瑶人的‘命大’,孩子认了瑶人做契爷,孩子也会‘命大’,好养育,因此,客家人喜欢认瑶人作契爷。认了契爷就等于结成亲戚,逢年过节就要互相往来。客家人打山工、打柴火经常要到瑶山,在劳动过程中有‘打老同’、‘结同年’的习惯。‘打老同’、‘结同年’就是结拜兄弟。经常出入瑶族山区,与瑶人交往密切的客家人都喜欢与瑶人‘打老同’、‘结同年’。有了一个瑶族‘老同’,出入瑶山有照应,瑶族出山赶圩也可以得到帮助。‘打老同’、‘结同年’之后,两家就亲如兄弟”。④ “在深入黄洞瑶族乡黄洞村采访时,该村赵贵府副主任讲述说:‘自从记事以来,就没听说过我们过山瑶和客家人之间发生过冲突和打斗,就算有个别瑶族人与客家人打架,那也是因为那些客家二流子去偷山里瑶族人的木材或香菇。’黄洞乡客家人与山瑶是比较均匀地混杂居住的,彼此之间在交流与互助中建立了融洽的族群关系”。⑤

清乾隆《富川县志》卷一载,明清期间,瑶、汉人民为了谋生存、求发展,抵御自然灾害的袭击,因地制宜开发利用自然,团结协作建设“五田”(冲田、塘田、车田、井田、坝田),共同开发富川农业经济。福利乡螺峰村公所所辖地黄竹山沈姓瑶族

---

① 《大清十朝圣训》,《清圣祖圣训》卷七,圣治二,北京燕山出版社 1998 年版,第 223 页。

② 《康熙政要》,中共中央党校出版社 1994 年版,第 420 页。

③ 李治安:《唐宋元明清中央与地方关系研究》,南开大学出版社 1996 年版,第 353 - 354 页。

④ 韦祖庆、杨保雄:《贺州客家》,广西师范大学出版社 2010 年版,第 46 - 47 页。

⑤ 韦祖庆:《客家人生态性生存》,光明日报出版社 2013 年版,第 34 页。

至今仍保存着清光绪年间关于瑶、汉农田用水的协议文书。其内容是黄竹山沈姓瑶民与留家湾、大坡洞杨姓汉族共同修筑大莲塘蓄水灌田的有关条文规定。① 在生产技术和工艺制作上，瑶汉人民也互相传授。汉人善于水田种植，而瑶人精于山地耕作。汉人向瑶人学习玉米、旱谷、树木等的种植技术和经验，瑶人向汉人学习水稻的选种、耕播、施肥、管理的经验以及手工工匠技术。明代富川的瑶人由于与汉族杂居相处，受汉族的影响，已经重视农业生产，种植棉花、豆、苎……逐渐摆脱了秦汉时期"好入山壑，不乐平旷"的状态。②

新中国成立前，荔浦县清福乡的瑶、汉两族人民，虽然由于反动统治阶级的挑拨而造成民族隔阂，然而各族劳动人民的互相往来，团结互助的历史是主要的。如波兴屯瑶族和长垌屯的汉族对面而居，相隔不到一里，相距之近，使瑶汉两族人民来往频繁，互相学习，取长补短。这些事实说明桂东北地区瑶汉民族毗邻而居或相互杂居的居住格局，为两族相互接触创造了条件，加强了两族间的经济文化交往，为两族友好关系的形成奠定了基础。③

人与人之间的友谊需要一个共同奋斗的平台，民族和谐也需要一个契机，其中最好的建构方式就是在危难中铸炼。"大瑶山瑶族内部一直有着比较好的传统习惯。他们上山伐木、下田种地。从来不锁家门，如有邻村人来，可以自行入内找茶喝，绝少发生偷盗的事情。盘瑶在外面劳动时，可以将衣服、食物置于路旁或挂在树上，也不会有人取走。他们砍了柴堆在山上，或发现野蜂窝准备以后来取蜂蛹做菜时，只要在附近打一草标，做了记号，标明此物已有主人，别人就不会再去乱动。清代末年'两瑶大团石牌'强调防止和反对偷盗，说明他们这种原始的优良习俗已遭到破坏。因此就不得不求助于订立石牌以保护社会风气和社会秩序"。④ 民国时期，土匪猖獗，桂东北瑶族一带也经常有土匪出没，威胁到了人民的生命财产安全，在与土匪的斗争中，瑶汉人民联合起来，如"湘桂联治团"就是湖南和贺县的瑶汉族人民共同成立的抗匪组织。大约在民国初年的时候，在湖南江华和广西贺县两地交界一带地方，曾经有过所谓"湘桂联治团"的活动。瑶族人民为了和历来盘踞山区的土匪进行斗争，组织了联治团。联治团刚组织时，仅限于

---

① 富川瑶族自治县志编纂委员会:《富川瑶族自治县志》,广西人民出版社 1993 年版,第 505 页。

② 廖国一:《湘桂边界地区平地瑶的初步调查和研究》,2002 年 9 月桂林"湘桂民瑶和平地瑶学术研讨会"论文,现存桂林博物馆副研究员盘福东研究室。

③ 秦海燕:《民国时期桂东北瑶汉民族关系研究》,广西师范大学硕士学位论文,2006 年,第 41 ~ 42 页。

④ 胡起望:《瑶族研究五十年》,中央民族大学出版社 2009 年版,第 85 页。

大源冲、老屋冲、枧冲等瑶族村落，后来将组织扩大，将贺县新华一带的瑶族和湖南江华一带的瑶族共同组成"湘桂联治团"，团部设在广西贺县老屋冲，由湖南江华县政府和广西贺县县政府共同批准组成，包括湖南江华县的大源冲、北岗和广西贺县的老屋冲、鸭仔冲、枧冲、公道冲、斧头山、浩洞、安和等地的瑶族及这些村落附近的汉族。正是在这样的战斗友谊中，瑶汉两族结下了深厚友谊，共同创造了和谐的社会环境。①

延续清朝统治者以来之民族一体的观念，在中国共产党的正确领导下，贺州成为一个民族团结模范县市。在中华人民共和国成立之后，仅在1984—2009年间，就获得"全国先进集体3个，全国先进个人2人。省级先进集体6个，先进个人22人。时间跨度近30年，民族3个（汉、壮、瑶）、涉及乡镇12个，政府单位9个（次），政府职能部门1个。这些数据充分说明贺州市具有良好的族群生态关系，它不是局部的族群关系和谐，而是整体社会生态和谐"。②

第三节　中心和边缘的转换

从现实看，瑶族居住在社会生活的边缘，具有被主流社会边缘化的情状。但是，只要回顾瑶族发展史，我们就会发现瑶族并非从来都处于社会生活边缘状态，也曾经处于社会生活中心，只是后来这个情状发生变化，历经由中心而边缘的转换。透过瑶族的这种变化，对于深入了解瑶族的族性特征和精神世界，也许具有某种启迪。

一、中心：区域生存主体

一个民族都有自己的起源，一个族群也有自己曾经引以为豪的始祖，而且这在某种程度上作为潜意识永久地影响族人。回顾瑶族的发展渊源，作为始祖的盘瓠一直成为瑶族人民永远的骄傲，成为瑶族民众精神信仰的基本来源。在盘瓠时代，应当说瑶族具有处于地方王朝政治中心的经历，并且因为军功而获得崇高荣誉，可以进入政权中心。"盘瓠种，昔帝喾时患犬戎入寇，乃访募天下有能得犬戎之（吴）将军头者，妻以少女。时帝有畜狗名日盘瓠，遂衔其将军首而至，乃以女配

① 广西壮族自治区编辑组：《广西瑶族社会历史调查》（第三册），广西民族出版社1985年版，第196页。

② 韦祖庆：《客家人生态性生存》，光明日报出版社2013年版，第36页。

之。盘瓠得女,负走入南山,在国之南,即五溪之中山。止石穴中,生六男六女,因自相夫妻。织绩木皮,染以草实,好五色衣服,制裁皆有尾形,衣裳斑兰,语言侏离。其后滋蔓,号曰蛮夷。有邑君长,名渠帅曰'精夫',相呼为'蝚徒'。所居皆深山重阻,人迹罕至。长沙、黔中五溪蛮皆是也"。① 这段记述给予瑶族始祖作为政治中心人物三个有力证据,一是盘瓠乃帝喾之龙犬,出身高贵的帝王之家,自然处于政治中心;二是帝喾以女妻之,即为帝王女婿,属于皇亲国戚,当然也处于政治中心;三是招贤募士以斩犬戎(吴)将军之首,结合其他记述,其皇榜许以高官厚禄,因此可以凭借能力处于政治中心。正是瑶族始祖曾经作为政治中心人物的历史存在,因此瑶族才奉之以王,是为盘王,由此生成一种民族自豪感。此外,瑶族一些姓氏原本就源于皇家,例如蒙山县长坪瑶族乡三妹等地赵姓,就属于宋朝皇族赵匡胤后裔,宋灭亡后皇族遭元兵追杀,一支逃至广东韶州府珠玑巷,后迁梧州、桂林,明初赵功安迁立山县。凭借着这种余威,明洪武三年(1370年),县令颁照将溋水、白浊(今白竹)、古修六篮冲批给赵功安垦种,赵功安住白浊管理山场。不久山场被当地瑶族贿赂山主霸耕,打赢官司后全族转为当地瑶族,说瑶语,穿瑶服,以求得和睦相处。② 同时,瑶族后人还会凭借《评皇券牒》向官府要求自己免赋税和徭役的权利,而且还在某种程度上实现这个愿望,"散居富川者,田占沃饶,每四亩仅输民税一亩,赋而不役"。③ 此外,十万大山瑶族的头人盘金福、邓升形代表本民族到国民党伪县府谈判,要求免除瑶族的兵役和杂税,居然也能够免除兵役,这些都全凭盘王的福荫,都可以间接证明瑶族始祖曾经位于地方王朝的政治权力中心。

当然,众所周知的结果,瑶族此后就远离了政治中心,但是并没有完全退出中心,曾经也还是占据着生活行政区域的地理中心,即位于相关行政区域的优越地理区域。"就全国而言,宋代瑶族主要分布在湖南地区;明代瑶族的主要分布地,则南移至广西了。就广西本地而论,如果说,宋代瑶区的重点偏在北部的静江府与融州一带的话;明代瑶区的重点,则南转到广西腹地的大藤峡地区了"。④ "府江两岸及其相邻的荔浦、永安州等地,均为瑶人居住与活动之所"。⑤ 荔浦县瑶族主要集中在修仁乡,其余则在较为偏远的山区,这可以说明瑶族曾经还是占据着较为有利的地理环境。"明清期间,贺县总人口只有四万多人,瑶族约有两万人,

① (唐)杜佑:《通典》(下),岳麓书社1995年版,第2630页。

② 《赵氏家谱》(手抄本)。

③ 盘承和:《富川境内瑶族源流初探》,《瑶学研究》第二辑,第36页。

④ 广西瑶学会编:《瑶学研究》第三辑,广西民族出版社1993年版,第31页。

⑤ 同上,第37页。

散居于部分盆地，如当时芳林的金马寨、白马寨等，以后才被迫迁入大桂山，以后更迁入冷水肚了"。① 贺州土瑶"他们先从广东迁到了广西的梧州，在梧州定居了很多年，具体多少年不清楚。后来迁移到八步（今贺州市）的贺街，在那儿生活了一段时间后，又被迫迁到贺州的芳林，之后又依次迁至现今沙田的马蜂街、龙井和移石寨"。② 虽然贺县整体上属于丘陵山区，但是最初瑶族也同样占据有利地势，散居在盆地平原。富川瑶族历史较为悠久，自明初以来形成了以瑶汉两族为多数的民族聚居区，当地在明清时就流传着这样一首歌谣："民人居中央，瑶人住两旁，富川立城好，两边白水流。"这里的民人就是指汉族人。富川瑶族分布在七都东山、七都西山、上九都，大致相当于今之富阳、白沙、莲山、福利、西岭山一带，这些地方也属于较为平旷之地，而且富川整体上不属于山区，也都为富川形成平地瑶为主奠定了地理基础。"临桂靠近省城桂林，当地瑶族受汉族影响较深，生产力较为先进，被称为'熟瑶'，主要居住在边远的乡村，'有平地、大良、高山、过山之别'"，③这不仅意味着相当部分瑶民生活在平地，而且靠近广西省府政治中心，得其地利之便。"从明清时这一地区瑶族分布的总体情况来看，除具有大散居、小聚居的鲜明特点外，还具有以下显著特点：那就是居住环境普遍较为恶劣，多为高山绝谷之中，生产力水平较低；桂东北南部区域的瑶族比与北部区域的瑶族人数要多，居住要集中；距离汉族统治中心较近，主要分布在省会桂林周围各县"。④ 由此看来，不能简单地认为，瑶族就只是生活在高山密林，在一段历史条件下，瑶族也同样生活在平地，而且发展成为"良瑶"，占据着一定行政区划的地理中心，并没有被排斥在优越自然环境之外。

瑶族在某个时期，不仅占有地利优势，而且还在人口数量上占据优势，这在过去以人口拼实力的年代，具有重要的象征意义和现实意义。明代广西地区的居民多为瑶、僮，甚至有"瑶、僮多于汉人十倍"⑤之说。昭平县明清时期"境内居民原以壮族和瑶族居多。旧县志载，乡里'民少壮多'，'民三瑶七'。宋元以后，统治者多次派兵镇压，尤其是明代，几番血洗府江，使境内土著居民'几无余种'，其姓氏亦多无稽考。与此同时，汉族各姓逐渐迁入县内，繁衍生聚，成为县内姓氏最多、人数最众的居民"。⑥ 这时的"民"即指汉人，说明在昭平瑶民曾经占据绝对多

---

① 日旺：《贺州瑶族历史概述》，《贺县文史》（第10辑），1993年版，第84页。
② 袁同凯：《走进竹篱教室》，天津人民出版社2004年版，第60页。
③ 吕余生：《桂北文化研究》，广西人民出版社1999年版，第192页。
④ 同上，第193页。
⑤ 《清史稿·广西土司传》卷五一六。
⑥ 昭平县志编纂委员会：《昭平县志》，广西人民出版社1992年版，第518页。

数。蒙山县“明代以前,立山县属壮瑶聚居地,‘百姓居三,猺獞居七’。其中今长坪瑶族乡三妹村唐代已有甘何二姓居住,今西河镇大塘古苏村明代前有古苏二姓居住,古麦村有古麦二姓居住,今文圩镇陶蓝村有陶姓和蓝姓居住”。① 百姓亦即汉人,瑶族和壮族同样居于绝对多数。贺州瑶族自隋唐时代起,他们陆续从潇贺古道进入贺州,逐渐成为这里的主人,且成为当地的主体。“南宋时期,贺县已经成为瑶族主要聚居之地,当时贺县之地两万人口中,瑶族人口近万,分散居住程家八洞山、南木山。明清时期,贺县总人口只有四万,瑶族约两万,散居于部分盆地”。② 结合明朝时代瑶族在广西的地域分布,瑶族于所在地区应该都是居于人口多数,清朝之后这种人口数量应当有所变化,汉族逐渐在人口数量方面占据上风。

只从政治、居住和人口三个基本方面可以看出,瑶族曾经在某个时期、某个区域确实占据着中心地位,属于当地当时的主体民族,这应该是毫无疑义的。正是有着这样一种曾经的辉煌,于是才有瑶族骨子里的自豪与傲气,才有一种持续不断的反抗精神。确实,在中华大地上没有哪个民族具有持续二三百年不间断的武力抗争,为着民族不受欺压,为了争取相对平等的民族利益,能够不畏牺牲前仆后继地与统治者进行不屈不挠的武力抗争,支撑瑶族同胞进行如此惨烈斗争的精神支柱,恐怕与其曾经的历史辉煌,以及由此生成的民族观念密不可分。这样一种集体潜意识深刻地注入瑶族同胞的血液,因此在艰难困苦的生活压力下,依然能够保持某种程度的乐观,能够为着曾经的理想英勇卓绝地战斗。同时,我们也看到瑶族并没有有效地把握作为当地当时主体民族所具有的优势,依然沉溺于过去的生产生活方式,于是这种优势就会随着历史车轮的前进而逐渐丧失,最后由主体民族变成边缘民族,由中心退缩到边缘。这个启示也是深重的,它告诉我们,不管是一个人,还是一个民族,如果只是沉湎于过去的辉煌,或者现在的优势,那么它终将失去,从而变成一个无限伤心的痛。这个中心之所以会失去,原因之一还在于生产力水平低下,虽然瑶族在平旷之地生产生活,占据着有利的地形地貌条件,但基本上还是采用传统的刀耕火种的生产方式,于是在遭遇汉族民众先进的生产力之时,瑶族退出当地当时的中心位置,也是一种历史的必然。由此,我们也应该知道,生产力决定着一个民族的发展未来,没有先进的生产力必将被历史所抛弃,至少会被其他民族边缘化。

---

① 刁光全:《茶山瑶族源、迁徙与继承》,《广西民族研究》,2013 年 3 期,第 124 页。

② 韦祖庆、杨保雄:《贺州客家》,广西师范大学出版社 2010 年版,第 37 页。

二、边缘:生存弱化的代价

由于瑶族没有很好地把握处于中心时期的历史机遇,于是被历史边缘化,这既是其他民族或统治者逼迫的结果,也包含着自己失误造成的后果,边缘化就成为瑶族不得不承受的生存代价。首先是政治边缘化。从大的层面讲,因为历史上汉族始终属于优势民族,即使蒙古族和满族当政的元朝和清朝,虽然汉族受到一定程度的歧视,政治层面受到某种程度的排挤,但是应该说并没有完全被统治者边缘化,还是能够进入统治阶级的中央政权。相反,作为非当政的少数民族,在相当多的王朝里,都基本上被边缘化,能够进入朝廷中央政权的少数民族朝官,那是少之又少,某些少数民族甚至从来没有进入过王朝的中央政权。这就意味着,这部分少数民族存在着两个层面边缘化问题,一是作为少数民族整体的边缘化,二是作为非当政少数民族或没有建立地方政权的少数民族,再度被边缘化,瑶族即属于其中之一。元明清都实行土司制度,一般情况下土司都由相应的少数民族本族上层统治者担任,但是"广西、云南等地的瑶族地区的土司,多由其他民族的上层分子充当,这在土司制度史上是一个较为特殊的现象。究其原因,当与瑶族自身发展的历史特点不无关系。历史上,瑶族是一个以迁徙和居住分散而著称的山地游耕民族,封建政府难以对其实行直接的统治,只好采取所谓'以夷治夷'的政策,利用其他少数民族的土司对瑶族实行羁縻统治。早在宋代,封建统治者即'择素有知勇为瑶人所信服者,立为酋长,借补小官以镇抚之'。借其'习俗嗜欲悉同瑶人,利害情伪莫不习知'的条件,以达到'坐而制服'瑶族的目的"。① 这种分析既有生产生活因素的剖析,但也并不完全如此,因为明清时期的瑶民相当部分已经倾向于定居,或者说属于宽定居窄迁徙的状态,并非真的不能借助瑶族本族土司的力量实施有效管理。之所以出现这种情况,隐含的意义就表明瑶族处于其他少数民族之下,而在广西就是处于僮人之下,在统治者眼里僮人高于瑶人。

直接面向瑶区的瑶族土官制,其职基本上由瑶人担任,主要担任峒、寨、村等基层政权单位的职务,常见的称谓有瑶官、瑶管、瑶总、团总、瑶老、瑶长、瑶目、峒长、瑶练、瑶甲、头人之名。在明清时期,广东广西等地瑶族中,土司的官职小、品位低。从《明史·职官五·土官》和《清史稿·职官四·土司各官》所记载的土官职衔品级来看,瑶族本族中最大的土司,仅为正九品的土主簿和从九品的土巡检。此外,便是那些未入流的土典吏、土目、土舍等。不仅如此,明洪武年还规定:土官

---

① 云南民族研究所:《瑶族文化论》,云南人民出版社 1993 年版,第 67 页。

“袭替必奉朝命，虽在万里外，皆赴阙受职”。① 天顺年以后，考虑土官赴京，道路险远，不一定赴京受职，但必须办理诸多手续。即“土官告袭，所司作速勘明具呈，抚按复实批允，布政司即为代奏，该部题选……抚按仍设告袭文簿，将土舍告袭，藩司代填日期登记明白，年终报部备考”。② 在广西地区还特别实行面见制。据《明会要·职官十四》载：“广西土官承袭，长吏率要贿不时奏，以故诸酋怨叛。太平知府胡世令：‘生子即闻府；应世及者，年十岁以上塑望谒府；父兄有故，按职请官于朝。’”吉田太阳村的《韦氏家乘考》记载：“在嘉靖元年（1522 年）督抚准以陆父诞为土官……嘉靖三年（1524 年）父诞身故，至五年（1526 年）众举莫讳环，字翠峰为千长。至十年（1531 年）甲里长联名呈请督抚，札给翠为土官，袭其岳父陆父诞之职。”

虽然个别瑶族精英凭借自己的努力，能够进入统治阶层较为中心的政治层面，但作为制度设计的职官制度，瑶族显然处于被排斥状态。同样是土司，其权力不敌其他少数民族，特别是云贵一带的少数民族土司，在广西往往还被委任给壮族，由壮族土司管理瑶民。作为基本上由瑶人担任的土官，则品级极低，处于九个品级中的最低级，自然不能在地方拥有多大的话语权。这些都表明，瑶族长期以来处于政治边缘化的状态，而且其边缘化程度较之其他少数民族为重，政治层面的边缘化表明生存状态的弱化或恶化。

其次是地理边缘化。大藤峡地区是明清瑶族同胞在广西的重要居住地，这个地区总体上是崇山峻岭的山区，符合瑶族居于山林的特点。这是广西境内最大最长的峡谷，传说古时有大藤如斗，横跨江面，昼沉夜浮，供人攀附渡江，因而得名。峡谷系大瑶山脉与莲花山脉所夹黔江水道而成，入峡口左边是大瑶山脉的大藤山，右边是莲花山脉的勒马山，两山对峙，状如天门。峡中河道曲折，江流湍急，危岩奇突，滩险密布，暗礁四伏，巨浪翻滚，江水汹涌，涛声若雷。由此往下是峡谷地形，丛山夹一水，滩多流急；由此往上则属台地平原——武宣平原，地形开阔，河流平缓。这个地区既有台地平原，也有峡谷丘陵，隐含地理环境之中心与边缘之义，也就意味着瑶族具有在区域内由中心向边缘转化的条件。从现有居住状况看，一些民谣能够反映瑶族居住呈现地理边缘化的现象。贺州富川民谣：“民人居中央，瑶人住两旁，富川立城好，两边白水流。”广西民谚：“高山瑶，半山苗，汉人住平地，壮侗住山糟。”贵州民谚：“苗族住河边，布依住田间，瑶族高高在山巅。”云南西双版纳民谚：“汉族住街头。傣族住坝头，瑶族住山头。”广西三江侗族自治县流民间

---

① 《明史·卷三十一·土司传》。

② （明）郭子章：《黔论宣慰司列传》。

俗谚:"汉人住平原,壮人住河边,侗人住山冲,苗人住山腰,瑶人住山顶。"

其实这样一种居住状态并非从来如此,瑶民最先进入当地之时,往往还是占有较好地段,大致属于平坝地区。此后,由于实力等各方面原因,被迫迁往更高更的山林深处。南丹白裤瑶"被驱逐经过:南丹瑶胞原来不是住居现在这个山岭贫瘠地带,多数是被汉族地主剥削压迫,过得颠沛流离徙居于此。先有瑶后有朝(指汉人),已成为他们广泛流传的民族格言。他们有些原属南丹县的拉要、车马的田坝平地,有些来自外省,但都比汉、壮族早。一般来说,瑶胞是最先的居民,汉壮是后来的民族。巴地屯何老元说:'何姓原居贵州,后迁南丹八圩,那里地方是平原田坝,生活较好,今还有祖坟在八圩可考。后因世乱被汉族坏人赶走,迫得跑上来。同屯王姓也是由贵州之瑶中、瑶风迁来的,罗姓则从贵州荔波之坝尾或近六寨之麻尾迁来的,原来都是住在生活较好之地方。陈老额、陈老勇数家,原住南丹县城附近的拉要屯,被莫家赶走,始迁来里湖乡之东平、芒告等屯,现今那里的陈姓有二、三十家之多,再分支迁于巴地。拉要水田颇多,物产丰富;巴地崇山瘠土,觅食不易,饱受压迫,他们是不愿从拉要迁入巴地的。'"①湖南"会溪以北、以西原为土家族的聚居区,后来伴随着土家族的扩张,会溪以东、以南的瑶族聚居区也逐渐演变为土家族聚居区"。② "相传古代,瑶民深受压迫,被赶至偏僻的小沙江畔的山洞里居住,生活十分痛苦。有一年,一位名叫奉姐的瑶家女英雄于农历七月五日率领各峒瑶民起义,与官军进行殊死的搏斗,后因寡不敌众,奉姐壮烈牺牲,起义亦遭失败。此后,瑶族人民每年要在七月初五这一天,到小沙江古镇歌舞集合,以悼祭奉姐之英灵。由此相沿成俗,演为节日"。③ 坦勒贵节盛于湖南隆回县山区一带,在农历七月初五至初七日,为期三天,其主要内容是群众歌会舞蹈,以纪念瑶家女英雄奉姐。贺州瑶族自从进入清中晚期后,这种人口结构(瑶族居半的人口数量结构)开始改变,瑶族不断被官府斩杀和民间汉壮族群驱赶,不仅从贺县的平原盆地区域退缩,而且人口也大量减少,既表现在绝对数的减少,更表现在相对数的减少,因为汉族人口大量迁入,"光绪十五年调查,合邑丁口二十一万",④他们绝大部分属于汉族。个例而言,祝穆在他的《方舆胜览》中介绍贺州的

---

① 国家民委《民族问题五种丛书》编辑委员会:《中国民族问题资料·档案集成》编辑委员会编,《中国民族问题资料·档案集成》第5辑,《中国少数民族社会历史调查资料丛刊》第116卷,《民族问题五种丛书》及其档案汇编,中央民族大学出版社2005年版,第346页。

② 重庆市地理学会历史地理专业委员会:西南大学历史地理研究所编,《西南史地》第一辑,巴蜀书社2009年版,第110页。

③ 马本立:《湘西文化大辞典》,岳麓书社2000年版,第398页。

④ 黄成助发行:《贺县志》,成文出版社1934年版,第76页。

风俗时说道："去州二十里，深山大泽多猺人所居。"桂岭盆地、八步盆地、里松盘地、英家盆地、北陀盆地都居住着瑶胞。贺州土瑶原本散居在八步盆地，集中于沙田镇芳林的金马寨、白马寨等，后来遭受汉族族群客家人的武力驱赶，才被迫迁入大桂山，以后更迁入冷水肚等高山密林。

从以上简明列举的点面结合之迁徙进程看，瑶族的迁徙可以给我们三点启示。一是瑶族在迁徙过程中并非必定优先选择高山密林，如果存在优越地理区域，且没有其他民族居住，还是优先选择优越的地理生态环境。二是瑶族的迁徙并非一定是自觉自愿地主动迁徙，虽然有些瑶族族群，诸如过山瑶等可能习惯于主动迁徙，但还是有着不少瑶族族群开始倾向宽定居窄迁徙的状态，而且这种迁徙具有被动性，既有汉族族群的驱赶因素，也有其他少数民族的驱赶成分。三是这种迁徙完全表明是在民族争斗过程中，因为失败的无奈选择，因此可以确证属于生存弱化的代价。

第三是文化边缘化。文明社会都非常讲究称呼，不同的称呼能够表明一个人的态度，隐含着尊卑长幼秩序。明朝统治者的民族观，主观由"大汉族主义"和"巩固明大一统"两种思想构成，《明太祖实录》明确提出"驱逐胡虏，恢复中华"的口号，宣传要恢复传统的"内中华，外夷狄"的大汉族思想。因此许多少数民族称谓都被冠以轻蔑的称呼，诸如蛮、番、夷、猺、猓、獞等，赋予其字动物之形，瑶族之"猺"即在其列，这可以在一个侧面证明，瑶族文化被主流文化所轻视。在中华人民共和国成立之前，广西少数民族处于被剥削和受歧视地位，特别是瑶民不被当人看待，而被看作化外野人，20 世纪 30 年代末，国民党政府发行的地方志中还称其为"狗猺"。贺县反动统治者实行民族歧视政策，严酷压榨瑶族同胞，普通汉人由于受到根深蒂固的大汉族主义思想影响，养成民族偏见，不仅在心理上轻视、歧视以至鄙视瑶族，如辱骂、讥讽瑶族为"山瑶佬"、"山瑶婆"、"野人"等。类似"瑶古佬"、"瑶婆子"、"烂瑶"、"死瑶人"、"山瑶佬"、"山瑶婆"、"野人"等称呼，在各地汉族区域都普遍存在，充分说明在统治者长期影响下，瑶族文化被边缘现象已经深入民众思想。

各个民族自有外在表征，汉族也一样。而"广西的壮、瑶、苗、侗等少数民族，都有独特的风俗习惯，如歌圩、歌会、抢花炮、不落夫家等。但这些都被视为陋习，一概禁绝之。新桂系广西政府还明文规定'男女留发不得过额，女子留发过颈者，须结束，不得披散，并不得奇装异服'，'男女衣冠履带及一切服饰，须购国货'（有'爱国'之心，但尊重人格更重要）。刘延年不顾瑶族群众意愿，亲率军警拿剪刀在村头巷尾乃至冲进瑶族群众家中，强迫瑶族妇女剪发改装，抢走民族装饰和银饰品。（1932 年，三江伪政府成立'改良风俗委员会'，强制侗族穿汉服，改梳发式并派军警窜进侗寨,用铁钩钩妇女衣裙)"①。这些行为隐含着一种思想,凡是与汉族习俗不一致者,都属于落后不文明之行为习惯,都必须改革,显然这是一种文化沙文主义的表现,也意味着瑶族文化此前已被边缘化,于是现在需要同化。这种强行介入的行为,以及基于民族歧视对瑶族的压迫、剥削、"征剿"使他们尤其是那些饱受民族压迫和兵燹之苦的瑶族群众,对汉族尤其是汉族官吏产生了仇恨心理和反抗情绪。诚如 19 世纪 30 年代在大瑶山从事田野调查的学者辛树帜、石声汉认为的那样,"大概吾国境内,各种原始民族,历来因受汉人政治上,武力上,文化上,经济上种种方面之侵略压迫,对于汉人,多怀有一种恐惧心理;而古代以迄现在,地方官吏,对于此种民族,亦一律以化外视之,偏袒汉人,钳制彼辈之事,亦已相习成风,尤增彼等憎恶之念"。② 此外,部分汉族对他们的歧视、侮辱、盘剥和欺诈也在他们心灵中投下了阴影。这种阴影十分巨大,以至于一些瑶族同胞不敢承认自己的民族身份。如恭城县栗木上宅周姓原系瑶族,因受歧视而改为汉族,自称是民人(汉人)。明永乐八年(1420 年)周嘉宾考中解元,重修族谱,仍隐讳瑶族,长达 16 代之久。1959 年才恢复瑶族成分。③ 灌阳瑶族任命那,到处受到歧视,到中学读书,也得改名换姓。全州新坪乡凤保元,曾改名为金保元去读书,后被察觉,被开除回家。④

文化的边缘化属于更为深层的边缘化,因为文化是不同民族或族群的边界,具有最为深刻的区格意义。文化都是在自然环境与社会环境斗争过程中,逐渐适应生存需要而形成的一种生存法则,具有历史与现实的选择性,具有自身的独特性和有效性。因此,文化没有先进落后之分,只有适应与不适应之别,如果一个民族以自我的文化要求甚至取代别个民族的文化,必定会出现文化与生存不相适应的情况,也许就会影响对方民族的生存状态。即使需要改易对方的民族文化,也应该结合相关的生存环境,以环境适应的方式逐渐引导其改变,只有这样,才能达到文化与生存相互一致的效果,实现两者的互惠生长。

三、融合:边界的消解

人是社会动物,一个人不可能真正脱离他人得到有效生存,一个民族也不可

① 陶小平:《广西少数民族人权刍议》,广西师范大学硕士学位论文 2004 年版,第 13 页。

② 辛树帜、石声汉:《瑶山调查》,第 20 页,广西桂林图书馆 1983 年复印。

③ 恭城瑶族自治县地方志编纂委员会:《恭城瑶族自治县志》,广西人民出版社 1992 年版,第 462 页。

④ 广西壮族自治区编辑组:《广西瑶族社会历史调查》(第四册),广西民族出版社 1986 年版,第 4 页。

能完全不与其他民族发生交往关系而得到有效发展,因为世界是一个动态发展的系统。当我们说到自然经济的时候,总是以为其没有商品交易特性,能够实现自给自足,其实这也是一个幻象,相对而言,它只是商品交易不充分,或者说,商品经济不是主要形态而已。既然任何时代都不免商品交易,于是也就意味着经济生产不能只在民族内部产生,一定会通过商品交易等形式与其他民族发生关系,因此也就意味着民族之间不可能形成真正地隔绝,一定会发生民族交往,产生民族融合。这种融合,从某种方面看,无非就是两个层面,一是自然属性的融合,二是社会属性的融合。

自然属性的融合。民族之间的融合最为直接的融合方式,就是生理的融合,通过个体之间生理基因的交换,于是实现民族之间身体层面的融合,实现"你中有我,我中有你"的亲缘关系,因此历史不乏运用通婚形式实现民族和解融合的成功范例。由于历史原因,瑶族实行族内婚,严禁与其他民族通婚,特别是不与汉族通婚。南丹白裤瑶民谣"鸡是鸡,鸭是鸭,狗不同猪睡",桂西蓝靛瑶民谚说"鸡鸭不同笼,水火不相容",上思县妙镇南新屯"瑶是瑶,朝(汉)是朝(汉),鸡鸭不同笼,狼狗不同窝"。许多时候,瑶族不只是通过民谣教化民众,更是通过严酷的处罚规约束缚民众。清代金秀瑶族立石碑规定,女人不得招外客,严禁与他族通婚,不同罚银六十两。中华人民共和国成立前,甚至直到20世纪80年代初,贺州土瑶仍然实行族群内部通婚,不仅不与汉、壮等族通婚,而且也不与其他瑶族支系通婚,甚至近在咫尺的过山瑶,相距也不过一两公里,彼此间有朋友关系,但不通婚嫁。贺州土瑶严厉禁止女子外嫁,不准与汉人谈恋爱,否则不仅其人会受到族内严厉惩罚,违犯者一次罚款30元,二次加倍,家人也会被逐出瑶寨。①

虽然有着严格的禁令,通婚现象还是不时存在,即使在古代社会也依然如此。清闵叙在《粤述》记载:"生瑶在穷谷中,不与华通;熟瑶与土民错处,或通婚姻。"《广东新语·人语》又载:"诸瑶率盘姓……其蜑盘姓者,初本汉人,以避赋役,潜窜其中,习与性成,遂为真瑶。曲江瑶,唯盘姓八十余为真瑶,其别姓赵、冯、邓、唐九十余户皆为赝。"刘禹锡《莫徭歌》也记述:"莫徭自生长,名字无符籍。市易杂鲛人,婚姻通木客。星居占泉眼,火种开山脊。夜渡千仞溪,含沙不能射。""莫摇"即今之瑶族,说明木客曾与瑶族通婚。据明代邝露《赤雅》卷上木客条载:"木客形如小儿,予在恭城见之,行坐衣服,不异于人,出市作器,工过于人,好为近体诗,无烟尘俗毛。"可见明代尚有木客活动于广西,并说明是矮个子,有衣服,能做精致的器

---

① 《四甲会议决议书》,1983年5月10—11日四甲会议,绝大多数土瑶家庭在2003年全部家产尚不足200元,可见罚款之重。

物出售。“明朝嘉靖年间(1522—1566),桂西北布努瑶举事,明统治者派汉人罗王貌统兵平定‘瑶蛮’,罗王貌‘因功除授那地州正堂’。那时那地州治衙门在现南丹县吾隘镇的那地村,此地居民为壮族,后来罗王貌任职定居于此,后裔被壮族同化,改汉为壮。数百年后,罗姓在当地已是旺族。大约在19世纪30年代,那地部分罗姓壮族因仇杀难以立足于当地,四处奔逃中部分进入现今巴马瑶族自治县所略乡的石山地区,在此与布努瑶通婚而被同化,变壮为瑶”。“燕洞乡同合村是半石山区,大约在1800年前后有甘、李、黄3姓壮族入住。甘、李来自隆安县(具体地不详),黄姓来自本县巴马镇练乡村。进入石山以来代代与当地罗、韦等姓瑶族通婚。现在,该村村民有部分人祖宗是壮族的,改壮为瑶,祖宗是瑶族的,改瑶为壮,甚至一些家庭兄弟姐妹有的民族成分从壮,有的从瑶”。① 这些史料说明,不仅有着相互通婚现象,而且还有着改换民族成分现象,不仅有着瑶族等少数民族改换汉族的现象,也有着汉族改换其他少数民族的现象,确实表明历史上生活地区的交错,民族之间必定存在融合现象。

在当代社会,瑶汉之间的通婚现象,不说非常普遍,也比较经常存在了,因为年轻人交往面广,而且懂得使用法律维护个人婚姻幸福。根据2006年8月贺州市黄田派出所的计算机户口管理系统统计,黄田镇浩洞村是客家与过山瑶族群杂居的村落,客家人有569户2151人,过山瑶有152户528人,随机对客家人和过山瑶进行了各20份的问卷调查,共有34对夫妇,其结果如下。夫+妇:客家人+客家人的有13对,客家人+过山瑶的共4对,过山瑶+过山瑶的有10对,过山瑶+客家人的共4对,客家人或过山瑶+本地人的有3对,客家人与过山瑶之间的通婚为8对,约占23.4%。黄洞乡是一个过山瑶占全乡总人口70%的自治乡,黄洞村的过山瑶更是占到全村总人数的78%,由于族群人口比例悬殊,黄洞村过山瑶与客家人通婚的现象比较少。然而,黄洞村副主任赵贵府和赵有福老人均表示:现在人们的婚姻观念已经发生了很大的变化,找对象并不是很看重民族成分,更关注的是人品。大马塘是瑶族、客家人、壮族、湖南人杂居的自然村,全村有104人,23对夫妇,族际间的通婚为16对,占69.6%,其中客家人与瑶族通婚的有4对,约占总数的17.4%。上仓是以瑶族为主,客家人、本地人杂居其中的自然村,总人口有116人,共有夫妇24对,族际间的通婚为10对,占41.7%,其中客家人与瑶族通婚的为7对,约占29.2%。另外,也有少数土瑶女子嫁给山外的客家

---

① 蓝美凤等:《巴马瑶族历史与文化》,广西民族出版社2006年版,第7~8页。

人。① 正因为有着如此复杂的婚姻关系，于是民族之间就都会包含相互之间的血液，有了相互之间的血缘关系，因此出现一种民族体征方面的趋同。钟山县花山瑶族乡的“壮族尽管保留着较多特色，出于自身地位和实际利益的驱动而认同瑶族，以瑶族自居，但对内依然讲壮话，称壮人，对外多以‘花山人’为称谓，强调区域性。加上花山本来远离壮族文化中心，长期的族群整合使其在经济、文化、生活内容等方面与壮族中心区域有较大差别，而且与瑶族长期通婚，自身承传了许多瑶族因子，从衣着外貌和生活习性来看，他们根本无法区分，族群的地域认同更为突出，文化心理已经基本一致”。② 因此，这里瑶族已经不是传统的单一族群，而是各迁移族群长期定居、相互通婚形成的重新组合体。这种现象古代也一样存在，民国《平乐县志》卷二也记载：“当时瑶亦有数种，有熟瑶，有生瑶，有白瑶，有黑瑶。生瑶在穷谷中，不与华通，熟瑶与州民同化已久者，自忘其为瑶族、壮族，外人亦几难于分辨。”

社会属性的融合。体质认定当然是民族划分的重要标准，但是身份之心理认同更为深刻，因为一个人体质上虽然属于这个民族，如果其人个体认定自己属于别个民族，那么其社会意义更强，他就会全身心投入自己所认定的民族群体中，真正成为其中不可分割的一员。从体质血缘层面认定民族确实是一个重要标准，但是如果从社会学视角看，似乎从社会属性的身份认同考核一个人的民族身份，可能更加具有社会意义。体质血缘只是从生理要素特征规定其人属于某种民族，但是他内心不认同，最终也会有意识地逐渐去除其人身上的生理特征，因为可以通过与他族通婚方式，由此逐渐淡化原有的民族生理特征。反之，如果其人从文化层面认定自己属于另一个民族，由于有着一种内心的认同，因此也可以运用通婚方式实现生理要素特征的转变，达到从外到里的全方位民族角色与身份的置换。从古到今的历史已经证明，由于民族身份认同的转变，通过有意识地运用通婚形式，从肉眼已经难以分辨了。当然，要实现这种转化，首先还在于自觉的身份认同或置换。请看史料：“隋唐朝代开始迁入此地（注：广东郁南县）的瑶族人与汉、僮（越族）共处，在农耕社会里，看来对主宰稻禾收成的神金花娘娘虔拜成为当地各族人的共同心愿，否则，这禾楼舞无法在漫长的中传承下来。明代，南江岸畔成了瑶族人聚居之地。这瑶人的生瑶、熟瑶之分，熟瑶生活习性与汉人渐趋雷同，而一些汉人为逃避朝廷的赋役而冒充瑶人，出现真汉假瑶。有古籍记载，盘姓才是真

---

① 廖扬、李叶青、王禄平：《贺州客家人与过山瑶、土瑶族群互动关系论纲》；王建周：《客家文化与产业发展研究》，广西师范大学出版社 2007 年版。

② 韦浩明：《花山族群认同现状的人类学思考》，载《河池学院学报》，2009 年第 1 期，第 78 页。

瑶。这时,在南江的汉人与瑶人中间,就有民族身份模糊的一群人;真汉假瑶。这群人说他是汉是瑶都可以,禾楼舞也成了当地汉人、瑶人祈神活动的载体。"①《灌阳县志》载:"保良树的唐、包、陈、潘、蒋姓瑶族,始祖原居广东钦州,后经湖南、四川等地迁到灌阳,原非瑶族,后来才编户入瑶。新圩乡洪水箐和新街乡烈溪洞村也属于编户入瑶的瑶族。"②据考核50多部谱牒及有关史料,昭平县"见于史籍迁来较早的是瑶族盘氏和森冲汉族何氏。盘氏始祖盘管七,原籍广东青州巷口石榄村。北宋淳化年间(990—997),受诏剿盗有功,赐地落籍昭平,其后裔分居于走马乡玉洞村、庇江乡联安村,昭乎镇古站村、文竹乡七冲村以及平乐源头镇蓝洞村。清嘉庆年间,玉洞、联安、古站等盘氏被迫'改土归流',渐与汉族融合但风俗习惯仍保留瑶族诸多特点。1984年和1985年,县人民政府下文恢复这几个村盘氏瑶族成分。"③由于民族平等政策的落实,以及少数民族的各种优惠,于是在政府引导和民众自愿的前提下,恢复原有瑶族身份的情况不乏其例。"1982年7月1日至1988年12月23日,恭城瑶族自治县恢复瑶族成分的合计57311人,其中随母改为瑶族成分的28358人,几乎占一半④"。"富川瑶族自治县的瑶族人口,由1982年占全县总人口的35.58%上升到1986年的50.59%,主要是按有关民族政策改为瑶族成分的较多。"⑤

如要实现这种基于文化平台的身份认同,其路径确实可以很多,从政府政策层面改换文字表述即是其中之一。例如,广西省政府于1939年发布《奉令禁止滥用夷猺等名称》的训令,其中规定:"用含有侮辱性质之蛮、番、夷、猺、猓、獞之称谓,加诸边疆同胞,在之者固易启藐视之心,而听之者尤易起愧恧之感,是无异自行分散我整个民族,殊与总理倡导民族主义之本旨相悖谬",为此,"广西省政府曾将猺、猓、獞等字改为傜、倮、僮等以昭平等,但不同民族之痕迹,仍未见泯除,窃意若专为历史及科学研究便利起见,故不妨照广西省前例,将含有侮辱之名词,一律予以改订,而普通文告及著作品、宣传品等封于边疆同胞之称谓,似应以地域为区分,如内地人称某某省县人等"。⑥ 以政令方式干预文字表述,可以有效地在公文层面予以纠正民族歧视现象,但难以深入人心,特别是不能有效地化入百姓生活,

---

① 张富文:《南江文化纵横》,中国评论学术出版社2008年版,第251页。

② 转引自刘自标:《平地瑶的形成初探》,2002年9月桂林"湘桂民瑶和平地瑶学术研讨会"论文,现存桂林博物馆副研究员盘福东研究室。

③ 昭平县志编纂委员会:《昭平县志》,广西人民出版社1992年版,《昭平县志》,第519页。

④ 莫辛麟:《恭城瑶族自治县志》,广西人民出版社1992年版,第462页。

⑤ 马戎:《民族社会学》,北京大学出版社2004年版,第434页。

⑥ 广西壮族自治区通志馆:《广西通志·民俗志》,1949年版,广西通志馆,第430~431页。

于是学校层面的教化就显然异常重要。考察清朝“文化教育政策主要包括开科取士、尊孔崇理、广设学校、优待少数民族子弟入学、少数民族子弟参加科举等。清朝政府是非常重视文化教育的,通过‘兴教’达到‘变俗’的目的。清朝政府在全国普遍设立了学政(又称督学、大宗师),掌全省的学校教习以及教育行政、考试诸事,有效提高了全国,特别是少数民族地区的教育普及程度”。① 清朝政府在云南、贵州、广西、广东等少数民族聚居地广设义学和社学,扩大了少数民族子弟的就学机会,对少数民族子弟入学还采取照顾倾斜政策。雍正元年(1723 年)“设立广西太平土州学额。取文武童生各四名以养,利州训导一员,移驻土属,就近教督。至十年定廪增额各四名”。允许少数民族子弟“俟熟番学业有成,令往教诲生番子弟,再俟熟悉通晓之后,准其报名应式”②,根据实际情况增加少数民族地区的录取名额,康熙五十一年(1712 年)各增加云南、贵州、广西三省进士一名③。在中央政府的倡导下,地方也广泛开设书院学堂,招收少数民族学生。道光十三年(1832 年),富川县由县训导朱德鉠倡导,偕当地名士唐绍景、任良辅、王上达、王上元等创办“五源书院”。次年,朱德鉠又在东五源平地瑶地区创办“蒙泉义学”,招收平地瑶子弟入学。恭城县的势江源也是平地瑶聚居的地区,早在明代,“贡生俸希贤就请立社学以化瑶民”,④清中期以后,恭城已成为桂东北平地瑶教育事业较发达的地区之一。由于“瑶人之与汉人,在种族上既非两个民族,故其体质,肤色、毛发、习性,均无严格差异,所不同者,生活方式与文化程度之高低而已。倘使瑶人与汉人发生了密切的交往,能毅然舍弃其固有的生活习惯,改其衣饰、学汉人之语言,习汉人之文字,则瑶人实也就是汉人,在种族实无什么分别的。因此之故,瑶人在汉民族高度文化孕育与武力压迫之下。随时随地均有与汉民族混而为一之可能。此种蜕化痕迹,大可由古书记载中看出的,《广东通志》载:增城瑶——其服饰与齐民相似,瑶妇衣裳裙祷,亦仿佛民间。合浦瑶——服饰略同齐民。连州瑶——亦间有识字者。这都可看出瑶人汉化的阶段”。⑤ 确实,只要前往到平地瑶聚居的桂东北的富川、恭城、钟山、荔浦、平乐、蒙山、灵川和湖南江华瑶族自治县做社会调查,就可以得到一个深刻的印象,平地瑶的经济文化发展水平比较高,民族特征已基本消失或正在消失,与周边的汉壮民族基本上没有差别,已经达到完全汉化的程度。

---

① 余梓东:《清代民族政策研究》,辽宁民族出版社 2003 年版,第 285 页。

② 《清朝文献通考·学校八》卷 70,浙江古籍出版社 2000 年版,第 5495 页。

③ 《清圣祖实录》卷 249,康熙五十一年正月乙酉条,中华书局 1985 年版,第 470 页。

④ (清)陶蹲修,陆履中等:《恭城县志》,卷二·书院,光绪十五年(1889)刊本。

⑤ 刘耀荃、李默:《乳源瑶族调查资料》,广东省社会科学院 1986 年版,第 49 页。

第二章

生活化审美意识形态

在我们的印象中，生活具有全物质化特征，表征一种全然形而下的特性。审美则是形而上的事情，具有全然精神性特点，属于意识形态领域。其实，两者不可能截然分离，生活的物质性中必然包含审美，它是在审美意识形态指导下的生活，审美也不可能全然脱离生活的物质性，因为审美必须具有物质性的载体，于是虽然两者分属，但也存在交叉，由于形成日常生活审美化的理论思考和审美实践。

第一节　姓名：审美意识形态

姓名不仅仅是一个符号，还蕴含着某些社会生态信息。现代中国人的姓名一般来说由三个部分构成，一是姓氏，二是行辈，三是名字。姓氏标明一个人所属的族群，行辈则标明这个人在族群中的层级位置，名字才是属于个人的标志。于是，姓名就具有了标示个体在族群社会生态中伦常关系的功能，虽然各个族群姓名的命名方式并不完全一致，但都会在某种程度上透露族群社会生态信息，则是毋庸置疑的。广西贺州市土瑶族群在姓名命名方面就有着自己的特点，其中透露着自己独具特色的社会生态信息。

一、男女命名表五行

贺州瑶族有两个支系：盘瑶（过山瑶）和土瑶，其中土瑶是独存于广西贺州市的一个瑶族支系。土瑶现有人口 1471 户 6196 人（2004 年 12 月），主要分布在贺州市鹅塘镇的明梅、槽碓、大明和沙田镇的狮东、金竹、新民六个村委会的 59 个村民小组中，他们全部散居在贺州市绵延一百多公里的大桂山脉边远山区。

据袁同凯先生考察，“在土瑶人的名字中，‘金、木、水、火、土’的出现率很高，如果是女性，其后常配以‘妹、姑、娘、仙、兰’等字，男性则多配‘养、生、保、转’等字。一般土瑶人的解释是，他们读书少，识字不多，‘金、木、水、火、土’这几个字笔画少,既好写又好记。但据土瑶赛迭(即师公、道士,引者)讲,之所以用'金、木、水、火、土'这些字中的一个是因为他或她的命中缺少这个字所代表的物质,如叫土妹的是因为她的命中缺'土',如果是男孩,可叫'土养'、'土生'、'土保'、'土转'等。从笔者所掌握的资料看,土瑶人的名字中'金、木、水、火、土'的出现率在30%左右,女性名字中'妹、姑、娘、仙、兰'出现率则高达80%"。① 据本人调查鹅塘镇明梅小学暗冲教学点,该教学点只有一至三年级,四年级以后集中到鹅塘镇中心小学土瑶寄宿班学习。2006—2007学年度一年级29人,以五行命名的学生8人,占27.6%;二年级25人,以五行命名的学生7人,占28%;三年级26人,以五行命名的学生10人,占38.5%,如此看来,袁先生所言非虚。

作为解释事物消长与相互关系的五行观念由来已久,赛迭(瑶族道士)对于土瑶倾向使用五行命名的解说就是这种观念的反映。五行学说认为,五行之间存在着生、克、乘、侮的关系。相生即相互滋生和相互助长:木生火,火生土,土生金,金生水,水生木。相生关系又可称为母子关系,如木生火,也就是木为火之母,火则为木之子。相克即相互克制和相互约束:木克土,土克水,水克火,火克金,金克木。相生相克是密不可分的,没有生,事物就无法发生和生长;没有克,事物无所约束,就无法维持正常的协调关系。只有保持相生相克的动态平衡,才能使事物正常的发生与发展。如果五行相生相克太过或不及,就会破坏正常的生克关系,而出现相乘或相侮的情况。相乘,即五行中的某一行对被克的一行克制太过。比如,木过于亢盛,而金又不能正常地克制木时,木就会过度地克土,使土更虚,这就是木乘土。相侮,即五行中的某一行本身太过,使克它的一行无法制约它,反而被它所克制,所以又被称为反克或反侮。比如,在正常情况下水克火,但当水太少或火过盛时,水不但不能克火,反而会被火烧干,即火反克或反侮水。显然,土瑶以五行命名蕴含着强烈的生存意识,不仅蕴含着个体的生存意识,而且希望透过个体的生存促使族群能够更好地发展壮大,从而使族群在争斗中不被欺侮。

土瑶之具有如此强烈的生存意识,内在地隐现了族群历史性的生存焦虑。历史上,瑶族曾是贺州的主体居民,后来在统治者镇压与族群争斗中不断被挤压,不仅从平地被驱赶到山林,而且人口也锐减成为边缘化民族。"南宋,贺县(今贺州市八步区)已成为瑶族主要聚居地之一,贺县当时二万多人口中,瑶族人口近万,分散居住程家八洞山、南木等"。②"明清期间,贺县总人口只有四万多人,瑶族约有两万人,散居于部分盆地,如当时芳林的金马寨、白马寨等,以后才被迫迁入大

---

① 袁同凯:《走进竹篱教室》,天津人民出版社2004年版,第108-109页。

② 日旺:《州瑶族历史概述》,载《贺县文史》第10辑,1993年版,第82页。

桂山,以后更迁入冷水肚了"。[1]"光绪十五年调查,合邑丁口二十一万",[2]其中"贺之民族以汉族为最盛,壮次之,瑶又次之。瑶族人口不及汉族百分之三",[3]约为六千三百人。造成总人口暴涨与瑶族人口暴跌的主要原因,一是由于客家集中入迁,二是由于明清统治者对瑶民起义的残酷镇压以及族群争斗。"综观清代客家人向广西的迁徙,从顺治至道光的200多年间,是其迁徙的高潮期,其中尤以乾隆期的60年达到最高峰"。[4]贺县作为广西客家的主要聚居地之一,约占当地人口的41%,而"以贺县为中心的桂东客家人,都是在明清交替之际及以后陆续从广东迁来的"。[5]汉族人口的暴涨和入迁,一方面会挤压瑶族的人口比例,另一方面也会形成族群争斗,从而也会造成瑶族人口的下降。土瑶先人在明末清初由广东迁徙梧州,然后由梧州迁徙贺州贺街镇、沙田镇和鹅塘镇,这种迁徙基本上都是因为统治者驱赶和汉瑶(壮瑶)族群争斗的结果。在鹅塘镇明梅村暗冲寨,部分老人还仍能模糊地记起其先祖与汉人征战的传说,并赋予其浓郁的神话色彩,传达了土瑶先人悲壮的迁徙经历与备受邻族欺凌的痛楚历史。鹅塘镇大明村雀儿冲的赵观连老人回忆说,土瑶人不断向大山深处迁徙的主要原因就是时常受到贺州沙头人的侵扰和追杀。沙田镇狮东村大冷水寨老人回忆道,他们从广东迁入贺街镇,后被汉人驱赶,迁入沙田镇芳林村,再被驱逐,于是深入到达现在的大桂山深处。当然,造成瑶族人口急剧下降的根本原因还是统治者的迫害,历史上,由于统治者的残酷压榨,瑶民不断起义。元代元统二年(1334年),唐七起义。元代至正三年(1343年)九月,道州、贺州瑶族首领唐大二、蒋仁五起义。明代天顺六年(1462年),桂岭瑶民起义。正德十六年(1521年),贺县瑶民起义。嘉靖六年(1527年),贺县瑶民起义。嘉靖二十七年(1548年),瑶族参与贺县汉族起义。嘉靖隆庆年间,连州八排瑶起义,贺州瑶胞接应。清代康熙三十二年(1693年),贺县瑶民响应广东连山瑶民起义。清代道光十二年(1832年),陈水清、盘友奉发动土瑶起义。[6]这些起义活动最终都遭到残酷镇压,瑶民被杀无数。正因为如此,瑶族不仅从原来约占一半的人口比例急剧下降,而且绝对数也急剧下降,不仅失去了主体居民的地位,而且生活空间也从平峒被驱赶到边缘化的山林,可见生存生态急剧恶化。这种迫于刀光剑影下的恶化,一定会在瑶族人民心中留下巨大的

---

① 日旺:《州瑶族历史概述》,载《贺县文史》第10辑,1993年版,第84页。
② 黄成助发行:《贺县志》,成文出版社1934年版,第76页。
③ 同上,第64页。
④ 钟文典:《广西客家》,广西师范大学出版社2005年版,第47页。
⑤ 苏斌、李辉主编:《桂东客家人》,广西民族出版社1997年版,第11页。
⑥ 日旺:《州瑶族历史概述》,《贺县文史》第10辑,1993年版,第84-87页。

心理阴影，也会产生一种基于族群生存、发展和壮大的生存焦虑，五行名字应当就是这种焦虑的曲折反映形式之一。

历史进入一个民族平等且社会和平的时期，各民族都得到不同程度的发展。到了"1995 年末全县（贺县）总人口 840335 人，其中汉族 766326 人，壮族 36674 人，瑶族 36901 人"，①瑶族约占总人口的 4.4%，其中土瑶当只约 5000 人，约占瑶族总人口的 13.5%。在这新中国成立后的人口数据统计中可以看出，瑶族不仅绝对数有了增长，而且比例也有了提高，这种情况应当也适用于土瑶，这应当归功于国家正确且平等的民族政策的成功实施。虽然瑶族已经不存在生存威胁，但是内隐的生存焦虑因为已经形成集体无意识，因此不会在短期内消除，还会以各种形式显现出来，五行名字的仍然盛行就是例证之一。

二、男子命名用"女"字

在从事田野调查时笔者发现一个很奇怪的现象，一些土瑶男子使用在汉族社会中通常表示女性的用字，也就是使用"女"字表名字。为了有效了解这种情况，于是在 2007 年底通过鹅塘镇派出所户籍管理系统进行调查，明梅村 1138 人，槽碓村 1193 人，大明村 1775 人，三村人口共 4106 人（因为系统不能区分过山瑶，据管理人员估计，土瑶应为 3000 人左右），男性 2108 人，男用女名 91 人，占男性人口的 4.3%，其中使用"花"字 43 人，占男性人口的 2%。这是否只是土瑶支系独有现象呢？2008 年 3 月，通过贺州步头镇派出所户籍管理系统调查辖区内过山瑶命名情况，他们总人口 4084 人，男性 2069 人，男用女名 31 人，占男性人口的 1.5%。2006—2007 学年度，鹅塘镇明梅小学暗冲教学点，女生没有以"花"命名者。这种情况说明，男用女名至少在贺州瑶族中并非个别现象，只是土瑶表现更加突出一些，因此更具有代表性。

其实，男用女名并非只出现在瑶族，汉族也同样存在，如著名革命英烈萧楚女、恽代英等。现代存在这种现象，古代也同样存在。"男性用女名者，如鲁隐公名息姑，《春秋传》里的石曼姑，《孟子》中的冯妇，《汉书》中的丁夫人，《宋书》中的鲁爽小名妇生，《梁书》中的梁仙𡡉本名仙婢，《唐书》的李君羡小名五娘，《宋太宗纪》中的西部首领罗妹都是男性"。② 古代存在男用女名现象，同样也存在女用男名现象。《山海经·海内经》："黄帝妻雷（嫘）祖，生昌意。"汉武帝皇后卫子夫，卫子夫的大姐名叫君孺，二姐为少儿。《杜钦传》载，皇太后女弟叫司马君力，《汉

① 贺州市地方志编纂委员会：《贺州市志》（上卷），广西人民出版社 2001 年版，第 185 页。

② 武冈子：《大中华文化知识宝库》，湖北人民出版社 1993 年版，第 1405 页。

书·西域传》记载，岑陬娶江都公主，生下一女，取名为少夫。《后汉书》记载，鲍宣妻桓氏，字少君。吴国的孙权大女鲁班，乳名大虎，嫁给全琮；小女鲁育，乳名小虎，嫁给朱据。《南史》记述宋武帝之女会稽公主名兴弟、豫康公主名次男、山阴公主名荣男。《北史·列女传》记载，愈县有女子叫孙男玉，曾经杀死一个人以报夫仇。这是否暗示过去某个时期存在着男女通用名现象？但至少可以说明一个问题，即在远古时代并没有严格区分男女用字，男女在姓名权方面具有某种平等性，这应当是远古时代男女社会生态关系的某种遗留。

但是，后世在男女名字用字方面有了明显的分野，总体上呈现男性用字趋向阳刚，女性用字趋向阴柔的现象。这种区别一者在于别男女，这里已经暗含性别歧视的因子；二者表明男女社会生态关系发生了转向，由原来至少在姓名权的男女相对平等向男性层面倾斜发展。当然，男女用字的区别只是一种大体趋势，并非铁律，男女错用古今皆有，这也是男女社会生态的一种协调。土瑶就具有男用女名的社会审美心理，尤其倾向于“花”且女性不用“花”，这值得关注。花作为植物的生殖器官，在人类进入农业社会之时，它的再生功能已经为人所感性认知，从而生成植物崇拜，并且花也成为生殖意象。“人类的生命之树或生命之花的植物崇拜，是和人类的生存繁衍对于植物的依赖密切关联的。它应该萌芽于以植物采集和狩猎作为获取生活资料的采猎阶段，在中国是两三万年前的旧石器时代早期的母系氏族社会阶段，也就是说是伴随着原始社会农业文化的发生发展而来的”。① “农业社会，生命之树是土地谷物生殖和人类男女生殖的象征”。② 这种对于花的生殖崇拜意识不仅存在于植物本身，而且向着象征符号发展。据考，“7000 年前河姆渡文化的四叶花苞刻花陶块纹样组合是象征生命之源、生命母体的长方形框（水盆），其上化分象征阴阳的左右四时，中心是一个含苞未放的通天花苞。通天花苞的底部是一个三角形生命之源的母体象征符号”。③ 这种象征符号虽然脱离了花的实物，但它是一种能指化，而且可以由实体符号向语言符号延伸，它们同样具有其物的象征意味。这种具有生殖意象的语言符号，比附人类两性，自然就是女性了，因为我们先人认为人的繁殖由女人独自承担，与男人无关，因此只有女性才有资格享有这种语言象征符号。

既然“花”是女人的专利，那么男人使用它，就具有某种意蕴了。其实，不管男人女人使用“花”字命名，都蕴含生殖崇拜，这是由“花”历史影像所决定的。只是

① 靳之林：《绵绵瓜瓞与中国本原哲学的诞生》，广西师范大学出版社 2002 年版，第 78 页。
② 靳之林：《生命之树与中国民间民俗艺术》，广西师范大学出版社 2002 年版，第 11 页。
③ 靳之林：《绵绵瓜瓞与中国本原哲学的诞生》，广西师范大学出版社 2002 年版，第 77 页。

原本由女人承担的生殖意象,现在转移到男人身上,表明族群尤其是男人对于族群生存焦虑的强烈担忧。这是有着现实依据的。据《广西壮族自治区贺县地名志》,1984 年土瑶人口统计数据共 485 户 3128 人,①至 2004 年的 20 年间人口才翻番。可以想见,这是在民族平等且不限制生育情形下的人口数据,那么新中国成立前土瑶人口应当更少。造成这种情况的原因很多,其中就涉及婚姻制度,土瑶实行严格的族内婚,不仅不与当地汉壮通婚,而且也不与盘瑶等瑶族支系通婚。为此,土瑶六个行政村还于 1983 年 5 月 10 至 11 日,在沙田镇狮东村大冲寨召开"四甲"会议,通过《"四甲"会议决议书》,禁止土瑶女人外嫁,充分显现土瑶族群及男人的生存焦虑。

以"花"命名,其实还隐藏着男人的女性艳羡心理。根据荣格阿尼玛理论,每个男人在其无意识中,都会通过遗传的方式存留女人的一个集体影像,并且内心潜倾于她,从而起着男人女性化的作用。当名字已经形成社会性基本取向之后,男人依然使用女性用字,其实就是阿尼玛影像的投射,表征其人内心强烈的女性艳羡。这种阿尼玛的艳羡心理,有时还化为实践的女性行为模仿行动,例如历史上的产翁现象。据《太平广记》卷四八三《獠妇》引尉迟枢的《南楚新闻》记载:"南方有獠妇,生子便起。其夫卧床褥,饮食皆如乳妇,稍不卫护。其孕妇疾皆生焉,其妻亦无所苦,炊爨樵苏自若。又云,越俗,其妻或诞子,经三日,便澡身于溪河。返,其糜以饷壻。壻拥衾抱雏,坐于寝榻,称为产翁。"②土瑶虽然没有产翁现象,但对女婴却格外礼遇,不像汉人那样特别礼遇男婴,这就是集体的女性艳羡心理的曲折反映。"土瑶在生育观念方面普遍重女轻男:生女孩则摆酒举行庆祝仪式,生男孩则没有这种待遇"。③ 从表层看,这是给予女婴的特别礼遇,意在养成一种女性艳羡心理,但从深层看,蕴含的其实还是生存焦虑。这与禁止女人外嫁同出一理,都是为了族群的有效生存,因为土瑶的生存其实已经不再决定于男人,而是决定于女人。"经调查,2003 年以前 60% 的土瑶群众睡觉没有蚊帐,70% 以上的土瑶群众缺少防寒衣物。食以大米为主(多数靠购买),红薯、芋头、玉米、粟米、木薯等杂粮为辅食。经统计,2003 年六个村委会的缺粮户有 1234 户,占总户数的 98.6%;一日三餐吃粥和杂粮的有 126 户,占总户数的 10%"。④ 由于土瑶族群的极度贫困,男人几乎不能外娶,女人却可以私奔外嫁,于是隐藏族群繁衍危机,因

---

① 贺县人民政府:《广西壮族自治区贺县地名志》,贺县人民政府 1985 年版,第 99 - 102 页。

② 李昉等:《太平广记》,中华书局 1981 年版,第 3981 页。

③ 梁杰锋:《土瑶独特的服饰和起居建筑》,政协广西贺州市八步区文史资料工作委员会,《八步区文史》(第 12 辑),2007 年版,第 81 页。

④ 贺州市扶贫办:《贺州市土瑶扶贫报告》,2004 年 12 月。

此希望运用这种魅力感染软手段留住女人的心。

三、女子命名重称谓

袁同凯先生认为:土瑶“女性名字中‘妹、姑、娘、仙、兰’出现率则高达80%”,这在总体上所言不差,不过还有两个也是经常出现的用字“留和英”。据调查,2006—2007学年度,鹅塘镇明梅小学暗冲教学点学生总数80人,其中女生37人,以“妹、娘”命名者8人,占21.6%;以“仙、兰、英”命名者17人(无“花”字),占45.9%;以“留”命名者7人,占18.9%;其他用字5人,占13.5%。从统计数据可以看出,使用具有阴柔性质的植物命名者近半数,此与汉族族群女性取名取向一致。所不同者,一是“留”字取名不少,二是“妹、娘”命名也突出。“留”字少见男性名字中(只一人),似与其他族群“娣”相类,隐含女孩已多,不得已“留”之。但又不等同于“娣”,从“元留(一)、石留、桂留、木留、土留、元留(二)、增留”七个名字看,其生存焦虑心理昭然,一是内含五行意识,二是拜寄自然物。

“妹、姑、娘”命名现象很值得研究,不仅因为在其他族群中出现的频率较低,而且还因为构建了一个虚高的社会生态位,从而遮蔽了现实。传统社会是家国一体的政治体制,因此很早就形成了富于等级关系与内外相别的亲属称谓系统,从而达到“别内外,定亲疏,序长幼,明贵贱”的社会伦常规范。“妹”属于平辈称谓,“姑、娘”属于长辈称谓,以之命名则隐含着她们始终至少处于平辈乃至于长辈的社会生态位层面,从而彰显其社会地位。这犹如封建社会统治者赋予某个官员“见官高一级”的特权一样,虽然其人的事实官阶并不一定很高,但是因为有了那样的特权,于是他可以在社会交往中始终居于优势的社会生态位,从而体现一种外在的符号价值。土瑶女人的现象与之具有某种相类性,现实中她们的社会生态位并不高于男人,但是因为名字的关系,她们始终高于至少不低于男人,于是在话语系统中就获得了一种虚高的社会生态位。实际上,土瑶女人与其他族群女人一样,在社会生态关系中总体上低于男人,虽然其程度可能较之某些族群女人的地位为高。于是,这就表现为一种魅惑策略,话语系统中的虚高幻象不仅满足了女人虚幻的心理欲求,也遮蔽了社会现实,从而使得女人自安其位。

其实,这种现象还表征对于女人生殖力的肯定,于是潜隐着族群的生殖期待,反映集体无意识的生存焦虑。贺州本地人对于闺阁女儿,一般直呼其名,待到女儿出嫁后,就要改换称呼了。如果父母膝下只有子辈,那么以子辈身份(即女儿平辈)称呼,如“大姐、二妹”之类;如果父母膝下已有孙辈,那么以孙辈身份(即女儿长一辈)称呼,如“大姑、二姑”之类。在北方一些族群中,称呼出嫁的女儿为“姑奶奶”也属此类。很显然,女人在同村宗亲长者中获得“妹、姑、娘”的称呼,就意味着已经出嫁，不仅有生殖能力，而且也获得生育权利。王国维先生在《观堂集林·女字说》卷三云：古代"男子字曰某父，女子字某曰母，盖男子之美称莫过于父，女子美称莫过于母。男女既冠笄，有为父母之道，故以某父某母字之也。"①《礼记·曲礼》上说："男子二十冠而字"，"女子十五笄而字"。冠笄作为成人礼，标示已经具有为父母之道，可以命"字"，或作父或为母。如王安石字介甫（甫通父）《游褒禅山记》中说，四人中有庐陵人萧君圭字君玉、长乐人王回字深父、其弟王安国字平父、王安上字纯父，他们以"父"命字正是其意。但是女子及笄后命字的规矩并没有像男子那样持续规范，她们往往有名（乳名）无字，出嫁后以某某氏命之，或称之以某某嫂、某某娘，于是"嫂、娘"就表示已经为父母之道，约略当"字"。但是，土瑶女人尚未婚嫁就命之以"娘、姑"，内中就隐含着希望早日进入生殖状态，于是具有集体无意识性质的生存焦虑也油然而生。土瑶是贺县现存瑶族的最早入住者，过山瑶居其后，明清时占人口约半，到1995年瑶族占总人口约4.4%，其中土瑶占瑶族人口只约13.5%，这就不可能不造成生存焦虑。于是，土瑶盛行早婚，男女到十四五岁就可以结婚，四十来岁就可以当上爷爷奶奶。土瑶习俗，一个人结婚必须宴请全村聚落以及相关亲属，摆上三天三夜的长桌宴（2005年10月，"四甲"会议通过决议，三天三夜的长桌宴改为一天一夜），如此才拥有村民的资格、权利和义务，否则依照习惯法只能算同居。因为土瑶极其贫困，许多人不能及时摆上三天三夜的长桌婚宴，只好父子两代同摆婚宴，称二代喜，甚至有的只能祖孙三代同摆婚宴，称三代喜。于是，就出现虽已同居且生儿育女，但还没有获得习惯法意义上正式名分的尴尬现象，她们的称谓不能保留少女时的称呼，必须与其生育状态相符，"嫂、娘、姑"的称谓也就是一种必然了。这种尴尬的必然与少女恋爱生活具有某种相类性，土瑶家长在子女十四五岁时就修建"勉切邦"（外人称"情人房"或"人情房"等）供子女恋爱，土瑶习俗不歧视私生子。生育私生子的女孩与已经匹配同居的女人没有什么本质的区别，因为都还没有举行婚宴，于是"娘、姑"的称谓就可以延及少女，乃至于父母在女儿出生时就以"娘、姑"命名，这是一种历史的惯性延展。

如果深究下去，"妹、姑、娘"命名现象似乎还关联着远古，表征它是母系氏族的话语遗留物。母系氏族是一个以女性为中心，以女性为尊为长的社会，一般认为存在于中石器和新石器时代，时间为一万年或几万年不等。父系氏族一般认为存在于新石器晚期至青铜时代初期，由此开始了父权制时代，直至今日，其存在时间始于公元前一万年或公元前四五千年不等。之后进入父权制的奴隶社会，直至

① 王国维：《观堂集林》，彭林整理，河北教育出版社2001年版，第98页。

今日以菲勒斯中心的现代社会,其存在时间始于约公元前两千年。父权制社会是一个以男性为中心,以男性为尊为长的社会,然而是从女权制社会承继而来的社会,且女权制社会存在的时间是它的几倍甚至几十倍,因此虽然女权让渡于男性,其表层已经丧失隐退,但由于其存在着承继关系且女权制存在时间悠久,因此深层结构不可能即刻消失,甚至也不可能完全消失,必然会转为集体无意识结构而永久地隐约地起着作用。这种作用已经不可能是实体显性的表现形态,只能是虚化隐性曲折的表现形态,话语呈现应该属于其中之一。于是,见人长一辈的命名方式就虚拟地抬高了女性的社会生态位,由此构筑一个女性中心且为尊为长的幻象,从而使之得到心理补偿且安于现状。这是一种典型的魅惑策略。

这种利用姓名的魅惑策略同样存在于男人中,只是实际成效不同而已。古代有名望地位者,其姓名构成为"姓辈名字号"五个部分,姓辈是共名,名字号是私名,称人字号表尊敬。这种话语尊敬当然具有虚高社会生态位的性质,但也确实能够产生虚高的心理效应,双方都产生尊敬的正面心理反应。如果以"父、叔、伯"等表征伦常等级的亲属称谓命"字",如王安石兄弟、晏殊字同叔、王守仁字伯安等,那么其自我肯定的心理会更加强烈些,如王国维所言。但是女人却不同,女人的虚高就是虚高,在表层心理都难以产生肃然起敬的心理反应,它只表征心理深处的无意识历史影像。为什么?因为女权制社会是一个逝去的社会,而男权制社会却是一个正当时的社会,因此男人的话语虚高可以获得直接的心理反应,产生切实的尊敬的心理体验。

土瑶如此集中地出现"妹、姑、娘"命名现象,还当与族群社会生态相关。瑶族是一个没有文字的民族,土瑶还没有口传传统的文化氛围,对于族群历史知之甚少、记忆模糊,"民间不但不鼓励口传,反而有'讲故事没米下锅'的说法"。① 据笔者于2006年秋对鹅塘镇中心小学民族班学生进行调查,他们对于自己的民族历史、民间传说、迁徙历程、盘王故事等所知甚少,70%以上的土瑶学生失忆自己的族群历史,且呈现学业层级超高,失忆比例越大越严重的现象。② 于是,土瑶不仅较少受到文字的历史遮蔽,而且也较少受到口传历史的文化遮蔽,由此拥有更多的生命本真,也就更容易直视远古的生存状态,并且以可以表征族群历史影像的姓名符号呈现出来。正因为可以反映族群的历史影像,因此集中出现的"妹、姑、娘"命名现象,就不是个体现象,而应当是族群影像的话语呈现,于是表征它是母系氏族的话语遗留物。

---

① 袁同凯:《走进竹篱教室》,天津人民出版社2004年版,第59页。

② 韦祖庆:《民族班调查:族群记忆正在走失》,载《教育评论》,2007年1期,第101~105页。

四、无行辈不表排行

行辈的基本作用在于明确个体在族群社会生态中的层级位置，从而使得伦理纲常秩序化，它不仅可以明确当下的生态位置，而且可以标示个体在历史的生态位置，由此可以构筑族群严密的社会生态层级系统。正因为如此，各族群都非常重视行辈的制定，以及行辈在名字中的出现，可以说，几乎没有哪个族群没有自己的行辈。

但是，就有个别族群没有行辈，土瑶就是其中之一。通过调阅贺州市鹅塘镇派出所户籍管理系统，从土瑶男女姓名上很难找到行辈的规律用字，初步感觉土瑶没有行辈。于是，深入土瑶社区调查，再征之以贺州市沙田镇狮东村村公所主任凤客联（男，土瑶）、鹅塘镇明梅小学暗冲教学点邓清林老师（男，土瑶）、贺州学院土瑶大学生凤桂花（男，沙田镇）、赵通妹（女，鹅塘镇）等，都反映没有明显的行辈。此外，再征之以贺州市瑶族研究专家原贺县民委干部邓元东（盘瑶）先生，也表示现在的土瑶没有行辈。没有行辈也就没有其所应有的社会生态功能，个体于族群社会中就难以排定确定不移的社会生态位，尤其是个体转入久远的历史档案之后，必定会出现一种混沌现象，族群的社会生态层级关系就混乱不清。这也从一个层面说明土瑶确实不重历史源流，孔子说“未知生，焉知死”，土瑶就是重生不重死。其实，这也是生存焦虑的反应，土瑶生活历来就极度贫困，经常处于朝不保夕的状态，因此只求当下能生，哪管日后之死。这是一种典型的生存无奈。

土瑶是否从来就没有行辈？似乎也不像。请看 2003 年土瑶赵氏族谱。暗冲赵家族谱：第一代，赵有显；第二代，赵天满、赵法益；第三代，赵文高；第四代，赵元福、赵元禄、赵元朝；第五代，赵金得、赵金有、赵金为、赵金财；第六代，赵正荣；第七代，赵启文，第八代，赵贵成；第九代，赵坤富；第十代，赵上周；第十一代，赵德耀；第十二代，赵朝财、赵朝庆；第十三代，赵德庆（现 71 岁）；第十四代，赵先保（现 47 岁）；第十五代，赵水庆（现 23 岁、已婚）、赵水清（现 17 岁）、赵元胜（现 15 岁）；第十六代，赵阿兰（现 3 岁多）、赵阿流（现 2 岁多）、赵莹子（现 1 岁多）。大坪赵家与暗冲同一祖先，从第六代起分房，暗冲赵氏为赵正荣子孙，大坪赵氏是赵正光子孙。以下是大坪赵氏族谱。第六代，赵正光；第七代，赵启龙；第八代，赵贵通；第九代，赵坤荣、赵坤华；第十代，赵上惠；第十一代，赵得财；第十二代，赵木旺；第十三代，赵土生；第十四代，赵水保。① 第六代以前没有参照系，不好判断。第六代开始直至第十代，赵氏分属两地，其属于行辈位置的用字一致，都是正、启、贵、

① 袁同凯：《走进竹篱教室》，天津人民出版社 2004 年版，第 64 – 66 页。

坤、上,这是否意味着就是行辈?再看盘瑶赵氏“广西贺县新华乡(今贺州市里松镇新华村,引者),各个房的成员取名都得按照早先订好的班辈用字,不得超越这个范围。如居住在山虎、枧冲一带的赵姓,有七代赵和四代赵之分,七代赵有‘文、成、全、才、有、福、禄’等七字;四代赵以‘君、廷、德、有’为班辈。这些字用完后,又重以第一字开始使用,周而复始”。① 再据国家瑶族社会历史情况调查资料,“赵姓有三个祖先,他们分为五代赵、六代赵、七代赵三支,各有各的班辈用字;把这几个字用完,又周而复始。五代赵的班辈字是;文、春、进、明、成,六代赵的班辈字是:朝、如、生、进、文、福(后来因嫌‘生’字不好,把它改为‘成’字),七代赵的班辈字是:如、德、生、有、进、才、志(或作‘至’)。黄字的班辈也只有五个:元、通、进、文、金,冯姓的原为七字:荣、成、春、文、金、章、祚,(后嫌‘祚’字不好念,便把它去掉,只用六字)。庞姓的为五字:文、成、有、福、贵。郑姓的为六字:文、成、进、万、有、加。由班辈字来联系共观祖的血缘亲属,这是盘瑶的一个特点”。② 这显然与贺州市盘瑶赵氏行辈不一致,虽然不同族群或可理解,但又不符合行辈循环或无限延续的惯例。总之,有行辈的迹象,但不能完全肯定,姑且认为土瑶历史上曾经有过行辈,后来泯灭了。

土瑶曾经有行辈,后来泯灭没有了,如果这个假定可以成立,那么导致行辈消失的重要因由还是生存焦虑。第十一代生活在 19 世纪中叶,之前正是明清贺州瑶族起义的集中爆发期,人口锐减严重,于是,生存焦虑已经积淀成为集体无意识。第十二代开始明显表征五行入名,应当就是这种生存焦虑的名字符号反映。土瑶实行严格的族内婚制,不仅不与汉壮通婚,也不与瑶族其他支系通婚,原本通婚范围就窄小,现在就更加狭窄。土瑶虽然不禁止同姓通婚,但严格禁止三代内通婚,不同行辈间似乎可以通婚,但令人尴尬,如祖辈娶孙辈等,还会造成亲属称谓的混乱。如果像现在那样以年龄段为基本依据构筑亲属称谓体系,那么由于行辈造成的婚姻尴尬就可以避免,也就可以扩大通婚范围,于是有利于族群的生存发展。这应当是行辈消失的一个基本因素。

如果土瑶从来就没有行辈为真,那么其内在社会生态意识很值得深究。首先,它表明土瑶奉行关注现世的实用主义哲学观。行辈不仅指向当世,更指向过去与未来,旨在构筑一个线性的族群生态体系。但是土瑶民并不关注历史,没有汉族那种强烈的慎终追远情结,于是自然也就不特别在意表征历史秩序的行辈

---

① 钱宗范、梁颖:《广西各民族宗法制度研究》,广西师范大学出版社 1997 年版,第 258 页。

② 全国人民代表大会民族委员会办公室:《广西大瑶山瑶族社会历史情况调查》(生活习俗文化宗教部分),1958 年版,第 15 页。

了。土瑶提倡现世关注，主张通过自身的勤奋劳作获取财富，其实深居深山老林的生存环境，也决定他们只有通过自己的双手才能得以生存，于是逐渐生成实用主义哲学观，并且延及名字的命名。其次，它表明土瑶较少受到汉族主流族群封建礼教的影响。汉族统治者奉行家国一体的政治体制，因此十分注重纲常的建设和秩序的维护，行辈的建设就是基于这种意识，于是汉族族群都有行辈。土瑶没有行辈，那只能说明他们在行辈方面极少受到封建纲常的影响，体现某种程度的民主平等意识。第三，它有利于扩大土瑶婚配范围。土瑶属于典型的小聚居大分散的居住格局，小聚落只有一两户人家，大聚落也极少达到40户人家，绝大部分聚落在20户人家上下，分散在59个村民小组400多平方公里的范围内。因为实施三代以外同姓可婚的族内婚制，于是，没有行辈限制也就增加了婚配的机缘，从而有利于族群的生存发展。

综上所述，土瑶姓名确实蕴含着丰富的社会生态信息，这些信息集中到一点，就是强烈的族群生存焦虑。可以说，正是土瑶在历史发展进程中，历经由相对辉煌到萎缩，乃至于出现生存危机，于是生成生存焦虑的集体无意识心理，并且将这种心理影印在姓名中，由此形成土瑶名字命名的独特现象。

第二节　居所：历史叙事意象

居所是最富于人的本质力量对象化的人化自然之一，它不仅积淀着人的本质力量，体现人与自然的关系，而且还镌刻着人类的生存历史，体现人类社会的生存关系。不仅如此，而且建筑之形、建筑之意乃至建筑聚落形态之境，在其构筑方式上都表述了人类对生存空间的时代理解范式。这种理解是基于人类整体历史观的理解，是一种源流式的理念积累，是人类整体思想固化的“活体”，是人类社会生活、社会情境的历史代言场所。于是，建筑是固化的历史，是凝固的诗，因为建筑凝聚着人类的历史与智慧，固化着人类的文化与情感。正是基于这样的认识，因此考察贺州瑶族居所状况，希望从中能够分析凝聚在居所建筑中的一些生存历史意象，从而在一个方面考察瑶族历史情愫。

一、迁徙意象

由于迫迁等历史原因，瑶族变成一个富于迁徙的民族，也就是比较经常变更居住地，这种变更使得瑶族形成大分散、小聚居的生存方式，贺州瑶族也保持同样的传统。在2006年贺州市1.18万平方公里行政管辖区域内统计人口约210万，瑶族约为23.4万,其中富川瑶族自治县14.3万、八步区和平桂管理区4.6万、钟山县2.9万、昭平县1.6万,平均每平方公里约19.8人,确实属于大分散状态。虽然从平均分布看,贺州瑶民居于分散状态,但他们都有主要的聚居地。八步区瑶民主要集中在黄洞瑶族乡(共6600多人,瑶族占75%),其他乡镇也有零散分布。平桂管理区瑶民主要集中在大平瑶族乡(共1.34万人,瑶族占34%),其他乡镇也有零散分布。昭平县瑶民主要集中在仙回瑶族乡(共1.4万,瑶族5645人),其他乡镇也有零散分布。钟山县主要分布在花山瑶族乡(共7592人,瑶族约6000人)和两安瑶族乡(共1.53万,瑶族占98%以上),其他乡镇也有零散分布。富川瑶族自治县的瑶民,主要集中在新华乡(共18830人,瑶族占99.6%)、石家乡(共13398人,瑶族占48.96%)、城北镇(共15432人,瑶族占48.19%)、麦岭镇(共9875人,瑶族占53.41%)、葛坡镇(共10710人,瑶族占66.44%)、柳家乡(共3628人,瑶族占63.8%)和福利乡(共9161人,瑶族占49.43%),其他乡镇都有零散分布。由此看来,贺州瑶民也确实呈现小聚居现象。

这种小聚居直接可以体现为聚落的小。贺州瑶族主要有两个支系:土瑶与盘瑶(过山瑶、平地瑶等),其中作为瑶族独存于贺州的一个支系土瑶,主要分布在贺州市鹅塘镇的明梅、槽碓、大明和沙田镇的狮东、金竹、新民六个村委会的59个村民小组二十四条山冲里,共26个聚落,总面积为408.05平方公里,约占两镇面积的61%,约16平方公里一个聚落,显现既分散又聚居的特征。① 据《广西壮族自治区贺县地名志》,1984年土瑶人口统计数据共485户3128人,具体分布情况如下表②:

聚落	户数	人数	聚落	户数	人数	聚落	户数	人数
老寨	2	13	鸡公膀	7	35	雀儿冲	7	51
明峒口	8	27	小苦竹	9	78	大岔	8	73
黄南	7	55	山瓜仔	8	47	安塘尾	11	99
清明岛	13	98	梅花尾	14	75	大江边	14	95
双头尾	15	59	石岔	16	95	小冷水	18	116
大苦竹	19	133	六冲口	19	140	冲坪仔	19	122

① 贺州市扶贫办:《贺州市土瑶扶贫报告》,2004年12月。

② 贺县人民政府:《广西壮族自治区贺县地名志》,贺县人民政府1985年版,第99~102页。

续表

聚落	户数	人数	聚落	户数	人数	聚落	户数	人数
暗冲	20	141	明峒	26	167	大冷水	32	228
白虎冲	36	239	鸭尾	38	239	小冲	35	206
马窝	41	261	大冲	43	331			

从表格可以看出:10 户以下的聚落 8 个(最小聚落 2 户),11 至 19 户的聚落 10 个,20 户以上的聚落 8 个(最大聚落 43 户),可见,确实是小聚居。这种小聚居的聚落倾向与当地汉壮聚落发展取向截然不同,汉壮群众不仅倾向于聚族(同姓)而居,而且倾向于大聚落扩张,展现某种人多势众的兴旺发达,从而在可能的族群争斗中获得先声夺人的气势,并由此获得相对优越的生存环境。

汉壮大聚落发展策略有着生存的考量,土瑶小聚落发展策略也蕴含着生存的考量。由于历史的原因,瑶族长期以来都生活在山林,于是狩猎与刀耕火种就成为他们的主要生产方式。土瑶一直秉承这种生产方式,直至 21 世纪的前几年依然存留这种耕作方法,只是近一两年才开始更多的转型。这种生产方式有一个致命的弱点,那就是单位面积的人口容量不大,于是决定着聚落发展规模也不能过大,否则就会造成生存危机。从人口发展总趋势看,聚落总是向着大的方向发展,于是,为着维持环境与人口的最佳容量,瑶族总是尽可能保持小聚落规模,人口稍多就外迁另立聚落,这是分流迁徙。这种出于族群有效生存的主动迁徙,属于自主协调环境与生存关系的良性反馈机制,因此土瑶小聚落属于具有生态意义的迁徙意象。此外,刀耕火种是一种轮耕轮休的耕作制度,在一地耕作若干年地力消耗之后,通常是五至八年,必须迁徙转移到另一处重新开垦,以期原耕地在自然状态下恢复地力,由此这种生产方式也就内在地决定着聚落的迁徙性,这是整体迁徙。一个聚落处于不断迁徙的可能状态,那么它的规模发展自然要受到某种限制,否则如果任由聚落的自然发展,就可能给生存带来诸多困难,于是就会采取分流的措施、主动限制自我的规模发展,因此瑶族小聚落包孕着迁徙意象。

但是,并非贺州的所有瑶族都是小聚落,生活在富川的平地瑶,其聚落就一反土瑶小聚落形制,与汉壮一样趋向于发展大聚落,这又表征另一层面的迁徙历史意象。富川盘瑶起先也是居住在山林,后来在不断归化过程中编户入籍而转入平地生活,由此聚族而居形成现在的大聚居格局。凤溪村位于富川县城西部,距离县城 14 公里,它是城北镇平地瑶聚居的一个自然村,2007 年全村 1500 多人,属于富川的第三大自然村。富川福溪瑶寨位于朝东镇,也是一个瑶族自然村,2007 年人口约有千人。显然,这已经不是土瑶那种只有几十人、一二百人的小聚落了,而是不仅向着大聚落发展,且已经是大聚落了。这种聚落形态所表征的迁徙意象,那就是由山林向平地迁徙,由游居向定居发展,由漂移生活向安居乐业演进。富川瑶族"据部分姓氏族谱记载和始祖源流记述,最早始于宋末,从'黔中五溪'开始陆续迁入富川,定居深山老林,不入户籍,不服徭役。元明期间较大量地从湖南道县、永明、江华,广东西北部和广西恭城等县徙入富川境内。明初,封建王朝对瑶族实行'招抚'与'分治',采用以瑶治瑶政策,富川瑶族人民逐步入了户口编籍。至明景泰元年(1450 年),在富川瑶族聚居地设有三十六源(现富川瑶族自治县有东山五源、西北边十三源),加强了对瑶族人民的控制,强行输赋,交纳徭粮"。① "清乾隆、光绪版《富川县志》有载,其云:'旧志曰,瑶,本盘瓠种类,来自黔中五溪蛮。散居富川者,田占沃饶,每四亩仅输民税一亩,赋而不役。所居之处,则前后左右邱埠林麓皆为所据。多种棉花、豆、麦、苧麻,及烧灰炭以市利。通县屋宇、薪爨(窜)之资取给而鬻焉。'富川有志始于明嘉靖三十八年(1559 年),其旧志所载记实即同清代以前状况"。② 这种迁徙历史就这样积淀在聚落的发展形制中,表征富川平地瑶就此定居于这片肥沃土地,并且成为它的主人。

瑶族迁徙意象不仅积淀在聚落形制层面,而且也反映在房屋建造的建材使用和房屋结构方面。据 2003 年调查,"土瑶群众的住房多为土基墙、双斜面瓦结构,少数住房均由竹木、木皮和茅草盖面搭建的"。③ 这是 21 世纪已经解放几十年的土瑶居住状态,可以想见,之前更多的应是竹木结构的茅草房。这当然首先是因为生活贫困的原因,其实还与瑶族因为生存斗争时常处于迁徙冲动相关。如果说基于生产方式的迁徙具有自主性,那么因为族群斗争而实施的迁徙就隐含某种被迫性了。土瑶先人在明末清初由广东迁徙梧州,然后由梧州迁徙贺州贺街镇、沙田镇和鹅塘镇,这种迁徙基本上都是因为统治者驱赶和汉瑶(壮瑶)族群争斗的结果。在鹅塘镇明梅村暗冲寨,部分老人还仍能模糊地记起其先祖与汉人征战的传说,并赋予其浓郁的神话色彩,传达了土瑶先人悲壮的迁徙经历与备受邻族欺凌的痛楚历史。鹅塘镇大明村雀儿冲的赵观连老人回忆说,土瑶人不断向大山深处迁徙的主要原因就是时常受到贺州沙头人的侵扰和追杀。沙田镇狮东村大冷水寨老人回忆道,他们从广东迁入贺街镇,后被汉人驱赶,迁入沙田镇芳林村,再被

① 盘承和:《瑶族族源、族称》,《富川文史》第 3 辑,1988 年版,第 12 ~ 13 页。

② 盘承和:《富川境内瑶族源流初探》,《瑶学研究》第二辑,广西民族出版社 1992 年版,第 36 页。

③ 贺州市扶贫办:《贺州市土瑶扶贫报告》,2004 年 12 月。

驱逐，于是深入到现在的大桂山深处。正因为如此，他们的住房就适应这种随时可能迫迁的环境，因此不倾向建造相对永久性土木结构砖瓦房，只求可以居住即可，于是，竹木结构的茅草房就凝聚成为迁徙意象。

游耕的生产方式不仅内在地倾向于小聚落，而且也内在地引导瑶民采用竹木结构建造茅草屋。因为瑶民"无定居，视山之可种作者，即篱茅为屋。聚处，焚山布犒一二年，地力尽。又徙别山，谓之过山瑶"。① 竹木结构的茅草房正好适应这种迁徙状态，竹木的基本寿命也就是五到八年，房屋寿命到期之日，也恰好就是耕地需要轮休之时，于是正好弃屋迁徙且不浪费。《瑶族通史》也认为："部分山区瑶族，多以草、木搭建茅棚、茅屋居住，用芭芒秆、小木条或破竹编篱，围住四周，编竹篱为门，用茅草盖顶，屋檐低矮，四壁窗。这类房屋建筑容易，弃之不足惜，很适合于刀耕火种、迁徙无常的游耕生活。"②

如果说茅草房属于游耕的迁徙意象，那么青砖瓦房、砖混结构水泥楼，则标示着瑶族群众向着高质量定居生活前进，特借喻迁徙的概念，命之曰提升生存质量的迁徙意象。青砖瓦房主要集中在盘瑶，尤以富川选择定居生活的平地瑶为典型，土瑶在 21 世纪以前几乎没有青砖瓦房，最多是土舂墙泥砖瓦房。凤溪和福溪是富川平地瑶典型的自然村落，它们的房屋大部分是青砖瓦房，不管是相对贫穷的人家，还是比较富裕的富户，都倾向于建造青砖瓦房。这也许受到汉族建筑风俗的影响，考察富川境内各族群聚落，大多是青砖瓦房，少有泥砖瓦房，这是需要经济作基础的，于是也就从外在层面标示着富川平地瑶较之土瑶具有更强的经济优势。这种基于经济实力的外在表征：房屋，确实可以看成是瑶族生存质量的另一层面的迁徙意象，是一种内涵发展的迁徙意象，也是瑶族向着高质量生存的迁徙意象。这种迁徙意象，在 20 世纪改革开放之后的 90 年代，又有了新的发展，不仅继续保持青砖瓦房的传统，而且还陆续建造许多砖混结构的水泥楼，于是水泥楼房又成为更高生存质量的迁徙意象。贺州瑶族居所建筑由茅草房向青砖瓦房、砖混结构水泥楼的迁徙演进，使得房屋成为瑶族历史发展的一个文化符号。正如有学者说："一个民族最具代表性的'文化符号'，常常是这一个民族在生存中，与大自然抗争，抵抗洪水、风暴、野兽、战争……陆续累积下来的成果。所以，这一类的'文化符号'常常是建筑物，是一群人共同的'家'的象征。这个'家'，是安全、保障、爱与生命延续的地方，长期地把这个物质构成的'家'与形上的意念、情感、

① 《贺县志》，成文出版社 1934 年版，第 70 页。

② 奉恒高：《族通史》，民族出版社 2007 年版，第 68 页。

精神活动组合在一起，这个‘家’便有了‘文化符号’的意义。”[①]瑶族居所的迁徙演进，确实可以作为一个文化符号表征瑶族生存状况的历史叙事意象，标志着瑶族不断融入主流生活与现代社会，成为社会的真正主人。

二、逃生意象

逃生意象与迁徙意象相近，但侧重点不同，迁徙重在居住地变更（引申生存质量的提升），逃生重在躲避灾难，是通过居所结构设计特意预留某种设施，从而为保存生命提供某种保障。土瑶聚落因为建造在山坡上，无法形成村庄整体布局的逃生结构设计，于是建成各不相连相对独立的单体建筑，属于各自逃命的逃生意象。果真外敌入侵，各户人家可以迅速转入森林躲避灾难，从而避免全体覆没的危险。这不是一种臆测，而是活生生的历史事实，瑶族经常处于逃生状态。简要列举就可以说明问题了。《贺县志》描述瑶民“三代以前，唯以德服。汉唐而后，或顺或叛，羁縻而已。明代以后，以武力相临。三江诸蛮逆，遂桀骜不可制，而环贺之富、昭、苍、怀，辄有群起响应者，贺治东逼连山排瑶，北则江华瑶寇。二百余年中，六里受其扰害，兵戈不已”。[②] 历史上，由于统治者的残酷压榨，瑶民不断起义。元代元统二年（1334 年），唐七起义。元代至正三年（1343 年）九月，道州、贺州瑶族首领唐大二、蒋仁五起义。明代天顺六年（1462 年），桂岭瑶民起义。正德十六年（1521 年），贺县瑶民起义。嘉靖六年（1527 年），贺县瑶民起义。嘉靖二十七年，瑶族参与贺县汉族起义。嘉靖隆庆年间，连州八排瑶起义，贺州瑶胞接应。清代康熙三十二年，贺县瑶民响应广东连山瑶民起义。清代道光十二年（1833 年），陈水清、盘友奉发动土瑶起义。[③] 这些起义活动最终都遭受残酷镇压，瑶民被杀无数。

富川平地瑶则不同，因为他们建村于平地，且为定居，因此村庄基本上都有防御逃生结构设计。凤溪村曾经历了多次迁移，最早的村庄建在观音山的半山腰上，每一次社会的变迁，新建的房屋都往山脚下延伸迁徙，现在则整体坐落在一条斜坡上。凤溪村大多是明清时期遗落的青砖瓦房，巷道之间各建有门楼，没有围墙和炮楼。从一个门楼进入，可以有两三个后门出去，为了住户安全，前门和后门都有门板和门栏遮挡。沿着主巷道的斜坡前行，可以看到各家各户的正门两侧，都留有较低矮的敞开式门窗，这些门窗就是古代进行商业交换的柜台。到了晚

① 蒋勳：《美的沉思》，文汇出版社 2005 年版，第 71 页。

② 《贺县志》，成文出版社 1934 年版，第 71 页。

③ 日旺：《贺州瑶族历史概述》，载《贺县文史》第 10 辑，1993 年版，第 84－87 页。

上,门窗插上窗根和门板,以确保居家安全,同时也可以作为危急时刻主家撤退逃生的通道。从富川平地瑶的村落结构可以看出,他们既有防御性的结构设计,也有撤退逃生的通道,这说明他们既有迁徙意象的沉积,也有逃生意象的特征,这是因为平地瑶原本也是深居山林,属于过山瑶,同样处于随时迁徙状态,因此保存着一个历史积淀。但是,他们毕竟在明清时代已经开始进入定居生活,因此也具有儒家安土重迁的思想,于是在房屋建造上也表现守土的防御思想,从而不同于土瑶的逃生意象,这凝结着由游耕漂移到安居乐业的历史积淀,也是基于不同生产方式之下的一种生存选择。

应该说,影响瑶族逃生的因素在各个族群中都是存在的,但是他们应对的策略却是不同的,汉族基本上采取的是积极地防御措施,而非首先想到的是弃屋逃生。贺州市沙田镇龙井村本地人居所建筑,整个村落各户独立建造,巷道曲折迂回,纵横交错,布局如迷宫。户与户之间呈"之"字形排列,每隔一至两栋在东西方向设有南北向出口,与村外相通。每户民居都没有正门(或设有正门而不用),只有侧门。每个巷口设门楼一座,门楼与门楼之间有防护墙相连,防护墙上设有枪眼。本地人的防御既讲究整体防御,也讲究单体防御,迷宫式的巷道布局还能有效化解被攻陷门楼侵入村落的危机,从而可以自存。客家围屋同样具有自我保存的性质,它那厚实的全封闭围墙,内置枪眼与瞭望炮楼,木制窗条内嵌钢筋,军事防御性质了然。贺州市莲塘镇客家"大江屋在防御方面也有独到之处,除了走廊转弯处设有 72 只枪眼外,有一种让窃贼进得来出不去的特制门闩,其内部结构至今无人破解。全屋楼上楼下可以相互连通,又可以相互关闭,生人进来如入迷宫,没有人指点,别想走出这座大屋"。① 显然客家人的迷宫不同于本地人迷宫,围屋是在整一大屋当中的迷宫,其外观形制就是一幢屋。这其中所透露出来的防御思想就是整体性,讲究整一的共存共荣,个体不外在于整体,整体不抛弃个体。很显然,贺州汉民的防御思想立足于守土,不管是客家族群,还是"本地人"族群,都是如此。这种立足于守土的积极防御思想,应当属于安土重迁的具体反映,是他们定居生活的必然选择。反观土瑶,因为他们即使没有外力作用,也有迁徙的内在冲动,因此在外力强制作用下,比较自然的选择弃屋逃生的生存方式,也就是游耕的一种自然选择。

就单体民居而言,土瑶茅草房没有安排特别的逃生通道,因为它的墙体本身就具有脆弱性,紧急情况下任何一个方向都可以破墙而出,因此茅草房也可以看作是逃生意象。富川平地瑶就不同于土瑶,因为他们是青砖瓦房,因此不能随意

① 廖家庄:《走进贺州》,人民日报出版社 2005 年版,第 138 页。

破墙而出,因此需要特意设计逃生通道。他们的住房建筑形式,大体上可分为三间堂平列式和天井门楼结构式两种。三间堂平列式的房屋,正中的一个大间是厅屋,东侧一间住儿女,西侧的那间用杉木板壁一分为二,里面是父母的卧室,外面是厨房。天井门楼式结构的房屋大都开通门,正大门从中间进,通天井,通左右厢房成回廊,然后到达正厅。左右厢房又开侧门通向外面的街道,方便出入。厢房开侧门就是基于防御目的,如匪盗势弱,家主便率家人以天井房屋为屏障自卫保家;如匪盗势大,家主便率家人带了财物从侧门转移,将天井房屋作为可防可守、可进可退的居家工事。由此看来,同样是瑶族,富川平地瑶的防御思想,既不同于土瑶的逃生,也不完全同于汉民的防御思想,他们是两者兼而有之,体现某种过渡性。这也是游耕向定居转化的历史积淀。

三、生殖意象

“一个建筑是天地……人类的精神也有它的需要,其中就需要空间,人在空间里伸展自己,扩大自己并使自己得到快乐”。[①] 房屋作为最具有人化自然性质者之一,它不仅是一种物化的物质存在,更是一种物化的精神存在,居所蕴含的生殖意象,就在于扩大自己,实现人的自身生产,从而获得一种生存的快乐。

葫芦作为生殖意象已成共识,葫芦神话产生于人类穴居时代,穴居之穴相类葫芦外形,初始的人造房屋也取像葫芦,因此人类居所也应当属于生殖意象。据学者研究,广西(大约可以推及整个南方)在远古的历史中,曾经有过一个穴居时代,洪水葫芦神话的产生就源于穴居时代,或者至少与其密切相关。洪水葫芦神话的核心就是人类在惊天的大洪水中借助葫芦得以自存,并由此发展壮大起来,葫芦就此成为一个著名的生殖意象。“瑶民族的岩洞、葫芦、瓦缸和壮民族的岩洞、葫芦、陶瓮,它们‘最本质的东西’是相同的,只不过在表现形式上,一个表现为孕育,一个表现为丧葬。总之,瑶民族史诗中的孕育于瓦缸,居住于岩洞,壮民族风俗中的置骨于陶瓮,葬老于山洞,还有那个壮瑶洪水神话中共同的葫芦,其真谛在于历史和地理的联系”。“洪水葫芦神话不仅说明人类有一个穴居期,它至少还保留了这样一些事实。神话中的葫芦是有盖子的,洪水侵袭时可以打开盖子躲到葫芦里然后把盖盖严,就可避险。这里,有盖子的葫芦和人类最初的独门的房屋

---

① [美]托伯特·哈姆:《建筑形式美的原则》,邹德依译,中国建筑工业出版社 1982 年版,第 6 页。

大概不会没有关系。最初,简单的木结构屋子多为向南开一个门,而且多为圆锥形”。① 由此看来,房屋在外形上取像葫芦,还是有着一定理据的,于是,认为房屋与葫芦一样都具有生殖意象特点,也应当是可以成立的。

确实,初始的人类居所取像葫芦,那是有着考古依据的,虽然并非全部都取像葫芦外形,但本质上都取像于葫芦有容乃大的基本内涵。“新石器时代考古,在世界各考古学文化中大多发现或多或少的房屋遗迹或遗物,抑或陶塑模型,从而反映了新石器时代的居住民俗已进入初步发展阶段,然所表现的居住习俗特点仍有较多的共性,如居所相对稳定,虽房屋建筑尚简易,但已有一定的村落布局。房屋的平面形状也大都是圆形或椭圆形抑或方形,并多由圆形向方形发展”。② 这从世界视野看,人类初始的居所建筑确实取像葫芦外形,就是我国也一样。“近年来的发现表明,我国最早的人工居所,可能出现在旧石器时代晚期。如在湖南发现了一处被认为属旧石器时代晚期的建筑遗址,面积约 24 平方米,平面呈椭圆形”。③“半坡母系氏族部落聚落遗址位于西安城东六公里,呈南北略长、东西较窄的不规划圆形”。④ 其居住区内建筑则有平面圆形和方形两种。这就从考古史料上证明,初始的人类居所确实倾向于圆形,也就是说取像葫芦。

圆形且具有有容乃大特性的人造物,确实内含着生殖意象,这可以从陶器所蕴含的精神意蕴中得到某种确证。史前人类“做成的陶器,是地母子宫的具象物和象征物,因为陶器取像于植物所由出的子宫——葫芦和人所由出的大腹便便的母腹,在史前人类看来,这两者是一回事儿,人们想象地母的子宫一定是和葫芦与人的母腹一样,都可以用圆形的、有容乃大的陶器来代表和象征”。⑤ 这种情形就意味着大凡圆形且蕴含有容乃大特征的事物,不管是自然物,还是人造物,都可以成为生殖意象。同样的道理,依照弗雷泽认为原始先民具有巫术思维的看法,从接触律与相似律分析,穴居生活产生葫芦神话,穴居向着房居演化,房屋具有葫芦一样的容纳性,且人类的生殖繁衍活动也多在房屋内进行,因此房屋亦如葫芦、陶器一样可以表征生殖意象,这应当是顺理成章的事,而不管其后房屋的形状是否圆形了。

如果说普通房屋的生殖意象已经不为人所关注,那么一些特定性质的房屋,

---

① 杨长勋:《广西洪水神话中的葫芦》,《民间文艺集刊》第 6 集,上海文艺出版社 1984 年版,第 15 ~26 页。

② 吴诗池,邱志强:《文物民俗学》,黑龙江人民出版社 2003 年版,第 390 页。

③ 李少林:《中国建筑史》,内蒙古人民出版社 2006 年版,第 1 页。

④ 同上,第 5 页。

⑤ 梁一儒、户晓辉、宫承波:《中国人审美心理研究》,山东人民出版社 2002 年版,第 36 页。

例如一些具有庙宇性质的房屋，还是明显表征生殖意象。印度的许多寺庙就雕刻着大量有关性交的雕像，比如卡朱拉霍(Khajuraho)，这当然属于生殖意象。其实只要表征生育内涵的寺庙，比如观音送子、灵魂超度等，其房屋就具有生殖意象内涵。一些祈求生育的祭祀活动，即使原本没有房子，也要象征性地搭建一座房子，从而使之具有生殖意象。就如"一直保留母系制的永宁摩梭人，认为主宰生育的女神是'那帝'，并有祭祀'那帝'的习俗。祭'那帝'时，由达巴(巫师)用树枝搭一间模拟的小房子，再用粘粑塑成女人状，腹部放一个鸡蛋，于是大腹便便，以象征生育和多产"。①

其实，普通民居也有专门表示生殖意象的房子，那就是新婚的洞房。洞房取名"洞"，估计当有原始先民穴居生活无集体影像的投射，因此也隐含遥指葫芦生殖意象。其实，洞房即使不直接关联葫芦生殖意象，它也具有生殖的意象内涵，因为它是专为男女交媾阴阳交合而准备的房子。在土瑶社区里，还有一种相当于前洞房的一种小房子，那是专门为成年子女谈情说爱准备的房子，当地人称"聊房"或"客人房"，也具有明显生殖意象。土瑶父母在子女十四五岁(此年龄的确定大致与女子初次月经、男子首次遗精有关，这是成年的基本标志)的时候，不分男孩女孩都会在房屋左前方或右前方或两侧 3—5 米处为其修建一个独立的小房间，自称"勉切邦"(mjan tshie pag)即聊房或客人房，外人称情人房，以供年轻人能够自由不受约束地谈天说地谈情说爱寻找自己的爱情。聊房面积相对较小，通常只有 6—10 平方米，一般摆放一张单人床，还有一两张凳子。聊房虽然白天也有启用的时候，但更多是在晚上，年轻人在其中可以一起聊到天明，然后才各自散去。虽然男女共处一室，但极少即刻发生性关系，更多是情感交流。聊房在贺州各族群中独树一帜，不只汉壮族群没有，就是瑶族各族群中也只有土瑶支系拥有，成为其生殖文化的一个重要表征。

土瑶建造这个独具民族风情的聊房，其深层情愫当是人口扩张的内在冲动使然。人口扩张，这在前工业化社会具有共通性，一者由于生产力水平的低下，社会物质财富的扩张主要依靠增加劳动力的投入；二者由于处于冷兵器时代，族群争斗的胜负也更多取决于人员的多少。因此，各个族群都倾向于扩张人口，以期在族群社会生态中处于相对有利的地位。在这种人口扩张冲动中，在社会生态中处于相对劣势的族群，其内在的冲动会显得更加强烈些，因为他们渴望尽快摆脱被欺凌的地位。贺州瑶族自隋唐时代起，他们陆续从潇贺古道进入贺州，逐渐成为

① 李子贤:《傣族葫芦神话溯源》,《傣族文学讨论会论文集》,中国民间文艺出版社 1982 年版,第 24 页。

这里的主人,且成为当地的主体。“南宋,贺县(今八步区)已成为瑶族主要聚居之地之一,贺县当时二万多人口中,瑶族人口近万,分散居住程家八洞山、南木等”。① “明清期间,贺县总人口只有四万多人,瑶族约有两万人,散居于部分盆地,如当时芳林的金马寨、白马寨等,以后才被迫迁入大桂山,以后更迁入冷水肚了”。② 但是,自从进入清中晚期后,这种人口结构开始改变,瑶族不断被官府斩杀和民间汉壮族群驱赶,不仅从贺县的平原盆地区域退缩,而且人口也大量减少,既表现在绝对数的减少,更表现在相对数的减少,因为汉族人口大量迁入,“光绪十五年调查,合邑丁口二十一万”,③他们绝大部分属于汉族。这种社会生态地位的变化,必定会反映到瑶族的精神世界里,其中也表现在人口增殖的内心冲动层面,并且物化为生殖意象,土瑶聊房产生当是其中之一。

聊房的出现还体现为土瑶民众尊重个体生命欲求的婚姻观。人口扩张的内在冲动,各族群都一样,但是如何实现族群的整体人口追求与个体生命欲求的结合,却是各有不同。当地汉族则是遵循传统社会的“父母之命,媒妁之言”,子女没有自由恋爱的空间。瑶族则不同,他们是不仅鼓励而且创造机会给年轻人自由恋爱,逢年过节的走亲访友就是很好恋爱时机,此外,还有一些会期,如土瑶的二十四节气之日、平地瑶的三月三等,这些都是年轻男女倾诉衷肠的时刻。虽则如此,其他瑶族支系并不提供家庭独立空间,与土瑶同处鹅塘镇明梅的过山瑶就是这样,富川平地瑶更是没有那样的空间。富川平地瑶于明朝开始接受归化、编户入籍,生活在平峒,于是更多地接受封建传统意识。平地瑶在自由恋爱后,还要征得父母同意,然后派出媒人提亲,经过拿八字、上门、办年庚酒、送节、过清明等手续,之后才能办酒席成婚,可见,其程序与汉族在性质上相当。相对而言,土瑶婚姻程序就没有那么复杂,其关键在于青年男女双方情投意合,而不必特别征得父母同意。此外就是生辰八字了,相合则完婚,不合则分手。由此,土瑶男女婚姻,一者掌握在自己手中,二者掌握在生辰八字的命运里,他们较少受到传统礼教的影响。这种对于年轻人个体生命的尊重,还体现在婚后的住房层面。土瑶民居结构一般是这样:一进式厅堂,厅堂两侧是房间,每侧一般有两个房间。房间之间有过道,靠里房间的房门向着过道开启;靠外房间突出厅堂一米多,其房门就与大门成直角开设,从而形成不受大门关锁的相对独立性。已婚子女一般都住在外间,父母居住在里间,从而形成互不干涉的居室自由。

---

① 日旺:《贺州瑶族历史概述》,载《贺县文史》第10辑,1993年版,第82页。

② 同上,第84页。

③ 《贺县志》,成文出版社1934年版,第76页。

土瑶奉行族内婚制度,这也对于聊房的生成起到一定作用。其实,族内婚制度不仅土瑶奉行,整个瑶族基本上都奉行,所谓"鸡不拢鸭,瑶不嫁汉"。不仅瑶族奉行,一些汉族族群(如贺州客家人)也奉行,但是土瑶还有自己的特点:土瑶只在自己族群内行婚,其他瑶族支系也不与之通婚。对于直到1984年也才只有三千多人的一个族群,之前的人口应该比这还要少些,因为新中国成立后毕竟没有了族群间仇杀,土瑶至少在和平环境下自然繁衍了几十年,他们要保持族群的生存就必须采用一些别样的措施,聊房应当也属于其中之一,虽然这之前就已经存在。土瑶虽然恋爱婚姻都比较自由,但是还是有些禁忌:三代以内不能结婚,也不能结成姑表婚,越出所限的同姓可以结婚。因为土瑶属于小聚落,于是基本上就只有跨聚落找对象了。土瑶由于聚落分散,同一行政村每个聚落之间最近的走路都要一个小时左右,如暗冲到黄南是最近的,直线距离2—3公里,就是惯于步行的瑶民至少也要50分钟。同一行政村的暗冲到梅花尾路程距离约30公里(非直线距离),上山下坡的蜿蜒山路瑶民也要走上五六个小时。小聚落,大分散,自由恋爱说来容易,实施则困难重重,这种地理环境状况也促成聊房的出现,只有如此自由恋爱,才能落到实处。

此外,房屋细部体现生殖意象的装饰还有很多,富川平地瑶大门门楣的乾坤阴阳符号、封火山墙等。大门的门楣上伸出两根圆木,一根雕刻乾阳符号,一根雕刻坤阴符号,意在祈求家族生生不已。在大门门楣上雕刻乾坤阴阳符号,这种建筑习俗在富川各族群中相当普通,不仅平地瑶,而且民家人、梧州人等,他们都有如此习俗。但是,土瑶却是没有此等习俗,因为他们那是茅草房,不像平地瑶那样是青砖瓦房的缘故。至于封火山墙,土瑶也没有,即使个别人家建有泥砖瓦房也一样没有,因为相互之间不连片,富川平地瑶的一些人家却是有的。凤溪就有人家建有五岳朝天式封火山墙,基本上是三层,一层比一层收缩,形成步步高的模样。有专家考察,"流行于长江流域的民居建筑中,类似'山花垛子'的层层阴阳通天的建筑符号,也是'山花垛子'阴阳通天符号的变体,只是在通天观念中加强了三重天、七重天和九重天的层层通天的文化意识"。① "'山花垛子'的样子是∩,即左右卷云中心向天隆起的阴阳通天符号,它成双在瓦房两侧高高隆起"。② 山花垛子具有明显的阴阳通天性质,属于生命意象,一般多用于祠堂,少见于民居。山花垛子在南方又称镬耳墙、鳌头墙,有"独占鳌头"的寓意,蕴含富贵吉祥丰衣足食。富川秀水村"吉嘉乎"门楼和戏楼,就是镬耳封火山墙,凤溪的祠堂也有镬耳

---

① 靳之林:《绵绵瓜瓞与中国本原哲学的诞生》,广西师范大学出版社2002年版,第72页。

② 同上,第71页。

墙。其实,房屋细部蕴藏的生殖意象还有很多,比如屋顶中花、檐画等,都含有浓重的生殖意味,这从另一侧面说明,人类的居所确实属于生殖意象。

起初,人之构筑居所是因为"人民不胜禽兽虫蛇","为避群害",于是"构木为巢",从而揭示居所的本质意义在于提供一个有效生存的场所,因此居所内在的就是一个生存意象。生存作为核心关键词贯穿居所历史的始终,从聚落布局到单体建筑,从结构设计到使用功能,在充分尊重利用自然环境条件与社会环境条件的前提下,全方位体现生存最优化原则。虽然各族群由于历史的生存状态不同会有所差异,但是本质取向都是一致的,不管是瑶族还是汉族,也不管其中表征什么意象,都是为了有效地保存自己、发展自己,最终获得一种最优化的生存状态。

第三节　婚姻:重构男女生态

从表面看,婚姻只是个人行为,只要男女双方情投意合,那么就可以配对成双结为秦晋。但是,婚姻同时又是两个家庭,甚至两个族群组成亲密关系的一个桥梁,因此又不可能只是两个人之间的简单事情。两个男女个人,两个家庭或族群,由原来松散或可能并不相干的关系发展成为紧密关系,这就是一种社会关系的重构,改变着各自社会生态位,于是这种重构必然引起双方的高度关注。

一、认可族外婚

瑶族始祖盘瓠"衣服褊裢,言语侏离,饮食蹲踞,好山恶都",由于已经与众不同,也就埋下了族内婚的因子。并且在"平王律条"中规定:"准令汉民不许取瑶女为妻,棉不许与百姓为婚,盘王之女,嫁国汉为妻者□□□□□倘若不遵律令,处备蚊子作酢三瓮,开通铜钱三百贯,无节竹三百枝,狗出角作梳三百付,老糠纺索三百丈,枯木作船一只,宽八尺,厚十二寸,深长十二丈。若有百姓成亲者,无此六件,定言入官究治,依律除之,山田拔归王瑶。准令施行。"①唐兆民认为,该"律条"对瑶汉通婚限制的文字,表面上"虽甚滑稽,因为它那里面所举的六件,蚊子酢,开通钱,无节竹,狗角梳,老糠索,枯木船等的条件,或是事实上办不了的事物,故其实际上,即是一种无以复加的严格限制。换言之,瑶人是永不许和汉人通婚的"。②"平王律条"只是提出一些不可能完成的任务,以此作为阻止瑶民族外婚,

① 黄钰辑注:《评皇券牒集编》,广西人民出版社 1990 年版,第 244 页。

② 唐兆民:《傜山散记》,桂林文化供应社 1948 年版,第 32 页。

但是如果真是有人不遵其律,因为没有现实的处罚措施,因此也可以流于形式。因此,一些瑶族支系就作为具有可操作性的规定,并且把它变成一律民间法律,如《金秀大瑶山全瑶石牌律法》。它明确规定:“谁家生姑娘,不许嫁到大地方(指汉、壮地区)。我们是鸡嫁鸡,他们是鸭嫁鸭,自古鸡不拢鸭,自古狼不与狗睡。把女嫁出山,犯十二条,犯十三款。”①“广西瑶族将同姓不婚视为婚姻缔结的前提之一,要求禁止在同一家族内嫁娶,也不愿意与汉壮等民族发生婚姻关系。瑶族的《过山榜》中严禁与外民族通婚,瑶民曾以‘鸭不配鸡’为由回答瑶汉为什么不能通婚。过去在广西,几乎全部瑶系恪守这些原则。凡违反这些原则的将为舆论所不容,也将受到过去的宗法族规的惩罚”。② 茶山瑶在执行瑶族与汉族、壮族不通婚规定时相当严厉,他们是从根本上限制本族女性与汉人通婚。在本族成员的婚姻选择上,茶山瑶的族群限制要强于地域限制,有时甚至严厉到“险些闹出人命”的地步。③ “自古以来,黔南瑶族严格执行族内婚制,不与外族联姻。违规者,开除族籍,终身不许返家”。④ 中华人民共和国成立前,大瑶山地区的瑶族根据政治和社会经济地位的不同分为“山主”和“山丁”,“山主”拥有土地和山林,是剥削者与压迫者;“山丁”只有一些简单的劳动工具,在山上耕作、采摘都要得到“山主”的许可,并要交租,是受剥削、受压迫者。虽然没有律条的规定,他们之间实际上存在着严重的通婚壁垒。贺州土瑶也遵循瑶族通行规则,不与汉人、壮人通婚,甚至也不与瑶族其他支系:过山瑶、盘瑶、平地瑶等通婚,只在土瑶社区内通婚。

之所以实施族内婚,可以从几个方面加以理解。首先,这是一种自体内部的封闭性婚姻。族内婚的基本特点就是在本族内部通婚,不与其他族群发生正当的婚姻关系。这就指示它是一种族群内部的自体循环,具有纯洁族群内部血统的特性,避免他族对自己的渗透。贺州土瑶之族内婚就具有类似特征,在他们看来即便平地瑶也不是纯正的瑶族,因此也成为不与之通婚的一个理由。瑶族之婚姻“鸡鸭”论,也包含这种思想,因为鸡与鸭属于不同动物,因此不可能通婚。果真通婚,那就会生出非鸡非鸭的一个东西,正如马与驴交配就会生出非马非驴的骡,而骡没有生育能力,当然就标示着骡这个种群的局限性和不可持续性。因为婚姻是人际关系的重构,因此封闭性婚姻无疑就会影响人际关系的有效拓展,由此也限制着自身在政治、经济等层面的利益延伸,一定程度上阻碍着自我的发展。历史

① 莫金山:《瑶族石牌制》,广西民族出版社 2000 年版,第 373 页。
② 钱宗范,梁颖:《广西各民族宗法缺席研究》,广西师范大学出版社 1997 年版,第 321 页。
③ 苏德富,刘玉莲:《茶山瑶研究论文集》,中央民族出版社 1992 版年,第 207 页。
④ 黔南州史志办编,李华主编:《黔南州情》1993 年,第 25 页。

上存在大量的政治联姻，就是基于现实原因，充分利用婚姻的人际关系重构能力，实现双方政治与经济利益的延伸拓展，达到两者有效共赢的局面。昭君入塞和文成公主入藏，就是非常典型的正面例子，有效地造福了当时两个王朝民众。当然，如果从另外一个角度看，族内婚也是有效维护自身利益的一种方式，防止他族对自己利益的分享，具有一种负面价值取向的内涵，这主要是对于已经处于高位的既得利益者而言，仍然处于弱势地位的群体则没有这种思想担忧。于是，引申出第二个层面的理解，那就是族内婚一般只在某些特定利益群体中实施。社会是一个分层的社会生态系统，不仅个人处于一定的社会生态位，而且群体也会基于特定的社会生态位，由此构筑一个庞大复杂的社会生态系统。处于这个系统两极的社会生态位之群体，比较容易倾向于实施族内婚，掌握大量社会资源的既得利益优势群体，以及处于社会底层的极度弱势的社会群体，他们之间都比较容易倾向族内婚，因为一个不希望自己的资源流失，一个不可能获得别人的青睐。印度种姓制度下的婆罗门、刹帝利、吠舍和首陀罗，最高种姓与最低种姓都会倾向族内婚，不会实行跨界婚姻。古代中国"从汉末开始，一直到唐代，是最崇尚出身、门第的时期，形成了所谓门阀制度。在门阀制度的影响下，不但严禁良贱通婚，也禁止一般的官僚阶层与普通百姓联姻，就是地主阶级内部，士族地方与庶族地主也互不通婚"，①形成门阀婚姻制度。在这些名门贵族的门阀婚姻中，一般是名门大姓世代联姻，讲究门当户对，像南朝王、谢两家连续通婚联姻十余代。若非名门望族出身，即使身居高位，家富百万，也难以与名门大姓攀亲。曾经不可一世的大将军侯景，希望与王、谢大士族联姻，南朝梁武帝就很明白地告诉他："王，谢高门非偶，可于朱、张以下求之。"②甚至于唐朝之李氏皇族，希望与谢家联姻，还会遭到婉拒。瑶族内部的不同层级之间也会限制通婚，诸如"山主"与"山丁"就是如此。为何同是瑶族的"山主"和"山丁"之间不能通婚？"'山主'主要是为了通过制度规范来明确族群的地位界限，切断阶级或阶层之间地位流动的途径。只有通过禁止通婚，才能维持明晰的族群边界，维持上层阶级或阶层对下层阶级或阶层的歧视，从而长久确保自己的既得利益……由于花蓝瑶、坳瑶夫妻双方均有财产继承权，因此允许盘瑶、山子瑶与坳瑶、花蓝瑶之间的跨阶层通婚，将会导致一部分山林土地流失到'山丁'手里。尤其是花蓝瑶，因本族中长期实行人口控制，每对夫妇一般只生育一两个子女，无论男女皆可传宗接代，而盘瑶在生育上没有控制，因此人口发展很快。如果允许跨阶层通婚，不仅一部分家庭财产（主要是山林、土

---

① 徐吉军、方建新等：《宋代卷》，上海文艺出版社 2001 年版，第 337 页。

② 杨华、孔祥成：《人生三味》，广东教育出版社 2003 年版，第 76 页。

地)继承权落入'山丁'手里,也将逐步消除族群的地位界限,从而严重损害本族的利益。这是'山主'们十分警惕的"。① 由此看来,处于社会生态位底层的弱势群体,其实施族内婚还有着无奈的苦衷,如果不实行族内婚,也许他们的男子就很难娶到老婆,而女子也会倾向外流,族群的生存延续就成为问题。诸如瑶族,有民众就表达了自己的担忧:"希望自己的女儿能够嫁进较好的门户,但又怕自己的男孩很难娶到媳妇,如果山里的女子个个都嫁出去,山里的土瑶男子怎么办?"②这是在已经进入21世纪,已经不再严格禁止对外通婚前提下的访谈,这实际上还是反映出一个严酷的事实,那就是族内婚确实具有维护族群生存的考虑。倒是处在中间层次的社会群体,因为具有较好的流动性,因此较少实施族内婚,比较倾向于利用婚姻关系拓展人际资源,形成一种有益自我发展的社会空间。第三则是基于宗教、信仰等意识形态领域的族内婚。这种方式的族内婚,在世界范围内还是可以见到它们的影子,这里不用赘述。

在历史进程中,由于瑶族支系众多,情况各异,既有严格执行本规定者,也有不太执行,甚至不执行的,呈现多种多样的状态。环江"瑶族过去是绝对禁止与外族通婚的,迁入后山之后,由于瑶族人口较少,周围又与汉壮族杂居,交往频繁,早在五十年前,已打破禁例,开始与外族通婚,但为数不多。如张达望村盘进福,娶汉族妇女为妻,而长女山也给汉人。又如金明屯郑朝林的妻子是壮族;达兵屯罗力禅的妹妹则嫁给苗族。族内同姓,可以结婚但有严格限制。当地瑶族的辈分,按照汉俗用汉子取名,班辈排列,以七字为限,七字取毕,周而复始。若在同姓中娶婚,娶七代之后,七代之内,认为是同宗血族,禁止结婚"。③ 中华人民共和国成立前,大瑶山区的过山瑶,特别是板瑶,因为没有自己的土地,流动性大,其与汉壮的通婚已经非常普遍,不过他们只许招入赘婿,而不把女儿嫁出大瑶山之外。过山瑶一般同姓不婚,因为长期的迁徙过程中,经常是家族性进行迁徙,到南方山地后,也常常是聚族而居,同姓就意味着极有可能是同宗同族同血缘。在以前,若有违背要受经济惩罚,如族中老人带全村人到违者家中大吃一顿。但在一些发展程度比较高的瑶族支系中,他们生活富裕,为避免"肥水"外流也可以同姓通婚,当然上门女婿也还得是同族最亲兄弟的儿子。在瑶族中有"娘亲舅大"的说法,姑舅表婚就成为亲上加亲的必然选择。坳瑶、花蓝瑶和山子瑶并不限制与汉人、壮人通

---

① 梁茂春:《跨越族群边界:社会学视野下的大瑶山族群关系》,社会科学文献出版社2008年版,第163页。

② 袁同凯:《走进竹篱教室》,天津人民出版社2004年版,第293页。

③ 广西壮族自治区编辑组:《广西瑶族社会历史调查》(第三册),广西民族出版社1985年版,第85页。

婚。在这几个支系的石牌文字、地方文献以及学者们的调查资料中,均未发现他们限制本族人与汉、壮通婚的事例。一些地方的花蓝瑶不仅允许汉人入村定居,还准许其与本族人通婚;不过,这种通婚需要有一定的条件,即入村定居的汉人必须与本村人有亲密的朋友关系。坳瑶在与汉人、壮人通婚的问题上,应该说是瑶族五个支系中最为开放的,他们的汉化程度可能也是最高的。罗香坳瑶与汉、壮两族通婚已有百年的历史,不仅有汉女嫁瑶男的事,而且有瑶女嫁给汉人为妻的情况。①

贺州土瑶由于经济生活极端困苦,一些妇女以逃婚方式逃离土瑶社区,奔向峒面相对富裕的生活。"在土瑶某个村寨,有一家两代人中就有三个媳妇离家出逃,据说都是跟山外的汉人私奔了"。②"她们所谓的'私奔'绝对不是为了神圣的爱情,纯粹是为了摆脱穷困而艰辛的生活"。③ 为了防止土瑶女子外嫁与逃婚,保证族内婚的有效实施,1983 年 5 月 10 至 11 日,土瑶社区 6 个村寨集中在沙田镇狮东村大冲寨召开四甲会议,妇女代表 8 人、老辈代表 1 人、村干 13 人、各聚落村民代表 32 人、共 53 人,讨论禁止土瑶女子外嫁问题,并形成《"四甲"会议决议书》。福轲规训理论认为:"所正在形成的模式,是一种对身体施加的高压强迫的政策,一种其要素、其姿态、其行为的图谋策划的操纵。人体正在进到一种探索它的权力机器中,将他打碎,再重新安排他。一个'政治的身体构造',也是一种'权力的机器',正在诞生;它定义了一个人怎样能有一种对他人身体的掌握,不但他们能够如此地形成一个人所愿望的,而且他们能对作为一个人的愿望进行操作,用技术、速度和一个人决定的效能。这样,规范制造出了的被主体化和被实践化了的身体,'驯良的'身体。"④会议没有讨论男子外娶,因为此前根本不存在这种情况,垌面女子没人愿意与土瑶男子结婚,就是瑶族其他支系的女子也没人愿意嫁给土瑶人,因为他们不管在政治还是在经济、文化各个层面,都处于当地的最底层。相邻的"过山瑶无论在经济、政治、教育上都远远优于他们,所以至今为止(2001 年,引者),在整个土瑶社区,才仅有一例过山瑶女子'下嫁'土瑶人婚事,而且那人是土瑶中为数不多的国家干部之一,住在镇上"。⑤ 这是多年来的唯一例外。

---

① 赖富强,刘庆:《趣闻广西》,旅游教育出版社 2007 年版,第 155 - 156 页。

② 袁同凯:《走进竹篱教室》,天津人民出版社 2004 年版,第 233 页。

③ 袁同凯:《走进竹篱教室》,天津人民出版社 2004 年版,第 234 页。

④ [美]詹妮特·A. 克莱妮:《女权主义哲学问题、理论和应用》,李燕译,东方出版社 2006 年版,第 160 页。

⑤ 袁同凯:《走进竹篱教室》,天津人民出版社 2004 年版,第 213 页。

如果说女子逃婚是被动的族外婚,2001 年的一例是个例外,那么经过近年来的外界接触,以及土瑶社区自 2001 年开始有了大中专生之后,土瑶婚姻取向是否有所变化呢? 2006 年 5 月,笔者对贺州学院初等教育系全部土瑶学生进行调查,其中 2005 级两年制大专生 5 人(女 3),2003 级中专生 5 人(女 2),男女生各 5 人,共 10 人。这是土瑶大中专生最集中的院系,估计占总数的 80% 以上。调查内容及结果如下:

	婚姻意向		族外婚态度			就业取向		
	本族群	外族群	赞成	不赞成	顺其自然	本聚落	本城镇	外城镇
大专	1	4	2	1	2	2	2	1
中专	3	2	1	1	3	1	2	2
男孩	3	2	1	2	2	3	1	1
女孩	1	4	2	0	3		3	2

我们知道,土瑶大中专学生的婚姻取向不能完全代表社区村民的意向,但是因为他们属于土瑶社区未来的精英阶层,因此他们的婚姻取向会起到某种示范作用,这正是本调查的意义所在。首先,既有本族群婚姻意向,也有与外族群结为秦晋之好的意向。这种意向非常重要,它说明原先土瑶婚姻禁忌于意识层面已经在未来精英阶层解禁,虽然他们都还没有成婚,如果他们回到族群生活与工作,那么就可能全面破解这种禁忌,最终会由心动走向行动。其次,对于本族群青年的族外婚行为基本上采取顺其自然的态度,说明他们在接受现代教育之后,已然具有一些现代思想与意识。一者具有了法律意识。知道婚姻权利属于个人,他人无权干涉,不能以习惯法代表国家法律。二者体现对个体生命的尊重。婚姻是个体生命的重要组成部分,是开始新生活的重要契机与选择,因此不应该以任何理由阻止个体的生命选择。三者顺应追求美好生活的历史潮流。追求美好生活可以通过勤劳致富在族群社区内实现,也可以通过外出打工实现,还可以通过婚姻等其他方式实现,只要合情合理合法,不应当禁止实现美好生活的任何方式。既然四甲会议也不能完全阻挡人们借助婚姻桥梁追求富裕生活的决心,不如顺应人心追求、积极应对可能的婚姻困局,或可置之死地而后生,形成良性互动。再次,婚姻意向与就业取向具有某种关联。大凡希望在城镇就业者,几乎都倾向于族外婚,或者是不反对族外婚,显然这与工作环境相关。而向往城镇生活,这在九年义务教育民族班中已经表现非常明显,“从调查当中可以看出:土瑶学生对于生活社区的选择,比较明显地倾向于主流社区的城镇,且呈现出中学生心仪的程度高于小

学生的现象。虽然两者在有意识思考层面都没有超过半数,但一旦进行现实的选择,他们都自然地倾向于选择主流社区的城镇生活,这说明土瑶学生在无意识层面更认同主流社区的生活方式"。① 城镇生活人数越多,也就意味着与外族群通婚的可能性越大。其实,就是没有多少机会在城镇生活,只在城镇打工者,他们的婚姻态度都相对开明。调查一些土瑶青年:在家务农耕作与外出打工者,一直在家务农耕作者,他们倾向于要求维持族群内婚姻,经常外出打工者,大都采取顺其自然的态度,显然这与工作环境接受观念碰撞有关。第四,女孩更倾向族外婚。分析其中原因:一者女孩相对男孩更容易收获族外婚,因为婚姻男方对女方家庭要求不强,婚姻女方则比较看重男方家庭条件,由此影响土瑶男孩外聚的自信心。二者土瑶妇女有着通过婚姻追求富裕生活的传统,虽然那是逃婚,但也一定程度上影响女孩的抉择,因为逃婚还没有出现过失败者。

二、重构人际关系

婚姻是两个相异家庭的关系重构,因此不仅可以生成基于个人的人际关系,更是生成基于家庭的人际关系,因此不管汉族还是瑶族都具有"父母之命,媒妁之言"的传统。"过去,虽然相对汉族而言瑶族男女青年在婚前有较多的社交自由,但按瑶族传统风俗,婚姻基本上是由父母做主包办,媒人也不可或缺,换言之,父母和媒人在婚姻的缔结中扮演着十分重要的角色"。② 富川瑶族"新中国成立前盛行包办婚姻,不经父母的同意是难得结合的"。③ 贺县新华乡(注:今里松镇新华村)"这里的瑶族,在新中国成立前盛行封建的包办婚姻制度,非经父母同意是不可能结婚的"。④ 贺县狮狭乡(注:今沙田镇狮洞村)瑶族的婚姻程序也与新华乡相同,都是需要父母同意,参看广西瑶族社会调查组的报告,各地瑶族的婚姻取向大同小异。一个人的婚姻需要家庭父母同意,已经清晰表明两者上下位的社会生态关系,作为子辈的子女并不专门属于个人,还是属于家庭,只是作为家庭的一个要素存在,形成对于子女独立人格的有效限制。甚至于家庭也不能作为一个独立单位存在,因为违反禁婚规定的人,不仅本人受到惩戒,家庭也同样受到连累,由此表明家庭在族群的社会生态关系中也还是处于从属地位。这就决定了基于

---

① 韦祖庆:《民族班调查:族群记忆正在走失》,《教育评论》,2007 年 1 期,第 104 页。

② 郑长天:《瑶族"坐歌堂"的结构与功能:湘南盘瑶"冈介"活动研究》,民族出版社 2009 年版,第 187 页。

③ 广西壮族自治区编辑组:《广西瑶族社会调查》(第三册),广西民族出版社 1985 年版,第 139 页。

④ 同上,第 210 页。

个人婚姻的社会生态关系重构，不仅需要服从家庭利益，也需要服从族群利益，由此也就决定了重构的范围。

虽然如此，瑶族还是具有汉族不可多得的优势，那就是婚前自由恋爱，这在广西瑶族社会调查组《广西瑶族社会历史调查》之生活习俗文化宗教部分大量记述，这种恋爱方式具有现代意义的自由恋爱性质。瑶族形成自由恋爱的传统，这是由其社会历史发展独特性所决定的。瑶族自其盘瓠始祖就已经奠定了追求精神自由的族性文化基因，不仅向往不受朝廷管控的生活自由，也向往能够自由表达情感的恋爱自由，这是切应人之本性的发展需求。人之产生异性美好情感，正是人之心理层面的叛逆期，希望追求不受长辈管控的自由生活，两者相互切应，由此创造着人类难得的美好精神境界。在这个时段剥夺人的精神追求，无疑是对人之本性的侵害，也对于人的创造力造成某种隐性挫伤，不仅损害个人的发展，也影响族群的整体利益。瑶族在这个层面上，无疑暗合人之本性，并使之得到有效张扬，造就人类精神世界的美好境界。其实不仅只是精神层面受益，就是现实层面也一样得益，因为男女青年在自由恋爱交往过程中，由于生成良好情感关系，双方处于一种美好的互动状态，也能够有效地调动内在的生理机能，于是能够优生优育奠定基础，促进族群的良性发展。当然，瑶族的自由恋爱取向，不可能只是基于精神层面的追求，还有着现实层面的原因。整体而言，瑶族采用刀耕火种的生产方式，这也就决定了瑶族的居住状态不可能形成如同汉族那样的大面积聚居，属于大分散小聚居形态，经常是三两户人家相对聚居，于是出现"看到屋，走到哭"的情形，男女之间基本上没有日常的交往可能。如果再限制男女青年的自由交往，那么婚姻问题就不仅是个人的问题，还会成为族群的生存难题，就会影响族群的人口增殖，于是基于现实压力，瑶族也不得不允许青年男女自由恋爱。这是最为现实的经济因素，也是生存法则的基本需要。

因为个人是家庭的一个分子，家庭是族群的一个基本单位，一个家庭融入一个民族族群，就必须借助一定的平台，婚礼就是这样一个普遍认可的平台。在婚事方面，贺州土瑶有着区别于垌面汉人、壮人，乃至瑶族兄弟支系独特的外在表征：长桌宴，这是婚礼宴请的必备程序。长桌宴桌面使用长方形木板，桌脚为长条凳。长桌起于正厅祖公牌位之下，沿墙壁向两边伸展，遇弯则拐，直至正厅门口。如果依然不够位置，则在正门外两旁再行摆放长桌，依照左大右小的方式延伸，力求两边对称，直至摆够位置为止。这样连绵不断的长桌，通常要坐上一二百人，因为凡是婚宴，则不仅男女双方所有直系亲属到场，而且男女双方聚落人士也几乎全部参与，此外，土瑶社区同姓人士也会或多或少派人祝贺，因此一二百人是常事，三四百人也不罕见。依照礼俗规矩，长桌宴常摆不撤，中途只更换菜肴，时间持续三天三夜。客人也无撤席之说,吃饱了可以坐着聊天,也可以稍许离席散步,饿了自己回位继续吃;困了自己就着长桌打盹,或找地方休息,醒了继续吃。凡是吃饭之时,主家总会有人夹菜劝酒,一般是男客配女傧,女客配男傧,一直吟唱着劝酒歌,歌声此起彼伏,好不热闹。据袁同凯先生考察,"土瑶人的婚礼极其繁杂,长桌百人宴三天三夜常设不撤。过去女方送亲者到男方家要吃六餐,现已缩减到三餐……在土瑶婚宴上,第一餐每个人按程序要喝 28 杯酒;第二餐 32 杯酒;第三餐 16 杯酒,共计 76 杯酒"。[①] 这所谓的"杯"实为海碗,不是现在的小酒杯,每"杯"一至二两,共约 10 斤。如果是 6 餐,就是 20 斤,虽然是 20 度左右的米酒,但也惊人。以宾客 100 人计,就是 1000—2000 斤酒,确实是一个惊人的数字。猪肉是其中的主菜,200 斤以上的肉猪至少需要 2 头,多者 3—5 头,单是一项开销花费就极大。如果将所有的费用统合起来,那么一场婚礼的费用对于土瑶而言,那是一笔惊人的天文数字。于是,出现了土瑶特有的三代喜现象,那就是子辈、父辈与祖父辈三代同时举办婚礼,因为一代二代都无力单独承办如此花费巨资的婚宴,只好集三代之力举办。依照土瑶习惯法,不管使用什么形式,婚宴于一生中都必须举办一次,否则将不能获得族群认可,难以有效地融入族群社区,其子女也不能得到山林土地使用权。因此,婚宴就成为土瑶无法回避的痛,也是重构基于家庭的族群内部社会生态关系所必需的步骤。

婚宴之为痛,还在于贫穷。据贺州市扶贫办资料,2003 年以前的土瑶可以说处于绝对贫困线以下,真正属于缺衣少食的艰难境况。再"据上报,2003 年 6 个土瑶行政村年人均纯收入 559 元,比 2002 年增长 5% 左右,预计 2004 年比 2003 年增长 6% 以上"。[②] 简单的数字可见婚宴之痛,好在三天三夜百人长桌酒婚宴的沉重负担终于走到了历史尽头。2005 年 10 月下旬,贺州市沙田镇的新民、金竹、狮东和鹅塘镇的大明、明梅、槽碓等全部 6 个土瑶民族村 80 多名村干部和村民代表聚集在明梅村小学龙船教学点的教室里召开土瑶婚礼改革大会,议题是讨论土瑶婚礼的礼节,其中最大亮点就是商量缩短婚宴时间。赵青春与村里的几十位村民一直守候在会场门口,焦急地等待结果。4 个小时过去后,会场里响起了一阵热烈的掌声,随后,改革发起者之一的狮东村委副主任凤转花告诉大家:改革通过了!土瑶婚宴"长桌酒"特有形式依然保留,但不必再摆上三天三夜,只需一天一夜即可。婚宴劝酒歌依旧保留,但取消男女宾客嘴对嘴夹菜的陋习,保留筛子夹菜敬客礼俗,等等。它的通过得到了多数村民的拥护,明梅村民赵土县回忆说,他小孩结婚

---

① 袁同凯:《走进竹篱教室》,天津人民出版社 2004 年版,第 205 页。

② 贺州市扶贫办:《贺州市土瑶扶贫报告》,2004 年 12 月。

时，三天三夜的“长桌酒”仅喝酒就喝了600多公斤，一场婚礼下来，不仅疲惫不堪，而且负债累累，至今没有还清债务。由此可知，婚宴改革的现实出发点就是节俭，理论上说，改革后婚宴开支只有原来的三分之一，大大节约了费用。

三天三夜的婚宴时间，确有其历史事实因素与相应的社会审美心理。首先，历史事实因素。三天三夜长桌宴的历史来由已不可考，但基于历史事实考虑，聚落之间遥远的距离当是原因之一。土瑶居住地一般距离乡镇所在地都在20公里以上（远的60多公里）且不通公路（现在某些村落已有可以通行农用车或摩托车的便道），村落之间的距离也多在几公里乃至50公里以上，总面积为408.05平方公里，约占两镇面积的61%。① 正因为聚落之间距离相对遥远，且几百年来都只是崎岖山路相连，因此，亲戚客人拖儿带女地赶往庆贺，即便是平坦乡道，普通百姓也难以在一天之内走一个来回，更何况是“看到屋，走到哭”的崎岖山路，只好过夜休息一天，第三天乃至第四天才回去。也正因为如此，第一天婚宴的正餐并不安排在白天而是夜晚，20—21点请客人上席，22—23点开餐。其次，社会审美心理。第一，土瑶有着好客传统。如果有重要的山外来客，如原来香港中文大学袁同凯博士，村里曾组织人员出山十几二十里去迎接，一路上唱着瑶歌嘘寒问暖，带给客人一份暖烘烘的心情。犹令笔者感动的是，2002年笔者带领几个学生进入沙田镇金竹土瑶村调查，因为耳闻土瑶困苦，因此采购了一些肉类菜肴及干粮，只是没有随带粮米，结果他们东家二两西家半斤凑米煮饭招待我们，显现外面世界难能可贵的纯朴与善良。正因为有着如此纯朴、善良与好客的传统，面对人生最大喜事，自然倾向于延长喜庆时间，于是在过去的某个时刻就约定俗成三天三夜的婚宴时间。第二，隐约透露出土瑶社会生活艰难的暂时享受心理。因为长期处于生活艰难状态，平时难得一餐饱饭，因此一家有喜庆之事，自然就是饱餐一顿的难得契机，于是不会轻易放过。考察贺州市乡镇各族群聚落，20世纪90年代以前多有这样的习俗，凡是一家杀猪，则必请同祖公各房吃一顿。如遇婚礼，同一祖公各房在婚宴正式筹办之日起，也是全部都在主家吃饭，虽然不像土瑶那样三天三夜，但也不会少于两天两夜，其于土瑶的区别在于只对同一祖公各房，不对来贺亲朋好友而已。由此可见，这种形式是艰难生活的一种调节手段，也正因为如此，现在诸如杀猪之类小家事，已经基本上没有吃请现象，原因就在于生活已经相对富裕，大家都已不在乎那一两顿荤菜。

三天三夜百人长桌酒婚宴之能在今天变革为一天一夜，这有现实因素，当然也反映土瑶社会审美心理渐变。首先，道路状况有所改善。土瑶社区聚落之间的

---

① 贺州市扶贫办：《贺州市土瑶扶贫报告》，2004年12月。

道路,几百年以来都是羊肠小道,21 世纪之后这种情况正得到逐步改变。鹅塘镇西南约 20 公里的大桂山脉深处偏远封闭的明梅村,2000 年修通乡村四级路。之后,陆续又有 6 个土瑶村共修建公路 82 公里(含村屯路),其中两个村能通小型车辆和农用车,许多山路已经能够通行摩托车。2007 年,沙田镇狮东村在社会各界资助下又在修路筑桥,整个土瑶社区道路建设正在不断改善。这就使得聚落之间人员往来相对便利,许多聚落能够做到第一天去第二天回,由于道路的阻隔因素正逐渐消除,从而创造了改革的基础条件。

其次,稳定求富心理正在形成。土瑶社区长期处于经济贫困状态,就是新中国成立之后也一样。但是,党和政府并没有抛弃他们,而是积极应对贫困。2003 年由黄少雄、赖国荣领衔分别向广西区人大与政协提交改善土瑶生存状况的议案得到回应,国务院一些领导同志做了批示,广西区政府副主席吴恒多次深入土瑶社区,贺州市政府与相关部门及社会各界人士积极介入,这就不仅在物质层面支持土瑶社区脱贫,更重要的是影响了土瑶的观念,激发他们同时依靠自力更生积极主动脱贫的自信,且化为行动。行动之一就是杜绝奢侈浪费,倡导勤俭致富,且逐渐形成一种社会风气。从前几代辛苦为婚宴,从此辛苦穷几代,而今希望一代辛苦求富裕,代代稳定过生活。其实节俭还是有着传统社会因子的,三代喜就蕴含着节俭内容,恰逢社会政通人和百姓致力小康之时,这才有村民自主的改革之举,反映村民稳定求富之意,反对一时奢耗而返贫。

再次,获得超越形式的精神自由。自董仲舒主张"道之大原出于天,天不变,道亦不变"①以来,由道引发的伦理规范也具有不可变性,司马光就说"祖宗之法不可变"。② 于是,伦理规范作为一种形式开始异化,形式不再服务于人,而是奴役着人,形式变成束缚人的枷锁,人在形式中失去自我。正因为如此,三天三夜的长桌酒宴自产生之日起就迫使瑶民不得不遵守它,不管个人多么贫穷,人成为它的奴隶。现在,形式"原来作为强制力支配他的,现在在他审视的目光面前成了一种对象,而凡是对他来说是对象的东西,都不具有支配他的威力,因为要成为对象,它必须接受人的威力。在人赋予物质以形式的情况下,而且只要人赋予形式,物质的作用就侵害不了人;因为任何东西都不能侵害一种精神,除非是那种夺去了精神自由的东西。精神给无形式的东西以形式,从而表明它自己的自由"。③ 正因为人获得了精神自由,这才具有改革形式的信心与行动,它表明人重新掌握

① 郑天挺:《汉书选》,中华书局 1979 年版,第 190 页。

② [元]脱脱等:《司马光传》,《宋史》(336 卷),中华书局 1977 年版,第 10764 页。

③ [德]席勒:《审美教育书简》,冯至、范大烂译,上海人民出版社 2003 年版,第 204 页。

了形式,成为形式的主人,人在形式中重新找回了自我,并超越了形式。这才是婚宴改革的精神意义所在。

由于生存环境与经济条件等各方面原因,土瑶社区相对闭锁,族群繁衍表现自体循环。“据民间口碑和家谱记载,他们来贺州定居的历史在七百年左右,而迫迁至大桂山脉定居的时间大约在明末清初,至今至少有四百多年的历史。土瑶人自迁入大桂山脉之后,一直过着定居的山地农耕生活。即便是有少数人口流动,也主要限于土瑶社区之内,极少有人迁出山外定居”。① 这种互不往来,不只限于垌面的汉人、壮人之间,而且还扩展到其他瑶族支系,如相邻的过山瑶。“在土瑶人心目中他们与汉人差不多,称呼他们和汉人为‘干’(kan),意为‘外人’。有时也称他们为‘归代’(kui - tai),意思是‘漂洋过海的人’。在他们的潜意识中,周邻山寨的过山瑶来自与他们不同的地方。基于这样的群体记忆,无论在文化上还是心理上这两个姊妹支系都互不认同,他们一般分寨而居,互不通婚。除了鹅塘镇大明村的双头尾是过山瑶和土瑶混居的山寨外,其余的土瑶山寨几乎是清一色的土瑶聚居点”。② 正因为平时没有交往,因此土瑶的婚礼,不仅没有对汉人、壮人开放,而且也不向其他瑶族支系开放,显现社区内部的自娱自乐。

但是,近几年这种情形开始解冻,出现邀请要好汉人、壮人及其欢迎所携带好友一起参加婚礼的现象。2006 年冬,笔者受邀参加了土瑶赵氏与凤氏二户人家婚礼,同时相邀贺州学院土瑶文化关注者十余人一同前往,包括外籍教师 4 人。到了婚礼现场才发现,不仅有贺州学院教师,而且还有贺州市民委、政协,八步区民委、政协人士,以及其他热心土瑶事业的单位人士与社会人士。这就区别过去清一色土瑶的婚礼格局,开始面向垌面人开放,这不仅不被族群社区诟病,而且还显现某种艳羡心理。

分析土瑶婚礼之能坦然面向垌面人开放,个中缘由若干。第一,土瑶生存状态引发党和政府、专家学者的关注。21 世纪以来,土瑶生存状况引起各方面的高度关注,上至自治区副主席、国家民委领导,下至所在地域领导与社会各界人士,不间断地深入土瑶社区调研与支助,于是打破了他们相对闭锁的生存空间。这些人士的深入,不仅带来了社会的关爱,也培养了感情,同时潜移默化地更新着土瑶的行为观念。土瑶有着浓厚的“滴水之恩,当涌泉相报”思想,因此当有婚宴喜庆之事,自然相邀这些垌面人。

第二,相邀垌面人参加婚礼,经济上不亏损。婚礼为什么会成为土瑶一个沉

---

① 袁同凯:《走进竹篱教室》,天津人民出版社 2004 年版,第 118 页。

② 同上,第 58 页。

重的负担,以至于有的家庭不得不采取三代喜的形式举办婚礼,其中一个原因就在于主家收获的礼金太少,往往是象征性的礼金。“按照习俗,人们吃饱喝足后,送亲后不返回主人家继续吃酒的亲友,就会在酒盅里放入礼钱,一般是包有双数的红包,少则2元,多则8元,少数关系亲近的会给到20元”。① 这种礼金数额至今也没有多大变化,据笔者2006年参加的婚礼调查,庆贺的亲友礼金确实就在10元左右,这怎么能够抵消从前三天三夜常设不撤的婚宴开销,当然也不能抵消现在一天一夜的开销,这与当今城镇婚宴的敛财功能实为天壤之别。与此不同,垌面人士由于受到现代婚宴礼俗影响,红包贺礼一般都在50元以上,绝对不会少于30元。这也许相对于城镇婚宴贺礼,其数额显得稍少,但相对于土瑶略显朴素的婚宴菜肴而言(猪肉为主,兼有鸡肉、鸭肉,以及其他配菜),还是略有盈余。这应当也是土瑶婚宴欢迎垌面人士参加的原因之一吧。

第三,有垌面人参加婚礼,可以提升在族群中的声望。理论上说,并非任何人都能邀请垌面人士参加婚礼,你需要与垌面人士有交情,这就是资本。当然,致力于土瑶文化的专家学者,多会主动打听联系,这也会被本族人看成是社会资本。根据笔者掌握的材料,参加土瑶婚宴的垌面人士,几乎没有无官无职无学无识者,他们或者在政府及相关部门工作或者是专家学者,或者是有着地方影响力的民间热心人士,这类人士都属于土瑶社区备受推崇与尊敬者。民间传统普遍尊崇官职者与文化人,如果有如此贵客临门,确实给予主家以蓬荜生辉的荣耀之感,旁人也会因此心羡主家的人际与德行。两者相互作用就会提升主家于族群中的声望,一者可以表征其所拥有的社会人际资本,二者可以于无形中树立虎皮大旗,三者可以由此增加在族群事务处理中的分量。主家之能向族群展示贵客临门的荣耀,还在于礼单公布的形式,所有贺礼者姓名与礼单全部即时张贴在中厅墙上,一切一目了然。虽然没有标示贺礼者所在聚落与单位部门,但从姓氏与礼金数额可以基本判定其人所属,因为土瑶主要就是赵、凤、邓与盘四大姓,因此这就相当于一张名片。这张名片不会轻易揭下,而是长久保留在墙上,因此它会在婚宴结束之后继续发挥无形资本的作用。

第四,土瑶热切希望融入主流社会。近年来土瑶生态状况引发各方关注,不仅给土瑶带来道义上的支持,而且给予物质上切实地帮助,因此引发土瑶融入主流社会的向往之心,婚宴就是一座桥梁。外界给予的帮助很多,试列举如下:鹅塘镇明梅村龙船教学点的一栋两层8间教室的教学楼,就是地方政府资助5万元,同时通过私人关系争取到教育厅2万元,于1997年建成。2002年明梅村暗冲教

① 袁同凯:《走进竹篱教室》,天津人民出版社2004年版,第213页。

学点也建成了一栋两层8间教室的教学楼，这主要得益于香港卫施基金会李俊燕女士鼎力相助16万元建成。贺州热情人士如帅鱼、乌龙人马与劣马等，利用红豆社区广泛向人们寻求援助，也募得一些资金，解决部分村民过冬、架桥修路、赵仙诊所建造等难题。此外，政府部门也极为重视，2001年3月24—26日，由原贺州地区孙克坚副专员陪同，自治区吴恒副主席到鹅暗冲土瑶教学点视察，当场拍板下拨20万元建校。2003年，在上级党委政府的关怀下，贺州市分别在沙田镇与鹅塘镇开办小学及初中寄宿制土瑶族班。2001年，贺州市委、市政府从村干中，保送赵金春到广西大学农学系学习三年，土瑶有了第一个大专生。同年，赵仙也因香港卫施基金会提供三年的学费赞助，保送她到桂东卫校学习，土瑶有了第一个医生。同时，沙田镇与鹅塘镇政府还组织土瑶外出打工，在家则培训种养技术，发展生产。正因为政府与外界人士带给土瑶实在的好处，闭锁的心态才逐渐破解，于是，积极寻找机会融入主流社区，展现开放的社会审美心态。

土瑶从闭锁婚礼到面向垌面人开放，再到产生某种艳羡心理，已然表征某种开放的社会审美心态。婚礼的开放不会只限于自身，极有可能波及其他，于是生成相关方面的开放，并由此改变思想观念。开放是自信的表现，说明在政府和社会各界人士关注下，他们已经开始走出闭锁心态，能够相对坦然地面向外面世界。接纳外面世界就会促成思想观念的更新，就会促成土瑶社区由传统社会向现代社会转型，从而跟上时代发展步伐，共享现代社会文明成果。这是婚礼开放带来的期货效益。

三、社会审美心理渐变

族外婚行为的思想认可，最终必然会导向行动上的族群婚姻互动，择偶选择突破本族群社区而向外族群开放，因此也会促成社会审美心理的渐变。首先，家庭伦理关系的渐变。“家庭是在生活中我们的机会的一个关键性的决定因素，我们都由此‘变成’的”。① 夫妻是家庭构成的基本要素，家庭伦理重要层面就是规范夫妻关系，如果夫妻来源结构改变、家庭规模扩大与缩小，就会在某种程度上影响原有家庭伦理。已然的现实可以说明这一点，传统家庭追求四世同堂的大家庭，于是专制的家长制就有它现实基础。当它们向核心家庭转变之后，专制的家庭伦理开始向民主制家庭伦理过渡，妻子获得了前所未有的发言权。由此可知，夫妻来源结构的改变，不管是男外聚还是女外嫁，都会在不同层面影响家庭伦理，

---

① [美]詹妮特·A. 克莱妮：《女权主义哲学问题、理论和应用》，李燕译，东方出版社2006年版，第422页。

从而进入量变状态。其次,家庭生活方式的渐变。不同族群、阶层与背景,家庭生活方式确实会有所不同,具有不同生活方式的夫妻必然存在着磨合,这种磨合不可能全然取自一方,而是某种杂糅的渐变。相对而言,这种杂糅可能会更多地倾向于垌面人的生活方式,因为垌面人的物质生活水平远高于土瑶社区,因而具有魅力感染的威力。再次,社会生产方式的渐变。不可思议的是,土瑶社区依然存在刀耕火种的生产方式,如果实现族外婚,必然逐渐影响他们的生产观念,进而改变这种落后生产方式。治贫先治愚,愚之重要表现就是观念落后,因此改变落后观念成为脱贫致富的重要环节。所谓"授之以渔"就是教给方法,来自相对先进生产方式的一方,必然带来先进的生产方式,于是促成家庭生产方式的改变,进而影响土瑶社区生产方式的改变。

现今土瑶婚事已经有别于传统婚事,有些方面已经发生变化,有些则呈现变化迹象,这些变化说明土瑶的社会审美心理正在渐变,渐变就会带来相关意义的延伸。首先,致力于物质财富创造。没有相应的物质基础,土瑶男孩就没有任何外娶的现实可能,也就抵制其想法,在这里物质决定婚姻。马克思说:"理论一经掌握群众,也会变成物质力量。"①追求虽然不能等同理论,但也会变成物质力量,从而致力于财富创造,两者形成良性互动。

其次,促成科学文化知识的追求。土瑶民间虽然尊崇文化人,但自己却不想成为文化人,不仅自身疏于学习,而且具有不鼓励文化学习的倾向。"土瑶民间不但不鼓励口传,反而有'讲故事没米下锅'的说法,这可能与其生存的价值观念密切关联。土瑶人具有勤劳实干的传统美德,民间鼓励人们凭自己勤劳的双手养家糊口,任何踏实肯干的人都会受到社会的赞誉,而'光故'(讲故事)则被认为是不务正业"。② 族外婚观念的形成并转化为可能的现实,经过调查发现其主要群体是土瑶文化人,因为他们接受现代教育,因此具有率先转变观念的优越性和收获族外婚的现实可能性。这种世俗并不崇高的想法,肯定不是土瑶产生大中专生的直接原因,但估计潜在的动因还是存在的,这可以从弗洛伊德"力比多"理论得到说明,从而于某种程度形成族群的文化人追求。更重要的是,他们已经看到文化知识与财富成正比,因而文化人就成为追求的目标。

再次,生成社会伦理渐变。恩格斯说:"一定历史时代和一定地区内的人们生活于其下的社会制度,受着两种生产的制约:一方面受劳动的发展阶段的制约,另一方面受家庭的发展阶段的制约。劳动愈不发展,劳动产品的数量、从而社会的

---

① [德]马克思:《马克思恩格斯全集》(3卷),人民出版社2002年版,第207页。

② 袁同凯:《走进竹篱教室》,天津人民出版社2004年版,第59~60页。

财富愈受限制,社会制度就愈是在较大程度上受血族关系的支配”。[①] 作为社会制度组成部分的家庭伦理,它受到家庭发展阶段与血族关系的制约、影响与支配更加明显,因为它是建立在家庭之上的。而社会伦理又是以家庭伦理为基础的,尤其是传统文化具有家天下意识,国即家、家即国,家国一体,因此,家庭伦理的变化必然会波及社会伦理的变化。

第四,开放心态促成传统社会向现代社会转型。婚事改革与婚礼开放,的确显现土瑶某种程度的开放心态,也显现土瑶社区由传统社会向现代社会转型的可能。当今世界已是一个开放的世界,任何闭锁都难以获得快速发展,开放心态是进入现代社会的门票。要根本解决土瑶生存状况,共享现代社会文明成果,开放心态是必不可少的条件。现在,土瑶已经开始获得这样的门票,那么他们进入现代社会的进程将不会太久。开放是一把双刃剑,既可以将人带入现代社会,也可以消解独特的传统文化,呈现出文化汉化现象。对于这一点,土瑶似乎已经有所察觉并准备,长桌酒婚宴的改革就主要改革时间,保留了长桌酒婚宴的基本形式,既体现非物质文化保护的自觉,又表现族群文化的坚守。这是土瑶的睿智。

第四节　服饰:向往美好奇葩

对于人之服饰,现代人已经习以为常,其实谁都知道衣服并非从来就有,而是一个发展过程。至于如何产生衣服的需求,专家们进行了多方面的探寻,普通百姓也可以自由地发表见解。综合看来,大体划分为两种意见,一是御寒,二是审美。从已经生成的衣服现实情况看,两种功能都均同时存在,而从由物质到精神的发展观点看,衣服的出现应当先是为了御寒,然后才发展到精神层面的审美。不管怎样,精神需求的审美一旦生成,衣服就有可能走出它本原的御寒性质,大量地发展精神层面的内涵,甚至成为驾驭人类精神的一个物化存在,正如货币一样驾驭着人类的精神。

一、瑶好五色衣服

大凡谈及瑶族始祖盘瓠的古文献,大多说到盘瓠离开都市深入高山密林生活之后,在服饰方面明显异于中原地区的穿着,喜好五色衣服。因此“瑶族穿戴的服饰,是最能显著地表现民族特点的东西。在旧籍中许多谈到瑶族的记载,不说椎

---

① ［德］恩格斯:《马克思恩格斯全集》(第21卷),人民出版社1965年版,第30页,

髻跣足，便道斑衣花裙。足见瑶族服饰的习俗，早为人们所注意”。贺州市富川瑶族自治县平地瑶的服饰。男子一般穿圆领丫形花边衣，对襟布扣，两边开叉，即“唐装”。下穿宽口长裤，即大裆裤。腰系布带，脚缠绑腿。妇女一般穿圆领衣，对开襟或右开襟，领、襟底边镶花边。下穿挑花长裤，裤脚镶一道三阔的花边，扎绑腿。腰带一般用丝线织成，系挑花围裙，佩珠串。衣物所挑图案，一般取材于生活，多为动植物、人物，以及本民族流传的民间故事。这些花纹图案，线条古朴大方，色彩艳丽，庄重严肃，给人纯朴厚实的美感。在饰物的佩戴方面，一般男子无特别饰物，女子则丰富多彩。瑶族妇女的饰物一般有头饰、耳环、项链、腰链、手镯等，它们多为银饰品，做工讲究，雕龙镂凤，玲珑剔透，美妙至极。还有头饰方面，按照头装的不同，可以分为尖头瑶、平头瑶、顶板瑶等，这些头帕颜色各有不同，大都用红黄蓝青绿点缀，头帕都绣有不同的图案，或是动物或是植物或是文字或是纹饰等不一而足。这样的穿着在富川平地瑶中，只有稍为年长的妇女比较经常穿戴，男子已经不太穿戴了。而居住在高山的瑶族，穿戴方面还比较多地保存民族服饰的穿着。在峒外，现在的平地瑶年轻人已经极少穿戴民族服饰，大多只是民族节日或隆重的喜庆时光才穿戴，都是倾向于穿着市场出售的现代服装，也就是说，他们在服饰方面与当地的汉人已经没有太大的区别。

贺州“土瑶人的服饰变化比较大，20 世纪 50 年代以前，土瑶妇女穿短裤，缠粗布绑腿，剃光头，戴平顶圆形树皮帽子，配以彩带和绣花毛巾，上身着长衫，喜爱佩戴银饰。男人着黑色宽裤腿长裤，四兜开襟超短上衣，也剃光头，缠白色包头。现在男女都已废除了剃光头的习俗，妇女戴的帽子也多用三合板，而且以前帽子的正面是用白纸染成黄色或绿色，粘贴在树皮上，画上黑色粗线条后再罩上透明的玻璃纸，而现在这些装饰大都是从市场上买来的。土瑶妇女帽子上的配饰很多，仅毛巾就有十几条，还有五彩线帽带、以彩线串成的各色彩珠，重达六七斤。现在年轻妇女已改穿集市买的长裤，但裤脚多绣有花边。土瑶男子的服装也很有特点，外衣裤现已全部改成蓝色，上衣特短，几乎不及肚脐，对襟竖领，前面有上下四个外贴口袋，上面两个小，下面两个大。上衣分蓝、白两种，里面穿白色的、外面穿蓝色的，现在这些衣裤大都可以从当地集市上买得到。但衣服买回后，土瑶妇女还要用红线在衣领、袖口以及衣边处镶边，中间配以绿线，既美观又耐穿。男裤的样式没有什么改变，前面不开口，一般也不系腰带，因为裤腰肥大，折叠后向左掖紧即可。参加重大庆典时，土瑶男子在上衣胸前佩戴以彩线串成的彩珠，重达十几斤”。①

① 袁同凯：《走进竹篱教室》，天津人民出版社 2004 年版，第 92－93 页。

贺州瑶族,幼年时的土瑶姑娘戴的是绣花绒帽,待长成十四五岁的少女时,则削发改戴木帽。木帽的制作精致、讲究。先是到山上砍下大油桐树,剥取树皮,刮掉表皮,趁树皮未干将其裁成5寸宽、2尺长的长方形树皮条,然后弯成半圆形,用线扎好固定成形,成为帽壳。待帽壳定型后,即行装饰。先用桅子将白纸染黄贴于帽壳外沿,再用笔蘸色在其上画出一道道黑白相间、宽度一致的竖线条;数道线条为一组,组与组之间相隔有致,富节奏感。之后漆以光油,蒙上色纸,再覆盖一层玻璃纸保护,既避免雨淋,又闪闪发亮,增强美感。姑娘戴上木帽,于帽顶覆盖数条白色毛巾,毛巾上用彩色颜料书写情歌或一些表情意的词语作装饰,用一把五彩丝线或五彩毛线从头顶系至下巴,将帽顶层层毛巾扎稳。

广西大瑶山“现在各族系的衣服式样:男子的,除六巷区一带的花篮瑶还穿着大领对襟,左右开深衩长可及膝的古老装束外,长洞区一带的花蓝瑶以及其他各个族系近六十年来都已改变,全部着唐装,衣裤与汉区无异。各族系的妇女衣服则很复杂,茶山瑶和山子瑶一般已由原来大领对襟改为大襟,只有祖岭村(茶山瑶)的老婆婆仍在大襟衣上套上一种没袖的大领对襟大褂。其他各族系都还是穿着大领对襟的花衫。女裤有长有短,各族系不尽相同。茶山瑶有一半着长裤,一半着短裤。除平林、六竹、岭祖等村短社不过膝外,其余各处所着短裤都已过膝。下扎脚笼或绑腿、脚笼两端都有着少放花纹。盘瑶、山子瑶都着长裤,劳动时也在裤筒下截捆上绑腿,并用小花条带束之。盘瑶裤腿绣有花纹,宽三寸余。花蓝瑶和坳瑶都着短裤,缝制方法极为简单,以布料两幅纵褶,参错合上,只缝两条骨缝,便成人形无裤头的短裤,方法是十分原始的。妇女着裙之风已改,只有岭祖、卜泉、低水(茶山瑶)相邻几村,还在短裤之外加捆一条长约一尺的细褶短裙”。“瑶族妇女的衣服巾带及部分男子的巾带,都挑绣或编织许多美丽可观的花纹,花蓝瑶和坳瑶男女背物布袋及盘瑶青年男女喜用之垫肩、背裙也如此。这些花纹有的是一些几何图案,有的则是些鸟兽花草,色彩鲜明夺目。而这些匠意经营的艺术作品,又都是和她们的日常生活密切联系起来的。如蝴蝶、飞岛、大木花、缠枝、蕨草等都是在劳动环境中习见的东西,被恰当地安置在衣裤的边缘上,使质朴的衣服增加悦目的装饰,充分表现出她们内在的智慧和制作的才能。花蓝瑶和盘瑶妇女织绣技术很好,真是巧夺天工。茶山瑶和山子瑶妇女织绣比其他族较少。巾带上的花纹,多安置两头。有些则纯用彩丝织成。花蓝瑶和坳瑶背袋,花纹绣于袋之中部,作方形图案,巾带和背袋这些花纹,采用装饰图案较多”。① 确实,从目前

① 全国人民代表大会民族委员会办公室:《广西大瑶山瑶族社会历史情况调查》(生活习俗文化宗教部分),1958年版,第1~3页。

所能观察到的瑶族传统服饰，以及古籍文献记载，都可以给我们一个共同的讯号，瑶族崇尚喜好五色衣服。

二、鲜艳服饰与贫困生活

面对瑶族鲜艳的服饰，我们存在一个很大的疑问，那就是鲜艳服饰与贫困生活到底是怎样一种关系？这个贫困，至少可以从两个方面理解，一是物质生活资料匮乏，日常生活极其艰难；二是瑶族服饰制作成本高昂，民众置办一套服饰确实不易。在过去，普通瑶族民众生活贫困已经是众所周知的事实，也导致一些瑶族群众遭遇穿着方面的难题。广西大瑶山在“新中国成立前，瑶族男女一般都穿单衣。尤以处在山丁地位的盘瑶、山子瑶最为普遍。夹衣和棉衣，只有经济较充裕的山主和接近汉区的茶山瑶和坳瑶才能享受，但数量极少，其中又以男子穿着的为多。以往布料除部分自织外，从外购入都是粗布，仅有极少部分富裕户穿着绸缎细布。其余泥绒、毛线更不敢问津了”。① 这不是个别现象，而是具有某种普遍性，“新中国成立前，瑶民生活贫困，多数人家每人一般只有一两套单衣，棉衣、棉被、鞋袜极为罕见。到了寒冬季节，靠烤火取暖，晚上睡在火塘边，蜷缩达旦”。② 在这种情况下，再加上“传统的瑶装制作工艺复杂，如给布料染色，就要历经熬煮、过滤、漂染、洗、晒等数道工序，且要重复三四次。花费时间长，若是全天制作，花衣需要一年，织衣最快也需要十天，而且成本昂贵，完成一套民族服饰，至少需要三四百元（引者注：20 世纪 70—80 年代价值，可见的确昂贵），耗时耗力，没有汉族时装实惠”。③ 这些就引导着出逻辑常理，依据经济实力状况，瑶族民众不应该或无力追求如此美丽且鲜艳的服饰，事实上却是瑶族民众并不屈服自己的经济现实，而是追求一种服饰美艳的精神享受，这到底隐藏着什么？

首先，始祖盘瓠的巨大影响力。《风俗演义》及其他古籍文献都记载：瑶族先祖织绩木皮，染以草实，好五色衣服，衣裳斑兰，制裁皆有尾形。服饰已经成为瑶族区别于其他民族最为明显的外在特征，成为民族自我认同的基本标记。这个标记与盘瓠直观关联，也与不喜平旷相呼应，更为重要的是还与不服徭役免赋税相勾连，形成一种关联效应，并牢牢地嵌入瑶族同胞的血液。在潜意识层面，似乎失去这种服饰标记，就会失去其他关联特征，不仅失去瑶族的民族特性，还会失去现

---

① 全国人民代表大会民族委员会办公室：《广西大瑶山瑶族社会历史情况调查》（生活习俗文化宗教部分），1958 年版，第 1 页。

② 《清远市志》编纂委员会：《清远市志》（下册），广东人民出版 2012 年版，第 1134 页。

③ 秦红增、韦丹芳：《手工艺里的智慧中国西南少数民族文化多样性研究》，黑龙江人民出版社 2010 年版，第 296 页。

实中不服徭役和免赋税的特权利益,因此从瑶族族群记忆看,都不想主动丧失这种服饰标记。瑶族对"盘瓠"的崇拜和祭祀有着悠久的历史。很早古籍就有"以掺杂鱼肉叩槽而号,以祭盘瓠,其欲至今"的记载(见晋干宝《搜神记》卷十四);城步瑶族民间珍藏的文献《过山榜》中也有记载:"祖盘瓠……广受子孙之祭祀,永当敕赐之高盟。"林惠祥著《中国民族史》载:"瑶人祀盘古,三年一蘸合,招族类设道场,行七献之礼,男女歌舞。称盛一时。数日而后散。"最为集中的体现就是瑶族隆重的盘王祭祀之盘王节。在历史上瑶族虽饱受灾难,频繁迁徙,但他们始终保持着自己的图腾信仰。有的瑶民随身携带"盘瓠"的偶像(或一块略似人形的石头,或一个木雕人形小像)。每落居一处,必立盘王庙,安放神像,敬拜甚笃。传说中的"盘瓠"为狗形,"其毛五色",故瑶族一直喜穿"五彩衣",其衣前短后长,形似狗尾。有称为"狗头瑶"的一些村寨,妇女的头饰高高耸起,形似狗头,妇女衣服袖口上还绣织"盘瓠"图案。① 穿着这样的服饰就意味着始祖盘瓠就在身边,能够得到盘王的有效保护,可以获得盘王的智慧和灵气,因此瑶族后裔谁都不敢轻易抛弃这种服饰,这就决定了瑶族服饰与生活状况不能直接关联。

其次,现实缺失的补偿心理。我们都知道人类有一种心理补偿机制,因为现实中的某种缺失,或者是生理层面的缺陷,或者是现实生活的不足,于是通过某种幻想使得这种缺陷得到虚拟的弥补,并且由此获得心理的满足,实现某种程度的心理平衡。这种心理补偿基本上在两个层面体现,一是在幻象的梦境中实现,二是在现实中以反向的方式呈现。弗洛伊德说过,梦是愿望的达成,一个人在现实生活中缺失某种东西,但是这个东西对于这个人来说,又是比较重要的,于是在一种强烈的愿望之下,他就会通过做梦来实现自己的愿望,所谓"日有所思,夜有所梦",这就是常人都懂得的道理。很显然,这是在一种无意识状态下的做梦,以夜间的有意而为来表现自己的隐秘愿望。还有一种状况,虽然也是以一种虚幻的方式呈现,却是以意识清醒的状态下实施,即是人们所说的说大话式的阿 Q 精神胜利法。阿 Q 在现实生活中总是处于弱势的下风,但是却在争论之时,总是采用一种口头胜利的诉说方式获得虚拟性的胜利。诸如,在别人嘲笑他贫穷的时候,阿 Q 就说,咱们先前比你阔多了;当被别人殴打的时候,阿 Q 就说,儿子打老子,于是就以一种口头的强势掩盖实际的弱势,从而获得一种心理平衡,实现自我的满足。还有另外一种层面的心理补偿机制,即把事实上的弱势尽可能的掩藏出来,相反是一种反向的强势形态展现在别人面前,从而达到一种心理平衡的方式。现实中,我们可以看到某些人具有极度的自尊,只要别人稍微触及他们的自尊,就会暴

① 左汉中:《湖湘图腾与图符》,湖南美术出版社 2012 年版,第 217 页。

跳如雷,这是展现在人们面前的一种状态。透过这种状态,心理学实验已经告诉我们,这种人实际上是以极度自尊的方式掩盖极度的自卑,其本质是一种自卑,他希望通过这种策略实现内心的平衡。许多有关面子问题的处理,也是显现一种心理补偿的意义,比如一些人在众人面前必须抽昂贵的好烟,回到家里则抽便宜的劣烟,这似乎只是为了自己形象面子,也尊重他人,实际上隐含的还是一种心理补偿问题。如果其人具有相应的经济能力,他就可以做到内外一致,不必刻意装出内外有别的处世方式。这就反映一种心理,他需要制造一种人为的强势来掩盖事实的弱势,以博取社会的认可而非否定,从而实现愿望的满足。历史上瑶族服饰的选择与保持,似乎也可以从这个方面得到某种程度的解释。由于经济实力的原因,许多瑶族民众都没有足够的衣物满足日常御寒的需要,依照这种情形,绝大多数瑶族同胞都不可能拥有鲜艳华丽的瑶族服饰,应该始终以一种衣衫褴褛的面貌出现,但事实上并非如此,而且始终追求一种华美服饰。“瑶家妇女擅长纺织、刺绣,女子从十一二岁开始学传统的挑花刺绣。先学平绣,到十三四岁时,学打结刺绣,到十五六岁就正式绣花衣,为出嫁时绣嫁妆作准备,一直到六七十岁时还针不离手。妇女们多在蓝、青、白色的布底上,使用红、白、黄、绿、橙等彩色的丝线,精心挑绣出刚劲有力、变化多样的花式图案”。① 这样一种女红传统就引导瑶族妇女一生都要从事服饰方面的工作,从而在现实的传统层面规定了华美服饰的追求,只要还有能力,就不能停歇。这种华美服饰追求工作的后面,隐藏着的就是对于美好生活的追求与向往,虽然现实生活异常艰辛,但理想总是存在,希望总在前面,于是瑶族始终有着乐观精神与心态。

再次,隐含积攒财富的思想。瑶族是一个喜爱银饰的民族,在男女成丁之时,都会佩戴一定的银饰,以示成年。基本首饰包括头饰、耳饰、项饰、胸背饰、腕指饰及腰间佩饰,用料主要有银、竹、瓷珠、彩线等,银饰则是主要饰品。银饰品样式很多,有银梳、银簪、银带、银链、银铃坠、银花等,工艺精细华美,独特别致,具有十分浓厚的民族特色,妇女戴上这样的银头花显得十分富丽华贵。瑶族“女子盛装由于佩有大量银饰,制作昂贵,打制一身盛装的银饰往往需要五六十个法银,价格在六七千元到万元左右”②,几乎就是一个家庭一辈子的全部财富,因此瑶族服饰本身具有某种积攒财富的倾向。这种佩戴银饰的习惯并非一时一地瑶族的个案,而是具有普遍性。“贺县瑶族男女都非常喜爱佩戴银制饰品,主要有:银牌、耳环、手

---

① 张力平:《中国少数民族习俗与传统文化》,广西民族出版社 1994 年版,第 369 页。

② 娄自昌、浦加旗:《嬗变中的瑶村苗寨 云南省文山州麻栗坡县猛硐瑶族乡坝子村调查报告》,社会科学文献出版社 2010 年版,第 223 页。

镯、八角星、戒指、颈圈、八宝烟具、银链、针筒。这些银饰品上多数以太阳花、龙凤、鱼虾、蝴蝶、玉米花、蝙蝠以及各种几何图案为主要花纹,做工精细,纹式多姿多彩。银饰品中的银牌,又叫银扣,有长方形、棱形、半月形、圆形等各种形状,主要是妇女挂在胸前以作装饰。富有家庭的妇女,往往胸前挂有十数块各式各样的银牌。在贺街,黄洞等地的尖头瑶妇女中,也有把银牌钉在尖帽上以作装饰的。瑶族妇女普遍戴耳环,但最突出的是开山,里松等地瑶族妇女的玉米花样的大耳环,造型新颖,引人注目。贺县瑶族男女都喜欢戴银戒指,主要戴的是马鞍形的戒指,以戴得越多越美,有的人甚至十个手指都戴有戒指,有的一个手指戴两个戒指。贺县一些地方的瑶族妇女还喜欢抽烟,所以八宝银制烟具也是瑶族男女不可缺省的装饰品之一,烟具包括烟盒、烟筒、银链等。一般是烟盒挂在腰间,而烟筒却往往插在帽上以作装饰,非常引人注目。大平瑶族乡妇女则爱把一束银制饰品挂在腰带上,这束银制饰品包括银牙签针、刮耳针、舌刮、银剑、关刀仔以及其他各种装饰品不下十数种,走起路来闪闪发亮,沙沙作响,别有一番风韵”。① 只要深入瑶族聚居地进行实地调查,都可以得到类似的调研结果,由此也成为瑶族的一个外在特征。于是,也引发我们思考,一边是生活极端困难,一边是银饰多姿多彩;一个是能够吃饱肚子的粮食,一个是只能欣赏炫耀的银饰,却倾向于银饰。很显然,这需要从另外一个层面进行解读,银饰不仅只是为了装饰,还有着其他意义,其中应该包含财富积攒的取向。瑶族是一个处于不断迁徙中的民族,具有某种意义的居无定所的内涵,因此就需要以最为方便且聚集财富的方式来保存财富,以此达到有利迁徙的要求。在各种财富载体选择中,贵重金属不失为明智的选择,因为贵重金属历来既可以作为货币流通使用,又可以作为饰物欣赏,而且体积较小,便于携带,因此金银就成为储存财物的首选。从这个意义看,贫困的瑶族民众集体地形成这样一种服饰,以求保存必要的财富,确实具有现实意义,那是现实教育下的合理选择,能够有效地集实用与审美于一体。

三、瑶服审美价值

众所周知,瑶族具有崇拜盘王的传统,并且将其融入生活的各个方面。在饮食层面,则禁食狗肉,因为盘瓠是龙犬;在服饰方面,则穿戴五彩服饰,因为盘瓠着五色衣服;在祭祖方面,则举行隆重盘王节,因为盘王不仅始创瑶族,而且在渡海之时保护瑶胞。对于瑶族各个族群虽然大分散,却穿着极其相近的五彩服饰,民间群众和专家都大体认可包含图腾意义,直接指向盘王的纪念。贺州土瑶服饰刺

---

① 陈毓山等:《贺县乡土情》,广西人民出版社 1992 年版,第 142 页。

绣图案纹样上的颜色主要是红、绿、白、黑、黄五种颜色，据当地土瑶族老人讲解，这便是象征龙犬的图腾，是一种图腾象征的符号，因为他们认为盘瓠祖先是一只五彩斑斓的龙犬，因此以五色加以象征。贺州市黄洞瑶族妇女包头花帕以狗的耳朵样式进行佩戴，即用一条简单的花帕在头上绕成一对角，村里老人说："这样包帕是表示我们祖先是犬的意思，那个角就是我们祖先犬的耳朵。"这也表明盘王的图腾崇拜确实深入到瑶族的日常服饰，这是作为瑶族的共有特征。也同时因为大分散，因此瑶族内部形成众多支系，虽然都具有极度相近的共性，但各个支系也形成了极具区别性的穿戴风格，因此在论及瑶服审美价值之时，不可一概而论。

在贺州因为帽子形状不同，可以划分为两类，即平头瑶和尖头瑶，一般来说居住在平地的瑶族为平地瑶，也是平头瑶，而居住在高山密林的瑶族为过山瑶，也是尖头瑶。从这个基本居住状态，可以简单判定其帽子形状与居住状态有关，或者说具有居住性质的象征意义。事实上也基本如此，富川平地瑶的传统民族服饰基本上是平头帽子，而贺州市八步区各地盘瑶即过山瑶，基本上是尖头帽子。居住在贺街、步头镇的盘瑶妇女，喜戴塔形尖状头饰。这种大尖头饰，先用一块长约2尺、宽约5寸的黑布将头发包扎成尖形，之后用十多块长方形的黑色大布帕围圈成三角形的帽，成尖塔状；大帕边沿用白、红、蓝三色布镶边，以成装饰唯美。层层叠叠的帽檐有数寸厚，前高后低，露面遮颈，帽高1尺多，帽上佩饰3寸宽的挑花锦带，帽檐两边系彩色飘带和用丝线串的珠串，帽上还缀饰多块棱形、方形银牌，状如五彩缤纷的宝塔，光彩照人。这种尖头宝塔是否切应山峰，暗指盘瑶"吃尽一山又一山"的过山迁徙生活？如此推论应该不是简单的臆测，而是对应的生活意象。因为对比平地瑶，可以发现他们的传统瑶服基本上是平头帽子，甚至选用汉族帽饰。"《古今图书集成》引明万历《富川县志》：'谷塘、下井、沙母、平石、三辇、大围数源，其语言、衣服半与齐民等'。说明平地瑶族在语言和服饰方面与汉族差不多。在清代，瑶族男子留长发穿右侧开襟衣，头用五尺长(冬天用二尺长的)黑布盘头，扎脚绑。民国后，瑶族男子已不留长发，现在不是剃光头就是理平头，西装发型极为普遍。穿唐装或中山装。服装颜色，以蓝、黑为主，已分不清谁是汉族或瑶族了"。① 但是，我们也可以发现，富川平地瑶还是有些聚落民众穿戴尖尖帽子，为何如此？这是因为"考诸地方史籍，今富川平地瑶来源有三：一是原为过山瑶，后到平地的；二是由于起义或反抗失败，经过'招抚'，后称'熟瑶'，'良瑶'或

① 国家民委《民族问题五种丛书》编辑委员会:《中国民族问题资料·档案集成》编辑委员会编，《中国民族问题资料·档案集成》(第4辑)，《中国少数民族自治地方概况丛书》(第53卷)，《民族问题五种丛书》及其档案汇编，中央民族大学出版社2005年版，第194页。

'粮瑶';三是清代有若干支瑶族从湖南、广东直接迁至平地定居的"。① 这种来源就决定了部分瑶族随着生活地域的改变,以及与当地民人(汉族)的融合,采取了既保护民族服饰的特征,又适应汉族文化礼仪的需求,于是形成了平头帽子的取向。相反,土瑶居住在高山密林,依照道理他们应该穿戴尖头帽子,但却是平头帽子,这又是为何? 进入贺州的瑶族最早者应该是现在的土瑶,他们进驻之时,都居住在相对平坦且地力富饶的盆地平原,以居住而论,他们属于平地瑶。只是在后来的历史发展过程中,由于其他瑶族族群,特别是汉族和壮族的大量定居贺州,这些原本土著的瑶族被迫迁徙,被武力驱赶到深山密林,成为高山居住的瑶族。因此,他们现在虽然居住在深山,但是由于原本居住地平坦盆地,于是也就保留着原有的平头帽子的穿戴特点。于是,从某种意义上说,正好能够印证帽子的不同象征意义,成为居住状态的生活意象。

瑶族服饰因为鲜艳华丽,其图案也是多姿多彩,除了很明显的瑶族图腾意义之外,还绣织着许多其他图案,诸如日常动植物图案等。这些图案主要有梧桐花、鱼骨花、簸箕花、莲花、韭菜花、豌豆花、人形金鬼花、桐子花等南方常见植物,说明瑶族生活与之具有亲密关系,既包含刀耕火种的耕作生产,也包括狩猎采集的生活方式,既有含有山林生活的影子,也暗有平地农耕的影像,否则瑶族同胞不可能对此上心。这种生活图案能够与图腾图案并行不悖,说明瑶族既关注自己的族源来历,更注意当下的生活现实,希望借此表达自己对于美好生活的追求与向往。取象"花"作为美化图案,我们更多的是从审美意义层面进行解读,或者从伦理意义方面进行解说。例如,有学者认为:贺州黄洞瑶族男子的斜挎包上绣着一些人形金鬼花、桐子花等南方常见植物,它是男人的护身符,将人形金鬼花绣上去,用以保佑男子外出平安。因为金鬼为他们驱逐了黑暗和鬼怪,为他们带来了光明,使他们人丁兴旺、幸福美满。而莲花则由于受到汉族文化和佛教的影响,于是意味着洁净、清纯、馥郁,也表示瑶族人至上的品质。同时,莲子意味着多子多孙的意思。梧桐花是亚热带常见植物,瑶人认为梧与福谐音,在服饰上绣梧桐意味着给族人带来福气运气。韭菜花,韭与久谐音,久也指人长寿,在服饰上绣韭菜花,被认为给族人带福禄寿,也有长长久久的美好祝福。这些花卉图案象征这个民族(过山瑶)的繁荣昌盛、多子多孙。其实,如果我们稍加注意,还可以发现一个奇特的现象,那就是瑶族男子习惯以"花"取名,而"花"之意蕴正像前文所述,具有生

① 国家民委《民族问题五种丛书》编辑委员会:《中国民族问题资料·档案集成》编辑委员会编,《中国民族问题资料·档案集成》(第4辑),《中国少数民族自治地方概况丛书》(第53卷),《民族问题五种丛书》及其档案汇编,中央民族大学出版社2005年版,第192页。

殖意象的内涵,因此瑶族服饰之花草图案,应该还具有生殖的深层意蕴,表达着瑶族因为人口减少由原来主体民族变为少数民族的历史印迹,深埋着族群的生存忧患。

瑶族服饰虽然携带着如此众多的民族意义,但是随着时代的变迁,特别是历史进入20世纪之后,这个情形正在发生改变,越来越多的瑶族青年已经不再愿意穿戴民族服饰,潜藏在服饰里面的深层意蕴正在走失。早在"20世纪30年代,富川县设立县乡风俗改良委员会,派员下乡宣传,实施风俗改良,强制改革瑶民服饰,妇女一律不准穿原来的镶边大花衣,改穿右侧开襟的素静女装"。① 而贺州市"土瑶服饰是这样的,妇女剃光头,戴桐木皮制作的罗斗状圆形帽,以白纸染成黄或绿色贴于帽的外沿,油光油,再用黑色画上一条条竖线,之后糊盖上透明的玻璃纸以保护,在阳光辉映下闪闪发光。帽顶上叠沓覆盖10至20条对折毛巾,毛巾上用色彩书写有情歌或字作装饰;用红、黄、青色3种毛线从帽顶沿两侧直捆下巴系稳。节日或参加婚礼时帽顶覆盖的毛巾更多,并垂吊珠子10余串。穿青布长袍,长至脚踝,无腰身,分三片,前后襟两侧开衩,直至腰带处。无扣,用青带束腰,束腰后成前后两大片,前襟下端左右角折叠掖于腰带中,形成三角形前襟。不着长裤,只穿裤边绣有几何图案的短裤衩,小腿裹毛巾,大腿裸露。现有部分女青年改穿西装衣裤。土瑶男子一般用3至4条毛巾裹头,参加婚礼时增至10条左右,上穿四个口袋的对襟布扣短衫,短衫长仅1.2尺左右,只齐肚脐,下摆肥大前翘,一蓝一白搭配,白里蓝外,下穿裤管口径1.4尺的长裤。在参加婚礼等集体活动时,胸前垂珠数十串,重达10余斤。但现在大凡到盘谷赶墟都可发现土瑶的服饰已隐约露出一些现代的气息,不论男男女女的瑶胞脚上都已换上了解放鞋,有些还穿上了百货大楼买的新式布鞋,夏天也有穿塑料凉鞋的。不时也可发现部分青年瑶妹们穿上了西装长裤。最突出的在土瑶妇女的青布长袍里都露出了棉毛衫衣领或五颜六色的确良衬衣领子。在盘谷墟市上开了一家门面做小百货生意的明梅村土瑶妇女索性一身的汉族打扮。要不是盘谷村书记作介绍哪里认得出她是土瑶同胞呢"。②

再据考察贺州市鹅塘镇土瑶民族班和沙田镇土瑶民族班的同学,他们在上学期间,没有一个人穿着民族服饰上学,都是穿着主流社会的汉族服饰。深入土瑶

① 富川瑶族自治区地方志编纂委员会:《富川瑶族自治县志》,广西人民出版社1993年版,第479页。

② 徐桂兰:《贺州盘谷村的族群互动》,载《广西民族学院学报》(哲学社会科学版),1999年第5期,第111页。

民族聚落，也并非清一色民族服饰，许多小孩与年轻人也穿着主流社会汉族服饰，甚至一些新潮的年轻人还烫起了头发，染成五颜六色，全然一个都市新新人类。这就表明，贺州少数民族服饰现在也逐渐丢失了自己原本服饰层面的装饰性图案了，这就是现状。在贺州瑶族和壮族两个主要少数民族中，瑶族是最能保持自己民族服饰的族群，在他们自己的聚落里，也还能时常见到他们穿着自己的民族服饰。但是，仔细一看，还是可以发现其中明显的变化迹象，大多时候只能看见中老年人穿着民族服饰，而且还主要集中在妇女身上，男子的穿着更像是汉族服饰，也就是一般市场上出售的现代服装。如果再细看，那么其中的变化就更大了，瑶族青年不管男女，都极少穿着民族服饰，尤其是受过教育者，他们在主流社区肯定不穿民族服饰，就是回到自己的民族聚落，也极少穿着民族服饰。在这些瑶族族群中，平地瑶汉化的程度相对较深，就如富川瑶族自治县的平地瑶年轻人，在服饰层面一般情况下已经难以分辨他们的民族身份了，其外表穿着与当地汉人没有多大区别。

服装是辨识不同民族的最直接外观之一，一个民族往往有着区别于其他民族的个性化服装，因此服装可以成为一个民族的标识。某些民族在具有相对一致的服装之下，不同族群还有着属于自己的更为个性化的服装，比如瑶族就是如此，平头瑶服装有别于尖头瑶，尖头瑶又有别于蓝靛瑶。服装能够成为一个民族的标识，那么它就是一个能指符号。能指符号与其所指意义之间具有约定俗成的关系，能够生成约定俗成必然是一个历史的过程，不可能短期内生成，尤其是处在远古社会。远古时期的传播手段非常原始，因此更多地受到时空限制，约定俗成的速率进程就相对缓慢，所需历史积淀的时间也就更长。因为这种积淀历经相对长久的时间，因而也就积淀着一个民族的历史，从而成为一个民族的集体记忆。瑶族就是这样一个具有久远历史的民族，因为曾经相对集中的生存于一定区域，所以形成相对一致的服装，表征着过去一段曾经的共同历史。此后，瑶族各支系又形成自己个性化的服装，正可以说明约定俗成依赖时空的程度甚深，所以才又相对独立地发展了个性化的服装。如此而言，服装就不简单只是保暖的手段，同时还是民族历史的外在表征，积淀着民族审美情感，因此考察土瑶民的民族服装景况就具有一定的意义。

以下是2006年深入贺州市鹅塘镇瑶族民族班调查的结果：

问题	小学卷				中学卷			
喜欢穿什么样式的服装	本民族	汉族	壮族	西装	本民族	汉族	壮族	西装
	25人，52%	8人，16.7%	2人，4.2%	11人，22.9%	13人，26%	20人，40%	4人，8%	12人，24%
什么场合穿民族服装	喜庆/正式		学校	家里	喜庆/正式		学校	家里
	41人，85.4%		2人，4.2%	5人，10.4%	45人，90%		0	5人，10%
什么时候穿民族服装	节日/喜庆		上街	平时	节日/喜庆		上街	平时
	42人，87.5%		5人，10.4%	1人，2.1%	46人，92%		3人，6%	2人，2%

以上调查显示一个现象，小学生对于民族服装的喜爱程度高于中学生，而中学生对于汉族服装的喜爱程度又高于小学生。深入土瑶村落调查还可以发现，村落成年人穿着民族服装的比例也呈现递减趋势，日常生活与平时劳动更多时候倾向于穿着汉族主流社区服装。询问土瑶民其中原因，民族服装多为手工制作，即使借助机械帮助，也还是呈现工序复杂耗时费力的特点，因此不如购买现成省事。而市面服装基本上就是汉族主流社区服装，如此只能穿着汉族服装。这显示着主流社会对传统社会的冲击，机械化工业大生产必然取代传统手工业生产而成为社会的主流，因而也必然辐射社会的各个层面，传统服装制作只能龟缩一隅成为历史景观。服装作为民族的历史积淀就是一个文化符号，因此服装的易换在某种程度上就意味着文化的迁移。一者是对本民族文化的某种程度的失忆与改换，二者是对于他者文化的自觉趋同与吸纳，从而创新民族文化。如果说，成年人汉族服装的穿着具有某种无可奈何情愫，那么土瑶中学生的汉族服装穿着则呈现主动追求的态势。在主流社区生活得越久，其受魅力感染的概率与速率越大，因而穿着汉族主流社区服装的心理倾向也就越明显，因为那是融入主流社区的外在表征。民族服装的在主流社区透露着边缘的社会信息，引来他者文化的凝视目光，从而形成无形的心理压力。温柔的魅力感染与无形的心理压力，双管齐下逼退民族服装的生存之所，同时也就挤占土瑶民的民族记忆空间，使之部分失忆民族历史。其实，这种现象已经存在于主流社区的汉族，现在的所谓汉族服装，其实并非真正意义的汉服而是外来的欧化服装。传统的汉服唐装已经成为历史记忆，其所承载的封建士大夫悠闲生活情愫也同时进入历史的尘封，西式的便捷实用成为服装穿

着的一个取向。随着土瑶学生的主动融入主流社会与主流社会的主动吸纳，这也必将逐渐影响整个土瑶民的服装取向，于是也将可能复现汉族服装易换的历史，民族情愫的失忆将是不可避免。其实这种现象在瑶族当中已然存在，富川瑶族自治县的平地瑶之日常穿着已与汉人无大的差异，八步区南乡镇的壮民与桂岭镇韦氏壮人也没有了壮族服装的穿着习惯，他们都表征对于本民族历史情愫的某种程度失忆。

虽然土瑶民依然保持自己的民族服装，但年轻一代往往只在特定时空穿着它，比如盘王节、婚庆、传统节日与政府安排，其他时空大都倾向于不穿戴，这就意味着民族服装的穿着只在于提示族群记忆。这种提示是必要的，虽然从总体趋势而言，其民族服装的隐退似乎已不可避免，但作为非物质文化遗产应当及早予以保护，或许还具有长期存在的可能。否则一旦像汉服唐装那样退出历史舞台，就只能在戏台上审美回味，其失去的民族历史情愫将永远不可能在现实当中复现，这无疑是民族精神的一个损失。这就犹如桂岭镇韦氏壮人，他们要证明自己是壮族都要费上九牛二虎之力，既没有语言上的表征，也没有服装上呈现，就连传说中的迁移来源也没有确凿的史证，于是精神上成为无所依归的漂泊者。虽然土瑶年轻一代已然呈现抛弃民族服装的情感倾向，但毕竟只是一种趋势，还没有形成不可阻挡之势，因此，应当强化特定时空的民族服装族群记忆功能，不断培育年轻一代的族群历史情愫，使之不至于真正成为族群历史的失忆者。

第五节 信仰:灵肉多元求和

人不同于动物，动物只有生理性躯壳的动物性需求，人不仅有着物理性躯壳，更有着精神性欲求，而且这种灵魂世界的诞生自有其支配人的功能与力量。不管是唯物主义还是唯心主义，都会创造属于自己的精神世界，并且依托这种形而上的东西达到统筹社会生态系统的目的，因此人类在进入阶级社会之后，都会高度重视精神世界的统领，以期有效地维护统治者利益。对于普通百姓而言，也可以调剂人与自然、人与社会、人与人、人之自我等多个层面的矛盾冲突，实现灵与肉的多元和谐。

一、神灵信仰:灵魂的精神支柱

瑶族自其始祖盘瓠就培养了好山恶都的族性特征，自主地选择高山密林生活，追求与自然的亲密关系，于是成为自然之子。其实，任何时候人都只能是自然之子,任何形式的"人是万物的灵长"的思想,都有可能因为人类的私欲破坏自然,最后自然必定报复人类,而人类在这种报复面前将会无能为力,因此人类必须敬畏自然。瑶族因为长期生活在高山密林的大自然中,因此更能体会自然的无限威力,也更能体验自然给予人类的恩惠,以此继承和接受古人之万物有灵的思想,形成自然神灵的信仰与崇拜。

由于瑶族大分散,各个小聚居的族群都会基于生存环境形成独具特色的自然信仰与崇拜,因此不可能全面地加以论及,只能以个案为例进行剖析说明。富川瑶族自治县是贺州唯一的自治县,具有某种典型意义。据调查,比较典型的自然神灵信仰与崇拜,主要集中体现在富阳镇的七星庙,"七星庙为涝溪过山瑶所信奉,里面有五个神像,即风王、雨王、正庙王、雷王、禾魂。"同时,还有"社王庙和土地庙。社王为涝溪过山瑶信奉的主要神之一,土地神也是如此,有的在苞谷地边立一块石为土地神,敬奉保获庄稼"。① 七星庙的祭祀"在二月社、六月社、八月社、十月社时点香纸,供猪肉,是集体的祭拜方式,祭后集体吃一餐"。而"祭社王也是在以上社日,仪式简单,点支香,做几块糯粑供一番。祭社王主要是祈求保护庄稼不被风吹、鼠咬。祭土地也是如此。将土地神放在苞谷地边,就是保护苞谷不被野猪吃的意思。他们打得野猪之后,要用头、尾、胆来祭土地,还要一只鸡陪供,祭后方可吃。在吃时不许说话,否则下次就打不到野猪了"。② 此外,除了建有庙宇的自然神灵之外,还有其他各种神灵,诸如天神、地神、水神和阳神等四位"功曹神",以及山神、树神、火神、岩神等等,可以说无处不有神,特别是病魔等各种灾难来临之时,更是寻求各路神灵以求解难。相比较而言,瑶族比汉族更加信奉自然神灵,这是可以理解的。因为瑶族居住在高山密林,与自然有着更加亲密的接触,能够更加深切地体验自然的无限威力。大自然的任何变化,诸如狂风暴雨、山崩地裂等自然灾害,瑶族同胞最能感同身受,人在如此之自然伟力面前,确实显得万分渺小,于是产生强烈的自然崇拜情结。这种崇拜心理,虽然源于人对自然控制力的不足,或者说,对于自然规律掌握的程度不够,但是从目前人类对自然破坏所形成的环境污染情况看,瑶族之敬畏自然的理念还是值得现代人所记取和学习。

自然是可畏的,人是可敬的,可敬之处还在于人具有反思精神,时常追问"我是谁?""我从哪里来?""我将向哪里去?"似乎这是一些哲学问题,只是哲学家才

① 广西壮族自治区编辑组:《广西瑶族社会历史调查》(第三册),广西民族出版社 1985 年版,第 144 页。

② 同上,第 145 页。

会追问，其实，普通人也同时追问思考这些问题，而且将其化入日常生活，成为精神世界的一部分。在民间，清明节就是一个追思的节日，通过祭祀先祖回答以上一些看似哲学的问题。作为瑶族，各个支系基本上都认可盘瓠作为自己的祖先，由此形成一个民族共有的祭祀节日，即盘王节进行集体还愿。富川富阳镇“还盘王愿，平地瑶又叫作踏朝，十二年一小踏朝，二十四年一大踏朝。时间三天三夜，由全村集体举行。届时，由主事请来两个道师和公选的两到三个头人掌握和主持。由12个人各穿着白长袍一件（穿在里面），蓝长袍一件（穿在外面），以白带子扎起来，头上围一块花布手巾。这十二人是由十二房人中抽出（洋冲屯共有十二房），每房一个，十二人中有一个扮姑母，是男扮的，十一个扮为姑仔，由姑母领唱，其余姑仔合唱，连唱带舞。在二十四年大踏朝时，须二十四个人，包括头人道公师公和另外的十二个人。他们不打长鼓，而打排板，除此之外，在这三天之内全村要聚餐。过山瑶在还盘王愿的内容上有些不同，形式是由主事家庭单独进行，也有集体进行的，在半路举行。请四个道师，要有三男三女，称为凤凰仔、凤凰女。由唱歌娘（三男三女）唱歌、打长鼓。杀两头猪来祭盘王，祭后供师公，家人及亲友吃，不得出卖”。① 这种唱舞也隐约复现始祖盘瓠的原始生活，“广西钟山、湖南江永等县瑶民在20世纪50年代初期还跳绊脚舞，舞者以手足在地上爬行，用红布条穿过胯下联结在双方裤腰上，以表盘王与公主交配的关系。双方还以脚掌勾连，边爬边跳，边跳边学狗叫，彼此骂粗口话，并拍打对方臀部。此舞一般在深夜举行。舞者多为师公，偶数，半男半女，女角色由男师公装扮。此舞每次进行约半小时，然后念经祭祖，不断反复。在广西全州县，公祭之后第三夜，师公戴上面具，赤身裸体，下身只围捆草叶裙，模拟人狗性交动作进行舞蹈。瑶民认为表演越逼真，神灵越高兴。但有不许妇女和外族人观看的禁忌”。② 在“瑶族生殖舞蹈中，我们发现一个突出的特点——主要以模仿犬图腾性交之形状为主。像广西贺县的《祭兵舞》、湖南江永的《狗绊腾舞》、湖南江华的《吊连锤舞》、云南文山的《乐儿舞》等，或是表示人犬相交，或是表示犬之间相交，都离不开瑶族的图腾崇拜。湖南江永还有一奇特的丧葬习俗，即要请师公做几天几夜的道场，基本内容是一师公念经，请求盘主神证明死者的灵魂‘归阴’，随后由师公带领死者的子孙亲属到树外打谷场土模仿狗的动作在地上爬行”。③ 这种大型的还盘王愿，起着动员整

① 广西壮族自治区编辑组：《广西瑶族社会历史调查》（第三册），广西民族出版社1985年版，第143页。

② 农学冠等：《瑶族文学史》，广西民族出版社2001年版，第73～74页。

③ 陈丽梅等编：《广西当代艺术理论研究丛书·舞蹈卷》，广西民族出版社1993年版，第184页。

个族群的作用,具有最为隆重的意义,因此时限间隔较长。一般家族或家庭也可以做还盘王愿,但由于经济等各方面原因,其规模就显得没有那么隆重,但也非常正式虔诚。荔浦县清福乡瑶族同胞“做盘王即还盘王愿,这是瑶族中最主要宗教仪式。时间没有一定,一般是由问卦决定,都是以家庭为单位来做,所以有做不起的几代人没有做过。分有大小两种,大愿的时间是一天两夜,杀两头猪(猪大小不定),请三个师公。小愿的时间是一天一夜,杀一头猪,请一两个师公。还愿时由师公将盘王、唐王、刑平王、伏灵王、伏江王均‘请’到家中,之后烧香燃纸,请各户老人一个来参加吃三餐即罢。香纸钱要花七元左右”。① 富川县富阳镇祭祀盘王是“在白露之后,选择一个吉日接盘王。接时,轿子里面放上新棉被,将盘王从庙里接到村里来。在全村选五个地点来摆供桌,由附近的各家上供。供鸡鸭香纸。同时还要集中供一桌。一天一夜供两次,第一次是供白糍粑和鸡鸭,第二次是用冒热的糍粑和鸡鸭,最后晚上杀猪来祭。大家在这一天一夜的时间里唱歌跳舞,如果还愿唱戏时要两天两夜方能送回”。② 而前往盘王庙祭祀则灵活许多,只要在规定的时日祭祀即可,而且一年之中可以祭祀的时日相对较多。“主要是在二月二十八、五月二十八、八月二十八、十一月二十八和开春节杀一头猪祭祀,请两系道师祭庙。平时也有许愿,小孩有病也到庙中祭祀求神”。③ 与此关联的,还有“还洪门愿。据洋冲的平地瑶讲,从盘古开天地以来就举行还洪门愿仪式。每年有若干次,时间在正月十二、二月二十八、五月二十八、八月二十八、十一月二十八。每次杀一头猪,做一些糯米粑粑,集体来祭盘王,以求禾苗不生虫,之后共进一餐。要请道师,如果请不到时,还要向神主说明。时间是半天”。④ 从这些列举中可以发现,盘王祭祀可谓种类繁多,从涉及的范围看,从一个家庭、家族到一个村庄聚落,再到一个族群,范围不断扩大,参与人数也必定越来越多;从时间间隔看,既有一年一次,又有一年数次,还有十二年一次,以及二十四年一次;从还愿的层次看,既有小愿,也有大愿,确实给予民众多层次的选择,也表明还盘王愿的深入人心。这样一种设计,能够有效地聚合瑶族的族性,能够确保民众从情感层面深入认同。设想,如果没有这样一种还愿形式,作为大分散的瑶族,即使小聚居也是“看到屋,走到哭”式物理间距的疏离,要想团结聚合人心,实现民族认同,确实

---

① 广西壮族自治区编辑组:《广西瑶族社会历史调查》(第四册),广西民族出版社 1986 年版,第 271 页。

② 广西壮族自治区编辑组:《广西瑶族社会历史调查》(第三册),广西民族出版社 1985 年版,第 143 页。

③ 同上,第 144 页。

④ 同上,第 143 页。

存在诸多困难,因此必须有一个精神纽带能够将大家牢牢地捆绑在一起。还盘王愿就是这样一种形式,通过共有的仪式,运用不断重复的策略,由此形成一种无意识诉求,使之能够从显性的意识层面进入隐性的无意识状态,并且积淀成为集体无意识,从而达到民族之间的团结与认同。

瑶族毕竟是小聚居,聚居在一起者,基本上具有某种近亲关系,因此我们也可以发现,瑶族在祭祀始祖盘瓠的同时,也祭祀各自的近祖,形成祖先崇拜。瑶族认为人死后还有灵魂,只是祖先生活在另外一个世界,祖先不仅自己生活,还会带给子孙吉凶祸福,因此瑶族对祖先崇拜至为虔诚。清明时节,都要去祖先墓地扫墓,认为祖坟上不能断香火。贫困人家,虽然过着极端贫穷的生活,也得想方设法弄些食品供奉和买纸钱烧化,以保证自己能够脱贫致富,能够平安健康。富川县富阳镇"平地瑶和过山瑶两族系都崇拜祖先,家中部有祖先神位,过七月半,接祖送祖等活动都由家庭小单位单独进行。他们认为如果不敬奉,子孙就不得安宁。清明节也是共同的节日,从清明到谷雨之前5—20天内,必须到祖公坟上扫祭一香,也是以家庭为单位进行的,常常是全家出动,带着孩子同去,这样使孩子认祖坟。在平地瑶中有同房集体扫墓的现象,这是因为同房族的因死亡而绝后,家产由同房的人继之,种他的田,而将收获的一部分每年用来买些猪肉等,做些糯米粑粑到其墓前祭奉,祭完之后大家聚吃一顿。在过山瑶中多祭近祖。在平地瑶中过去如有不祭祖的则被认为不孝,受舆论谴责"。① 这种慎终追远的习俗,很显然具有中国传统文化特征,西方许多国家在基督教等宗教影响下,崇尚于崇拜上帝而非祖先,因此可以看出,传统的主流儒家文化已经深入社会各个族群各个角落,使之能够有效地成立中华民族大家庭的一员,并且能够于心理层面进行有效认同。

二、生活信仰:现实的关系桥梁

自从人类从动物界走出,逐渐地学会掌握自己的命运,从单纯"靠天吃饭"向基本"靠人吃饭"转变,构筑属于人类自己的社会生态关系。在这个复杂的社会生态关系中,协调物质生产始终是人类思考的重要关系,由此形成诸多的社会生产信仰。由于人类支配自然力有限,以及无法全面认知自然规律,因此就会构筑一些信仰禁忌,希望达到约束人类行为,获得自然认可并获得优厚回报的目的。富川县富阳镇"平地瑶的生产禁忌:五月分龙节忌挑粪水。六月十三,祭刘大娘,唱戏四天,不出工,如果不这样做,禾苗就会生虫,天也不落雨。七月送'虫',不出工

---

① 广西壮族自治区编辑组:《广西瑶族社会历史调查》(第三册),广西民族出版社1985年版,第142~143页。

一天。八月游神赛会，三天不出工（有时半月）。八月十日，砍牛祭庙，不出工。四月初八，牛生日，不得用牛。土皇日，忌下种，否则不得收。带工具出门时，不能讲怪话（如鬼、蛇、妖怪等），否则出门不利。过山瑶的生产禁忌：大暑、小暑忌进田地，否则老鼠多。上午砍山不能说话，否则就会砍伤手脚。二月初一忌生产，否则害鸟多。二、六、八月的社日要祭社王，不出工，否则禾苗长不好，害虫也多。四月初八牛生日，不得用牛。带刀出门不能讲怪话，否则出门不利"。① 现在看来，设立这些禁忌有些荒谬愚昧，其实，不能使用现代人的眼光看待历史先人，不仅因为人都有历史局限性，而且因为信仰基点不同，各个族群历史生成的文化也不一样，否则，同是一地的瑶族就不会有平地瑶与过山瑶的禁忌区别。这种禁忌的设立，真实地反映了瑶族民众敬畏自然的心态，通过一些具体的禁忌体现对于自然的尊重，规范并约束民众遵守自然节律，只有这样，才能从顺应自然中获得人类应有的利益。今天的人们似乎较多前人更有能力把控自然，似乎具有更强"征服"自然的能力，似乎人类可以按照自己的意愿自由行事，于是可以无所顾忌，因此我们已经较少能够看到类似的自然禁忌。这种"征服"自然的心态，因为人本身就是自然一分子，不可能扯着自己的头发飞离地球，因此本质上人类不可能征服自然。大凡怀有如此心态的行为，虽然可以一时获得利益，但是最终必然遭受自然的报复，而且会表现无可复加的报复，甚至于导致自然生态系统的失衡，从而危及人类自身的生存。这就是瑶族基于生产禁忌所具有的现实意义，我们不是要求恢复遵守这些禁忌，而是吸收其中敬畏自然的思想，从而有效地达成人与自然的和谐。

自然的生产是重要的，人类自身的生产同样重要，在人类对自我生殖现象没有充分认知的情况下，也一样生成许多禁忌。贺州市"土瑶妇女怀孕时，千万不能犯'六甲'②，否则要么会流产，要么会生产畸形儿。孩子没满月时，妇女也不能犯'六甲'，如果不慎犯忌，孩子会患睁不开眼，口吐白沫，全身起水泡或脊背起青色斑纹等怪病"。"怀孕期间，妇女一般不能用剪刀剪裁自己或丈夫的衣物。如果非要动剪刀，必须先用扫帚象征性地要剪裁的衣物上扫几下，表明已把'六甲'扫除。孕妇也不能使用自己家的石磨，一般使用邻里家的石磨。如果实在要用自己的，也必须先用扫帚扫净磨盘，以示扫开了'六甲'"。③ 类似的禁忌在各个民族中均有不同程度的发现，虽然具体禁忌条目不一样，但是思想内涵一致，都是为了保护

① 广西壮族自治区编辑组：《广西瑶族社会历史调查》（第三册），广西民族出版社 1985 年版，第 108 页。

② 六甲：甲子、甲寅、甲辰、甲午、甲申、甲戌六个甲日。

③ 袁同凯：《走进竹篱教室》，天津人民出版社 2004 年版，第 100－101 页。

母亲、胎儿，最终保护族群人丁兴旺。应该说，孕妇确实需要一定的禁忌，因为现代医学已经表明，自然环境和人类行为本身都会在不同程度地影响着胎儿的生长发育，为了优生优育起见，必须有所禁忌。当然，禁忌的具体内容有所差异，古人更多的是基于一种经验和信仰，现代人则更多依据医学和技术，但是其禁忌指向是一致的，那就是确保生命质量。对于人类社会而言，人总是第一位的，虽然我们不应保持人类中心主义，但应该保持人应有的尊严，却是从古到今永恒的命题。

人类社会说到底还是人的社会，于是必须协调人与人的关系，建立一种基于仁义礼智信的社会生态关系。人与人之间只有诚信，才能构筑一种和谐的社会生态关系，而瑶族之诚意（关系）信仰自古而然，广为人所称颂为民风淳朴。《岭外代答》记述：“瑶人无文字，其要约，以木符合二板而刻之，人执其一，守之甚信。”《溪蛮丛笑》也说：“刻木为答契，长短大小不等，冗其傍，多至十数，各志其事，持以出验，名木契。”钱元昌《粤西诸蛮图记》记载：“有相讼者集于社，推老人上坐，两造各剪草为筹，每讲一事举一筹，筹多者胜，盖理拙则筹弃，理直则筹存也，是谓寨老，亦曰论理。论毕，刻木记之，终身不敢负。”许朝《镇安风土诗》写道：“官府文约都无用，木刻相要信自孚。”《溆浦县志·风俗》则云：“凡交易不立券，以圆木斜削两头而中分之，各藏半以为信。若有事投入，亦用木口明。有事一以木口传闻诸峒，急慢束炭及鸡翎于上迹迅速。”这些历史古籍文献资料表明，瑶族极为重视诚信，已经养成一种诚意信仰，并且已经深入每个民众心田。“在各地瑶山，凡是有主的东西，旁人绝不会染指。瑶山的山腰间、村寨旁、菜园边以及柴堆上，常能见到一根根‘茅草结’，这种特殊标志是表明这些地方或物品已经有主人了，旁人不会索取。农忙时节，全家人外出劳动，住房无锁，也不会丢失东西；收获期间，人们一般不把谷物带回家，而是寄放在路边或山间简易仓库里，亦没人偷窃。这种‘路不拾遗，夜不闭户’的淳朴之风，在瑶山随处可见”。① 这就是诚信已经化入生活的具体表现，否则对于无人值守的东西，在许多情况都会发生物主的转换，会被别人卷走。正是有着整个族群的诚意信仰，才会有着“非己之物不取”的社会氛围，才会形成如此良好的社会风气，也才会构筑和谐的社会生态。

三、社会生态：和谐的审美意识形态

广西贺州是一个多民族居住的地区，在各少数民族中，以壮族、瑶族人口最多。而瑶族又有盘瑶、过山瑶、平地瑶与土瑶等支系，据人类学家考证，土瑶是独

---

① 周宗贤：《瑶族的传统道德规范研究》，载《思想战线》，1983 年第 5 期；张有隽：《瑶学研究》（第四辑），第 323 页。

存于贺州的一个瑶族支系。土瑶全部散居在贺州市绵延一百多公里的大桂山脉边远山区,他们生存的自然生态环境使之形成地理上相对封闭的独立社区。“1982 年全县(原贺县,今贺州市八步区)瑶族为 28376 人,占全县总人口 4.29%;1990 年为 36518 人,占全县总人口 4.66%;1990 年比 1982 年增长 28.69%,年均增长 3.59%。”按此比例增长,2006 年瑶族人口理论值应有 57493 人,而实际上 1995 年只有 36901 人①,五年间增加 383 人,年平均 77 人,那么 2004 年实际人口当为 37800 人左右(以每年增加 100 人计)。这其中据贺州市扶贫办资料:2004 年 12 月,土瑶只拥有人口 1471 户 6196 人。②

这就是土瑶社区的基本社会生态状况。可以说,土瑶族群社区比较典型地反映了瑶族“入山唯恐不高,入林唯恐不密”的生活环境选择,这种基本上与世隔绝的生存状态虽然客观上阻碍了瑶族社会的发展,但也相对完整地保存了瑶族的民族特性,因此对于土瑶族群社会生态之审美意识形态的考察,可以比较原生态地揭示土瑶民的人文审美心理状态,从而有助于了解这个独特的瑶族支系。

第一,人际关系:追求社区和谐。

由于历史原因,土瑶民选择了具有地理层面相对封闭性的自然生态环境,于是人们很自然能够理解土瑶民与周边汉人相对缺乏某种人文心理交融,但是却难以料到土瑶民与其他瑶族支系也相对缺乏某种人文心理交融,比如同在鹅塘镇生活的过山瑶,土瑶也不认同,这就是土瑶民现实的人文生态环境。因此,在这样的人文生态环境下,他们的人员流动也多仅限于土瑶族群内部。“几个世纪来,土瑶人的社会交往主要限于各山寨之间,因此,几乎寨与寨之间都有虽艰险却能行走的蜿蜒小路。每年每个村寨都在农闲季节自觉维修各自村寨地界内通向其他村寨的路段。在土瑶山寨,条条崎岖的小道犹如一条条飘逸的缎带,在群山峻岭中穿梭,走村串寨,网络般地把各个山寨紧紧地连在一起,使二十四条山冲中的土瑶山寨成为一体”。③ 如此看来,土瑶社区不仅具有自然生态环境的某种相对封闭性,而且人文生态环境也具有某种相对封闭性,且社区人口较少及分散居住(各个聚落的居住人口就更少了),正是这种自然生态环境与社会人文环境的双重作用,使得土瑶内在地生成追求社区和谐安稳的审美意识形态,从这个意义上说,和谐社区的追求就是土瑶的一种生存策略。

贺州各瑶族支系有的生活在峒外平地,如富川平地瑶;有的生活在山地边缘,

---

① 唐扶择:《贺州市志》,广西人民出版社 2001 年,185 页。

② 贺州市扶贫办:《贺州市土瑶扶贫报告》,2004 年 12 月。

③ 袁同凯:《走进竹篱教室》,天津人民出版社 2004 年版,第 82 页。

如与土瑶毗邻的过山瑶;只有土瑶整体生活在远离平地的大山深处。长期蜗居在深山老林的恶劣自然生态环境,以及分散居住的生活方式,迫使土瑶民不得不选择相互支持从而获得共生的生存取向,否则族群的有效生存都可能成为问题,因此内在地倾向社区和谐。据民间相传,土瑶祖先从广东迁徙到广西梧州,再从梧州迫迁至贺州市八步区贺街镇,之后又迫迁至八步区沙田镇芳林村、马蜂村、龙井村和移石寨,这些地域都属于现在贺州市相对肥沃的小平原区域,最后才迫迁至群山峻岭的大桂山脉深处。迁居贺州的几百年历史,又使这种追求内化为集体无意识,从而更加根深蒂固。伊格尔顿说:"文化是唯一真正的社会和谐,是目前极少对立的社会,是神秘地超然于事物和原因的现象领域的、人和目的的本体王国。"①可以说,正是土瑶独特的文化孕生了他们追求社会生态和谐的审美意识形态,而如此之审美意识形态也巩固了他们自有的独特文化。其实,相对封闭的人文生态环境也导向土瑶民追求社区和谐,在几乎没有外拓的情况下,只有求之于内,因此具有寻求内部和谐的心理欲求。土瑶民不仅整体人口较少,而且分散居住,绝大多数聚落的住户相当分散,一个聚落往往占据整条山冲。更有些散居的山寨,从村头聚落走到村尾聚落,可能要走上一个多小时。6000 多人分别居住在两个乡镇 27 个山寨,每个山寨又由若干聚落组成,每个聚落通常只有 10 户左右,少者只有三两户,极少超过 20 户 100 人。这也就意味着每个聚落不仅具有同一自然生态环境,而且形成社区的共生社会生态关系,同时也由于族群内部山寨间的婚姻关联,因而是一个典型的传统伦理社会。整个族群交织于人情伦常之中,形成一荣俱荣一损俱损的生存利益共同体,这也是生成社区和谐生态的必然要求。

人作为社会动物,总是趋向群体性生活,因此就在生活层面天然地倾向于社区的生活方式,从而内在地生成社区共生的审美意识形态追求。这在生产力相对落后的历史时期表现更为明显,因为个体不仅难以应对恶劣的自然环境,也难以应对艰险的外部社会环境,为了有效生存就必然倾向于相互帮助,努力营造一个相互依存共同生活的人文环境,从而求得个体与群体的共生。土瑶民就具有相互帮助的一贯传统,特别是个人有着红白喜事之时,一定表现为整个自然村和衷共济共同操办。建房对于任何一个家庭都是大事,备料就需几年甚至十几年时间。及至建造之时,任何一个家庭都难以独自完成,因而形成相互帮助共同建造之势。主家在完成建房材料准备后,就请赛选看日子确定建造日期,这时,主家就要事先

① [英]特里·伊格尔顿:《审美意识形态》,王杰等译,广西师范大学出版社 2001 年版,第 103 页。

通知亲属邻里，以便安排时间前来帮工。这是义务帮工，它是土瑶山寨的传统，建造期间每天都会有十几个亲属或邻里主动前来帮工，直到房屋建成为止。而主人会以他们各自的方式记录哪些人前来帮工，帮了多少天，日后他们会亲自或派家人偿还所欠的人工，只多不少。如果有人故意不来帮工，那么他就会站在不义的被告席上，受到全村的舆论谴责，并自外于族群社区，此后他也难以得到族人帮助。因此，这也是自我调解邻里些小矛盾的好时机，原先的一些矛盾就在帮工的劳动氛围中化解，一个和谐共生的社区氛围进一步得到巩固与加强。而对于偷窃、赌博等破坏和谐共生人文环境的行为，则依照土瑶民的习惯法进行制裁。“如发现某人染指偷窃或赌博，全寨老少都会来到当事者的家里，见鸡杀鸡、见猪杀猪，在其家里连续大吃大喝，直到把他家里的东西吃光为止”。① 当然也有一些村寨只是每户派一人到当事者家里吃一顿并处以罚款，其效力与之相当，如沙田镇狮东村白虎寨。② 这就从正反两个方面维系着土瑶社区的和谐共生的社会生态关系。

土瑶社区作为一个自然环境与人文环境都趋于相对封闭的社区，长期以来他们的社会交往基本上局限于土瑶族群内部，但是随着政府及社会各界人士的重视，对外交往日渐增多，于是封闭状态开始打破，土瑶社区的对外社会生态场得以衍生。土瑶民历来就有好客传统，如果有重要的山外来客，如原来香港中文大学袁同凯博士，村里曾组织人员出山十几二十里去迎接，一路上唱着瑶歌嘘寒问暖，带给客人一份暖烘烘的心情。进村之后就是长桌酒招待，菜肴多数是土瑶民自产的“涡苏”（wo su 腌猪肉）、竹笋、豆腐、腐竹、咸菜等，虽然简朴但也已经需要调集全村经济资源了。虽然极端困苦，但是依然倾其所有招待客人，显现土瑶民努力构建一个和谐共生的外在生态环境的善良意向。

第二，身心二元：基于现实的交往互动。

文明对于人的身心是一个悖论。史前荒蛮时代，人类拥有一体的身心，或者说心灵思想全然从属于身体，是身体化的思想，正如现在一些动物并没有独立于身体之外的思想一样。但当人类走出荒蛮进入文明的时候，一体的身心却遭到了破坏，心灵从身体中觉醒并独立出来，造成身心二元，从此人类形成不可逆转的身心分裂。这种分裂在世俗社会既是一个的常态现象，也是一个基本现实，更是基于文明发展的生存策略。当然按照否定之否定的哲学规律，身心发展运动不会止于分裂状态，还会继续发展直至生成新的身心合一，那是遥远未来的前景。而在

---

① 袁同凯：《走进竹篱教室》，天津人民出版社 2004 年版，第 230 页。

② 同上，第 102 页。

身心分裂的常态社会现实中,也可以在某些特殊状态下短暂地实现身心归一,比如审美状态。由此可知,身心合一的追求不仅是未来的远景,而且也是现实社会的一个梦,因为植根于生命本源,所以具有不可抗阻的无限生命力。

生态在某种意义上可以理解为相互依存的关系。同处于一个区间的所有事物,不管是否同处一个种属,也不管是否处于背景环境存在,都从属于一个生态圈,因而相互之间就必然存在着某种联系,虽然这种联系可能是直接的,也可能是间接的。当然,同属于一个种属者,以及其与自我的背景环境,往往存在着较为直接的生态联系,比如身心就属于此类。原初身心一体,后来身心分属,因此身心就必然存在直接的社会生态联系,形成基于所处现实的交往互动。对于现实社会生态的认知,实际上就成为身心交往互动的基础,也成为不同生活区间身心交往取向的风向标。古代,不管中国还是西方,都曾存在着重心轻身的审美倾向,虽然具体表现方式与内涵存在着明显不同,这也许与其当时有着大致相类的社会生态现实的有关,换句话说,这应当也是基于现实的一种生存策略。柏拉图说:"看来只要我们活着,除非绝对必要,尽可能避免与肉体的交往、接触,这样我们才能不断地接近知识。我们应该在神拯救之前净化自己的灵魂,不能允许灵魂受肉体欲望的侵蚀。通过这种方式,也就是使灵魂避免肉体欲望的侵蚀。我们才能像与自己交往一样与他物交往,获得纯粹的未受污染的直接知识。这种知识大概就是所谓的真理。一个没有先净化自身就去冒犯纯粹真理王国的人,无疑违反了宇宙间的公道。"①孟子也说:"鱼我所欲也,熊掌亦我所欲也,二者不可得兼,舍鱼而取熊掌者也;生我所欲也,义亦我所欲也,二者不可得兼,舍生而取义者也。"这可以说明一个事实,身心交往取向是建立在特定的社会生态现实基础之上的。基于自我的独特社会生态现实,土瑶民在身心二元的交往互动中表征的审美意识形态就是既依靠身体(人),也不全然依靠身体,还得依靠心灵(上天),但又不是全然依靠上天,还得依靠人,形成靠人靠天互相依靠的审美取向。

毛泽东曾经说过,身体是革命的本钱,这反映伟人在身心二元对立中十分关注身体作为物质性存在的重要性。对于维持身体物质性存在的物质财富创造,土瑶民虽然也相信儒家的命运说,所谓"命里有时终须有,命里无时莫强求",但还是更多地倾向于依靠自己的双手:相信勤劳(身),不尚空谈(心)。"土瑶人具有勤劳实干的传统美德,民间鼓励人们凭自己勤劳的双手养家糊口,任何踏实肯干的人都会受到社会的赞誉,而'光故'(讲故事)则被认为是不务正业"。② 这确实具

① [希]柏拉图:《苏格拉底的最后日子》,上海三联书店1988年版,第127页。

② 袁同凯:《走进竹篱教室》,天津人民出版社2004年版,第59-60页。

有某种朴素的唯物主义情愫,虽然土瑶民并没有那样的明确意识,却天然地暗合了这种哲学思想,并且将之化为行为准则。回顾土瑶生存历史就可以发现,他们具有这样的思想是生存所迫的结果。恶劣的自然与人文环境迫使土瑶民只有依靠双手才能生存,否则不是被峒外的族群吞灭,就是被森林猛兽伤害,因此只有依靠自我才能有效自存。土瑶族群历史上一直处于弱势,因而没有什么可以引以为豪光荣历史,也就难以产生如同阿 Q 反顾历史的精神胜利法,因此难以于精神上祈求祖先的保佑,只能求助于自我之当下。正因为如此,土瑶民的现实感特强,非常注重当下现实的关注,不祈求与历史及未来对话,只求现实身体的存在。

财富创造实现身体的物质性存在,疾病治疗就是确保良好身体的维护手段,如果说实现身体存在倾向于依靠人的努力,那么身体维护就表现为既依靠自我的草药治疗,又寄托神灵的神力且于总倾向方面更倾向于神灵。整个土瑶社区不仅长期以来没有正规治疗院校毕业的科班医生,就是所谓民间草医也没有专职者,都是兼职为之。直到 2004 年,社区才出现了新中国成立以来第一个土瑶女村医赵仙,她是卫校毕业后主动到最边远的大明土瑶村,开设了一间卫生室,长年不辞劳苦地为当地土瑶群众诊病施药。之前,土瑶民有病就凭经验自己抓些草药,稍微病重就请社区的民间草医医治,如果能治好那就是万幸,如果不能治好就只好等死。据当时鹅塘镇党委书记蒋龙阳陈述,1995 年,鹅塘镇大明村唐留旺一家因为无钱治病,一年之内 7 口之家就有 4 人(父亲 57 岁,儿子 30 岁,女儿 22 岁,孙子 10 岁)被病魔夺去生命。如前所述,土瑶民人口增长不多,这不是计划生育的结果,也不是人口出生率低,土瑶妇女一生当中普遍生育五六胎,八九胎也不奇怪,但成活率较低,通常能够养活成年的只有三两胎,医疗条件太差就是其中重要原因。在这种情形之下,土瑶民对生老病死的态度,更多的就是顺应天意,于是往往求助于当地赛迭求神施法。人吃五谷,哪能没有伤灾病痛,而这就可能影响人的寿命。自觉追求长寿,这是具有自我意识的人类区别于动物的一种基本标志。于是在伤灾病痛发生之时,就会积极寻求身体维护之策,不能求诸人,自然转求诸神。当地赛迭不仅具有师公道士身份,而且往往还略通医道,其于求神施法之时将二者融会一起。渗以医道的求神施法总有成功的时候,这种成功不是增强医道的信任,而是强化了神灵的作用,从而使得土瑶民在身体维护方面更倾向于心灵的精神治疗。

马克思说人类存在两种生产,一是物质财富的生产,二是人类自我的生产。婚姻作为人化的自我生产,显然不同于动物的物种繁衍,其充分体现身心交往与理性取向的文化性。不同的文化具有不同的婚姻形态,因而体现不同的身心交往方式。土瑶民历来崇尚自由恋爱、两情相悦,充分尊重身体的物质性生理欲望,这是最能体现土瑶民身心交往平等性的平台。“结构主义把空间(单个建筑或城市)看作一个文本,而文本则由一整套的‘符号’或‘信码’系统组成,这些符号’和‘信码’或编码在一个具有共同信码的有机统一体中”。① 如此看来,土瑶的“勉切邦”(mjan tshie pag)聊房,这个空间文本所蕴含的就是追求自由生命的符号,生命只有在一个自由的空间中,才有可能实现最优化。自由生命总是在一定时空中,才能获得生存,因此土瑶民在提供空间的同时,也提供一定自由的时间。除了不限时令外,在土瑶社区还有专门谈情说爱的日子,那就是二十四节气的当天,这天大家都不下地劳动,而是走村串寨唱歌说情谈恋爱。青年男女在确定恋爱关系之后,还要请赛迭合八字,如果八字不冲,那么就可以确定婚姻关系,如果八字相冲,那么只能作罢。婚宴是社区认可婚姻关系的必备程序,如果因为经济原因,那么可以先行同居,但不管如何,都必须举办婚宴,因此出现三代喜的现象(祖父、父亲与儿子同时举办婚宴)。依照土瑶习俗,如果不举行婚礼,女方及其子女都不能享有土地山林,因此不管怎样一生之内都必须举办婚宴。赛迭在确定夫妻婚礼之时,还会赐给男方一个新名字,称为正名,具有重生之意。而这名字并不成为世俗通行名字,只作为通往神灵的一个符号。

死亡属于身体的物质性消解,正如其他族群一样,但这并不意味着心性灵魂就此消亡,而是以神灵的方式继续存在于世俗社会并影响现世的人们。因此,各族群普遍重视逝者、先祖与神灵的身后联系,这既是对他们的祭奠,也是与其沟通,从而使之能够更好地为现世人们服务。对于家人逝者,土瑶人一般实行土葬,如果是死于传染病或死因不明的怪病,则实行火葬,以免祸及社区,显现土瑶人在权衡利弊之后保护现世人们的实用观。丧葬时间一般为三天,报丧一天,打斋做道场一天,出山入土一天。打斋做道场是最重要的仪式,由村落赛迭主持,一般在晚上举行活动。其中最重要的是搭梯送入天堂,一孝子披麻戴孝面向大门匍匐于前,一绫白带从门前屋檐悬挂而下直达孝子背上,构筑一座通往天堂的天梯。赛迭念念有词,引导着逝者通往极乐的天堂,这个环节需要耗费1—2个小时。逝者入土为安之后,每年还有许多节庆祭奠神灵,主要有:正月初四,拜大王庙;二月初二,奉社王;春社(日期不定,主要根据日历通书而定),拜社王;清明节,祭祖;五月初一,奉土地神;六月初二,奉社王;七月十三,奉大王庙;七月半(七月十四),奉祖公和神祇;八月初二,奉社王;九月初九,奉大王庙;新年春节奉祖公、土地神。这些节庆虽然不是专祭家人逝者,却是祭祀神灵,因而也是对于身体消解后灵魂的

① [美]弗雷德里克·詹姆逊:《快感:文化与政治》,王逢振译,中国社会科学出版社1998年版,第100页。

尊崇,属于身心交往注重心灵的一种交往方式。

伊格尔顿认为"说我有身体,不完全对;说我是身体,也不完全对。这种僵局始终存在于精神分析学,认为身体是用语言建构的,但是也知道它绝不会全部待在语言的家里。在雅克·拉康看来,身体用符号表达自己,结果却发现符号背叛了自己"。① 分析土瑶民身心交往互动态势,其交往取向不在于形而上层面,而是基于当下现实,也就是立足于身体需要,服务于身体。但是结果并不全如所愿,身体在某种程度上背离了自己的审美取向。尊崇生命本真的自由恋爱,原本应该获得最佳的生命发展,但由于只能局限于本社区(禁止三代内通婚),因而造成身体素质的相对低下,土瑶民平均身高在150厘米左右。为了确保生命的健康而求神施法,结果是更多人死于伤灾病痛。这大约就是土瑶民借用神灵信仰表达身体,却真的发现神灵信仰背离了身体,这就是现实悖论。

第三,生态个性:尊崇个体生命自由发展。

生态系统从来都是立体的,其中必然包括许多层级,因此只有系统的整体和谐,才有可能实现生态个体生命的自由发展。社区作为一个社会生态系统,个体就在其中占据一个生态位,系统必然要求每一个生态位都要设法与其生存的人文环境相契合,从而实现个体与社区发展的最优化。"在生态学中,有一个'生态位'的概念,生物学家给出的定义是:'生态位是指生物在环境中适合生存的不同环境因子变化的区间范围。'这个定义很'学术',换一个通俗的非标准说法:'生态位'是指物种与环境的和谐与统一,是物种与环境的'契合'。每个生物物种在长期的生存竞争中都拥有一个最适合自身生存特定时间位置、空间位置和功能地位"。② 土瑶社区追求的和谐社会生态,重要一点就是讲究个体位处不同的生态位,在社会交往当中遵循自有的生活区间,追求人际关系的和谐,体现儒家中和的美学思想。表征这种社会生态系统层级的礼制,比较集中地反映在土瑶民特有的长桌酒文化当中。长桌酒形式在婚礼中体现最为完整,是土瑶婚俗礼制的必备程序。自由活动的长条形桌面板从堂屋神牌下开始摆置,沿两边屋墙延伸,遇角即拐,从不中断,从而形成不间断的长桌。女方亲戚坐正堂,座位顺序严格按照客人亲疏辈分高低依次就座,其间没有年龄区别,只看辈分,只要辈分高,就是小孩也必须安排一个位尊的正席。神牌正下之位最尊,之后才是左席右位,最尊之位必定留给为婚礼看日子的赛迭(sai - tie)(土瑶社区对神职人员的称呼,即师公或道士),然

---

① [英]特里·伊格尔顿:《历史中的政治、哲学、爱欲》,马海良译,中国社会科学出版社1999年版,第203页。

② 佚名:《优胜劣汰与适者生存》,载《企业管理》,2004年第8期,第79页。

后才能安排女方亲戚。客人不能自己就座,必须由司仪依照辈分高低一一请上,然后才能就座。于是,这个程序一般都要花上一个小时。这样一个排座顺序充分体现土瑶民对于个体社会生态位的关注,这是确保社区社会生态作为一个系统和谐运作的基本要求。

长桌酒形制似乎在限制生态个体的自由,其实不然,土瑶民在确保社区整体和谐的前提下,给予每一个体充分的生命自由发展空间。“以个体义务为代表的要求,从个体间的关系开始,虽然以令人满意的方式保持那些关系必定是功利主义的事态良好概念的一部分,可不是义务论要求背后的基本动机……当然我们做的有些事是由于这样的理由,但是义务背后的动机里必定有一种更为个人的观点。推动你的是你自己与其他人或机构或社会的关系,而不是对最好的总结果的不带感情的关心”。① 个体的自我发展既表征一种义务,也表征一种社会关系相互作用的推动。土瑶民在意识层面认为个体的发展既是义务更是权利,因此尊重生态本真生命的内在发展需求,不仅如此,一个和谐社区还创造宽松氛围促成个体的和谐发展。这就是土瑶生态个体发展的人文环境。

俗话说“三岁看老”,这虽然有些言过其实,但也确实说明了童年时代对于个性养成的重要性。土瑶民有着某种儿童中心论的征兆,给予儿童以相对充分的发展空间,提供密切宽松的成长环境。在土瑶社区,几乎没有严重体罚儿童的现象,都是以宽容心态教育儿童,给儿童以犯错误并改正错误的机会。不仅对于自己的小孩是如此,对于他人的小孩也是如此,整体社区都为儿童创造了一个身心健康发展的人文环境。这是土瑶民能够构建和谐社区基础。

童年时代有着个性发展的自由,其个体生命得到有效尊崇。长大成人之后,自我已经获得独立意识,其命运之舟更由自己掌握,个体生命更是得到社区的有效尊重。恋爱婚姻是年轻人社会生活的一项重要内容,也是显现个体生命意识的重要层面。在这里,所谓“父母之命,媒妁之言”没有市场,不仅年轻人有着强烈表达自我情感的愿望,而且家人及社区都鼓励年轻人自己寻找幸福。社区约定俗成的二十四节气的当天是谈情说爱的日子,其他重大节日的社区活动也是良机,年轻人利用走亲访友的时机寻找意中人。在土瑶社区,虽然也存在着重男轻女的意识,在婚姻层面并不显得特别突出,不仅因为可以男婚女嫁,也可以女娶男嫁,而且还因为习俗约定女婿每月必须至少抽空 10 天到岳丈家义务帮工,女婿没空则由女儿替代,由此,娘家不会因为女儿出嫁而明显减少劳力。再则,女儿也可以承担儿子的责任,因此儿子在传承家族的使命层面就显得不是很突出,实际上土瑶

① [美]托马斯·内格尔:《人的问题》,万以译,上海译文出版社 2004 年版,第 143 页。

民的家族传承意识也不是很强，峒外人十分注重的排辈，土瑶民基本上没有这方面的意识，男子姓名极少表征辈分。这应当也是土瑶年轻人能够获取婚姻恋爱自由的一个很重要层面。

恋爱就要结婚，结婚就要有自己的洞房婚床，已婚子女的房间具有相对独立性。土瑶民居结构一般是这样：一进式厅堂，厅堂两侧是房间，每侧一般有两个房间；房间之间有过道，靠里房间的房门向着过道开；靠外房间突出厅堂一米多，其房门就与大门成直角开设，从而形成不受大门关锁的相对独立性。已婚子女一般都住在外间，父母居住在里间，从而形成互不干涉的居室自由。詹姆逊说："这单个建筑不再是一个'客体'，而仅仅是单个建筑细胞获得物质形式的基本集合所处的位置；因为此类细胞是可以进行无限再繁殖的基本单位，那么它们就从概念上体现了某种生产方式的基本结构，而此结构排除了对'位置'或'空间'的旧概念。"①确实这样的形制具有某种无限再繁殖性，这当然不是针对土瑶房间而言，他们的房间是比较难以发展的，因为位处山坡地势所限，而是针对其中蕴含的社会生态审美意识。回想从儿童直到成年的整体人生历程，土瑶民都给予个体以充分的生命自由，给予自由以发展的时空，从而构筑身心的和谐，这就是明证。生态的基本要义之一就是追求生存的最优化，土瑶社区基于自己独特的自然与社会生存环境积淀形成的审美意识形态，正是追求生存最优化的一个基本策略。这种意识渗透社区生活的各个层面，此之分析只选取其中一斑，但已可以略窥全豹了。土瑶社区不专长形而上的建构，而是立足于现实，尊崇生命本真的身体需要，这就是其特点。

四、外面世界：向往美好生活

生活当中你可以发现：不同族群有着相同或相似的生活方式。粗略考察其形成的原因，一者是生活在相同或相似的文化社区，共同的文化生活氛围造就了不同族群的共同生活方式；二者是历史上曾经拥有某种亲密关系，虽然目前没有生活有同一社区，但历史的积淀在当前社会生活依然发挥作用。生活当中你还可以发现：不同族群具有不同的生活方式。考察其形成的原因，这或许与其生活在相对独立的不同社区相关。因为相对独立，所以较少受到他者族群的影响，于是自主地发展属于自己的生活方式，这也就意味着生活方式不是简单的生活习俗，而是一种文化选择。《礼记・礼运》中说："夫礼之初，始诸饮食。"生活方式很早以

---

① ［美］弗雷德里克・詹姆逊：《快感：文化与政治》，王逢振译，中国社会科学出版社 1998 年版，第 128 页。

前就承载着文化信息，礼制文化更直接诞生于饮食生活方式，因此生活方式现实地积淀着族群的历史，成为族群记忆的又一积淀。

正因为生活方式积淀着族群记忆，因此要考察土瑶民的族群记忆状态就不能疏漏其生活方式的取向，否则就不能更全面地反映其族群记忆状况。以下是2006年深入贺县鹅塘镇瑶族民族班调查的结果：

问题	小学卷				中学卷			
是否与城镇生活比较	是	否/没考虑			是	否/没考虑		
	15人，31.3%	30人，62.5%			17人，34%	33人，66%		
希望在城镇还是回村落生活	城镇	民族村落			城镇	民族村落		
	24人，50%	20人，41.7%			40人，80%	10人，20%		
造成现在生活状况的原因	交通不便	没有知识	不够勤奋	农产品便宜	交通不便	没有知识	不够勤奋	农产品便宜
	17人，35.4%	17人，35.4%	13人，27%	0	20人，40%	19人，38%	8人，16%	3人，6%
如何改善生活状况	读书	修路	经商	打工	读书	修路	经商	打工
	36人，75%	0	2人，4.2%	6人，12.5%	40人，80%	1人，2%	3人，6%	6人，12%
父母的期望	识字	不期望	上学	工作	识字	不期望	上学	工作
	6人，12.5%	3人，6.3%	22人，45.8%	12人，25%	4人，8%	0	28人，56%	18人，36%
希望自己未来的职位	打工	拿工资者	商人	其他	打工	拿工资者	商人	其他
	11人，22.9%	29人，60.4%	1人，2.1%	7人，14.6%	9人，18%	19人，38%	10人，20%	12人，24%

从调查当中可以看出：土瑶学生对于生活社区的选择，比较明显地倾向于主流社区的城镇，且呈现出中学生心仪的程度高于小学生的现象。虽然两者在有意识思考层面都没有超过半数，但一旦进行现实的选择，他们都自然地倾向于选择主流社区的城镇生活，这说明土瑶学生在无意识层面更认同主流社区的生活方式。而要改善现实的生活状况，达成进入主流社区生活的愿望，基本路径就是修路与读书，而读书则是更为根本的路径，不仅学生本人有此想法，就是学生家长也

一样。因为读书就有可能成为体制内的人,对于土瑶民而言,进入体制单位是他们成为主流社区生活者的基本实现方式,这是他们根据自身实际情况做出的理性选择。虽然进入拿工资的体制单位,对于土瑶学生而言,确乎是困难的,但是毕竟还有外人基本无意向的土瑶乡村小学教师岗位。其他的实现方式,比如打工与经商等,就其现实文化取向而言似乎比教师岗位更加艰难。不管他们最终是否能够实现自己进入主流社区生活的愿望,但是这种思想必定会延续下去,土瑶民融入主流社会生活只是时间问题。

虽然生活方式的转变不可能全然改变其民族情愫,但可以肯定必然或多或少都会改变民族情愫,从而表现为族群历史的失忆。假设土瑶民特有的长桌酒的宴请方式转换为汉族的酒席方式,那么植根于土瑶文化的礼制韵味也就消失了,承载其中的族群历史情愫自然也就失忆了。生活方式是具有某种暴力特性的魅力感染,尤其对于生活处于贫困状态的族群更加明显,古语说"钱有两戈杀死古今官吏,穷有一穴埋葬多少英雄",马克思也说:人必须首先吃喝住穿,然后才能从事政治、经济、宗教、文艺等等。处在生活边缘弱势的族群,外界的优越生活既表现为魅力感染,同时也携带暴力胁迫,促使民众不得不屈从。隐藏在温情脉脉之下的暴力使得民众并不感觉那是暴力,从而自觉自愿地跟从,边缘弱势族群就在这样的情形下浑然不知地失忆族群历史情愫。

第三章

族群文化的教育传承

文化从来都不是一时半刻生成的，都是一种历史积淀的结果，因此每个民族都必定有着属于自己的民族文化。既然文化是积淀的产物，因此就必定涉及文化传承问题。有文字的民族能够传承自己的文化，没有文字的民族也能够传承自己的文化，拥有体制内学校教育的民族能够传承自己的文化，没有体制内学校教育的民族同样也能够传承自己的文化，总之，每个民族都能够找到适合自己的文化传承方式。当然，在各种传承方式中，体制内的学校教育传承应该属于最为有效的传承方式之一，因此各国才加强发展学校教育，旨在整体提升民族文化素质，并求得于世界民族之林中拥有自己的一席之地。

第一节　学校教育

学校是文化教育传承的主阵地，这在当代社会已经成为毋庸置疑的共识。但是，现代意义的学校教育起源还是相对较迟，直至西方进入工业革命之后，为了培养批量规格的产业人员，才从流水线的产品开发中得到启发，于是建立了现代意义的学校雏形。于是，各国都竞相发展自己的学校教育，从收费教育到免费义务教育，从九年义务教育到十二年义务教育，从精英教育到大众化教育，各个民族都充分意识到国家的竞争实际上就是人才的竞争，人才竞争归根到底还是教育的竞争，因此教育必须从娃娃抓起。

一、族群记忆正在走失

如果要在一个族群社区当中了解其族群记忆，着眼于当下情状当然选择成年人作为调查对象，如果要试图了解其未来走向，还是应当着眼于青少年，因为他们才是族群发展的未来。我们希望通过了解土瑶青少年的族群记忆状况，因而选择学生作为调查对象，因为青少年阶段是接受族群传统教育的最佳时期，其间的教育具有思想情感底色作用,因而可以形成最为深厚久远的族群认同感。而学生群体当中又特别选择民族班学生,这是因为民族班是政府特意举办的旨在提高族群文化素质,融入现代社会主流社区的一个举措,因此学生来源具有一定的遴选性质。民族班表现出培养族群社会精英的意向,因此他们的族群记忆状态将在一定程度上标示或影响族群的发展走向。

土瑶作为瑶族的一个独特支系,据 2004 年调查明梅村 1138 人,槽碓村 1193 人,大明村 1775 人,鹅塘镇土瑶人口共 4106 人。2006 年 11 月,针对贺州土瑶青少年进行族群记忆调查,分别选点鹅塘镇中心小学与鹅塘镇中学,两所学校都位于鹅塘镇政府所在地,距离贺州市区 6 公里。鹅塘镇中心小学 2003 年秋季学期开始举办土瑶民族班,招收四年级以上学生。2006 年秋季学期民族班(四年级起)学生共有 251 人,其中四年级入学 81 人。本次实行抽样调查,发出问卷表 50 份,男生 25 份,女生 25 份;四年级 15 份,五年级 20 份,六年级 15 份;收回 48 份。反映的生源情况:槽碓 12 人,清明岛 2 人,大明 10 人,明梅 10 人,大时材 3 人,龙船 5 人,六冲口 1 人,大苦竹博爱 4 人,安塘尾 1 人。鹅塘镇中学 1999 年秋季学期开始举办土瑶民族班,共三个班 102 人。2006 年秋季学期民族班学生共有 209 人,也是实行抽样调查,发出问卷表 50 份,男生 27 份,女生 23 份;七年级 15 份,八年级 20 份,九年级 15 份,收回 50 份。反映的生源情况:鹅塘镇中心小学 36 人,槽碓 3 人,清明岛 1 人,大明 1 人,明梅 2 人,大苦竹博爱 1 人,建新 1 人,南堂 1 人,暗冲 3 人,保塘 1 人。

一个民族总有自己的形成历史,不仅记载着民族的发展历程,而且积淀着民族的历史情愫,它是民族生存之根,也是民族的精神家园。如果失忆自己的民族由来之根,那么不仅失去丰厚的精神滋养,而且还会成为无所依归的精神漂泊者。如果植根于民族由来之根,那么不仅能够保持自我的民族个性,而且可以从中吸取丰厚的精神滋养,从而保持自己鲜明的民族个性且屹立于世界民族之林。正是基于这种认识,因此考察土瑶民族班学生的族群记忆状态。以下就是所设计的问题及调查结果:

问题	小学卷		中学卷	
民族的迁徙、风俗、传说等的整体了解	否/些许	知道较多	否/些许	知道较多
	34 人,70.3%	7 人,29.7%	47 人,94%	3 人,6%
讲述盘王的故事	不能/些许	能够	不能/些许	能够
	41 人,85.4%	5 人,10.6%	47 人,94%	3 人,6%

续表

问题	小学卷		中学卷	
本民族的来历	否/些许	知道较多	否/些许	知道较多
	36 人,75%	8 人,16.7%	46 人,92%	4 人,占 8%
父母是否经常讲先辈故事	否/偶尔	经常	否/偶尔	经常
	30 人,62.5%	9 人,18.7%	36 人,72%	14 人,28%

通过调查可以发现:土瑶学生当中确实已经存在着族群历史失忆现象,而且呈现出学业层级超高,失忆的比例越大的现象。分析其中原因在于首先是生活时空的改变。土瑶社区距离镇政府所在地主流社区都在 20 公里以上,远者甚至达到上百公里,且几乎都是不能通车的山路,形成相对独立且封闭的自然社区。三年级以前的土瑶少年儿童因为路程及年纪的关系都生活在土瑶社区,因此几乎无缘外界主流社区,由此形成相对无干扰的族群记忆。但是,经过遴选的土瑶民族班学生,他们则寄宿于乡镇所在地主流社区的中心小学或中学,于是开始走出土瑶社区而进入现代社会主流社区生活,这就必然冲击原有的族群记忆而注入崭新的内涵。十来岁的年纪正是可塑性最强的年龄段,因此在主流社区生活越久,受主流社区影响就越深刻,原有的族群记忆也就越淡漠,这应当是学业层级超高,族群记忆越淡漠的一个基本原因。

其次是主流社区文化魅力感染的影响。马克思早就说过:“统治阶级的思想在每一时代都是占统治地位的思想。这就是说,一个阶级是社会上占统治地位的物质力量,同时也是社会上占统治地位的精神力量。”①我国是中国共产党领导下的社会主义国家,马列主义、毛泽东思想、邓小平理论、“三个代表”重要思想及科学发展观就是我们这个时代的主导精神力量,形成占统治地位的社会主流文化。主流文化影响的范围与强度并非全然一致的,一个区域的中心城市则是它的磁源,随着距离的疏远与关联度的减弱,其磁力影响也随之降低。甚至于在某些边缘化区域,主流文化的影响都难觅踪迹,贺州市鹅塘镇土瑶村落就有相当部分村民不知道当今国家主席是谁。文化虽然作用于精神层面,但是它总是附着在物质性上。改革开放以来,我国社会生产力获得了巨大进步,民众的物质生活得到极大改善,这就增强了主流文化的影响魅力。一旦土瑶学生置身于主流社区,必定不由自主地受到主流文化的魅力牵引,从而削弱自我的族群记忆。

① 《马克思恩格斯选集》(第 1 卷),人民出版社 1972 年版,第 25 页。

童年的记忆往往是最深刻的,为什么土瑶学生对于自我族群的失忆比例高达70%以上,这与其特定的社会氛围密切相关。瑶族既没有自己的文字,土瑶又没有口传历史的习惯,甚至于反对那样“讲古”之人,因此缺乏有意识的族群历史传承氛围。根据调查,成年土瑶民确实是几乎不懂得自己的历史与相关神话传说,因此他们也无法向晚辈讲述完整的族群记忆,只偶尔涉及些许零星故事。因为零星不完整,自然就容易失忆,就是进入记忆状态者,也不能称之为严格意义的族群记忆,因为它不能反映一个相对完整的族群历史。如果再配之以漠视族群记忆的社会氛围,那么失忆则是在所难免,就是没有主流社区文化魅力感染,也会呈现相类的结果。

族群记忆不仅表现在历史层面,而且还可以表现在语言层面,甚至在某种意义上说语言所承载的族群记忆,较之于族群历史故事传说承载的族群记忆更深刻,因为一种语言就是一种世界的认知方式。基于这个层面的认识,于是同时选择语言进行调查。

问题	小学卷		中学卷	
是否经常说普通话	是	否/偶尔	是	否/偶尔
	15 人,31.3%	30 人,62.5%。	26 人,52%	24 人,48%
什么场合说普通话	公共空间	私人空间	公共空间	私人空间
	40 人,83.3%	8 人,16.7%	45 人,90%	5 人,10%
什么场合说民族语言	公共空间	私人空间	公共空间	私人空间
	6 人,12.5%	42 人,87.5%	2 人,4%	共 48 人,96%
希望老师使用什么语言上课	普通话	民族语言/双语	普通话	民族语言/双语
	36 人,75%	6 人,12.4%	44 人,88%	6 人,12%
是否喜欢汉语	喜欢	不喜欢/不清楚	喜欢	不喜欢/不清楚
	26 人,54.2%	7/12 共 19 人,39.6%	44 人,88%	2/4 共 6 人,12%
学习汉语的目的	实用性	未来前途	实用性	未来前途
	37 人,77%	7 人,14.6%	30 人,60%	20 人,40%
说瑶话时,汉壮同学是否取笑	是	不清楚/否	是	不清楚/否
	15 人,31.3%	16 人,33.3%/15 人,31.3%	21 人,42%	9 人,18%/20 人,40%

从调查结果当中可知，民族班学生使用本民族语言基本上集中在私人空间：学生宿舍以及民族村落家庭，在主流社会公共空间几乎没有它存在的空间，学校区域要求讲普通话，圩镇（贺州市鹅塘镇与沙田镇）买卖经商交际语言是汉语方言：本地话与客家话。瑶话生存空间被挤压，只局限于族群生活的区域空间与私人空间，这不是现今所特有的现象，而是古已有之。分析古今瑶话被挤压现象，却是形同而实异。古代统治者奉行民族压迫政策，因此瑶话是被强力挤压，从而退守一隅，只能在本民族当中流通。瑶民曾经也有平地生活的历史，因为民族压迫而退守山林，于是其语言也同时边缘化，相当于只存在于山林。当今瑶话也呈现被挤压现象，但其前提却是民族平等，语言共存。之所以形成目前的语言挤压现象，一者是历史惯性的延续，二者是瑶民操持双语的主动融入。主流社会毕竟通行普通话，不懂普通话就必然影响其进入主流社会，因此许多富于远见的瑶民就主动接纳普通话。于是普通话就成为提高自我生活融入主流社会的桥梁与中介，语言就是实现自我价值的工具，此时语言的统治性消解，瑶民成为语言的主人。

正是有着这样的一个潜在认知氛围，因此学业层级越高年纪越大，其讲普通话的比例就越高，喜欢的程度也越高。本来年纪越小，学习语言就越容易，因为其所受的语言羁绊与思想情感束缚就越少。但从调查的情形来看，却并不如此，似乎有悖常理。分析其原因，年纪小的学生主要依赖于自然的语言天性，而年纪大的学生则主要表现为语言的理性取向，这是主动融入主流社会的语言表现。民族班都设在镇政府所在地较好的中小学校，因此年纪越大就意味着生活于主流社区的时间越长，感受主流社区语言就越久，因此运用普通话的比例也就越高。其实，一种语言之具有魅力还在于其所附着的物质生活，物质文明程度越高，其语言的魅力也就越大。远的不说英语，近的就如 20 世纪 80 年代粤语流行，这都是物质文明作为后盾。应当承认土瑶社区的生活水准与镇政府所在地主流社区的生活水准确实存在着很大的反差，2006 年人均纯收入约 800 元，比全镇人均纯收入少 1800 元以上，比镇政府所在地人均纯收入少 2500 元以上。这就难怪年纪越大就越喜欢普通话，因此这蕴含着一种理性价值取向。此外，自然也与学校运用普通话教学密不可分，民族班前的村小都是实行双语教学，学生的普通话只在课堂上使用，其余时间都是使用瑶话，换句话说普通话在瑶族自然村落受到瑶话的挤压，如今没有那样的环境，不说普通话都不行。

土瑶民倾心于普通话，这对于族群记忆而言那可是一把双刃剑。能够操持普通话，这对于融入现代社会主流社区是一个必不可少的工具，因此必须掌握。但是土瑶青少年倾心于普通话，这就使本民族语言的地位下降，瑶话出现事实上的被挤压，于是其生存空间就会减少。更为严重的是瑶话在青少年当中的心理空间也被挤压:汉壮同学在嘲笑他们的瑶话,这就意味着某种程度的排斥,也就呈现某种程度语言失忆的可能。土瑶民的未来精英,从理论上而言大都会从民族班学生当中产生,他们将或在民族村落生活,或在主流社区生活,不管怎样,他们的语言取向,总比其他人对民族语言走向影响更大些。如果一旦发生语言失忆现象,那么就会失去族群的思维方式,因为一种语言就是一种世界的认知方式,那将是一个不可再生的认知损失。

通过贺州市土瑶民族班学生的族群记忆状况的抽样调查,土瑶青少年当中确实存在着族群文化失忆现象。这个现象的呈现似乎不是学校教育,其实不然,土瑶的成年人存在族群记忆走失现象,那是历史原因造成的,这种情形已经造成了某种损失,土瑶群众基本上不知道自己的民族之根。年轻一代进入学校学习,如果只是习得一些基本的文化知识,那么就只会培养一种知识人,不能成为一个文化人,不是一个能够有效认知民族文化的人。如果将其放到全球化的历史大背景下,西方的文化理念渗入,不就是为了我们完全认同西方文化与西方价值观吗?如此不也就是消解了我们自己的优秀传统文化吗?那样我们的中华民族特征将何以存在?推及而理,中华民族之内的各个民族,也不应该在这样一种文化大潮中,丧失自己的民族文化,否则中华民族的丰富多彩的特性也难以有效保存。如果任由土瑶学生的族群历史记忆走失,那么就有可能造成族群特性的消失,因此很必要采取相关措施予以保护。而最为有效的保护措施之一,就是大力发展民族教育,运用系统教育的方式,既提高瑶族百姓的科学文化知识,又强化民族文化教育,以期达到有效阻止或延缓族群历史失忆进程,从而确保瑶族民族文化不至于在现代化历史进程中消失。

首先,充分利用已经申报成功的非物质文化遗产保护项目"瑶族盘王节"及"瑶绣"唤起土瑶民的族群历史情愫,巩固族群记忆。1990 年,由广西瑶学会发起、贺县(现贺州市八步区)主办了南岭地区瑶族代表联席会,会议提出由各县市轮流坐庄,每两年举办一次盘王节。这就是"中国南岭瑶族盘王节"的由来,当中包括湖南的江华、江永,广西的富川、恭城、八步区、钟山,广东的连山、连南、连州、乳源等 10 县市,1992 年 11 月,由贺县举办第一届湘粤桂三省区十县市南岭瑶族盘王节。这个官方操办的盘王节具有政府主办社会参与影响广泛的特点,但是也存在着周期长瑶民参与度差的弱点,因此在立足于官方盘王节的同时,必须民间化常态化,如此方能深入人心。

其次,建立生态博物馆予以保护。对于土瑶这样一个独特的支系,建立土瑶生态博物馆进行活体保护还是很有保护价值的,既可以实现非物质文化遗产保护,又可以开发研究土瑶族群文化,从而物化其族群记忆,一定程度上也就避免了失忆发生。

再次,增加民族班的族群记忆功能。我们现在采用的教材都是统编教材,或者是国家统编,或者是省级统编,这对于确保教学质量是必要的,也有利于一定范围内的行政和教育管理。但是,统编教材的适应面不足也是显而易见的,不能有效地关注各个地区各个民族的差异,因此也就限制了地方文化和民族文化的传播。而学校教育不能只是简单的知识传授,更为重要的是需要承担文化传承的任务,不仅只是具有全民族性的文化之传承,而且也需要进行各个民族或族群的地方性文化的传承,如此才能达到全面传承中华民族文化之目的。为此国家赋予地方开发地方性教材和学校可以开发校本课程的权力,于是,整理出版土瑶族群历史教程就既有必要,也有可行性。实施审美性教育,既可以增加学生的族群历史知识,又增强其族群历史情愫与自豪感。族群记忆的保护既需要外在因素的作用,更需要土瑶民自我的意识的觉醒,能够引领土瑶普通民众族群意识者当首推社区精英,而土瑶民族班就具有培养族群社会精英的意向,因此增强民族班学生族群历史意识就是一个有效途径。

二、教育观念矛盾性分析

边缘化民族普遍存在着互相矛盾的教育观念,既尊重知识、敬慕读书人,又远离知识、不思读书。形成这种悖论式的教育认识,既有主观因素也有客观因素,既有历史原因也有现实原因,其中民族的边缘化是重要原因,贺州土瑶即是其中之一。

(一)地理边缘化:阻隔现代文明信息

生存环境造就人,这虽然不是绝对的,但确实也说明了环境对于塑造人的重要性。环境作为生存底色,对于观念的形成具有某种奠基作用,一直生活在现代文明中心区域与一直生活在现代文明地理边缘的人,其思想观念存在差异是不容置疑的。边缘化民族的生存区域首先就位于现代文明社会的地理边缘,从而只能被动地接受现代文明观念的辐射,甚至于因为地理原因而阻隔现代文明信息的传播。正如爱德华·索亚指出:今天"或许与其说是时间倒不如说是空间在我们面前掩盖了因果关系,与其说是'历史的构成'倒不如说是'地理的构成'提供了最发人深省的战术和理论世界"①。贺州土瑶的生存事实就是如此。

土瑶在大桂山脉生活已有时日,"据民间口碑和家谱记载,他们来贺州定居的

① [英]戴维莫利,凯文罗宾斯:《认同的空间》,司艳译,南京大学出版社 2001 年版,第 146 页。

历史在七百年左右,而迫迁至大桂山脉定居的时间大约在明末清初,至今至少有四百多年的历史。土瑶人自迁入大桂山脉之后,一直过着定居的山地农耕生活。即便是有少数人口流动,也主要限于土瑶社区之内,极少有人迁出山外定居”。① 相对闭塞且恶劣的生活环境生成了土瑶传统的教育观念,不重基础文化的学习,注重生产实用技能的掌握。“‘光故’(讲故事)则被认为是不务正业”。因为历代封建统治者都迫害歧视瑶族民众,而瑶人并没有自己的语言文字而通用汉语,这就限制其人的基础文化学习,而且居住深山老林毒蛇猛兽众多环境恶劣,第一要务就是获取生存本领,因此土瑶民众的教育观念实在是现实生活的历史反映。

居住深山老林而形成的交通不便将长期存在,土瑶自身根本不可能修建公路,不仅因为几十公里的深山老林,而且还因为人口稀少且分散,面对一个村庄上百万的公路投资谈何容易。政府也不可能为之修建公路,不说地方财政存在困难,就是从功利性的投入产出比考虑,一些官员认为也是不可能的,为了 6000 人的出行而投入过千万的资金,这个经济账不划算。交通不便必然带来信息的闭塞与经济的落后,路通财通这已成为民众的共识,没有一定量的人流与物流,经济难以搞活,思想观念也难以更新。土瑶人出一次山赶一趟圩一般都是两头黑,早上两三点开始步行出山,中午到圩镇,下午往回赶直到午夜一两点才到家。更远的到圩镇来回一趟需要 40 多个小时。如此的交通状况山里人难得出山一次,山外人员更是不会涉足其间,这又怎能带来现代文明信息的传播? 于是,土瑶人只能固守自己的传统意识,其不重文化学习只注重拼体力的观念也就难以改变了。

地理的边缘化不仅导致信息传播的不畅,而且还导致教育的边缘化。有学者曾用“双重边缘化”一词来描述农村教育的现状:从整个社会结构来看,当前的教育被政治经济严重地边缘化了;在教育系统内部,中国的农村教育也被城市教育严重地边缘化了。其实,地理边缘化的山区教育又再次被边缘化,土瑶教育就历经了如此的“三重边缘化”。首先是教育设施简陋。虽说六个瑶族村直至 2008 年共有六所完小 20 个教学点,但只有一栋香港卫施基金会投资 16 万元建的明梅小学(暗冲坪)二层 8 间教室共 500 平方米的教学楼,其余一般只有两间泥砖瓦,其中一间还是老师的寝室、厨房兼办公室,课桌椅就更是破旧不堪,通常的教具就是一把木制三角板。所有的教学点都没有学生活动场所,也没有厕所。其次是教师队伍素质低下。2003 年,共有教师 69 人,其中公办教师 25 人,代课教师 44 人。公办教师大多数是 70 年代保送到桂林民族师范学校就读毕业的中师生,代课教

① 袁同凯:《走进竹篱教室》,天津人民出版社 2004 年版,第 118 页。

师都是本地的小学、初中毕业生。[①] 第三是教育质量低下。"据统计,新中国成立以来至2002年底止,6000多土瑶群众中,只有14人上过高中,但没毕业,初中毕业学历7人,中专学历有2人。2001年,市委、市政府从村干中,保送一名青年到广西大学农学系学习,2004年7月份毕业,土瑶有了第一名大专生,实现了零的突破"。[②] 面对如此的教育现状,除了艳羡个别人通过读书而获得领工资的工作(依然回到山寨工作),改善生活之外,更多的是无奈与放弃,上学最终还是回来上山砍柴割草种地。于是读书改变命运的想法在土瑶思想深处几乎不能成立。

(二)经济边缘化:缺乏坚实物质基础

马克思曾经非常形象地说过:"人们首先必须吃、喝、住、穿,然后才能从事政治、科学、艺术、宗教等等。"这就非常形象且简明地说明了经济基础决定上层建筑原理,一定教育观念的形成总是与一定的物质生活水平相联系的。历史上的几次"读书无用论",其实都是物质生活水平在教育观念层面的反映,每当教育不能直接提供改善读书人物质生活的时候,就是"无用论"兴盛的时期。现在大学生的学科方向都比较倾向于实用,因为那可以比较直接服务经济目的,大家奔忙于考证考级,这也是为了将来能够得到一份比较称心如意的工作。如果经济状况进一步恶化,乃至于基本生存都难以保障,这时就不是读书无用,而是根本就不能读书,即使心有所想但力不足啊。可见,经济对于教育观念的影响。

土瑶地理边缘化的结果,同时也带来经济的边缘化。首先是生产方式落后,一部分土瑶民依然还是刀耕火种,广种薄收,一年所得粮食只够一家人食用一个月,其他日子只好依靠购买与食用杂粮度日。生活主要来源就是靠山吃山,砍些杉木,种些肉姜、八角以及食用竹,再者编织一些箩筐来维持生活。因此,物质生活水平极低,一个典型例子可以说明他们的贫穷状况。1995年,明梅村八组的土瑶民唐留旺一家7口人,因病无钱医治,一年里就死了4口人。许多土瑶民都是如此,如果生病一般只找些草药治疗,治疗不好,家里又没钱,就只好等死。而土瑶所属的沙田镇与鹅塘镇,因为毗邻贺州市区,所以都比较富裕且整体达到小康水平,但是因为土瑶人口较少,因而就掩盖了土瑶的贫穷真相。例如,鹅塘镇距离贺州市仅6公里,人口4.7万人,地域辖189平方公里,而明梅、槽碓和大明三个瑶族行政村即占了鹅塘镇五分之二的面积,土瑶民人口是全镇总人口的0.056%,鹅塘镇人均2600多元(2004年)的纯收入就掩盖了土瑶民的贫困。

面对如此的经济边缘化现状,土瑶民是送孩子读书呢,还是解决肚子问题?

---

① 贺州市扶贫办:《贺州市土瑶扶贫报告》,2004年12月。

② 同上。

马克思的想法正是土瑶民的首选,必须解决基本的生计问题,其他一切都要靠后,吃饭成为第一要务。地处深山老林,生活来源单调,那么其服务于经济的教育观念就自然倾向于基本的生产技能与勤劳苦干,因此土瑶民的男女都富于体力,成年男子可挑上140斤,女子也可挑上120斤。对于子女的上学,一般没有特别的高要求奢望,只希望在学校度过童年时光,老师兼当保姆即可。至于学习成绩,家长通常是不过问的,因为家长本身也多是文盲,就是学校与教委办(中心小学)也不特别认真,因为社会现实与学生素质共同作用,大家都默认其相对低下的教学质量。家长的基本要求就是能够书写自己的名字,可以进行简单的数学运算,将来能够地集市上进行基本的买卖计算,那就达到目的了。于是,土瑶学生只要上到三四年级或达到十四五岁的年龄,那么自然就要辍学回家,承担生活重任。这也就难怪许多土瑶学生不能完成初中(现在所谓7—9年级)学业了。

地理的闭塞与经济的窘困不仅影响成人世界,而且也一样影响在校读书的学生。小学阶段土瑶学生一般都在本村小学就读,由于路途遥远的原因,学校一般采取连轴转的方式教学,即中午不休息连续上完一天的课程。学生自带午餐,许多学生就是红薯等杂粮将就,带有米饭者也是咸菜送饭,更有一部分学生根本什么都没有,这不是一天两天而是长年累月如此。如果这还是差距不很大的话,那么在初中就异常明显了,因为初中都是汉瑶同校。在贺州市八步区各乡镇当中,沙田与鹅塘两镇因为毗邻市区,整体上达到小康水平,因此其子女在学校伙食开销都不错,2008年一般每月在180元左右。而土瑶学生伙食主要依靠政府每人每月补贴的35元生活费,2006年开始学费住宿费与伙食费全免,学生生活景况开始好转,但是零花钱依然还是存在较大差距,土瑶学生普遍每月不足15元,汉族学生一般能够达到100元。经济上的差距也使土瑶学生在学校当中被边缘化,汉族学生瞧不起他们,称他们的山瑶佬、穷鬼,造成他们巨大的心理压力。同时,也由于土瑶学生在小学阶段基础不牢,因而上到初中学习成绩也不好,这不仅为汉族学生看不起,就是科任老师也不以为然。许多科任老师认为土瑶学生唯一的优点就是老实听话不闹事,其实这是表面现象,那是整体环境压迫而呈现的自卑表象,回到宿舍尤其是山寨,那才展现真实的自我。只有在这个时候,土瑶学生的身心才得以放松,才觉得那是属于自己的天空。在班级在学校,许多人感觉那是煎熬,学习根本就不是愉悦,那是一座心灵的全景式监狱。探寻他们的教育观念,虽然羡慕通过学习而实现自己梦想的汉族同学,但是于其身则无奈与放弃,既希望离开学校回到自己熟悉的山寨,那是一片自由的心灵天空,又有些留恋学校不甘于回到山寨而不得不回去,心情矛盾而复杂,因为学习成绩是无情的。

（三）政治边缘化：没有光明未来前途

历史上整个瑶族在政治上都受到打压，历代封建统治者推行民族歧视和民族压迫政策，瑶族的“瑶”字加上带污辱性的“犭”旁，称作“猺族”。而贺州当地民众对土瑶的称呼，更带有某种歧视性，“山瑶佬”、“阴地鬼”、“土瑶鬼”，当然现在改称“土瑶”。新中国成立以后，中国共产党执行民族平等政策，废除了过去对少数民族带有歧视、侮辱性的名称和字眼，把“猺”改为“瑶”，把自称、他称的各地瑶人统称为瑶族。虽然在法律层面土瑶与汉族等其他民族一律平等，但是因为历史的惯性，土瑶在事实上还是被政治边缘化了。主要表现就在于最低一级的镇政府机关几乎没有土瑶人，2008 年为止只有 2 人在政府做些事务性工作，其中一人已经退休，再一个就是由市政府出面保送到广西大学农学系就读 2004 年毕业回乡的赵金春。传统社会历来强调学而优则仕，因此形成根深蒂固的官本位思想，并且成为学习追求的目标与成功的标志，一个光明前途的象征。因此这也成为读书学习的一个基本动力，所谓“家无读书子，官从何处来”，于是，读书就成为普通人家走向仕途的唯一途径。其次，扩大来说就是领取工资者也不多，直至 2008 年主要还是教育行业的公办教师 25 人，代课教师 44 人，大明村卫生室赵仙 1 人。如果交通便利，对于千方百计调入市区及毗邻乡镇的人来说，那将是一个拼搏的生死场，如此土瑶的大部分教师将不得不下岗。他们今天仍然能够呆在岗上，唯一的理由就是位居深山老林，这是山外人宁可辞职也不愿进山工作而捡的漏。因此，从总体上说，土瑶确实被政治边缘化了。

当然，目前这个边缘化正在得到改善，土瑶的生存状况已经得到政府的大力关注。2001 年 3 月 24—26 日，由原贺州地区孙克坚副专员陪同，自治区吴恒副主席到鹅暗冲土瑶教学点视察，当场拍板下拨 20 万元建校。2003 年，在自治区十届人大一次会议即将召开前，黄少雄等 10 名人大代表提交改善土瑶生存状况的提案得到自治区关注，国务院一位领导从媒体了解到这一情况后也非常重视，并做出批示，要求有关部门予以关注解决。此后，国务院、自治区很快派出专家到贺州市深入考察调研，扶贫办、教育、卫生、民委等相关部门纷纷进行对口工作。当年，相应镇中学就建立起了寄宿制学校，办起了土瑶班，解决了土瑶子女读书、住宿的问题。

虽然土瑶政治边缘化的问题正在得到解决，但是由于历史欠债太多，肯定不能够在短期内得到根本性的改变。首先对于党和政府的关怀，资金的使用就存在着权力因素的运作，由此引发某些不满情绪。2001 年 8 月，鹅塘镇政府决定在暗冲村援建 4 个沼气池，于是，在所辖暗冲与大坪两个自然村屯中选择村支书与村主任所在村落：暗冲，其中又选择家庭条件较好的两家与支书主任家。其次政治上追求还需要土瑶自身的自觉。据了解,土瑶成年人当中有相当一部分人根本不关心政治,其中包括一些小学教师,相当部分的人不知道现在的国家主席是谁。政治的冷漠肯定无助于政治边缘化的改善,只有激发自我追求意识,再配之以党和政府的关怀,才能真正实现民族平等的和谐大家庭。于是,教育观念的培育应当放在重要位置,没有文化素养的提高,那是不可能真正彻底改变边缘化状态的。如果总是处于被照顾之势,那么很难消解普通民众的鄙夷心态,自尊心强的土瑶民自身也会感到不舒服。值得高兴的是,现在部分土瑶民已经意识到教育的重要性,再加上2006年中央面向农村九年义务教育免费就学的政策,以及地方政府与各界人士的大力支持,某些村落适龄儿童入学率已经相当不错。例如暗冲村适龄儿童入学率高达95%,而其他山寨的实际入学率往往不足50%。这说明土瑶的教育观念正在向现代教育理念转变,因为领取工资的土瑶人不仅是他们政治前途的榜样,也是高质量生活标准的榜样,2008年小学公办教师月工资只有800元左右,这是一些土瑶人一年的收入啊。其中的激励作用可以想见。

(四)文化边缘化:主流文化凝视的他者

面对经济全球化,不同的国家与民众有着不同的态度,或支持或反对,但不管怎样它还是现实地来到人们的身旁,或直接或间接。随着经济全球化的展开,全球化的思潮也波及文化领域,呈现文化全球化景观。考察文化全球化可以发现,它存在着中心与边缘之别,并非各民族国度的文化平行互动,而是呈现流水态势。这正切合经济全球化的流向,它就是由经济发达的西方(主要是美国)影响制约南方,西方占据经济的制高点。因此,经济的全球化并未真正带给发展中国家多少实惠,反而进一步成为西方经济的附庸而遭到边缘化。如果说经济层面的边缘化还只表征物质性,那么与之相随的文化边缘化就使得发展中国家成为其精神上附庸与他者,于是自我的民族性将会招致可能的消解。因为魅力感染不似武力征服那样令人反感乃至反抗,它作用于人的精神世界,所谓春风化雨潜移默化,可是它对于人的改变却又是根本性的改变。

其实,许多国家内部呈现经济发展不平衡的同时,也存在文化边缘化现象,最主要的就是那些地理边缘化者以及少数民族。这种边缘化主要由两个层面造成:一是政治,二是经济。历史上的历代封建统治者运用政治权力边缘少数民族文化,推行汉族文化,其中又独尊儒家文化。瑶族文化与其他少数民族文化一样遭受压制,一起处于边缘化的地位,直到新中国确立中华民族内各民族一律平等,从而于法律层面消解了文化边缘化现象。再者就是经济原因造成的文化边缘化,因为文化总是附着于经济,而经济发展往往呈现不平衡现象,于是经济中心区域就容易获得文化强势地位,经济欠发达地区其文化也就相应处于弱势地位,因此于事实上就难以避免出现文化边缘化现象。目前,我国事实上存在着的文化边缘化现象主要就是由于经济原因所造成的。

经济挤压而呈现的文化边缘化,主要就表现为区域经济中心对于地理边缘化区域的经济渗透,从而压缩其文化生存空间,通过魅力感染而认同主流文化。土瑶文化边缘化就大抵属于这种情况。首先土瑶经济属于自然经济,但是不能自给自足,需要通过贸易交换才能维持基本的生命存在。当地的交际语言主要是“本地话”(土白话,鹅塘镇)与客家话(沙田镇),由此在语言层面就被边缘化了,而社会通用语言文字又是普通话,于是必须再行转换,这也就意味着再次边缘化。其次基础设施的改善也潜在地使自我文化边缘化。与过去相比,土瑶民最明显的生活变化就是有电用。从 20 世纪 80 年代开始,在政府的关心和有关部门的扶持下,架设了部分高压线路,解决了七个自然村屯约 1700 人的生产、生活用电问题。随着生活条件的逐步改善,没有用上电的土瑶群众利用山区的水利资源,建起微型小水电,基本上结束了瑶山自古以来用松脂照明的历史。因为有电,因此个别青年就购买了影碟,于是,山外的观念也就无形当中改变着年青一代的思想。此外,直至 2008 年土瑶 6 个村共修建公路 82 公里(含村屯路),其中两个村能通小型车辆和农用车,许多村寨也修通了路,使交通状况得到了极大改善。道路的改善也必然带来人流物流的加速,主流文化也必然同时随之渗入,从而加速土瑶文化的边缘化。再次物质文明的进步也使其文化从现实中消失。2006 年土瑶最后一个人工油榨作坊关闭,取而代之的是机压油榨机,于是其附带的文化也就随之封存于历史。恩格斯认为历史是由每一个活动着的有目的人共同创造的,历史是“合力”的结果,他说:“无论历史的结局如何,人们总通过每一个人追求他自己的、自觉预期的目的来创造他们的历史,而这许多按不同方向活动的愿望及其对外部世界的各种各样作用的合力,就是历史。”①土瑶民对于现代生活的追求就是在创造他们自己的新历史,而这个历史是对传统文化的扬弃,也就是对传统文化的边缘化。

文化边缘化之下的土瑶民的教育观念又如何呢?主流文化凭借物质文明的魅力感染而诱使土瑶放弃自己的文化传统,从而认同主流文化,这对于改善物质生活是有着直接作用的。但也促成他们产生文化自卑心理,特别是没有经济基础走出大山就读的人家,这就龟缩在深山老林而封闭自己。作为文化他者,对于身处主流文化的民众而言,土瑶就是一个愚昧落后不开化野蛮的意象。于是,就读土瑶民族班的学生,看似优待的教育形式,但也无形当中受到来自其他同学的目

① 《马克思恩格斯选集》第 4 卷,人民出版社 1995 年版,第 248 页。

光压力，自感受到主流文化的排斥，因而丧失自信心，也对教育本身产生放弃心理。虽然也有土瑶学生能够化压力为动力，但毕竟是少数，多数即使有那心也无那力，因为文化基础太差，这可以从几乎没有什么初中以上毕业生确认之，由此，学习成绩就成为强化自弃心理的催化剂。如此一来，学校就不是他们心目中的天堂，那是一个自找歧视的地方，是一个心灵的全景式监狱。相反，辍学回到山寨，却可以获得心灵的自由，能够充分展现自我找回自信，因为土瑶从不打骂儿童。这可能出乎一些人的意料，可事实就是如此，不管是自家的孩子还是人家的孩子，都是运用诙谐语言教育化解，没有严厉的责骂与殴打。两相对比，这就强化学生逃离学校教育的心理，也使之文化边缘化现象难以一时解决。

（五）心理边缘化：认同边缘社会层级

有了以上几个层面的边缘化，心理边缘化就具有某种必然。首先是认同经济现实，安于现状。几百年历史形成的生产方式具有强大的历史惯性，并且已经内化为一种心理认同，不可能期待一朝一夕得以根本性改变。同时新的生产方式需要新技术，这需要一个心理调适过程；掌握新技术需要文化基础，这需要教育，此两者对于土瑶民都不是轻而易举的，都是一个艰难的过程，不如退守传统轻车熟路。就如只能供三五户人家使用的小水电建设，其发展在心理层面就历经了二十多年，这才有目前的基本普及。其次是心理自闭，怯于走出山外。外面的世界很精彩，外面的世界很无奈。虽然法律上已经规定各民族一律平等，但是在普通民众当中还是现实地存在着不同程度的歧视心理，因此土瑶民走出山外就遭遇目光的压力。这种压力是主流文化的傲视，是心理强势话语，土瑶民就在这样一个全景式监狱包围之中，从而迫使其自我矮化形成心理自闭。这事实上是一种“逆向种族主义”，依照学者王小东的理解，那是一种自己对自己的种族主义，是一种自我矮化的情绪体系，这种情绪的社会辐射和影响，其结果必然会加重社会的民族自卑心理，从长远看，将会影响到民族的自主性和当家做主的精神。这是主流世界挤压的产物，他们只有种族主义，强烈地张扬自我肯定自我，有着感觉良好的民族优越感，而对于其他民族则以为劣等。因为主流世界的强势话语，其看法也影响到边缘化民族思维，甚或认为这就是真理，从而本能地贬低自己的生命意义，怀疑自己的掌控能力，认同边缘化的社会层级。这种情绪任由发展，在历经一定时间之后就会积淀成为民族集体无意识，这当然对于一个民族的崛起是不利的，也无助于和谐社会的建构。

心理边缘化在教育层面的直接恶果就是消解一个人的求知心理动力，所谓衰莫于心死。毛泽东曾说过，外因是变化的条件，内因是变化的根据，外因通过内因而起作用。因此，各种边缘化最为可怕的就是心理的边缘化，因为它进入的是一个民族的精神世界,它会以不同形式呈现自身的物化存在,而这些物化存在又反过来强化心理边缘化,生成一种恶性循环的自我认同。

解决心理边缘化是一个综合性的社会工程,教育在其中担当着重要角色。教育应该说属于心药范畴,对于心理边缘化这个心病自有其独到的一面。虽然土瑶有着不重文化认为其虚的传统观念,但近来的现实也正让土瑶民认识到文化学习的重要性,越来越多的土瑶民正逐步走出自闭心理,进入社会民族大家庭,共享改革开放的新成果。同时,土瑶民的生存状况不仅得到党和政府的关注,更得到社会各界人士的大力支持,关爱土瑶民正成为当地社会的普遍社会心理,原有的歧视性心理的历史残余正在得到消解,一个和谐的社会心理正在形成,这就创造了一个民族平等的社会心理。有了这样一个基本前提就能够建立土瑶民的自信心,只有充满自信,才有可能克服外在层面的困难,从而发展自我。

边缘化民族的边缘化是一个综合性问题,需要综合治理,因为任何一个层面的边缘化都关联着其他层面,单一层面的治理就会出现"头痛医头,脚痛医脚"的现象,不能根本解决问题,只有树立中医的有机整体生命观,才能协调各方面力量综合作用且最终解决问题。当然,这要寻找突破口,根据边缘化形成的基本规律,那是直接由于经济贫困造成的,因此必须解决贫困问题。但是,如果突击解决贫困问题,而思想观念没有及时转变,那么某些边缘化现象将依然存在。为着彻底改变边缘化现象必须坚持治贫先治愚的理念,而治愚则靠教育,因为教育直接作用于人的心灵,这是一个心灵唤醒术,因此必须改变其传统的具有矛盾性的教育观念,置换为现代教育理念。只要唤醒了心灵建立了自信心,那么有了强大的内因动力,再配之以外因的支持,如此不仅传统的矛盾性教育观念可以得到转变,而且整个边缘化问题也可以有望得到有效解决。

三、土瑶学校教育现状

新中国成立前,土瑶没有任何体制内的学校教育,也极度缺乏私塾类的体制外相对系统的教育,只有极少数的赛迭(师公、道士)约略懂得一些汉字,成为土瑶地区的所谓文化人。新中国成立后,大力发展民族教育,也在土瑶地区建立了一些学校,但是由于历史原因,这些学校的运作并不如人所愿,还是存在着许多不尽如人意的地方。

(一)学校设施状况

按国家教育部的原有规定,只有达到30至35个学生才能开设一个班或教学点(当然现在存在着小班化趋势,20人左右也可以开设一个教学班了),但由于土瑶社区人口居住比较分散且人口较少,因此只要有十几个学生一般都开设一个教学班或教学点,甚至就组成一个学校,目的在于尽可能地使土瑶学生能够就近读书。直至2007年,在明梅村只设有三个教学点,分别设在龙船(校本部)、暗冲与梅花尾。龙船教学点全校就只有一栋两层8间教室约500平方米的教学楼,它是1997年建成的,学生上课与老师办公、杂物放置与功能室等,全部都在这栋教学楼。此外,楼前还建有一个不规范的篮球场,以及一个乒乓球台,这就是全校体育设施。这个虽说体育场所十分简陋,毕竟还是有了,然而更为可悲的是它只是一个摆设,因为学校根本没有体育器材,学生个人又无钱自己购买,于是只好空着。

暗冲教学点坐落在半山腰上,通过平整一个小缓坡修建而成。2002年暗冲教学点也建成了一栋两层8间教室约500平方米的教学楼,这是明梅村第二栋教学楼。整个教学点就孤零零的一栋教学楼,就连简陋的体育运动场所也没有,楼前只有约80平方米的空地,空地前面是斜角约40度延及几百米远的山坡。没有体育设施,就是如厕场所也没有,只有教室。

在明梅村各教学点中,它们还不是最差的。梅花尾教学点至今还没有砖混结构的水泥教学楼,仍然在那残旧的危房教室中维持它的存在。整个教学点拥有残墙瓦顶教室两间,树皮木棚一间,这就是全校的固定资产。教室不仅残旧,而且阴暗潮湿,没有灯光全凭自然光线;反倒是树皮木栅"教室"的采光反倒不错,因为可以屋顶可以看见天空。教室前只有一块不足40平方米的三角形场地,这就是学生全部的体育活动场地。不过,据说梅花尾教学点的教学楼筹建工作已经开始,相信在不久的将来能够再现一栋教学楼,从而实现整个明梅村所有教学点都有水泥教学楼的梦想。其实,砖瓦房及树皮房才是土瑶社区目前校舍的常态,如直至2008年沙田镇狮东村小学四个教学点全部都是土基瓦房,白虎冲教学点占地面积450平方米,校舍面积95平方米;大冲教学点占地面积130平方米,校舍面积50平方米;小冲教学点占地面积90平方米,校舍面积20平方米;大冷水教学点占地面积250平方米,校舍面积65平方米。

建成水泥教学楼,如果单靠土瑶民自己的经济力量,那简直比登天还难,实际上前此所述两栋教学楼的建造都是外援的结果。首先是党和政府的高度重视。2001年3月24—26日,由原贺州地区孙克坚副专员陪同,自治区吴恒副主席到鹅暗冲土瑶教学点视察,当场拍板下拨20万元建校。2003年,在自治区十届人大一次会议即将召开前,黄少雄等10名人大代表提交改善土瑶生存状况的提案得到自治区关注,国务院一位领导从媒体了解到这一情况后也非常重视,并做出批示,要求有关部门予以关注解决。此后,国务院、自治区很快派出专家到贺州市深入考察调研,扶贫办、教育、卫生、民委等相关部门纷纷进行对口工作。其次就是得到社会各界人士的热情支持。贺州热情人士如帅鱼、乌龙人马与劣马等,利用红豆社区广泛向人们寻求援助，也募得一些资金。尤其是香港卫施基金会更是鼎力相助，1999 年香港卫施基金会在李俊燕女士的带领下实地考察暗冲教学点的危房后，计划投资 16 万元建造暗冲教学楼。第三是土瑶民自我意识的觉醒。随着外界对土瑶社区的关注，土瑶民自己也充分利用自身优势宣传自我，从而获得外界的关注与了解。土瑶和其他民族一样喜爱文娱活动，因此瑶寨组织了一个文艺团，演出的场所设在暗冲，虽说演出场所也只不过是一间四面没有丝毫遮拦的大棚。他们不仅自娱自乐，而且也派代表外出表演，从而构筑了自己的影响。由于土瑶文艺演出的宣传效应和新闻媒体的报道，在大桂山深处沉默了几个世纪的土瑶，开始被人了解和关注，越来越多外界人士对久居深山的土瑶人产生了极大的兴趣，他们不辞辛劳，跋山涉水走进大桂山，唤醒了沉睡百年的土瑶山寨。正是有了这些有利条件，龙船教学点教学楼的建造，瑶民（主要是过山瑶）才得以争取地方政府五万元的资助，同时又通过私人关系争取到教育厅两万元的投入。

（二）师资状况

俗话说，种好梧桐树，自有凤凰来。优越的学校硬件环境，往往会吸引优秀教师，反之，简陋的学校条件，要吸引高素质的人才，虽说并非绝对不可能，但也确实具有相当难度。根据鹅塘镇素质教育办公室何飞红老师提供，2007 年春季学期，整个明梅村小学的教师基本状况如表：

教学点	教师数	学历	职称	教龄	年龄
龙船	3	中函 2 中师 1	小学高级教师 1		
小学一级教师 2	18 – 29	37 – 49			
暗冲	3	中师 3	小学高级教师 2		
小学一级教师 1	26 – 28	45 – 48			
梅花尾	1	中师 1	小学高级教师 1	37	56

明梅小学的 7 名教师全部都是男性，且都是本族土瑶人。为什么就没有峒外人进山当老师？具体原因可以各有不同，但是肯定也有相似的原因。首先，这些教学点都处在深山老林，长期以来交通不便，只能依靠两条腿走路，这种社交的闭锁性必然会限制现代人的选择。其次，如果是你峒外人，那么就必须住在学校，于是必然涉及生活问题。不说居住条件如何简陋，就是晚上的孤寂生活就让人无法忍受。因为没有电（20 世纪 80 年代末少数开始用电，多数从 2004 年才开始有了电），当然就没有电灯。就是有了电也没有信号，无法使用电视与电话，更无法用上电脑等现代文明生活必需品，只有漫漫难熬的长夜。因为教师少，夜晚就只能

是形单影只,这对于渴求情感交际的现代人也是难以忍受的,而土瑶民的习惯却是吃饱睡觉到天明,土瑶本地教师就较少这种情感的苦闷。第三,个人婚姻也是其中一个原因。笔者询问过曾在土瑶教学点任教一年半载的峒外籍教师,没有一个愿意与当地土瑶成婚,因为那就等于钉死在深山老林,不仅本人不乐意,就是亲人也不同意。土瑶教学点就只有土瑶籍教师,这并非明梅村小学的个别现象,而是普遍现象,大明与槽碓也是如此。不仅鹅塘镇土瑶社区教学点如此,而且沙田镇土瑶社区教学点也一样,如2007年春季学期沙田镇狮东小学共有4个教学点7名教师:白虎4人、大冲1人、小冲1人与大冷水1人,6个公办教师、1个代课老师,小学高级教师1人、小学一级教师5人、其中1人无职称,平均年龄35岁,他们也全都是本地瑶民。学缘结构的近亲繁殖,其内在的危害性人所共知,因此教学质量深受影响也在情理之中。

多年的媳妇熬成婆。单从表格所反映的职称情况看,师资力量还是较强的,但是如果考虑其中因为从教偏远山区以及年龄层面的照顾性因素,特别是实证考察后,你就不会如此乐观了。他们的实际执教能力不能与峒外乡村小学教师相比,不能与乡镇中心小学教师相比,更不能与城市(县城)小学教师相比。从学历层面而言,现在小学教师已经普遍大专化了,但是他们还是中师文凭,就是中师文凭也是存在水分的,有的是通过三年全日制中师学习,有的则是卫电中师函授学习。这种学习前的学历,有的只是读过小学,有的达到小学毕业,有的只是读过初中,有的达到初中毕业,但是,当地政府为着维持土瑶教育,就保送他们就读中师。正如一位教师非常坦诚地说:“我连小学都没有毕业,被保送去读了三年中师,就当老师了,现在我们这些山里的老师连峒外小学五年级的学生都赶不上。”确实存在这种现象,十多年甚至三十多年的教龄并没有转化成为丰厚的教育教学素养,反而因为没能进行知识更新变得知识老化与淡化,因此在知识大爆炸与知识获取渠道多样化的背景下,那位教师的话虽说可能有所夸张,但也不无道理。由于所处环境的关系,群众对他们没有过高期望,政府教育行政部门对教师也没有什么素质提升要求,甚至峒外各地都非常重视的升学率,不管政府还是群众都有放任的心态,实际上,大家都感觉到能够维持教育教学现状就已经非常不简单了。在这样一种没有任何压力,也没有任何动力的宽松环境下,教师不可能不生成得过且过心理,因而也就没有什么特别的进取心。他们不看报,也不订报,最多在有条件的情况下看看电视。开始有个别教师还订阅报刊,但常常是迟到一两个月,而且经常还要丢失,因此大家觉得不如不订。他们就这样依靠老本教学,也依靠挨日子获得较高的职称,因此,他们的职称与教学能力并不成正比。

十几年乃至三十多年的教龄不能证明其教学能力的提升与飞跃,却可以说明一个事实,那就是土瑶教学点已经长久没有新鲜血液补充。如果说前所分析还带有理论的推测性,那么这就是活生生的事实,确实很少年轻人自觉自愿地承受孤寂的生活。这当然有着因为师生比的原因不能配备更多的教师,但这不能解释为什么在乡镇附近的学校,虽然超编却依旧还要安置,基本的理解就是生活便利。曾询问过一些大学毕业生是否愿意到土瑶山寨从教,回答几乎都是否定的,不仅外地学生无意到土瑶从教,就是土瑶学生从内心上也不愿返回土瑶社区,除非有协议在身。这就比如,2006 年春季学期,大明小学(拥有 4 个教学点)9 位教师,30 岁以下就有 3 位,槽碓小学(拥有 3 个教学点)6 位教师,30 岁以下有 1 位,也就是说 30 岁以下者都是 1997 年以后参加工作的。四位年轻人中并非都是土瑶,还有过山瑶以及家在附近的壮民,总之都可以说是当地人。峒外比较经常的校际之间教师交流,也只是在土瑶社区学校之间交流,基本上没能突破这个潜规则,因为一旦实施总是遭遇巨大阻力,最后不得不草草收场,因此没人自讨苦吃去啃这个硬骨头。只有自体循环,没有体外循环,这就必然限制它的内在活力。

(三)在校生状况

2003 年秋季学期开始,四年级以上土瑶学生转入当地镇中心小学寄宿制民族班学习,因此各村土瑶小学都只有一至三年级,以下是明梅小学在校生基本情况。

明梅小学 2006 年秋季学期(一至三年级)儿童入学情况表

教学点	适龄人数	在校人数	在校学生性别		入学率	备注
			男	女		
龙船	43	43	24	19	100	
暗冲	106	68	31	37	96.24	峒外就读 34 人。辍学 2 人,未入学 2 人(女)
梅花尾	20	12	8	4	60	未入学 8 人(女 6 人)

(本表格数据由鹅塘镇素质教育办公室何飞红老师提供)

从表格中我们可以发现,首先入学率参差不齐,高者达到完全入学,低者才刚过半。分析其中的原因不难发现,龙船距离镇政府所在地最近,处于平峒边缘,村民接受峒外思想影响最深,政府影响力最大,因而入学率也最高。相反,梅花尾位处最远,外界各方影响力渐疏,因此入学率相对也最低。其次,女童入学率总体上与男童相当。如果将数据再稍加整理则更加明显:2006 年整个明梅小学一年级 48 人,女生 24 人;二年级 37 人,女生 18 人;三年级 38 人,女生 18 人,甚至在暗冲还超过男童。虽然在龙船和梅花尾是男童多于女童,但考虑到男女性别比,可以说基本达到对等入学率。虽然梅花尾教学点未入学儿童中女童占多数,其实那是因为实行隔年招收新生的缘故,其实其他教学点也初等隔年招生,暗冲 2005 年秋季就没有招生新生。明梅村的情况基本反映整个土瑶社区的入学总体态势。据调查,2005 年整个大明小学一年级 92 人,男生 48 人,女生 44 人;二年级 63 人,男生 33 人,女生 30 人;三年级 57 人,男生 24 人,女生 33 人。2005 年整个槽碓小学一年级 67 人,男生 37 人,女生 30 人;二年级 31 人,男生 17 人,女生 14 人;三年级 34 人,男生 20 人,女生 14 人。鹅塘镇土瑶社区三所小学男生共 243 人,女生 210 人,入学率基本达到平衡,这已经表明土瑶民已没有明显的教育层面重男轻女现象。

由于土瑶居住分散,为了便于学生就近学习,因此每个小学设有几个教学点,每个教学点极少超过百名学生,形成教学点分散学生偏少的特点。2006 年春季学期,大明小学 4 个教学点共 212 人,槽碓小学 3 个教学点共 132 人,明梅小学 2007 年春季学期 3 个教学点共 123 人。沙田镇狮东村小学 2007 年春季学期 4 个教学点共 207 名学生:白虎冲 93 人、大冲 42 人、小冲 29 人与大冷水 43 人。如果按照国家规定《中小学教职工编制标准》的小学教职工与学生比:城市 1∶19,县镇 1∶21,农村 1∶23,那么整个明梅小学 7 名教师(含领导)123 名学生,其比为 1∶17.6,远高于城市标准,应该说教师处于富余状态。但是,由于规模小,教师的实际负担却很重,根本不能成为学科专任教师,只能成为万金油式的全科教师,因此必定影响教师精力与教学质量。典型者更如梅花尾教学点,师生比是 1∶12,却是两个年级,只能才能复式班教学,教师只能实行教学通吃。再看看其他土瑶小学的师(含领导)生比情况:2006 年春季学期,大明小学 9 位教师,师生比是 1∶23.6;槽碓小学 6 位教师,师生比是 1∶22;沙田镇狮东小学 7 名教师,师生比是 1∶29.6。从这总体数字看,师生比基本符合国家标准,实际上这掩盖了一个事实:每所小学都有几个教学点,于是教师只能是万金油式的全科教师。比如沙田镇狮东小学四个教学点:白虎冲(校本部)有三个年级 4 名教师(含领导)93 名学生,大冲有二个年级 1 名教师 42 学生,小冲有二个年级 1 名教师 29 名学生,大冷水有二个年级 1 名教师 43 名学生。教学点学生人数偏少,不仅影响教师专业化发展,而且也造成教学设施设备的不足与闲置。只有几十个学生,而要按照标准规定配置齐全的教学仪器设备,那几乎是不可能的,因此,许多教学点就只有粉笔、黑板擦与三角板等最基本的教学用具。2007 年义务教育生均 70 元教育经费,就是全额拨付也是少得可怜,龙船 43 人 3010 元,暗冲 68 人 4760 元,梅花尾 12 人 840 元,如此之经费恐怕连正常运转都比较困难。一边是教学设施严重短缺,一边则是闲置,只要修建教学楼一般都修建两层 8 间教室,不如此不能满足各功能室与教师住房等要求，但功能室往往成为空室，于是造成闲置浪费。

为了照顾土瑶儿童的就近学习，教学点必须保留，同时为了提高土瑶社区的教学质量，因此，在自治区政府与相关部门、贺州市各级政府与相关部门的关心支持下，贺州市（八步区鹅塘镇、沙田镇）寄宿制瑶族班于2003年秋季学期开班招生稍有自理能力的四年级以上九年义务教育阶段学生，逐步解决了鹅塘、沙田两镇瑶族村办学条件差、教学质量低和瑶族群众子女上学难的问题，越来越得到瑶族群众的支持。鹅塘镇中心小学"2003年秋季学期民族班学生共有314人，2004年秋季学期民族班学生共有313人，2005年秋季学期民族班学生共有335人"。① 2006年秋季学期民族班学生共有251人。② 沙田镇中心小学"2003年秋季学期民族班学生共有261人，2004年秋季学期民族班学生共有299人，2005年秋季学期民族班学生共有334人"。③ 这就破解了办学规模太小的弊端，从而发挥规模办学效应。

（四）学校教学状况

教育方针是学校教育教学总纲，它体现一个国家对于教育的总体要求，预设人才培养规格、专业素质、身心状态与服务对象。课程计划是总体贯彻教育方针的框架性设置，它指导着学科课程的开设分布与学时安排，这种开设分布隐含着制定者所要达成的教育目标，因此具有很强的政治性与人才培养导向性。由此不难理解，为什么国家在不同阶段有不同的课程计划，开设不同的学科课程，而不是新中国成立以后就一个一贯制的课程计划，总是根据社会发展的阶段性适时进行调整，以便适应社会对于人才的需求。课程标准则是教育方针学科课程要求的具体化，《基础教育课程改革纲要（试行）》明确指出，课程标准是教材编写、教学、评估和考试命题的依据，是国家管理和评价课程的基础。它体现国家对不同阶段的学生在知识与技能、过程与方法、情感态度与价值观等方面的基本要求，规定各门课程阶性质、目标、内容框架，提出教学和评价建议。课程标准可以国家统一，但是依据课程标准编写的教材可以各有特色，都是实现教学目标的一条路径。贺州市小学教育阶段目前使用的教材主要有人教版、苏教版和北大版，贺州市八步区实行统一教材，中低年级语文使用苏教版，数学使用人教版，土瑶社区各小学同此。

课程计划指导着学科课程的开设分布与学时安排，课程表则是对它的具体落

① 贺州市八步区民族宗教事务局：《贺州市（八步区鹅塘镇、沙田镇）寄宿制瑶族班办学情况汇报》，2006年5月。

② 韦祖庆：《民族班调查：族群记忆正在走失》，载《教育评论》，2007年第1期，第101页。

③ 贺州市八步区民族宗教事务局：《贺州市（八步区鹅塘镇、沙田镇）寄宿制瑶族班办学情况汇报》，2006年5月。

实，因此观察课程表可以在一定程度上反映人才培养的落实程度。以下就是笔者调查明梅小学暗冲教学点的课程表，可以窥一斑而见全豹地看到整个明梅小学的课程安排状况，也可以窥见整个土瑶社区各小学教学点的课程安排状况。

明梅小学（暗冲教学点）2006 年秋季学期课程表

星期	一			二			三			四			五		
年级	一	二	三	一	二	三	一	二	三	一	二	三	一	二	三
早(9:50－10:10)	早读														
1(10:20－11:00)	数	语	语	语	数	数	数	语	语	语	数	数	数	语	语
2(11:10－11:50)	数	语	语	语	数	数	数	语	语	语	数	数	数	语	语
3(12:00－12:40)	语	数	数	数	语	语	语	数	数	数	语	语	语	数	数
午休(12:50－1:50)															
4(2:00－2:40)	语	数	数	数	语	语	音乐			数	语	语	体育		
5(2:50－3:30)	卫生			思想品德			美术			写字			班会		
6(3:40－3:50)	课外活动														

透过本课程表可以看出，不仅开设了语文、数学，而且开设了图音体品德写字等课程，这确实体现了课程计划者对于低年级学生文化素质的各方面要求，但实际上一些副科只开设在墙上，并没有能力真正实施。音乐，没有专业教师，老师自己都是五音不全，勉强教教也只是自己十来岁读书时期的老歌，根本不能满足现代学生的需要。美术，也没有专业教师，一般就让学生自己涂鸦，或者就是老师随意在黑板上画些简单图案了事。体育，一样没有专业教师，教师自己连儿童广播体操也不会，只好放羊。即使有专业体育教师，也是既没有何许设施，也没有体育活动场地，英雄无用武之地。中年级课程就明显没有开足，比如峒外小学一般开设的社会、历史、自然、信息、英语等课程，这里都没有反映，也就是没有开课，实际上就是反映在课程表当中，也会像图音体课程一样只能开设在墙上而没有实际意义。此外，这张课程表还明显表征二三年级实施复式班教学，这种教学方式虽然有其优势，但弊端也是显而易见，因此有条件的学校都不使用它，这是不得已而为之。作息时间也是一个值得关注的地方，早读将近 10 点才开始，就因为一些学生距离教学点还是比较远，对于儿童步速而言，一些家庭还是需要一两小时的路程，考虑到安全问题，因此放学也比较早。教师与一些学生就利用午休的一个小时做饭，一些学生则是自带干粮，另一些学生根本就没带干粮（其实也没有干粮可带）只好干饿着。由此可以想见，饿着肚子上课的这些学生如何有精力学习，其教学

质量又有何保证？就是有午饭吃的学生，哪还有城市儿童享有的真正意义的午休，其学习精力同样会受到某种程度的影响。

素质教育的体现是多层面的，学习成绩的考核总是其中重要方面，以下就是明梅小学各教学点的成绩表。

明梅小学龙船教学点2006年秋季学期期末成绩表

年级	一		二		三	
人数	18		12		13	
科目	语文	数学	语文	数学	语文	数学
平均分	32.5	42	55	57	56	62
最低分	9	16	14	18	19	18
及格人数	5	8	3	5	5	7
及格率	27.8	44.4	25	41.7	38.5	53.8
优秀率(80分)	0	16.7(3人)	0	25(3人)	0	30.8(4人)

明梅小学暗冲教学点2006年秋季学期期末成绩表

年级	一		二		三	
人数	30		18		20	
科目	语文	数学	语文	数学	语文	数学
平均分	21.8	36.2	34	34.8	31.7	46
最低分	8	13	18	12	10	19
及格人数	7	10	4	3	2	6
及格率	23.3	33.3	22.2	16.7	10	30
优秀率(80分)	6.7(2人)	16.7(5人)	0	0	0	5(1人)

明梅小学梅花尾教学点2006年秋季学期期末成绩表

年级	一		二		三	
人数	无		7		5	
科目	语文	数学	语文	数学	语文	数学
平均分			58	69.9	60	63.4
最低分			26	45	48	50
及格人数			4	6	3	3

续表

及格率			57.1	85.7	60	60
优秀率(80 分)			0	42.8(3 人)	0	20(1 人)

(以上表格数据分别由龙船邓金生老师、暗冲邓清林老师及梅花尾姜亚清老师提供,都是自己命题自己改卷)

以上表格所呈现出来的成绩活生生地表明学生总体成绩之差,完全是城镇小学所不能想象的。这是否为一时失误呢?不是的,这是一种教学常态。袁同凯先生曾于 2001 年调查暗冲的教学成绩,其表如下:

明梅小学暗冲教学点 2001 年春季学期期考成绩表①

年级	一		二		三		四		五	
人数	57		12		17		15		3	
科目	语文	数学	语文	数学	语文	数学	语文	数学	语文	数学
平均分	19.7	43.9	47.2	52.3	31.8	51.3	50.7	51.3	45.5	40
及格人数	6	9	5	3	0	7	6	3	0	0
及格率	11	16	41	25	0	41	40	20	0	0

通过对比可以发现,成绩差确实是常态,不是偶然现象。究其原因是多方面的,大致而言,可以有这么一些。第一,土瑶族群于历史上长期处于边缘化,没有教育学习的机会与氛围,于是作为集体无意识影响着瑶民,形成对于教育的无所谓态度。经过访谈发现许多瑶民对子女的学习没有漠不关心,自己没有知识对子女也没有期望,只希望能够书写自己的名字,能够进行简单的加减乘除运算,可以应付日常的买卖即可,因此学生也没有强烈的求知欲。第二,土瑶社区全部散居在贺州市绵延一百多公里的大桂山脉边远山区,平均距离乡镇所在地在 20 公里以上(远的 60 多公里),形成山高皇帝远的相对封闭的地理阻隔。只在 2000 年之后,才陆续有 6 个土瑶村共修建公路 82 公里(含村屯路),其中两个村能通小型车辆和农用车,之前只有人行土路。如果要求步行走完鹅塘镇所有土瑶村屯,一般都需要十天半月,因此它也就成为教育行政机构遗忘的角落,政府也不对它们提出特别的要求,就是应试教育盛行之时,也不统计它们的教学质量。这不仅会生

① 袁同凯:《土瑶学校教育的过去与现状:民族志的视角》,载《广西民族学院学报》,2004 年第 5 期,第 65 页。

成师生被冷落的心理,而且形成上进心与自信心的丧失,教学质量的低下也就在情理之中。第三,教学秩序普遍存在随意性现象。除了国家法定节假日放假之外,大凡各种传统节庆以及村民的各类喜庆日子,教师都自行放假,就是教师不放假也没有学生上学。基本的教学秩序不能保证,当然就会影响教学质量的提高。第四,复式班的教学方式也影响着教学计划的落实,正像前此课程表所呈现的那样,二年级的课程应该是基本开足了,但是因为与三年级复式,于是中年级的课程就无法开设,这也必须影响学生素质的梯队开发,从而影响整体素质。

所幸的是,2003 年起四年级以上学生转入镇中心小学民族班就读,这在很大程度上克服了土瑶小学各教学点存在的不足,由此也激发了学生的学习潜能,"几年来瑶族班的成绩取得了显著提高。在 2005 年春季学期期考测试中,鹅塘镇瑶族班四至六年级语文科平均分分别为 62 分、65 分、68 分;数学科平均分分别为 60 分、61 分、65 分。其中鹅塘赵水花等 30 名瑶族学生获得成绩优秀奖。2005 年秋季学期期末统一测试中,六年级两个班的数学都获得鼓励奖,有 45 位瑶族同学获得优秀少先队员奖,有 20 多位瑶族学生获得区级数学竞赛奖。沙田的黄妹增、邓织兰、盘小兰、风花留等同学还获得了学校尖子生奖"。① 民族班的事实说明,土瑶学生还是有着学习潜质的,不是愚昧落后不开化的文化他者意象,只要拥有良好的软硬件环境,土瑶学生一样可以学得很好。

四、学校教育应对策略

如何改善土瑶教育现状,各方人士都在积极建言献策,各级政府都在积极采取措施,也都取得了相当的成效。笔者不吝冒昧,也提出自己的一点思考。首先,应当设法转变村民传统的教育观念,从而内在地生成未知欲与上进心,于是教育就成为改变命运提升族群的内在需求。否则只有外在的推动,没有内在的需求,其效果就会呈现事倍功半的趋势。其次,学校硬件的改善不应只停留在修建教学楼的层面,还必须配备配套的教学设施,如此才能真正有效地完成教学任务,否则与没有教学楼一样都属于空壳教学,必定会影响学生知识的吸收。第三,应当在同等条件下适当提高教师的待遇,从而于物质层面吸引相对优秀的教师。此外,凡是在土瑶社区学校任教的教师,都应当相对优先给予进修提高的机会,既于外在层面促成发展,也形成教师内在的素质需求。这种于物质层面和精神层面的关爱,某种程度上可以消解师生被冷落的心理,由此可以激发师生的上进心,培植其

---

① 贺州市八步区民族宗教事务局:《贺州市(八步区鹅塘镇、沙田镇)寄宿制瑶族班办学情况汇报》,2006 年 5 月。

自信心,那么师生都会在内心深处追求教学质量,如果再加上教育行政部门的敦促,教学质量应该可以有较大的提升。第四,必须继续坚持寄宿制民族班的办学模式,因为这已经为实践所证明,其于提升土瑶学生的教学质量确有帮助。只要坚持多管齐下,土瑶教育相对落后的局面必定可以改变。

第二节　行为教育

瑶族在历史上确实是一个被政治边缘化的民族,在历朝历代的行政统治系统中极少自己本民族官员,更别说进入统治阶级核心领导层,于是在教育资源方面就极少具有话语权。瑶族也是一个没有自己独立文字的民族,需要借助汉字进行民族文化书写记载,这也为其建立或进入体制内学校造成某种障碍,影响着民族文化的系统性教育。但是,瑶族文化并非因此衰减,仍然生成自己丰富多彩、独具特色的民族文化,而且形成难能可贵的淳朴民风,这显然得力于瑶族民间的行为教育,以言传身教的典范方式传承着民族文化,并且得到发扬光大。

一、官方:体制类学校奇缺

在华夷思想统辖下,统治者对于各个少数民族大体采取软硬兼施恩威并行的统治策略,在软与恩的方面主要包括赐以官禄之外,就是运用教化手段以期从思想层面加以改造,从而成为统治者的绵羊。明代开始在广西土司地区设置官学,据《广西通志·教育志》记载:“明洪武三十年(1397年),知府陈维德创建太平府学,这是广西土司地区第一所官学。此后,先后设立了上思州学、思恩府学、河池州学、左州学、新宁州学、养利州学、思明府学、永康州学、思恩县学。”①明代在瑶区设立学校,主要有儒学和社学两种。儒学皆属府州县所办,“迄明,天下府、州、县、卫所,皆建儒学”②。社学是民间所办,旨在进行启蒙教育的普及性学校。到了明清两代,广西除了部分土州、土县、土司以外,其他府、州、县基本上都先后办有官学。据《广西通志·教育志》记载:“清代广西还有土州14个,其中13个州没有州学,有土县4个,全无县学。”而非土司统治的富川瑶族自治县,其条件与未设学的土州、土县相似,但这个县早在明洪武二十九年(1396年)就建有县学,在此

① 蒙荫昭、梁全进:《广西教育史》,广西人民出版社1999年版,第243页。

② 《明史·选举志一》卷六九。

前后还办有两所书院。① 这些统计数据说明土司统治的一些地方，教育非常落后。同一个州、县，改流前上百年时间不设学，改流后很快设学，这与土司统治者采取愚民政策有关。② 例如"忻城土司第十四世土官莫振国设立义塾，以课官族……对他统治下的土民则实行愚民政策，大搞文化禁锢，不准土民读书，偶有土民读书，也不准其应试，恐其出仕而脱籍也"。③ 据《谢志》记载：东兰州"旧为土州，无学"。雍正七年（1729 年）改流，始设州学。而未改流的"那地、南丹、忻城、永定、永顺正副各土司，例不设学，文武生童附人府学"。即改土归流后就设学；未改流的不设学；不设学的土官子弟允许到府办的官学就读。④ 明代，特别是弘治以后，在瑶区设置社学较为普遍。到清代，官办瑶区义学，已有了相当规模的发展。这些义学，从建校到老师薪水等诸费用，均由政府负责筹办。⑤ 但是，从发展趋势和学校总量看，与汉族地区相比较，还是相当落后。至于私人办的义学，在瑶区因经济尚不发达，则更是少见。但也有，如湖南省蓝山县的九姓义学就是瑶人自己创办的，一时传为美谈。

统治者开办官学的基本目的在于教化瑶民，使得符合统治者的需要，达到统治者梦寐以求的长治久安。因此，在武力镇压瑶族同胞之时，一些稍有远见的统治官僚建议朝廷开办学校。在成化、弘治年间，陶鲁从征大藤峡瑶、荔浦瑶与德庆瑶后，"鲁将兵不专尚武，尝言：'治寇贼，化之为先，不得已始杀之耳'。每平贼，率置县建学以兴教化"⑥。梮《明英宗实录》卷五七载：正统四年（1439 年），广西庆远府南丹知州建议，"各村寨皆置社学，使渐入风化"。这种极具政治色彩的官学，必定注重教化性质，以及采取政治说教的方式进行教育，而非身教的行为养成方式进行教育，因此成为行为教育的一个对照物。官学，其定位在官方政府，古之官具有极强的两面人格，对下属则官气十足，对上司则媚态极尽，这是官场的常态。具有官气气息的官学，其教师爷也不能摆脱官场的某些气息，同时强调师道尊严，教师对于学生拥有绝对权威，因此任何讲学都是一种居高临下的训斥方式，这已经成为古代官学的基本教学样式。学校的奇缺更使学校成为一种稀缺资源，更加能够凸显教师的权威，强化教师的训斥式教学方式，也更加矮化学生地位，使之只能驯服成为小绵羊，从而放大这种教育方式的不足与缺陷。

---

① 蒙荫昭、梁全进：《广西教育史》，广西人民出版社 1999 年版，第 241 页。
② 同上，第 242 页。
③ 覃桂青：《广西忻城土司史话》，1990 年版。
④ 蒙荫昭，梁全进：《广西教育史》，广西人民出版社 1999 年版，第 241 页。
⑤ 王明生、王施力：《瑶族历史览要》，民族出版社 2005 年版，第 128 页。
⑥ 《明史・陶成传》附传卷一六五。

二、民间:注重身教行为教育

官方教育主要是理论知识为主,倾向于采取说教方式进行传授,民间教育则基本上只能采用身教的行为教育,因为都是融入日常的生产生活,没有任何体系性教材。这种身教的行为教育大致可以概括为三种基本方式,一是跟班练习进行教育,二是依据具体情境进行教育,三是日常生活的无言教育。一般来说,每个民族都有一些集体性的仪式活动,这些活动大体会包含相对稳定的程序,需要通过练习才能熟练掌握的技能技巧,于是就需要以老带新地跟班练习。诸如瑶族的盘王祭,就会包含唱念舞等内容,而且这些内容都会相对固定传承,不是随景而作,如果不经过必要的反复练习,就不可能完整无误地呈现。富川瑶族自治县的新华和福利、石家、葛坡、古城、白沙的部分村寨,古时叫作东山七都瑶,自古就有上元宵的习俗。每年春节过后,各村各寨自发组织起来的龙队、狮队,都外出到兄弟村寨去巡回拜年,一般一去一个月,这段时间正值元宵佳节,所以叫作"上元宵"或"耍元宵"。外出表演的龙队、狮队都是一种技术活,能够去上元宵的龙队或狮队,必须具有比较精湛的技艺,因此必须经过严格的学习和训练。每年三月三以后,村上的青年人便自发地组织起来,由老师傅带领大家每晚集中训练学习。等到练习掌握一定的功夫,足以在大庭广众亮相献艺之后,便向邻村发出口头知照,宣布明年要出门上元宵了。① 民间的民族技艺,都是通过这种师傅带徒弟的方式,以日积月累的反复练习中逐渐掌握,以至于达到出神入化的程度。

对于专门的技巧需要专门时间进行跟班练习,更多的生产生活技能,特别是社会伦理规矩,则更多的是依据具体情境,然后进行适时点拨教育。每个民族聚落都有一些社会的行为规范和风俗习惯,瑶族长辈一般在小孩五六岁开始,家长就会逐步把村规民约的内容告诉少儿。在外出放养牲畜的时候,告诉小孩牲畜不能进别人的田地,若有违反就会受到惩罚。在逢年过节,家里摆上猪肉等荤菜的时候,就会告诉小孩,不能吃狗肉,因为瑶族祖先是龙犬,吃狗肉就是对祖先不敬,也会被族群惩罚。在串门之时,告诉小孩不能随便拿别人家的东西,若发现少儿有偷窃、赌博行为,家长则会严厉管束。当有人怀孕的时候,就告诉青年妇女不能摘果子,不能看别人烧窑,否则就会影响小孩的面貌。当妇女坐月子的时候,新生儿妇女不准进别人家的门,男青年不得随意闯进"月子房"去看别人的婴儿。而在别家结婚、起新屋、奔丧或遇意外灾难时,家长也会教导儿女去帮助别人,以后别人也会帮助自己。这些伦理规矩,都不是刻意教导孩子,都是在相应的情境出现

---

① 政协富川民族文史工作委员会:《富川文史》(第5辑),1990年,第61页。

之时,才会结合情境进行教育,使得规矩与情境达成统一,可以增强教育效果。下古陈坳瑶"吃年夜饭时,大家要等在座的长辈或当家的动筷后才进餐,互相祝贺新春,尊老爱幼。饭桌上家长总结一年的收获情况,展望新年的景观,并教育孩子在春节期间该做什么,不该做什么。吃过饭,一家人围坐在火塘边谈天说地,欢欢喜喜"。而在年"初四除了大家继续拜年外,还有一个重要的活动——送'篓雷',又称送'懒婆',是一种民间'扫懒'仪式,是要把那些吃喝玩乐、不劳而获的懒惰思想像垃圾一样统统扫出去。送篓雷来源于村上流传的一个故事:以前村上有位妇人,天生有一双大脚,人们都笑她,由于怕羞,所以很少出门,村上的人都叫她'懒婆'。有一次,懒婆精神错乱之后,人也变得勤快起来,还帮村上人做了许多公益的事情。有一天,懒婆挑一担草灰绕泗水到六巷,到达与泗水相邻的山坳时,突然狂风大作,懒婆被风卷走,两桶草灰一桶倒到下古陈的山坳,另一桶倒到泗水的山坳。以后这里的梯田特别肥,稻谷特别的好。村民为了纪念懒婆,便在正月初四这天祭祀她"。① 这种教育具有一种极好的特点,从来不进行空洞的伦理说教,都是把相应规矩要求放在具体情境中教导,如此可以有效地把相对抽象的要求与具体的情境相结合,于是小孩可以通过情境的回忆理解并执行规矩,使之懂得规矩的具体内涵。这种教育有效地切合了学习心理,抽象的伦理教育只是一种知识,难以变成日常生活的实际行动准则,运用日常生活情境进行教导,则可以将这种要求变成一种可见的行动,于是可以有效地模仿并且内化。

如果说,这种身教行为教育具有某种清醒的意识,那么更多的时候,瑶族长辈对于小孩或年轻人的教育,则表现为一种寄于日常生活的无言教育,也就是只用自己的行动影响小孩,只是形成一种教育的氛围而已。"家庭教育一般是教育子女如何为人处事,如鼓励子女勤劳生产,教诫不要好吃懒做,不要偷窃及做其他坏事,对父母要赡养,对老人要尊敬,与朋友要诚实相处。敬老爱幼作为一种美德尤其受重视。在瑶族家庭里,很少有打骂小孩的事。见老人要打招呼,让路、让座。老人死后受到怀念。瑶族没有本民族的文字可以记载历史,很早以来他们就创造了一种记忆祖先的办法。每逢大节祭祖,要由家族中一位老人由近及远地念出历代祖先的名字,念时全家人在旁静听,念完后才进餐,以示'不忘根祖'"。② "笔者在土瑶社区生活了八个多月,从来见过土瑶成人训斥孩子或打骂孩子。有一天傍晚,房东的小女儿在喂猪时,一群小鸡拥过来挤在盛饲料的水桶边啄食,小女孩驱赶不及,随手抓起一只便扔向门外,不料小鸡的头部正好摔在门框上,扑腾了两下

---

① 李远龙:《传统与变迁大瑶山瑶族历史人类学考察》,广西民族出版社2001年版,第79页。

② 许立坤:《近代瑶族教育述论》,载《广西社会主义学院学报》,2005年第4期,第38页。

就断气了。笔者当时想,房东肯定会打骂孩子,至少会责备几句。没想到房东却笑吟吟地说:'哇,土妹,今晚咱们有鸡肉吃了。'边说边开始生米烧水烫鸡,但小女孩那一晚却一声没吭,静静地坐在堂屋中央的火堆旁,凝视着跳动的火苗,不停地咬着自己的手指。显然她很内疚,在自责自己的鲁莽行为"。① 这种寓生活之中的无言教育,其效果显然要比简单粗暴的说教打骂好得多,因为我们可以看见小女孩已经从内心认识到自己的失误,这次教训也一定成为她终生难忘的一个事件,这样的伦理教育无疑具有极强的时效性。

瑶族有句话"没有肉吃男人害羞,没有饭吃女人害羞",这是教导人们必须勤奋劳作,只有劳动,才能创造财富。于是,青壮年男人都是猎枪时刻不离身,每至农闲就上山围猎,山猪、马鹿、麂子、虎、熊是主要猎物。每猎获大兽,由"寨老"主持,除"参战"者每人应得一份外,其余则煮成大锅,全村人分享。小猎物则自行腌制,挂在火棚上烟熏留用。平日以野菜、辣椒佐餐,宾客至则酒肉诚情以待。瑶族崇尚勤劳朴实,因此男孩满 15 岁就要下地干活,诸如犁田耙田,铲田埂,放牲口。女孩 12 岁就要练习纺线织布,刺绣染缝,饲养家畜,同时下地参加耙草薅地等劳作,所以流行着"男十二当家,女不嫁懒汉"的谚语。② 瑶族勤劳朴实、成果分享的淳朴民风,不是通过说教本身收获的成果,而是在具有的日常生活劳作过程中,通过行为以一种无言的方式进行传承,于是可以形成整个族群的诚意信仰。很显然,在这样一种氛围下,如果哪个人胆敢违反这些准则,就一定不能在这个族群聚落中生活,即使没有任何惩罚,也一定不为这个族群所接纳容忍,这就是无言教育的力量。

三、启示:知行合一的典范

"知行合一"作为一种哲学观念,首先由王守仁提出,明武宗正德三年(1508年),他在贵阳文明书院讲学时首次提出。当然,王守仁所言的"知行合一",也我们现在所理解的哲学观念不是一个内涵,他所说的"知",是一种良知,也就是指人的道德意识和思想理念,而"行",是指人的道德践履。在王守仁看来,知决定着行,道德意识是人之行为的指导思想,按照道德的要求去行动就是达到良知的方法,在道德指导下产生的良知是行为的开始,符合道德要求的行为则是良知的完成。现在,对于知行的内涵已经更加哲学化,"知"代表知识,已由原来的良知拓展到一切知识,"行"则表示实践,亦由原来的道德践行拓展到一切实践,实践总是它

---

① 袁同凯:《走进竹篱教室》,天津人民出版社 2004 年版,第 265 页。

② 河口瑶族自治县地方志编纂委员会:《河口县志》,三联书店 1994 年版,第 100－101 页。

的核心。至于知与行的关系,哲学家们有关诸多论述,我们通俗地认为,两者不应也不该分离,知在行中,行里含知,没有无知的行,也没有无行的知,这也是从群众身教行为教育中得到的最大启示。

从文化传承和教育孩子的角度看,瑶族民众最为我们所佩服者就是尊重孩子,从不训斥打骂孩子。这并非个案,而是具有某种普遍性,这应当也是瑶族民风淳朴的重要表征。相比较而言,汉族的孩子教育呈现另外一种情形,都比较信奉"棍棒底下出孝子",打骂是基本也是基础的教育手段。在家里,父母打骂孩子,在学校,老师打骂孩子,没有哪个孩子不是在长辈的打骂中长大,于是,这种教育方式也应一代一代地延续下去,以为这是万古不变的真理。但是,瑶族教育孩子的现实告诉我们,孩子的教育其实也可以使用另外一种方法,不打骂孩子顺应孩子天性,孩子并没有不成才,也不会不孝敬父母。相反,瑶族具有较之汉族更为淳朴的民风,这不能说与其尊重孩子的教育方式无关。当然,我们也不能说汉族打骂孩子、严格要求的教育方式完全失败,也造就许多大师、创造灿烂的文明,确实也有其相当成功的地方。我们从结果层面看,假如已经确认达到的目标基本一致,瑶族与汉族都培养了懂得礼义廉耻和遵守仁义礼智信的民众,那么我们为什么不采用尊重儿童人格、情感和思想的瑶族教育方式,使其顺应自然天性达到目标,却采用打骂孩子损伤孩子身体和心理的方式教育儿童?

瑶族百姓对于孩子的教育,非常注意利用当下现场的情境进行教育,一般不会脱离情境进行空洞的道理说教,于是能够给予孩子深刻的印象,因为有着具体的情境,能够实现知识及道理与情境的关联,能够实现感性知识与思维抽象的一体,于是可以内化知识并且变成行动。这样一种教育方式方法,与当今强调左脑开发的同时,更加注重右脑开发,形成多元智能齐头并行的联动开发思想正好切应,可以从这个层面解释瑶族的教育方式方法,也可以给予我们有益的启示。通常而言,左半脑思维材料侧重语言、逻辑推理、数字符号等,右半脑思维材料侧重事物形象、音乐形象、空间位置等,体制类学校教育基本上关注左脑培养,相对忽略右脑开发,因此一些教育工作者极力推荐右脑教育,旨在平衡开发左右脑,促进人的全面发展。从瑶族教育实践中,我们可以看到,瑶族百姓并不刻意开发左脑思维,而是充分利用具体情境进行教育,也就是无意中充分开发右脑,于是左脑也得以相对打通,形成左右脑的联动,因此教育效果都比较有效。这也正切合中国人的思维特点,我们比较擅长感性思维,相对弱于抽象思维,抽象的东西需要附着在感性事物上,于是才容易理解掌握,因此传统的许多理论表述都倾向使用形象的事物进行比附。瑶族百姓的教育孩子方式,正是我们所擅长的思维方式,因此能够收到良好效果,于是,我们现代的学校教育不应该放弃这种行之有效的方式方法,它可以达到知与行的有效统一。

各个家庭的瑶族父母显然不是教育家,却有关胜似教育家的感觉,因为其教育理念与效果,都能够达到有效统一。瑶族是没有文字的民族,普通民众从来没有进过学堂,也不认识任何汉字,完全属于文盲,因此没有任何系统性理论化的教育理论。也许正因为普通瑶胞没有这些教育理论知识,于是遵从天性遵守传统,以一种自然的方式进行教育,以一种春风化雨潜移默化的心态,收到最为自然的效果。龚自珍曾经写过《病梅馆记》,其道文人画士之心意:“梅以曲为美,直则无姿;以欹为美,正则无景;以疏为美,密则无态。”正因为有着一个人为设定的标准,且这个标准未必“放之四海而皆准”,于是必然隐含违背人之天性的教育方式方法,“斫直删密锄正”就具有某种必然性。现在,我们提倡的最优教育就是顺应天性,促进学生的个性化发展,不以统一标准要求所有学生,达到学生所能达到且可以达到的发展目标,确保学生在各自的社会生态位上充分自由的发展。从这个意义上说,我们应该向瑶族民众学习教育孩子的理念与方法,形成学生丰富多彩的发展空间。

第三节　女童教育

我们知道,任何一个族群社区在客观与主观双重力量作用下,都不会固守现状,都会表现出改变现状的某种趋向:一种更加符合自我理想取向的变化。一个在物质文明相对落后、文化生活相对贫乏的族群社区,这样一种心理欲求在比较状态下更加明显,总是趋向于追求相对先进族群社区的物质与文化生活。贺州市土瑶族群社区的女童就表现出这样一种强烈追求,希望融入当地主流社区而改变自己身处贫困地位的命运,从而过上文明富足的现代生活。改变命运的手段因为时代、环境的差异而有不同的表现:从前是希望力求通过自身勤劳改变命运,后来则采取逃婚的方式寻求命运的改变,现在更多地倾向于通过学校学习运用知识的力量改变自己的命运。

一、新中国成立前,就学率呈现空白

“20世纪50年代以前,土瑶山区没有正规的学校教育。95%以上的土瑶子女没有读书识字的机会,只有赛迭识些汉字,妇女的文盲率100%。”①由此可见,不

① 袁同凯:《走进竹篱教室》,天津人民出版社2004年版,第103页。

仅是土瑶女童处于就学率空白的状态,就是整个土瑶社区都可以说是处于就学率空白的状态,于是男女在就学层面没有表现出明显的差异或歧视。

为何会呈现如此突出的族群集体失学现象?这大约可以从三个层面分析其中的原因:旧时统治者的愚民政策,土瑶民经济力所限与信奉的文化使然。旧时统治者奉行的愚民政策不必赘述,因为它不仅对于瑶民如此,对于汉民及其他民族也是一样,只是对于瑶民显得更加明显而已。

经济力的限制,却是一个突出的因素。土瑶居住环境比较恶劣,全部散居在海拔 500 米以上的贺州市绵延一百多公里的大桂山脉边远山区,距离乡镇所在地都在 20 公里以上(远的 60 多公里),许多村屯只有人行的村道,一些村屯修筑了能够通行摩托车的便道,最好的道路只能行驶农用车的四级村屯土路。土瑶族群社区据有面积 408.05 平方公里,约占两镇面积的 61%,但现有耕地面积却只有 8915 亩,其中水田 616 亩,山地 8299 亩,林地面积 56879 亩。①

虽然山地面积广大,但是山高林密、山势陡峭、土地贫瘠,能够用作农业生产的可耕地极少,同时也由于土瑶民长期以来仍在处于刀耕火种的耕作方式,因此收获不丰,只好以狩猎补充不足。其贫穷程度据贺州市扶贫办报告可见一斑,2003 年以前,土瑶群众基本上一年到头不能吃上一顿白米饭,都是以杂粮充饥,且只有约 2% 的人家勉强能够维持一年的伙食。与此同时,土瑶所在乡镇的经济收情况又怎样呢?"鹅塘镇距离贺州市仅 6 公里,人口 4.7 万人,地域辖 189 平方公里,而明梅、槽碓和大明三个瑶族行政村即占了鹅塘镇五分之二的面积,土瑶民人口是全镇总人口的 0.056%,鹅塘镇人均 2600 多元(2004 年)的纯收入就掩盖了土瑶民的贫困"。② 时隔多年,土瑶社区民众生活又发生多大变化呢?据贺州市沙田镇狮东村村公所主任凤客联 2006 年的一份书面材料显示:"生活方面,还有相当一部分没有基本解决温饱问题,全村仅有水田 120 多亩,主要是种玉米为主,兼种红薯、木薯、芋头,近年来的经济来源是在农闲期间外出打临时工,种少量生姜,到山上找集市收购的野生药材,平均纯收大约为 380 元,最高的 750 元,最低的为 280 元……至今我们村还没有建起村委办公楼,学校还是 20 世纪 90 年代建起的泥土房,也没有卫生所。"这虽然是新中国成立后的数据,但是应该能够说明问题。因为从总体上说,新中国成立后的经济力发展较之新中国成立前是有所提高的,特别是改革开放后,各族群的经济力发展更是突飞猛进,就是在这个总体形势下,土瑶社区的经济状况尚且如此,由此可以推想新中国成立前他们的经济力了。

① 贺州市扶贫办:《贺州市土瑶扶贫报告》,2004 年 12 月。

② 韦祖庆:《边缘化民族教育观念分析》,载《贺州学院学报》,2007 年第 1 期,第 96 页。

如此贫困的经济力，如何能够支撑旧时相对昂贵的求学费用？于是，稍微识得一些文字的赛迭，其所请私塾也不能保证正常开课，只能是有些学资就开学，没有学资就停学，赛迭的求学也始终处于一种断续状态。虽然如此，他们毕竟还是识得几个字，于是在族群中就处于社区上层，掌控着社区的政治经济精神话语权，成为社区的精神贵族。知识表征话语权，知识就是权力，这在土瑶社区中体现得尤为明显。因此，若想跻身社区上层，其中的一个途径就是拥有知识。但是，对于大多数民众，求学从来都是一种奢望，因为一天三餐还不能保证，哪有余力求学？因此，不管男孩还是女孩，都没有就学的机会与想念，于是几乎整个族群都是文盲。

族群文化氛围也不利于形成求学愿望。贫困是摆在土瑶社区面前的一个长期的现实，要改变这个现实，希冀旧时政府的特殊关爱，那是不可能的，唯有自己依靠自己，才有可能稍为改变一下贫困状态。面对没有外援的情况下，面对穷山恶水，土瑶民顽强的精神使得他们只相信自己的双手，相信勤奋出财富，这已经成为族群精神，也成为他们评价个人的基本标准。“土瑶人具有勤劳实干的传统美德，民间鼓励人们凭自己勤劳的双手养家糊口，任何踏实肯干的人都会受到社会的赞誉，而‘光故’（讲故事）则被认为是不务正业”。① 这样一种舆论氛围，不仅是对于讲故事者的一种贬抑，同时也隐含着对于求学的不认可，虽然他们也羡慕那些有文化知识的人，但对于自己及子女却并不推崇，认为那是靠嘴皮子生活的人，他们不实在。究其原因，还是经济因素起着核心作用，虽然求学可以获得命运的改变，但那是看不见的未来，且没有任何经济支撑力，因此没有形成族群的精神追求。眼前却是无米下锅，因此只好顾及眼前，于是只好上山劳作，解决眼前的肚子问题成为家庭乃至族群的第一要务，因此形成褒扬勤劳的族群精神。客观地说，这种精神氛围是应当褒扬的，但是它太过于强大了，竟至于淹没了求知的文化诉求，并且形成了对文化诉求的抑制，这就走向了勤劳精神的反面。正是这种族群精神氛围，一定程度上阻碍了族群求知氛围的形成，从而也为族群整体文盲寻得了一个理据，当然也抑制了女童的就学愿望。

二、改革开放前，入学率极低

新中国成立后至改革开放前，土瑶社区的教育行为与理念发生了一些变化，不仅改变了原来几乎没有民众上学的局面，而且还创办了自己的社区学校，不仅欢送男孩上学，而且也欢送女孩上学。“在 20 世纪 50 年代，土瑶山寨相继建立了

① 袁同凯：《走进竹篱教室》，天津人民出版社 2004 年版，第 59 页。

14所(个)小学(教学);60年代以后又创建了7个教学点”。“1952年整个狮狭乡(今贺州市沙田镇狮东村,引者)只有学生28人,1956年则有99人,1958年9月底统计,全乡共有学生175人,在设立了学校的村寨内,适龄儿童大都进了学校”。① 这里虽然没有进行性别分类区分男孩女童,但依照“适龄儿童”的表述,可以认为应当包括女孩,也就是说入学求知基本上已经惠及全体儿童。当然,这个求学层次还是非常低的,许多儿童因为各种原因没有完成学业,甚至于小学学业都没能完成,少数学生能够进入初中,基本上没有高中生,从来就没有人能够进入高等学校学习。“五十年来,与其他少数民族相比,土瑶的学校教育还相当落后,文盲半文盲占绝大多数。如鹅塘镇大明乡现有土瑶人口1213人,有小学毕业生224人,占18%;初中毕业生四人,仅占0.132%。雀儿冲、山瓜仔、大江边、清明岛等八个山寨竟连一个初中毕业生都没有”。② 从以上不全的数据当中分析,土瑶民族教育可是有喜有忧。喜的是土瑶社区学校从无到有,且具有相当的覆盖面,分布也较为合理。不仅如此,土瑶民能够接受教育者从原来的少数几个赛选之外,已经扩展到普通民众,且不仅指向男孩,且惠及女孩,这是一个前所未有的突破,也是土瑶教育的一个巨大成就。这个成就尤其表现在女孩能够接受教育层面,女孩从此获得了与男孩同等的接受知识教育的权利,也为她们掌握自己的命运开辟了一条绿色通道。忧的是在面积广大的土瑶社区,且分散着59个村民小组,每个小组还有若干村庄聚落,每个聚落分处在远近不同的山冲里,于是许多村庄聚落根本就没有教学点。如此一来,区区的20来个教学点,显然不能满足民众求学的需要,因为要求边远聚落儿童每天步行五六个小时,甚至十多个小时来上课,那是不现实的。由此,我们就看到土瑶社区儿童的入学率并不高,能够完成小学教育进入中学,且能够完成中学阶段学习者,寥寥无几。在这种情形之下,我们也能推断女童的入学率、巩固率及升学率,都会是非常有限的,虽然因为原始资料欠缺,而没有确切的数据,但此推论应当不会存在大的失误。

但是,不管怎样,女孩能够接受教育,这已经是一个零的突破,也是土瑶教育的一个巨大成就。究其原因,可以是多方面的,但以下三个层面应当是主要因素:政府实施民族平等政策、实施男女平等政策和教育平民化政策。新中国成立后,中国共产党实行了民族平等政策,各个少数民族与汉族拥有平等的发展权利。对

① 袁同凯:《土瑶学校教育的过去与现状:民族志的视角》,载《广西民族学院学报》,2004年第5期,第62页。

② 袁同凯:《地方政治权力与少数民族学校教育》,载《广西民族研究》,2004年第4期,第31页。

于瑶族而言,一个带有侮辱性的表示动物特性的"猺",被替换成了带有美玉的"瑶",给予了瑶族人民以人格的平等。在其他的政策实施层面,也给予瑶族与汉族同等的跟进力度,在民族聚居区域实施民族区域自治政策。正是在这样一个背景下,土瑶的教育得到了政府的有力关怀,学校建设从无到有,发展了20多所学校(教学点);土瑶就学学生也从无到有,整体上达到约20%的入学率;女孩上学也是从无到有,具有与男孩一样的就学权利;这些成就的取得无疑得益于政府的民族平等政策。

男女平等政策的实施,也是土瑶女孩能够走进学校接受教育的重要因素。国家实施男女平等政策,这就在政策层面保证女孩受教育的权利,它也就同时意味着公开拒绝女孩入学的机构或个人都是违反政策的行为,于是创造了一个女孩与男孩平等就学的外部环境。女孩完成学业之后,也可以获得与男子一样的工作机会,于是就为女孩教育铺设了一条光明的道路,读书不是无用,而是改变自己命运的难得机会。这就不仅为女孩接受教育后安排了出路,也为家长可能阻止女孩就学,打开了可能的心结,使之没有正当理由阻止女孩就学。不仅如此,男女平等的政策实施,以及男女平等思想的广泛宣传,也极大地激发了女孩自我意识觉醒,她们也会为了自己的命运自觉地争取教育权利。

历史上,统治者实施的是精英化教育,新中国成立后,国家实施的是平民化教育,也就是教育面向平民,惠及普通民众。精英化教育意味着教育面向少数人,且是面向统治阶层内部人员,培养统治人才。平民化教育则是面向普通民众,意在提升民众的文化素质与劳动技能,培养社会主义接班人与劳动者。正是这样一种教育指向,政府才大力兴建基层学校,翻身做主人的普通劳动者,才能够有机会进入学校学习。这个政策是面向整个中华民族,因此不管是汉族,还是少数民族,不管是男孩,还是女孩,不管是中心地区,还是边远山区,都能够相对平等地享受国家教育优惠政策。正是在这个大前提下,土瑶社区的学校建立起来了,土瑶的女孩也得到了就学的机会,土瑶社区的整个教育实现了历史性的突破。

三、改革开放后,基本实现与男童同等入学率

根据袁同凯先生调查,延及"2001年秋季学期,共有土瑶适龄儿童1144人,在校学生627人,失学率高达45%。这是个相当保守的数字,因为在统计过程中,部分土瑶家长会无意识地遗漏自己的女儿,而只提及男孩"。[①] 同时他还讲述自己的经历:"初到大冲山寨的那段日子,几乎每天都会看到一个十一二岁的小女孩,

① 袁同凯:《走进竹篱教室》,天津人民出版社2004年版,第135页。

用背篓背着一岁多的弟弟,跟着上学的伙伴到学校去。起初笔者以为她是带着弟弟去上学,但后来才发现,她并没有书包,上课时也从进过教室,也是长时间站在那没有玻璃的窗外,默默地注视着老师和同伴……在大冲、小冲,在整个土瑶社区,还有许许多多像她一样背着弟弟妹妹的小女孩,游离于学校的大门之外。"① 从袁先生的调查与描述中,我们可以得到两个基本信息:一是土瑶儿童失学率高,二是土瑶女童入学困难。对于这两个信息,应当历史看待。首先,高达 45% 的失学率,也就意味着其相对于原来约 20% 的入学率还是较高的,只是就学巩固率只有 55%,这从土瑶社区教育的纵向比较而言,已经是一个不错的成绩,虽然从横向比较看,其巩固率实在太低。其次,袁先生并没有分列女孩的失学率,只是以一个个案说明女孩就学困难程度,以及由此表达女孩强烈的上学愿望,如此影射女孩高度的失学率,这恐怕不很恰当。因为,这其中包含很多不确定因素,因此不能就此得出女孩入学率必然低的结论。

据笔者携鹅塘镇素质教育办公室何飞红老师调查鹅塘镇全部三个土瑶行政村,2006 年整个明梅小学(共 3 个教学点)适龄儿童共 169 人,其中就近求学 123 人,峒面就读 34 人,辍学 2 人,尚未入学 10 人(女 8 人,原因隔年招生);就近求学的年级有:一年级 48 人,女生 24 人;二年级 37 人,女生 18 人;三年级 38 人,女生 18 人。同时,回顾其他两个村的情况:2005 年整个大明小学(共 4 个教学点)一年级 92 人,女生 44 人;二年级 63 人,女生 30 人;三年级 57 人,女生 33 人。2005 年整个槽碓小学(共 3 个教学点)一年级 67 人,女生 30 人;二年级 31 人,女生 14 人;三年级 34 人,女生 14 人。鹅塘镇土瑶族群社区三所小学男生共 243 人,女生 210 人,考虑到男女性别的出生率,入学率达到基本平衡,这已经表明土瑶民已没有明显的教育层面重男轻女现象。2003 年,政府实施民族班政策,四年级以上学生进入乡镇中心小学或镇中学,集中进行寄宿制教学。贺州市鹅塘镇小学民族班男女生比例:2006 年秋季学期共有 251 人,四年级入学 81 人,其中男生 47 人,女生 34 人;2005 年毕业 59 人,其中男生 38 人,女生 21 人,巩固率是 48%;2006 年毕业 67 人,其中男生 42 人,女生 24 人,巩固率是 51%(本数据由鹅塘镇素质教育办公室何飞红老师 2007 年 5 月提供)。学生进入九年义务教育中高学段,男女生入学及毕业的比例开始表现一些倾斜,女生略显少数,女生辍学率与男生大致相当。

土瑶青少年在 21 世纪以前,没有大学生。2001 年,贺州市委、市政府从村干中,保送赵金春到广西大学农学系学习三年,土瑶有了自己第一个大专生,实现了零的突破。同年,赵仙也因香港卫施基金会提供三年的学费赞助,保送她到梧州

① 袁同凯:《走进竹篱教室》,天津人民出版社 2004 年版,第 145 页。

桂东卫校学习三年,于是土瑶有第一个女医生。赵仙既是土瑶社区第一个中学以上学历的女生,也是第一个通过求学获取工作的土瑶女性,同时还是土瑶社区第一个科班出身的正牌医生。2002 年,土瑶社区有 5 位同学(男 2 女 3)凭借自身努力考取了贺州市师范学校,这也是第一次土瑶学生凭借自己的实力考取的中等专业学校,并且在这历史性的第一次中,女生数量超过男生,接着他们又于 2005 年考取了贺州学院初等教育系两年制大专。2003 年再有 5 位同学(男 3 女 2)也考取贺州市师范学校,2006 年其中两位男同学考取了贺州学院初等教育系两年制大专。2007 年,八步区鹅塘镇槽碓村华洞土瑶凤木旺同学,考取了贺州学院艺术系平面设计专业本科学习,这是土瑶社区考取的第一个本科生。由此数据可知,男孩女童在高层次学校学习的比例大致相当,并没有明显的重男轻女现象,女孩获得了与男孩同等的接受知识教育的权利。

考察改革开放后,土瑶儿童的入学情况,应当说已经发生了可喜的变化。首先是基本上达到了普九的要求,男孩女童获得了同等的入学权利,且基本上实现了全部入学。其次土瑶学生的失学率从改革开放前的约 80% 到目前巩固率的 50% 左右,也实现了一个相对大的跨越,且在这些巩固率学生中男孩女童的情况大体相当,没有表现明显的重男轻女现象。再次土瑶学生不仅约半数同学能够完成九年义务教育阶段学习,而且还进入基础教育高中阶段学习,且在大中专就学层面实现了零的突破。他们从最初的依靠保送就读大学到依靠自己能力考取大学,真正实现了历史性的跨越。在进入高等院校学习的土瑶青年中,男孩女孩所占比例大致相当,突出彰显了女孩求学的潜力。

土瑶女孩之所以能够在如此短暂的时间内拥有如此突出的表现,大致可以从三个层面解释:一是国家普九政策的实施,二是土瑶族群社会心理相融,三是女孩具有改变现状向往未来美好生活的强烈愿望。

女孩之能拥有与男孩同等的入学率,从外在层面而言,政府实施的普九政策功不可没。普九政策,对于适龄儿童那是要求全部入学,不分男女,对于女孩的入学率还提出特别的要求,必须确保女孩能够全部入学。之所以如此,这是因为在传统社会,各个族群普遍存在着重男轻女现象,因此政府在实施土瑶社区普九政策之时,也特别关注女孩的入学率,从而于机制层面促成女孩取得与男孩同等的入学率。

由此回想袁同凯先生所说"部分土瑶家长会无意识地遗漏自己的女儿,而只提及男孩",为此,笔者于 2006 年 11 月,在鹅塘镇中心小学民族班与鹅塘镇中学民族班进行抽样调查,试图了解土瑶民自己对于性别的态度。小学发出问卷表 50 份,男生 25 份,女生 25 份;四年级 15 份,五年级 20 份,六年级 15 份;收回 48 份。

中学发出问卷表50份,男生27份,女生23份;七年级15份,八年级20份,九年级15份,收回50份。就性别情感倾向设计2个问题:

<table>
<tr><td>问题</td><td colspan="6">小学卷</td><td colspan="6">中学卷</td></tr>
<tr><td rowspan="2">父母更喜欢</td><td colspan="2">男孩</td><td colspan="2">女孩</td><td colspan="2">无所谓</td><td colspan="2">男孩</td><td colspan="2">女孩</td><td colspan="2">无所谓</td></tr>
<tr><td colspan="2">16</td><td colspan="2">8</td><td colspan="2">24</td><td colspan="2">15</td><td colspan="2">1</td><td colspan="2">34</td></tr>
<tr><td rowspan="2">对自己的性别</td><td colspan="3">满意</td><td colspan="3">不满意</td><td colspan="3">满意</td><td colspan="3">不满意</td></tr>
<tr><td colspan="3">41(女20,占女生83.3%)</td><td colspan="3">7(女4)</td><td colspan="3">39(女16,占女生69.6%)</td><td colspan="3">11(女7)</td></tr>
</table>

表格显示,虽然大部分家长对于孩子的性别表现出顺其自然的无所谓的态度,这就给予男孩女童相对平等的成长空间与心理环境,但还是有相当一部分家长表现出明显的男性偏好,并且让孩子感受了父母的性别情感偏向,这说明袁先生的调查并非空穴来风。与父母情感倾向不同的是,孩子本身表现出比较强烈的自我性别认同,男孩女童都占本性别人数的绝大多数,只是中学女生认同自我性别者其比例稍有下降,这说明在年轻一代,那种潜藏的性别歧视正在得到消解。此外,还有少数男女生对于自我性别表现出某种程度地不认同,表明他们具有某种程度的性别焦虑。造成父母与孩子在性别情感上的内在矛盾的原因很多,概括起来可能有四个层面。一是儒家重男轻女传统文化的历史因袭,土瑶文化除了自身瑶族文化影响外,主要就是儒家文化的影响,此外还有道文化等。二是土瑶族群社区原本就有不重男轻女的文化因子,"土瑶在生育观念方面普遍重女轻男;生女孩则摆酒举行庆祝仪式,生男孩则没有这种待遇"。① 对于小孩姓氏,也不强求随父姓,往往是头胎随父姓,二胎可以随母姓,这就不像汉人那样表现强烈的父系男权意识。三是现代社会的文明冲击,政府倡导生男生女都一样。四是土瑶儿童进入高等院校学习者男女比例相当,等等。这种内在矛盾,必然潜在地影响父母、男孩与女童,因此就不难理解其后一些问题存在相对矛盾性的回答。但是,从现实表现看,那种外在层面的重男轻女现象,在土瑶族群社区已经不明显了。总体而言,不管是父母还是儿童,他们对于性别的态度都表现比较宽容,这就为女孩获得与男孩同等的就学机会创造了有利的社会心理氛围,这是社区社会环境保障因素。

① 梁杰锋:《土瑶独特的服饰和起居建筑》,政协广西贺州市八步区文史资料工作委员会,《八步区文史》(第12辑),2007年版,第81页。

女孩之能不断进取,除了外部环境作用之外,更重要的还在于她们自身具有强烈的求知愿望,这是基于未来美好生活愿景的憧憬,这是更为根本的内在原因。改革开放后,土瑶儿童,特别是女童入学率显著提高,这除了政府作用之外,应该也包含女童自身内在需求的觉醒与指向明确,从而具有了目标动力。这个目标动力最初源于2001年政府及社会热心人士资助的两位男女同学进入大中专学生,从而使得土瑶儿童看到了可视的榜样。榜样的示范作用直接促成2002年的成效,土瑶族群社区学生历史上首次依靠自我能力考取了中等专业学校,不仅在量上取得大幅度的零的突破(5人),而且更是实现了质的飞跃,可以不需要凭借外在的力量而实现自己的梦想,这就极大地激发了土瑶儿童的自信心。自信心的增强就促成土瑶女童力争通过自身的努力而实现心中的梦想,于是也就由此转化为现实的求知之行。

那么就让我们看看生成土瑶女童自信心,巩固她们求学之志并促成她们求学之行的愿景是什么?同样是2006年11月的调查:①

① 韦祖庆:《民族班调查:族群记忆正在走失》,载《教育评论》,2007年第1期,第104页。

问题	小学卷				中学卷			
是否与城镇生活比较	是	否/没考虑			是	否/没考虑		
	15 人(女 10,66.7),31.3%	30 人(女 14,46.7),62.5%			17 人(女 11,64.7),34%	33 人(女 12,36.4),66%		
希望在城镇还是回村落生活	城镇	民族村落			城镇	民族村落		
	24 人(女 14,58.3),50%	20 人(女 10,50),41.7%			40 人(女 21,52.5),80%	10 人(女 2,20),20%		
造成现在生活状况的原因	交通不便	没有知识	不够勤奋	农产品便宜	交通不便	没有知识	不够勤奋	农产品便宜
	17 人(女 10,58.8),35.4%	17 人(女 9,52.9),35.4%	13 人(女 5,38.5),27%	0	20 人(女 6,30),40%	19 人(女 14,73.7),38%	8 人(女 2,25),16%	3 人(女 1,33.3),6%
如何改善生活状况	读书	修路	经商	打工	读书	修路	经商	打工
	36 人(女 15,41.7),75%	0	2 人(女 1,50),4.2%	6 人(女 4,66.7),12.5%	40 人(女 18,45),80%	1 人,2%	3 人(女 1,33.3),6%	6 人(女 4,66.7),12%
父母的期望	识字	不期望	上学	工作	识字	不期望	上学	工作
	6 人(女 2,33.3),12.5%	3 人(女 1,33.3),6.3%	22 人(女 15,68.2),45.8%	12 人(女 5,41.7),25%	4 人(女 2,50),8%	0	28 人(女 15,53.6),56%	18 人(女 6,33.3),36%
希望自己未来的职位	打工	拿工资者	商人	其他	打工	拿工资者	商人	其他
	11 人(女 8,72.7),22.9%	29 人(女 12,41.4),60.4%	1 人,2.1%	7 人(女 4,57.1),14.6%	9 人(女 3,33.3),18%	19 人(女 8,42.1),38%	10 人(女 7,70),20%	12 人(女 5,41.7),24%

此调查结果已经刊载于2007年1期的《教育评论》,只是这里根据问题的需要而进一步明确性别指向(原表格没有显示性别指向,但是调查中已有此项目),以便说明女童求学的内心愿景。从表格反馈可以看出,女童较之男孩更倾向于城镇生活,超过男孩一半强,这说明女童具有更加强烈的追求物质生活的欲望,这就是她们对于未来生活规划的愿景,也是促成她们求学之行的基本动因。为了摆脱艰苦生活,从前的土瑶族群社区妇女采取的基本方式就是不断演绎逃婚剧目,也因为如此才出现"四甲"决议。为了防止土瑶女子外嫁,1983年5月10日至11日,土瑶社区6个村寨集中在沙田镇狮东村大冲寨召开四甲会议,讨论禁止土瑶女子外嫁问题,并且形成《"四甲"会议决议书》。在合法婚姻遭受禁阻的情形下,一些妇女则通过私奔方式逃离贫困,奔向峒面相对富裕的生活,这就是土瑶妇女逃离艰苦生活向往美好生活的最现实手段。

女童之所以向往外面的城镇生活,就是因为自己的村落生活太贫困,两者反差太大的缘故。而造成村落生活贫困的原因从给出的事项看,男女生都倾向于不是"勤奋"方面的原因,因为其文化就提倡勤劳,且事实上土瑶民的勤劳也是当地有目共睹的。当然也不是因为"农产品的便宜",虽然这应当也是其中一个原因,但大家并不归因于此,就在于同处于这种价格环境下,峒面的汉人壮人却生活得更好。于是,大家都不约而同地认为"交通不便"与"没有知识"是其中重要的原因。"交通不便"是一个客观事实,是一个众人都能够认知的原因。而能够归因于"没有知识",这是认识上是一大进步,它不仅突破传统文化的认知局限,而且也接受了政府扶贫政策的舆论宣传,同时也是新一代面向现代社会的重大价值取向,因而也是族群社区的希望所在。在小学这方面男孩女童的认知相差无几,但还是女童略高于男孩,这也说明女童更加重视知识改变命运的力量与作用。到了中学,女童认为"没有知识"的比例进一步增强而达到73.7%,这充分说明女童掌握知识程度越高,越认识到事物的本质,越容易感受知识改变命运的力量,因此也更加倾向于掌握知识本领。

既然已经认识到其中的基本原因,那么"如何改善生活状况",其回答却令人深思。几乎没有人想到通过修路发展村屯经济,都是通过外向性发展的方式谋利生活的改善:不管是经商、打工,还是读书。这反映之前生活环境取向"村落生活"的内在矛盾,村落生存方式于内心是退而求其次之路,或者因为难以面对虽然精彩却也无奈的外面生活,或者是惯性思维做出的情势选择,或者是根的牵挂。不管什么原因,其透露的内在信息就是倾向于城镇峒面生活,那种从前是令他们可遇不可求现在的相对富足的生活,但它现在已是悬于远方的杨梅。在所提供的改善生活方式手段中,读书途径占据绝对多数,在取样的男女生性别中都在三分之二以上。当然,男孩女童相比,女童所占比例低于一半,它与男女生对于未来生活规划的愿景比例恰好相反。究其原因,可能有三。一是女童更长于幻想,而男孩更注重实际。二是在峒面乡镇所在地民族班就读,客观上存在着心理边缘化与心理挤压现象,可能由于女童心理承受力较之男孩为低,因此影响其现实的进取心。三是社区对于本族群知识女性的价值取向,认为她们更易于外嫁而影响族群的生存发展。在长期封闭的生存环境中,历史上的土瑶民只能在自己族群内通婚,不仅不能与外族通婚,也很难与瑶族其他支系族群通婚,因此保证女童不外流就成为重要课题,由此形成女童求学的历史负面影响,从而阻碍女童的求学之行。如果再结合与此同时的另一个调查情况,则更加能够说明问题。

问题	小学卷		中学卷	
读完初中	有信心	没信心	有信心	没信心
	42(女18,42.9%)	6(女6)	45(女22,49.9%)	5(女1)
读高中	想过	没想过	想过	没想过
	36(女17,47.2%)	12(女7)	37(女18,48.6%)	13(女5)
就读大学	希望	不期望	希望	不期望
	37(女18,48.6%)	8(女6)	37(女18,48.6%)	13(女5)
买书	喜欢/偶尔	不喜欢	喜欢/偶尔	不喜欢
	30(女17,56.7%)/11(女5,45.5%)	2(女2)	35(女17,48.6%)/11(女4,36.4%)	4(女2)
最佩服的人	领工资者	其他	领工资者	其他
	30(女17,56.7%)	18(女7)	32(女17,53.1%)	18(女6)

不管男孩女童,整体上都希望完成中学乃至大学的教育,虽然从表格上反映女童的愿望似乎没有男孩强烈,其比例弱于一半。对于"领工资者"的敬佩,结合访谈可以更加明确,土瑶儿童虽然对他们有着精神层面的追寻,更现实的却是其所代表的城镇物质生活。在这个层面,女童则略高于男孩,显现女童求学的物质层面的内在驱动力还是很强烈的,只是由于积习等方面的原因,对于求学之路还是略显信心不足。

读书求学的基本愿景是能够到城镇生活,那么它的具体目标指向又是什么?那就是走出务农的山门,于城镇峒面找到一份领取工资(这也就是"领工资者"所隐含的城镇生活符号)的工作,在这个层面上,父母的期望与孩子的职业设想是大致吻合的。虽然有些家长希望孩子在读书的现阶段就出来找工作,当然只能是一些非知识型的劳力工作,但于总体上也还是少数。在这个要求中,令人惊异的是,父母更多地将这种希望寄托在男孩身上,而更多支持女童求学,这也许与男孩在家庭中的担纲责任有关。也因为如此,女童就可以获得更多宽松的求学机会,因此更有利于求学之行的实现。看来,此又与女童背负的历史负面影响相悖,其实,这才是历史,它深刻地反映了土瑶民在历史转折时期复杂的心理内涵。近一半左右的家长并不希望要求孩子在读书年龄就出来找工作,而是支持其继续上学。这就为女童创造了良好的求学家庭环境,而且其倾向性高于男孩,一方面表征教育层面重男轻女现象的消解,另一方面也是女童自身努力的结果,如果女童自己不争气,能有这样的结果吗?“2005 年,鹅塘镇寄宿制初中共有 10 名学生被贺高、贺二高录取,中考成绩突出的瑶族学生凤连安、赵亚巳两位同学被国家民委示范学校一大厂高级实验中学录取,获得免三年学杂费、补助生活费的照顾。沙田镇寄宿制瑶族班 2004 年第一届初中毕业生中,黄金鑫和赵文修两位同学被录取到贺高民族班;2005 年中考中,邓接英和邓建英两位同学获‘B +’成绩。各班成绩也达到汉族垌面学校的平均水平”。[①] 在所列名单中,女生占据一半。但是,我们再看土瑶儿童对于自己未来职业设想,希望进入体制单位而“拿工资者”,却不能与父母对于女童的重视相符,男孩的比例远高于女童,这倒与“改善生活方式”显现的倾向一致。虽然凭借求学具有进入体制单位的可能,而能够真正进入体制内生活却并非易事,同时也往往只有土瑶学校单一单位可以选择,这与土瑶儿童希望通过求学而实现城镇峒面生活的价值取向不完全一致,因此中学生的此项选择比例在下降,转而选择做“商人”,也许这已与国家就业政策改变有关。不管是“拿工资”还是经商,都需要知识,都是女童自己的内心选择,也就是悬于远方的杨梅,都能牵引她们不懈努力,从而转化为内在的求学动因与现实的求学之行。

土瑶族群社区教育事业的发展,主要历经三个阶段:新中国成立前、改革开放前后,而实际上只是两个阶段,因为新中国成立前相当于没有教育。促成土瑶女孩能够不断实现求学愿望者,重要层面就是政府的积极支持,从民族政策到男女政策,从经济政策到教育政策,等等,这是强大的外在支持力量。此外,女孩内在的求知欲望,也是不可忽视的原因。支撑着女童求学之志者,内在的动因很多,核心的求学动力在于跳出务农的山门,希望依靠知识的力量进入具有现代文明气息的城镇生活。这种虽然非常世俗,却也极为现实的心理内驱力,具有强烈地内在

① 贺州市八步区民族宗教事务局:《贺州市(八步区鹅塘镇、沙田镇)寄宿制瑶族班办学情况汇报》,2006 年 5 月 13 日。

感召力，可以牵引女童不断前行。前行的道路并非坦途，而是充分崎岖，因此表现出求学心路的矛盾性特征。它既有女童个人的原因，更有传统文化积习的影响，有鉴于此，应当为女童的发展创造更为有利的条件。首先，继续强化男女平等意识，既加强女童的培养，也不能弱化男孩的教育，努力构建双性和谐发展格局。其次，注重女童感恩意识的培育，积极引导她们学成之后回报族群，一者可以提升族群整体素质，二者可以消解社区的族群生存发展之忧，这同时也是关注男孩教育的一个基本考虑。第三，广开就业门路，就业是求学的根本动因，没有就业前景的求学就失去动力，因此必须做好这件大事，如此才能巩固且发展土瑶女童教育。

第四节　经济教育

学生可持续发展的影响因素很多，其中之一就是经济，尤其是贫困经济，它大致表现为负面影响，从硬件到软件，从教师到学生，无不看到贫困经济的影子。在贫困经济不能立马消除的情况下，如何生成学生可持续发展能力，并且在学生走入社会之后，能够回馈社会回馈社区，从而促使社区逐渐摆脱贫困经济的困扰，这是一个很大的研究课题。这里以广西贺州土瑶为例加以探讨，土瑶社区经济属于贫困经济，长期以来严重制约着族群学生整体的可持续发展。目前，随着政府与社会的介入，土瑶教育状况开始显现好转，学生开始表现出可持续发展态势，值得回顾与总结。

一、贫困经济限制学生可持续发展

土瑶族群社区拥有面积408.05平方公里，约占两镇面积的61%，现有耕地面积8915亩（人均1.439亩），其中水田616亩（人均0.0994亩）、山地8299亩（人均1.339亩），林地面积56879亩。如此少量的可耕地，如果没有十分先进的耕作技术，则注定了他们生活的困顿。事实也确实如此，鹅塘镇与市区比邻，镇所距离贺州市仅6公里，人口4.7万人，地域辖189平方公里，明梅、槽碓和大明三个土瑶行政村即占了鹅塘镇五分之二的面积，土瑶民人口是全镇总人口的0.056%，2004年鹅塘镇人均收入2600多元，土瑶所占不满零头数，3个土瑶行政村年人均纯收入只有约600元。沙田镇也是与市区比邻的乡镇，经济状况较鹅塘镇还好些，人均收入更高些，土瑶的经济情形却是大同小异。

为何会形成土瑶族群贫困经济，原因当然很多很复杂，既有历史因素，也有环境因素，还有族群主观因素等。在生产方式层面，土瑶依然保留着刀耕火种的耕作方式,这就决定着他们不可能在十分有限的可耕地上收获富足,只能表现贫困经济。在生活理念上,也表现出小农生产的小国寡民老死不相往来的故步自封的生活方式,不仅不与垌面的汉人、壮人相往来,而且不与同是瑶族的其他支系(如相邻的过山瑶)相往来。没有交流就没有经济的发展,这也决定着它只能属于贫困经济。显然,这两个因素都与文化知识掌握程度相关联。当然,自从2003年由黄少雄、赖国荣领衔分别向广西区人大与政协提交改善土瑶生存状况的议案并得到回应后,情形正在改变,但还不可能有根本性改变。据贺州市沙田镇狮东村村公所主任凤客联2006年的一份书面材料显示,土瑶的生活状况依然不容乐观。要完全摆脱贫困经济,不仅需要外在力量的帮助,也需要族群自身的努力,这就不得不最终落实到教育层面。俗话说"治贫先治愚",族群没有人才则脱贫之路将比较漫长,因此必须发展学校教育。但是,依靠土瑶族群经济力量能够很好发展学校教育吗?显然不可能,这就是贫困经济对学生可持续发展的制约。

贫困经济与恶劣的生存状况会形成土瑶族群怎样的文化习俗呢?崇尚辛勤劳动,轻视文化学习。确实在那样恶劣的生存环境中,唯有依靠双手,才能收获些许粮食,才能比他人获得相对好的生存条件。因为"劳动是财富的源泉,是创造、衡量和比较价值的力量。衡量和比较仍然还是分配;因此,劳动本身既具有平衡的能力,也有多产的能力,看来它应该能够保证人类避免一切可能的匮乏"。① 这个劳动更被土瑶族群理解为体力劳动,因此,一切辛勤劳动行为都得到推崇和赞赏。相反,手无缚鸡之力且相对缺乏劳动技能的文化人,则难以收获更多的食物,也就难以得到村民的推崇和赞赏,于是土瑶就有"光故(讲故事)换不来饭吃"之说,隐含者某种意义的文化轻视。显然,这种由贫困经济而生成的文化习俗,它已经成为学生可持续发展的束缚。

贫困经济对于收费教育,它带给学生的直接危害就是失学,这是不言而喻的;对于免费教育,也会间接引发失学,因为家庭需要子女回家劳动挣取粮食,而一旦失学,学生可持续发展就无从谈起。回顾"20世纪50年代以前,土瑶山区没有正规的学校教育。95%以上的土瑶子女没有读书识字的机会,只有赛迭(即师公、道士,引者)识些汉字,妇女的文盲率100%"。② 可以看出,新中国成立前整个族群基本上是文盲,这不能不说它与贫困经济极大相关。新中国成立后,土瑶学校教育发生了根本性变化,虽然贫困经济现象依然严重,但已有部分学龄儿童(约2成)接受了学校教育。改革开放前,学生缴纳的学杂费极低,整个小学阶段每学期

① [法]蒲鲁东:《贫困的哲学》(2卷),余叔通、王雪华译,商务印书馆1998年版,第733页。
② 袁同凯:《走进竹篱教室》,天津人民出版社,2004年版,第103页。

缴费都是1元左右,相当于免费教育,但还是有相当部分土瑶儿童(约8成)失学,这也与贫困经济密切相关。因此,基于现实考量,这里所言的学生可持续发展包含着四个层次:能够完成九年义务教育阶段的学习、具有进入高一级学校学习深造的经济保障与学习能力、作为学生具备自主学习的能力和方法、作为社会人拥有摆脱贫困的自信和能力。其中避免儿童失学,能够进入学校学习,并且完成规定学业,这就成为学生可持续发展的第一步,也是最重要的一步。

二、入学是学生可持续发展前提

失学与贫困是孪生兄弟,一旦失学就没有学生可持续发展可言,因此入学是一切的前提。新中国成立前,土瑶族群入学率相当于零,新中国成立后,由于国家实行民族教育平等均衡的发展理念,这种情形有了较大改观。虽然"五十年来,与其他少数民族相比,土瑶的学校教育还相当落后,文盲半文盲占绝大多数。如鹅塘镇大明乡现有土瑶人口1213人,有小学毕业生224人,占18%;初中毕业生四人,仅占0.132%。雀儿冲、山瓜仔、大江边、清明岛等八个山寨竟连一个初中毕业生都没有"。① 但毕竟有了一定的入学率,可以说土瑶儿童获得了初步的可持续发展。当然,这个发展非常有限,土瑶村民最高学历还只是初中,不仅就学层次低,而且辍学现象严重,超过八成人口还处于文盲状态。这不是大明村个别现象,而是具有普遍性,入学率都在20%上下,甚至更低。学历基本上都在初中以下,参加工作的部分土瑶村落小学教师由于国家学历的要求,在原有小学或初中学历基础上被保送到中等师范学校(或通过卫电中师函授)学习,获得中师文凭。之后,又由于小学教师大专化的政策引导,部分教师通过函授学习,也获得了大专文凭。可以说初中以上学历,都存在于教师之中,这个时段的其他阶层还没有超过初中学历者。

在进入21世纪之后,随着国家对于教育的持续重视与国力增强,土瑶儿童入学率又有所提高,全部达到50%以上。这是土瑶社区整体入学情况,其入学率已经超过半数,比之前五十年提高了30个以上的百分点。为了提高入学率,更为了提高教学质量,使学生真正获得可持续发展,2003年,地方政府实施民族班政策,规定四年级以上学生进入所在乡镇中心小学或镇中学,集中进行寄宿制教学。例如,贺州市鹅塘镇小学民族班:2006年秋季学期共有251人,四年级入学81人,其中男生47人,女生34人;2005年毕业59人,其中男生38人,女生21人,巩固率是

① 袁同凯:《地方政治权力与少数民族学校教育》,载《广西民族研究》,2004年第4期,第31页。

48%;2006年毕业67人,其中男生42人,女生24人,巩固率是51%。民族班的初次入学率基本稳定在85%左右,个别年份可以达到100%,但辍学现象还是相当严重,最终巩固率只在50%左右。但是,坚持初中学成毕业者,大都获得了较好的可持续发展,之后成就了一批高中生与大中专学生。

20世纪90年代起,由于国家实施"两基"达标工程(基本实现九年义务教育、基本扫除青壮年文盲),因此小学的入学率明显提高,适龄儿童基本上实现全部入学。如以鹅塘镇明梅村小学共三个教学点为例,2006年秋季学期,龙船教学点适龄儿童43人,在校学生43人,入学率100%。暗冲教学点适龄儿童106人,在校学生102人(其中垌面就读34人),入学率96.24%。梅花尾教学点适龄儿童20人,在校学生12人,入学率60%(本教学点实行隔年招生,其他几个将于次年入学,因此当年入学率受影响)。由此可以看出,适龄儿童入学率几近百分之百,实现了学生可持续发展的第一步。

如果分析以上数据,我们还是可以清晰地看到入学率在不断抬升,但失学辍学现象依然严重,这就限制了族群学生整体的可持续发展。学生就学之后,尤其是进入教学资源较好的民族班学习,为何还会出现较为严重的辍学现象,从而影响学生可持续发展呢?据调查主要存在以下几个方面的原因。首先,家庭贫困与学业成绩差,这是核心因素。2006年月11月笔者曾对鹅塘镇小学和初中民族班进行问卷调查,小学卷50份,回收48份;中学卷50份,回收50份。问题:"你是否产生过退学念头,为什么?"小学卷:家庭贫困22人、学习成绩不好15人、在校心情郁闷3人、父母要求4人、自立需要0人;中学卷:家庭贫困33人、学习成绩不好15人、在校心情郁闷1人、父母要求0人、自立需要0人。这说明土瑶学生基本上都萌生过辍学念头,引发这种念头的原因主要集中在两个方面:家庭贫困与学业成绩差。家庭贫困不需赘述,学业成绩差也确实存在。据一位支教的青年志愿者朱老师说,他任教的沙田镇五中土瑶民族班七年级,2005年秋季学期,全班四十多个学生,语文只有不到10人及格,数学无人及格,英语的最高分只有28分。其次,年龄因素。同期调查学生年龄,其结果如下。小学卷:10岁1人、11岁7人、12岁13人、13岁12人、14岁7人、15岁8人;中学卷:12岁1人、13岁5人、14岁7人、15岁13人、16岁10人、17岁9人、18岁3人、19岁1人、20岁1人。小学阶段年龄在13岁以上者28人,初中阶段年龄在16岁以上者34人,明显高于正常就学年龄。据科任老师反映,年龄较大的学生因为存在心理压力,普遍不安于学习,由此也影响学生的可持续发展。这完全可以理解,他们的年龄普遍比同校同年级其他族群同学大5岁,再配以家庭贫困且学业成绩相对较差,怎能没有心理压力?怎能不产生辍学念头?究其年龄偏大的基本原因,就在于或入学时间迟,或收费上学时经济贫困,或隔年招生等,总之它或多或少都与贫困经济相关。第三,传统文化习俗影响。几百年来土瑶族群都处于文盲状态,且形成“崇尚辛勤劳动,轻视文化学习”的传统文化习俗,它不可能在短时间内清除,必定会影响到家长对待子女的学习态度,也会在儿童心理中产生不同程度的负面影响。社区村落小学各教学点,凡是村落逢年过节、红白喜事,教师可以自行决定停课放假,村民也没有任何异议且认为理所当然。这含有文化习俗对文化教育不重视的因素,由此限制学生可持续发展。

三、构筑有形教学资源发展台阶

教育发展需要基本的物质基础,否则无从开展教育工作,贫困经济基本表征就是缺乏物质财富,于是也就同时缺乏教育活动的物质支撑。有鉴于此,党和政府以及社会各界积极采取各种有效措施,努力解决土瑶学校教育基础性的物质问题,构筑有形物质性发展台阶,促成学生可持续发展。首先,着眼于校舍的建造。校舍是开展学校教育的前提条件,如果没有校舍或者校舍不避风雨属于危房,要促成学生可持续发展或获取高水平教学质量,恐怕会受到更大的限制,因此必须着力解决校舍问题。袁同凯先生曾对土瑶教育进行过专门研究,其著作《走进竹篱教室》,从书名就可以窥视土瑶校舍状况,确实竹篱房、砖瓦房及树皮房是土瑶社区目前校舍的常态。如沙田镇狮东村小学四个教学点全部都是土基瓦房:白虎冲教学点占地面积450平方米,校舍面积95平方米;大冲教学点占地面积130平方米,校舍面积50平方米;小冲教学点占地面积90平方米,校舍面积20平方米;大冷水教学点占地面积250平方米,校舍面积65平方米。当然近年来,土瑶社区村落小学校舍建造计划正逐步实施,如鹅塘镇明梅村小学共有三个教学点,龙船教学点于1997年建成一栋两层8间教室约500平方米的教学楼,暗冲教学点在2002年也建成了一栋两层8间教室约500平方米的教学楼,梅花尾教学楼建造正募集资金。沙田镇狮东村小学教学楼建造也在紧锣密鼓筹备中,总之,土瑶社区各村落小学的校舍状况正逐步改善,从而为土瑶学生可持续发展创造了基础条件。

其次,致力于学生的补助。土瑶学生入学率之所以在新中国成立后得到显著提高,特别是20世纪90年代后,教育事业获得长足发展,重要原因还在于国家给予入学儿童以各种形式的就学补助。2003年以前,土瑶学生基本上都享受国家两免一补的“两免”政策,免除教科书和杂费费用,从而减轻了土瑶学生相当部分的负担,也就给予他们可持续发展的可能。2006年,国家实行农村义务教育阶段免费入学,土瑶学生又从中获益。2003年以后,当地政府开办土瑶寄宿班,他们又得到生活费补助,即每生每月50元。在国家给予每个寄宿生50元伙食补助的情况下,同期调查他们每月伙食的具体支出情况。“你一个月伙食费多少?”小学卷:100元6人、98元1人、90元4人、70元3人、65元5人、60元5人、50元20人、20元3人、15元1人;中学卷:155元2人、136元6人、120元4人、113元3人、94元10人、84元5人、69元12人、50元6人、46元2人。小学生伙食最高者100元,平均每天3元左右;最低者15元,平均每天0.5元。中学生伙食最高者155元,平均每天5元左右;最低者46元,平均每天1.5元。学生在周末回家后,都会携带自制干粮回校,以充抵一周的伙食开销。相当部分学生甚至连国家补助的50元,都不舍得吃完,还要匀出一些他用。由此可见,如果没有国家的任何补助,这些学生还有可能继续上学吗?所有这些有形可见的经济支持,某种程度上解决了土瑶学生经济之忧,从而也构筑了学生可持续发展台阶,并在相当部分学生心中形成学习动力。

再次,倾力于民族班的建设。土瑶学生缺乏可持续发展能力,原因可以追寻很多,居住分散学习时间少以及教师教学水平相对较低,也是其中不可忽视的因素,这也是开办民族班的基本考量。土瑶民居住分散,每个居住点之间最近的走路都要40分钟或一个小时以上,如龙船到观音是很近的,就是惯于步行的瑶民至少也要50分钟,龙船到暗冲要超过一个小时,有的甚至远及一天以上的路程。2003年以前,土瑶学生小学阶段全部在社区村落小学就读,教学点不管怎样布局,都会有相当部分学生需要步行2个小时左右,于是每天耗费在路上的时间大约4个小时(中午休息1小时,都不回家)。不仅如此,各教学点都存在学生人数过少的问题,有的少者只有十来人,多者也就百来人,只好实行复式班教学。2006年春季学期一至三年级,鹅塘镇三个土瑶小学人数:大明小学4个教学点共212人,槽碓小学3个教学点共132人,明梅小学2007年春季学期3个教学点共123人。2007年春季学期一至三年级,沙田镇狮东村小学4个教学点共207名学生。每个教学点都存在复式班教学现象,两个甚至三个年级的复式班教学较之分年级教学,当然会影响教学质量,因为课堂会受到不同年级的教学干扰,学习时间也缩水一半以上,由此必然限制学生可持续发展。同时,土瑶社区小学的教师教学水平也与垌面教师存在差距。从学历层面而言,现在小学教师已经普遍大专化了,但就实质而言他们还是中师文凭,就是中师文凭也是存在水分的,有的是通过三年全日制中师学习,有的则是卫电中师函授学习。中师前的学历,有的只是读过小学,有的达到小学毕业,有的只是读过初中,有的达到初中毕业,但是,地方政府为着维持土瑶教育,就保送他们就读中师。正如一位教师非常坦诚地说:“我连小学都没有毕业,被保送去读了三年中师,就当老师了,现在我们这些山里的老师连垌外小学五年级的学生都赶不上。”如此的师资水平，不用说都会限制学生可持续发展。为着改善土瑶教育，经过各方努力，2003 年终于开办土瑶民族班，吸纳四年级以上学生集中就学。民族班的开办基本上化解了本节所述矛盾：寄宿不用走读，节约了时间；分年级教学不必复式班教学，提高教学效益；师资水平处于乡镇一流，享受名师教学；教学设备较为先进，使用先进教学硬件。于是，民族班成为学生可持续发展不断提升的台阶。

第四，得益于社会人士的支持。贫困经济下土瑶教育既需要政府的政策扶持，也得益于社会各界热心人士的鼎力相助，如此也部分解决经济贫困问题，给土瑶学生创造了可持续发展的机会。例如，1999 年香港卫施基金会在李俊燕女士的带领下实地考察暗冲教学点的危房后，投资 16 万元建造暗冲教学楼。还有贺州热心人士如帅鱼、冲长、乌龙人马与劣马等，利用红豆社区广泛向人们寻求援助，发起了“沙田镇狮东村大冷水教学捐资建校倡议”、“募集图书建议”“募集文具与教学设备倡议”、“募集过冬衣物倡议”等，部分解决了学生学习用具等方面的困难，从而于物质层面提供了学生可持续发展机会。

四、培育无形精神性发展力量

基于贫困经济的土瑶教育，给予有形教学资源的支持是必不可少的，而培育学生无形精神性发展力量也是不可或缺的。正如马克思说：“理论一经掌握群众，也会变成物质力量。理论只要说服人，就能掌握群众；而理论只要彻底，就能说服人。所谓彻底，就是抓住事物的根本。但是，人的根本就是人本身。”①当然要达到马克思所言的理论层次是不可能的，但是理论毕竟属于精神话语，因此可以通过精神话语达成理论的效果。这就要求学校抓住学生这个“人”，以人为本，通过精神层面教育激活其内驱力，从而培育学生可持续发展力量，某种意义上说，这是比有形教学资料更为重要的支持，它因为作用于心灵，因而可以持久发挥作用。

首先，培育学生学业自信心。学生的可持续发展，最基本的表征就是能够连续就读，在九年义务教育范围内，按质按量完成国家规定的学业任务，在可能的条件下继续深造。这一看似简单的任务，在土瑶学生中却不一定能够实现，前之所述的辍学现象就说明这一点。要促成学生持续就学，学业成绩的提高是重要因素，因为这可以生成学生学习的自信心，而只有激活内在的求知欲且能够转化为学习现实，那才能实现学生可持续发展。由于各种条件限制，社区村落小学（一至三年级）的教学质量确实堪忧，它在限制着学生可持续发展。回看鹅塘镇明梅小

① ［德］马克思、恩格斯：《马克思恩格斯全集》（第 3 卷），人民出版社 2002 年版，第 207 页。

学语文数学为例可见一斑，这在自己命题自己改卷的情况下，学生成绩尚且如此，如果是统考且交错改卷，估计成绩会更不理想。如果他们与垌面其他族群学生同校或同班，那么学习自信必定会受到影响，从而影响继续就读的自信。可喜的是，民族班给予了土瑶学生更多自信，让他们感受到同样能够走向成功，可以学有余力继续求学。在2005年春季学期期考测试中，鹅塘镇瑶族班赵水花等30名瑶族学生获得成绩优秀奖，45位瑶族同学获得优秀少先队员奖，20多位瑶族学生获得区级数学竞赛奖，10名学生被贺州高中、贺州第二高中录取，凤连安、赵亚巳两位同学被国家民委示范学校大厂高级实验中学录取。沙田镇民族班的黄妹增、邓织兰、盘小兰、凤花留等同学获得了学校尖子生奖，黄金鑫和赵文修两位同学被录取到贺州高中民族班，邓接英和邓建英两位同学在中考获“B+”成绩。[①] 土瑶学生不仅可以完成九年义务教育阶段学习，而且还开始进入高中学习，甚至进入大中专学习。2001年，出于特殊照顾，当地政府分别保送土瑶男女生各一名就读大中专。2002年就有5位同学(男2女3)凭借自身努力考取了贺州市师范学校；接着他们又于2005年考取了贺州学院初等教育系两年制大专。2003年再有5位同学(男3女2)也考取贺州市师范学校，2006年其中两位男同学考取了贺州学院初等教育系两年制大专。2007年，鹅塘镇槽碓村华洞土瑶凤木旺同学，考取了贺州学院艺术系平面设计专业本科学习，这是土瑶社区第一个本科生。从原来几乎整体文盲到最高学历初中，从初中到高中、大中专，从需要政府出面特殊保送到凭借自身实力考取，隐藏背后的一个原因就是学生拥有了学业自信心，这是可持续发展的内驱力。

其次，培养改变家乡贫困经济社会责任感。农村父母和孩子长期以来就有这样的观念：读书就是为了跳出农门，从而远离贫困收获自己的幸福生活。读书而在外面世界找一份工作，从此自己的生活会过得相对富足与滋润，这是普遍的现实，因此有此想法是正常且可以理解的。但是，也有相当一部分人由此基本忘却了家乡父老、甚至父母的贫困，没有对家乡贫困面貌的改变做出什么贡献，形成家乡社会责任感的缺失。自己过着好日子，却将贫困依然留给社区，这应当引起高度重视，因为它不符合我们通过教育改变族群社区贫困经济的目的，因此要特别注意培养学生的社会责任感，生成学生回馈社会回馈家乡的思想意识与行动，这也是我们所言学生可持续发展的重要内容，而且是必不可少的部分，属于社会主义价值体系重要的学习内驱力。

---

① 贺州市八步区民族宗教事务局：《贺州市(八步区鹅塘镇、沙田镇)寄宿制瑶族班办学情况汇报》，2006年5月13日。

学生学成毕业,作为社会人从工作去向看,回馈家乡有两个基本途径:返回社区工作、留在外面世界闯荡。返回社区工作是直接服务于社区,其回馈行为显而易见。2001 年保送就读的两位男女大中专生,赵金春与赵仙都回到本社区工作,直接服务社区群众。特别是作为土瑶社区第一个科班且为女医生的赵仙,因为工作环境的艰苦、生活状况的困顿、医德医风的高尚,深受土瑶民的关爱,2006 年成为感动贺州的人物。留在外面世界闯荡,只要拥有回馈家乡意识,总可以付诸行动,从而为改变家乡贫困经济面貌做出贡献。从某种意义上说,这不亚于返回社区工作,因为他可以利用在外面世界工作的机会培植社会资源,由此可以调动整合社会力量为家乡脱贫致富服务。实际上,土瑶社区的脱贫致富,如果只依靠土瑶社区本身,那几乎不可能,只有依靠社会资源的介入,那才有可能脱贫,甚至相对快速脱贫。社会资源的支持,一靠主动介入;二靠土瑶民调动整合,这只能寄希望于土瑶文化人。因此,他们在外面世界工作不仅可以理解,而且也是一种人性化的做法,只要具有回馈家乡的意识与行动,我们不拘泥于形式,这是生成学生可持续发展的本意:它不在于促成学生个体的发展,虽然这也是必需的,而在于通过学生个体的发展促成社区的发展,最终摆脱贫困经济。考察通过自己努力考取大中专学成毕业学生的去向,2006 年毕业 3 个中专生,2007 年毕业 5 个大专生,他们有的社区工作,有的在乡镇工作,因为刚毕业各方面的积累有限,不管是资金还是社会资源,因而还不能要求他们有多大贡献,但是我们有理由期待他们的未来。

教育发展需要有形教学资源作基础,它包括教学硬件与软件两个基本方面。硬件包含的内容比较多,校舍则是其中最为基本的,没有校舍则无从教学,因此应当首先予以解决。软件方面最为重要的就是师资,师资缺乏或者教学水平有限,那么也难以保证教育教学质量。这些方面在土瑶学校教育中都存在着欠缺,而它们又都与土瑶社区的贫困经济存在千丝万缕的联系,凭借土瑶自身力量无法根本解决问题,于是必须依赖外面世界的支持。取得良好的外在条件只是促成学生可持续发展的外因,而外因必须通过内因才能起作用,因此必须建立学生学习的自信心。学生在学校中获得了可持续发展,可以不断学习深造,获得丰富的学识。但他们的发展不能就此结束,他们还要走向社会,作为社会人就是回馈社会回馈家乡,以自己的学识改变社区贫困经济的落后面貌。这是我们所言的学生可持续发展的本意,也是学生发展与社区发展的良性互动的基本预期。

(本章非注明数据由鹅塘镇素质教育办公室何飞红老师 2007 年 5 月提供)

第四章

审美化课堂教育

谁不说俺家乡好，这是人所常有的家乡情结和自我美化情结，每个民族都有着民族认同情结，都会自认为自己的民族是优秀的，于是才会自觉地传承民族文化。在当今社会，民族文化教育传承的主渠道已经从民间转向官方，已经由分散的非体制教育转向体制内系统性教育，因此必须高度重视学校教育，更为具体则要落实到课堂教育，否则民族文化将不免被边缘化。每个民族文化都是美的，也是独特的，为了在课堂上达到最优化传承民族文化的目标，因此需要构建审美化课堂教育。只有课堂是美的，民族文化也是美的，美美与共，才能达到最佳的教育效果。

第一节　审美化教学美学基础

在现代社会，任何民族文化都会被语言文字记录下来，即使没有文字的民族，也会被其他民族语言文字所记录，瑶族文化主要就被汉字所记录并得以文献化，由此达到能够在课堂教育传承的目的。人们透过这些语言文字符号，由此体味瑶族文化的内涵与风味。而味是物质所散发出来的作用于味觉的副产品，是一个极富物质性的范畴。这样一个范畴经由古人体味之后，从物质层面而走入精神层面，成为古人审美的一个核心范畴之一，形成源远流长的味象审美。那么语符文本又是怎样获取物质层面的味而使之上升到精神层面的审美呢？也就是人们在审美语符文本的时候，为何会看到语符就会有一种体味的感觉，形成辨味的审美心理？

一、语符孕生于饮食生活而携带味象

恩格斯说："语言是从劳动当中并和劳动一起产生出来的，这个解释是唯一正确的解释。"①虽然劳动创造了语言的论断不能说是形成语言的唯一正确的结论，

① ［德］恩格斯：《劳动在从猿到人转变过程中的作用》，人民出版社1971年版，第4页。

但其具有相当的真理性却是可以肯定的。既然劳动创造了语言,那么也就同样创造了语符文字。虽然文字的诞生远远落后于语言,具备了相对系统性的文字最为久远的也大约只有五千年的历史,但因为它是语言的符号化,因而也可以认定为劳动创造了文字,至少是与劳动密切关联。而人类的劳动是一种社会化的劳动,可以说是围绕着人类自身的生存而从事的活动。人类的生存首先表现为肉体的生存,因此劳动在一定意义上就是围绕饮食而依层次不断展开的活动,这种直接间接与饮食相关的社会性活动就是一种饮食生活,这也就意味着语符文字的创生孕育于饮食生活。既为饮食生活则必然直接间接地关联着食味,从而语符在其创生之初就不可避免地携带着味象。

从发生学的角度考察语符文字的起源可以知道,现存已知的比较古老的文字:甲骨文、楔形文字、圣书字、玛雅文字,都是起源于图画文字,具有强烈的表意象形特征。许慎《说文解字》第十五卷《叙》云:"古者庖牺氏之王天下也,仰则观象于天,俯则观法于地,视鸟兽之文,与地之宜,近取诸身,远取诸物,于是始作易八卦,以垂宪象……黄帝之史仓颉见鸟兽蹄跡之迹,知分理之可相别异也,初造书契……仓颉之初作书,盖依类象形,故谓之文;其后形声相益,即谓之字。文者,物象之本;字者,言孳乳而浸多也。"这里至少可以说明一个问题,起初之表意象形的文字语符,其取象都是熟识之象,也就是其步履所及目力所限的饮食生活范围之物象。此等物象因其为古人生存活动中所熟识,而生存就必然涉及饮食,也就包含着食味,于是表意象形之语符也因此而携带味象。

考察汉字生发之源的象形字,几乎都是与人类生存之饮食生活直接或间接相关的物象,其中相当部分是作为食物来源的动植物。许慎《说文解字》共收 9353 字,其中象形 364 字,指事 125 字,会意 1167 字,其他 7697 字。据陈寿、董治国的《学生常用汉字浅释》对部分象形字的分类分析:动物类 32 字,植物类 17 字,这些都是可以直接作为人类食物的物象。人类要获取食物就要具备必要的器物及对天文地理的基本认知,而这一类象形字列入分析的分别有 43 字与 24 字。近取诸身,对于摄取食物之生活主人的人类自身当然不能忽视,否则一切物象就没有意义了。这有关人体类的象形字列入分析的共有 34 字,另外还有不便归类的卜、示 2 字,总共分析了 152 字,占象形字总数的 41.7%。[①] 从这不算低的一个比例看,可以发现其中存在着同心圆现象,直接作为食物来源的动植物居于中心,围绕动植物的获取而逐渐扩展,它们都直接间接地服务于食物的获取。这些动植物以其独具具象的物象特征而导引围绕它们的外围活动,于是围绕饮食而展开的劳动,就具有

① 陈寿、董治国:《学生常用汉字浅释》,天津人民出版社 1981 年版,第 330 ~ 331 页。

了强烈的目的性。而能够带上目的性物象的饮食生活的劳动,正是人之区别于动物只会按照其所属的物种尺度进行生产的本质差异,由此人类劳动所及的整个范围与过程都必然地携带饮食物象。食物不仅有象还同时有味,象作用于视觉,味作用于味觉,其直接作用于生命体生命活动体验,因而也更为真切,更为印痕于生命体的生命运动轨迹之中。古人审美思维“得意忘言”、“得鱼忘筌”,自然也就有“得味忘象”,于是味象就更为根源地嵌入劳动之中,因而味象就从动植物象形字而整个弥漫开来播撒至所有的象形字,从而所有的象形字都携带上饮食味象。

“象形字的数量虽然少,但象形却是汉字造字的基本原则,是汉字形成的基础。指事字的大部分是在象形字基础上增加指事符号造成的。会意字常常是两个或两个以上象形字的组合。有许多形声字,实际上也是两个象形字的组合,只不过其中的一个用来表示读音罢了”。① 汉字构成的这种基本特性,无疑会把象形字所携带的味象连绵不断地播撒开去,其字之构成部分都已携带饮食味象,难道整字倒有可能不携带味象?当然,汉字当中也有极少数是使用抽象符号构造的,如上下之类,但其抽象符号本身并非自然生成,也是劳动抽象的结果,因而也间接地与劳动相关,同样也就携带味象。如此看来,汉字因为象形而携带味象,汉字语符的象形构字法则而将味象播撒到所有的汉字语符当中,因此可以确认象形能够生成汉字语符味象。

二、食物崇拜凸显味象语符

远古社会的社会性活动基本上都是围绕饮食生活而展开的,都是为了人类自我的生存,而当时却是一种恶劣的生存,其不仅表现在自然环境的恶劣,更表现在食物的短缺。“原始民族,即在最顺利的状态下,也永远避免不了食物缺乏的危险,所以食料丰富乃是常态生活的首要条件……我们倘能明白食物是人与自然环境底主要系结,倘能明白人因得到食物是会感觉到命运与天意底力量的,则我们便能明白原始宗教使食物神圣化是有怎样的文化意义”。② 这种食物神圣化的外在呈现方式就是食物崇拜,其主要表征为动植物的崇拜,它们“大多为动物(哺乳类、爬行类、鸟类、鱼类、昆虫),其次为各种植物,少数为其他无生物(如石头、长虹、星光、雷电等等)”。③ 这种动植物崇拜,不仅存在于远古时代,就是现今一些

① 陈寿、董治国:《学生常用汉字浅释》,天津人民出版社 1981 年版,第 12 页。

② [俄]马林诺夫斯基:《巫术·科学·宗教与神话》,中国民间文艺出版社 1986 年版;转引自潘知常,《中西比较美学论稿》,百花洲文艺出版社 2000 年版,第 98 页。

③ 祥贵:《崇拜心理学》,大众文艺出版社 2001 年版,第 64 页。

国家仍然有所存留，比如印度的蛇崇拜、泰国的大象崇拜等，还有一些则表现为国花、国鸟与国兽的崇拜。动植物崇拜经由一定时期之后，往往由实在的物体崇拜而转入虚化的物象崇拜，于是转变为图腾崇拜。其实“图腾观念的形成，多是生活依赖对象的经济价值以宗教的方式在意识中的历史沉淀。远古人类是在超现实观念的支配下，才产生了相应的图腾物，以保证基本食物来源和人身不受到经常性的危害”。① 一旦形成历史积淀，那就会形成集体无意识，从而潜在地永久影响后世的人们。

我们知道这种图腾物象的能指符号，实际上还是具有一定具象的实体性，其依然可以进一步虚化而为文字语符的虚象能指，从而形成食物语符崇拜。“昔者仓颉作书，而天雨粟，鬼夜哭”。语符在它创生之初就获得了窥测世界直指本源的神性，在原始之主客不分的前思维之下，语符可以置换实体，甚至可以超过实体而沟通本源。语符由此获得内在自足性而成为具有支配力的人类异己力量，促成了人类语符崇拜心理的产生，并已作为原始意象潜入集体无意识。语符作为一种能指存在，由此获得自为自在的神性，导致现今的人们依然着迷于食物语符的崇拜，比如龙凤鱼虎、粮丰稷谷等。当然远古时代的食物语符崇拜其范围与数量都更为广泛些，可以说所有进入食物崇拜的，也都表现为语符崇拜。崇拜心理的生成源于自身的缺失，从而使崇拜物从一般中凸显出来，进而获得对一般的统摄作用。高居于一般之上的崇拜物，就形成一个亮点，它的亮光会慢慢地向四周弥漫，于是产生所应有的晕轮效应。由此没有进入语符崇拜的食物，也可以获得人们的敬重，形成普遍存在的珍惜食物的理念。绿叶衬红花，二者相得益彰，各归其所。

食物最能嵌入生命本源记忆的不是实体本身，也不是建立其上的物象，而是食味。食味直接策应生命肌理，获取生命体味，留痕于生命本源，于是得味忘象，得味忘物。因此，食物语符崇拜而继续演进为味象语符崇拜。酸甜苦辣咸，腥涩焦麻冲，表示各种食味的味象语符在具有丰厚饮食文化的中华民族语汇中是难以尽数的。味象语符显然不能一一对应于食物语符，味象总是有限的，而动植物相对而言却是数不胜数的。味象因此而具有更为广泛的语义场，一种味象可以包揽许多动植物的食味，而一种自然动植物的食味往往是较为单一的。这就意味着味象语符崇拜虽然源于其相应的动植物之食味，但并不限于该食物，而是有着更为广泛的所指。中华民族的核心图腾龙凤，虽然不是现实中实有之物，但是可以肯定都是动物，而且都是由现实中多种动物合成的图腾。一般认为龙是蛇身、鱼鳞、狮头尾、鹿角、鹰爪、象牙等的复合体。凤的形象为：鸿前、麟后、蛇颈、鱼尾、鹳颡、

① 祥贵：《崇拜心理学》，大众文艺出版社 2001 年版，第 71 页。

鸳腮、龙文、龟背、燕颔、鸡喙，五色备举。这种传说中的神鸟，雄曰凤，雌曰凰，合称凤凰。动物的食味都有一个共同点，肥美甘甜余味悠长，也就是甘美。《说文解字》称："甘，美也，从口含一。"甘就是口中含有一食物，含在口中，并不马上咽下去，可作无穷的回味。《说文解字》云："美，甘也，从羊从大。"美也是甘，可说也是一种食味的表述。"宋人徐铉注曰：'大则美，故从大。'简言之，羊大则味甘，故大羊为美。美是与饮食连在一起的。美，作为一种心理上的最高享受，来自味觉。"①由此而知，甘美的食味就是来源于动物，且成为味觉中的最高心理享受，登上味象语符崇拜的宝座。甘美食味之能获得如此尊崇，离不开对龙凤图腾的仰仗，龙凤的至高无上的地位也使其所携带的动物甘美食味获得尊崇，甘美的味象语符由此而从众多味象语符中脱颖而出，成为统摄其他味象的审美标杆。

崇拜现象必然蕴含晕轮效应，具有裙带联动的功能。大凡与崇拜物存在直接间接裙带关系者，都可以得到辐射，从而也或多或少地带上崇拜物的神性，所谓"一人得道，仙及鸡犬"。甘美的味象语符崇拜虽则得益于龙凤图腾，但它显然就是多种动物甘美食味的经典代表，于是也就辐射所有动物。同时甘美味象从众多食味中脱颖而出，也就意味着成为美味标杆，其于其他食物具有某种的统摄作用。甘美味象的裙带联动并不止于食物，还进一步晕轮辐射到整个饮食生活的社会化劳动过程，由此泛化为判断社会审美行为的基本标杆，并深深地嵌入中国人的审美意识之中。一个人的生活好坏可以用甘美来判定，他生活得十分甜蜜，活得有滋有味。文艺鉴赏更可以用甘美来判定，孔子在齐闻《韶》，"三月不知肉味"。陆机在《文赋》中论述到文章有关弊病时说："或清虚以婉约，每除烦而去滥，缺大羹之遗味，同朱弦之清汜。虽一唱三叹，固既雅而不艳。"甘美的晕轮效应，已经全然走出食物本体，渗透至文艺审美领域，弥漫到所有文字语符当中，从而奠定古代形成辨味审美的心理基础。

三、交感思维引发味象感染语符

根据弗雷泽的研究，远古人类信奉巫术，以巫术思维体察人与物及物与物之间的联系。"巫术所依据的思维原则基本可以分为两种。一是所谓同类相生，或谓结果可以影响原因。第二是凡接触过的物体在接触以后仍然可以继续互相发生作用。前者称之为相似律；后者称之为接触或感染律。根据相似律，通过模仿，就可以产生巫术施行者所希望达到的任何效果。而根据接触律，巫术施行者可利用与某人接触过的任何一种东西对他施加影响。这一种东西可以是他身体的一个组成部分，也可以不是他身体的一个组成部分。前一种巫术称之为模仿巫术，

---

① 张法：《中国美学史》，上海人民出版社2000年版，第45页。

后一种巫术称之为交感巫术”。① 交感巫术所体现的交感思维其实并不为巫师所专有，其广泛地适用于每一个巫术施行者，即扩展到每一个普通人。其所相互感染的东西也并不局限于人体与物体或物体与物体之实体者之间，可以扩展到人体与物象或物体与物象之实体与虚象之间，乃至于扩展到物象与物象之虚象者之间。就语符味象生成而言，那就是食物交感饮食味象，食物交感饮食生活之语符，于是饮食味象交感语符，从此语符生成味象。

食物能指化就是文字语符。人类初期的文字发展雏形都是图画文字，具有强烈的表意象形特征，之后发展起来的具有真正意义的最早文字语符也是象形文字。象形者，“画成其物，随体诘诎”也。于是要形成食物的能指语符，就要比照实体之形而描摹出来，使之与实体相似，当然是抽象的虚象相似。这种相似性就是一种同类相生，依据相似律原则，食物虚象的能指语符就获得与实体同样的效力。这种对于物体的比照也是一种交感，食物因为能指化而交感语符，同时也就将食味传递给了语符，语符味象由此生成。当然这种比照起初是以直接象形的方式呈现，而当汉字构字法进一步丰富之后，这种比照就以别种方式诸如指事会意形声等出现，但不管以何种方式出现，其实都是一种交感。物体的能指化首先虚化为物象，实现物体与物象的交感。物象进一步虚化就形成文字语符，于是物象也就交感语符，其最终而实现物体与语符的交感。原始人类社会化劳动的中心内容就是更好地维持自身的生存，主要表现为食物的获取，其社会化就是一种相互依赖的亲密关系，这种关系同时也就表现为一种交感作用。因此对这种社会化劳动进行能指化的文字语符，其必然就交感于劳动，也就必然交感于食物，从而获取食物味象。已经交感而获得味象的语符，其于心理感应上可以置换食物本身而获得体味，呈现出食物自身所独有的特色食味。能指符号其于心理上等同于实体本身，这种依据交感律而代替实体本身的思维方式，不只存在于古代，实际上已经形成一种历史积淀，以原始意象之原型的方式影响着当下的人们。抗议活动中烧毁政敌的画像，判决公告上叉去死刑犯的姓名，土著人害怕照相摄去灵魂，这些就是现代版的交感思维。

象形受其画象的限制，其所造之字毕竟有限，只 364 字。余者皆据象形字而构成，于是形成以某一象形字为构字部件的语义场。象形字都是取象于食物或由饮食生活而扩展的社会化劳动，它们全都携带了味象。携带味象的象形构字部件而组成的文字语符，必将其自身所具有的味象交感传递给另外的构字部件，于是整个语符感染味象。一个象形构字部件往往作为形旁而形成一个庞大的语义场，这就形成一个交感磁场，其中的味象不会因为稍微疏离食物而有所减弱，反而因

① ［英］弗雷泽：《金枝集》，徐育新译，中国民间文艺出版社 1987 年版，第 19 页。

为相互交感而有所增强。许慎最早进行部首分析，共划出540部，其中相当部分是取象于食物或是与饮食相关的社会生活。其中动物类：“羊部45文，豕部36文，犬部33文，牛部20文，马部21文，鸡部3文。”①植物类，只草部“据‘大徐本’的统计是‘文四百四十五，重三十一’，并又新附‘文十三’。”②而人体类，只口部“据‘大徐本’的统计收字为180个，重文21个。”③完全不必列举太多，这已经可以充分说明问题了，语义场作为味象交感的重要方式，其交感辐射已经扩展至所有的汉字语符，它们因此而生成了味象。

还有一种语符值得注意，它们是直接能指食味本身的，比如酸甜苦辣咸等，这就是味象语符。这类语符味象因其自身就散发食味，所以给人的味象感受更为浓烈与直接。其于交际运用之中，就会形成一个语境语义场，依靠语境而产生交感作用，从而使那些并不直接表述食味的语符也获得味象感受。这种味象语符虽然数量而有限，由于其为直接交感，更可以直接作用于生命体的生命运动，不像其他语符那样味象已经潜入无意识，因而可以为普通人所体验，这大概也是辨味审美之所以形成得较早且具有广泛群众性的一个原因吧。

四、第二信号系统反射出语符味象

根据巴甫洛夫的研究，文字语符属于第二信号系统，其以文字中介能指而反射物体所指。语符的能指与所指，其关系具有任意性，并不具有内在的必然联系，是社会性的约定俗成。荀子曰：“名固无宜，约之以命，约定俗成谓之宜，异于约则谓之不宜。”以此能指中介而指向彼之所指，是一个社会性的过程，需要反复地协调约定，不能一朝所成。一旦形成社会性约定，就建立了稳定的能指与所指的反射关系，其于人的心理及认识自然地指向所指的事物本体。文字语符作为能指是指向社会的，社会性劳动所扩展的饮食生活就是其所指的基本内涵，其涵盖社会生活的所有层面。透过语符能指就可以反射社会生活，象征性地触摸那性命攸关的食物，体验那生活原生态，甚至潜回到生命本源。尤其是那味象语符，因其具有现实性且直接反射生命肌理，策应生命运动，直透生命本源，因此其反射度最为强烈，思梅即能止渴。味象语符直接牵引味蕾，激发味觉反应，形成稳定的味象心理反射。这种反射可以形成辐射性连带反应，由食味而食物，再由食物而围绕饮食生活而展开的社会性劳动，由此勾连整个社会生活。

文字语符能指体系的构建，其构形的基础是象形字。象形是“画成其物，随体诘

① 臧克和：《说文解字文化解说》，湖北人民出版社1995年版，第212页。

② 同上，第29页。

③ 同上，第34页。

诎”,也就是对象形物进行外在形体的抽象,以简要线条勾成其物,作为符号能指而象征之。很显然,其象形之法就是一种同构,于是能指与所指之间就形成一种异质同构的关系。语符的能指与所指关系总体上是具有任意性的,但这象形构字法却并非完全是任意性的,就因为其内在的异质同构特征。我们知道,象形字都是取象于食物或由饮食生活而扩展的社会化劳动,于是作为第二信号系统它就具有直接的心理反射,激活潜隐的味象心理体验。这种体验可以指向当下现实生活,也可以导向远古社会,打通古今,形成古今联动的宏大场面。意识层面的认识与无意识层面的体验形成一种内在交流,如此就强化了味象体验,激荡了整个语符系统。

中国人使用的第二信号系统汉字,那是一种表意文字,从发生学意义上说,每一个汉字都是一段故事。因此汉字语符能指反射的就不是单一意义的所指,而是一个意义群,是一个事件的运动过程。正因为如此,法国史前学家安德烈·勒鲁瓦·古昂认为:“中国文字保存的不是图画文字的遥远记忆,而是神话文字标记的一种特殊形式,他称汉字为‘神话文字’(mytho graphic)。”①这可以理解为透过汉字语符能够反射原始生活,激活原始意象,回归生命的原生态。而原初的生命就是围绕饮食生活而展开的生命活动,是携带味象的生活。因此作为表意性的汉字语符,实际上就是一个有意味的形式。“理想一些或夸张一些说,汉字的象形特征使它相当于当代西方接受美学所说的那种‘表述文本’,它‘显示了一种模式,一种结构化的指示,引导读者的想象。因而,意义只有作为形象加以把握。形象补充了本文结构模式遗漏的“内涵”,这种“内涵”代表着交流的基本条件’”。② 这种“内涵”就是语符所指,其指向远古的饮食味象生活,作为一种原始意象积淀于语符文本中,成为交流的集体无意识文化基础。虽则在意识层面不一定能够明晰意识,但它作为交流基础却是必然的存在,从而反射语符味象。

五、联觉通感沟通语符味象

人类感知外物通常借助五种感觉,视觉、听觉、味觉、嗅觉与触觉。它们分属大脑的不同区位,因而各有所司。大脑是处理信息的中枢系统,五种感觉只是其系统构成的必要部分,要素之间既相对独立,同时又相互联系,体现系统性的基本表征。要素之间的相互联系就打通了五种感觉,实现感觉之间的互换,这就是联觉通感。联觉的产生本质上是源于客观世界的有机性与整体性,它是这种有机性与整体性在大脑当中的反应。文字语符其以符号的形式呈现,必然首先作用于人的视觉,同时也会产生声音,或是有声朗读,或是无声默读,总之会同时作用于人

① 梁一儒、户晓辉、宫承波:《中国人审美心理研究》,山东人民出版社 2002 年版,第 349 页。
② 同上,第 354 页。

的听觉。味象是作用于人的味觉的,它与共同作用于语符的视觉和听觉,都同属于人的感觉,共同从属于大脑系统,因而具有相互转换的生理条件。语符是反应客观世界的,而客观世界是一个有机统一体,于是这三种感觉之间就具备了相互转换的现实可能,因此从宽泛的意义上说,阅读文字语符可以借助联觉而导向味象体验。

在语符系统中,还存在着大量的感觉语符,它们分别描述五种感觉。这些感觉语符分别联结各自的感受器,接受这些语符就会激活相应的感受器,引发相应的感觉体验。一旦某一感觉被激发,由于系统机能作用,往往会同时唤起其他感觉共同参与体验,构筑联觉网络系统。如果说非感觉语符的感觉转换,还只是具有某种潜在性,那么感觉语符之间的联觉就具备了转换的现实性。此种转换具有导向味觉之味象体验的可能性。视听味嗅触之五觉,与生命运动最为关切,直入生命肌理的当属味觉,其他感觉稍逊之。味觉与吃直接关联,没有吃就没有生命的存在,因此味觉最具本源性,具有最深厚的生命意象。吃所构筑的味象,既策应当下,又感应远古,具有强烈的历史回溯力。各种感觉相互激荡而形成联觉网络,味觉就凭借其自身内在深厚的生命意象与历史回溯力,从而导向自我,使各种感觉语符感染味象。

文字语符是能指符号,任何语符阅读都必然借助联想与想象。文字作为能指符号,其与所有的符号一样都是借助一定的物象来替代所指,能指总是遵循简化的原则,以尽可能的简约来指代尽可能丰蕴的所指,于是两者之间必然存在空白。接受者获取语符能指,只有借助联想与想象,才能填补空白逼近所指。而能指语符具有两个基本指向,一个是指向当下,现实的当下生活需要借助语符来呈现自身,再一个就是语符自我的原始意象,其导向远古生活,那是围绕饮食而展开的生活。这两种生活虽然它们的丰富性不能比拟,但都植根于饮食生活,应该说这就是其中空白所没有呈现的东西。联想与想象就起到唤起其中饮食生活的作用,于是也就携带了味象。其实,联想与想象就是大脑中枢系统的运动,必然要调动大脑机能的各个部分参与其间,各种感觉由此被充分地激活,形成联觉通感。“对人来说,客观刺激物作用于感受器,引起大脑皮层的活动,就产生一定的心理现象(如感觉、知觉、表象等等)。由于客观刺激物彼此间存在着一定的联系,反映在心理现象中就成为各个心理现象之间的联系,并且可以彼此互相引起,成为联想”。① 而想象主要表现为把过去的记忆和先前形成的心象,在某种新刺激之下重新合成一个新结构。不管是彼此引起,还是重新合成,没有联觉通感的参与都是不可能的。所以,只要进入语符阅读,就必须借助联想与想象,也就必然显性或

---

① 曹日昌:《普通心理学》(上册),人民教育出版社 1987 年版,第 59 页。

隐性地体验与沟通语符味象。

语符味象生成机制可以通过多种途径生成，其不管途径如何，都必须具有共同的味象生发点，如此方能殊途同归。味之能形成象，必须经由人的体验，化育生命运动，潜入生命本源，然后以能指的形式记录味的存在。能够让人真切体验味象者，只能是饮食生活，从而成为味象的有效生发点。而所谓饮食生活，本文特指以食物为中心，以获取食物为原发点，直接间接地与食物相关联并由此扩展开去的不同层面的社会化活动。如此之活动则必然会携带不同层次的味象，靠近中心点的其味象就浓重些，反之就会显得平淡些，甚至潜入无意识而令人不觉。虽则不觉，但其作为原始意象已然形成历史积淀，这是味象生发的必要基础，否则什么生成机制都是无济于事的。厘清味象生成机制，就能明白古人为何可以借助文字语符的阅读而能产生味象体验，形成源远流长的辨味审美，原来是有着这样的现实生成基础与生命策应肌理。

六、味象审美奠定审美化阅读教学基础

任何一种阅读教学模式都必须有相应的理论支撑，否则就会陷入一种盲目，审美化阅读教学自然也不例外。接受美学理论之进入阅读教学领域，其于教学的最大贡献当是读者理论，其所确定的读者之于审美中的重要地位，也奠定了阅读教学中处于读者层面的学生的主体地位。但是，接受美学并没有引领学生读者进行具体地文本审美，因此很有必要确立一种理论引领审美化阅读教学，这就是味象审美。味象审美不仅可以提供文本审美的理论指导，而且可以引领审美路径，因此能够成为审美化阅读教学的美学基础。

首先，审美化阅读教学必然表征文本审美。阅读教学之区别识字教学与作文教学等，其最明显的外在表征就是教学材料的差异。《义务教育语文课程标准(2011 年版)》指出“阅读教学是学生、教师、文本之间对话的过程”，这就表明文本是阅读教学所依据的基本教学材料，从而也就确定了文本在阅读教学中的地位。不管何种教学模式都必须凭借文本媒介来实现师生之间的互动对话，因此，从这个意义上说，阅读教学就是文本教学。

文本是阅读教学的基本凭借，审美化阅读教学自然也不例外。所谓审美化阅读教学之审美显然不同于纯然的审美，它是带有明显功利性的，也就是必须有着明确的文本教学目的，是带着责任意识的审美。并且这种审美只能在特定的教学时空当中实施，有着明确的时空限制，遵循教学时序的安排。其审美主体也是确定的教师与学生，尤以学生为主体，学生是审美教学任务的承载者与完成者，师生必须在教学活动中实现审美互动交往，共同完成一个审美过程。在这样一个审美化教学过程中，师生共同潜入文本体味文本，实现三方互动对话，文本以其内在的

审美性而实现与师生的交往,师生则从中获取审美愉悦,从而表征为无目的的合目的性的审美状态。很显然,这种审美化阅读教学的实现,其审美文本是关键,没有文本就没有审美的凭借,因此,审美化阅读教学必然表征文本审美。

其次,味象审美具有丰厚的民族文化蕴含。我们都知道,审美有一个审美期待视野的问题,期待视野既是个体的,也是民族的,而且往往还是民族的。任何一个个体都必然生活在一定的民族文化氛围之下,都必然受到这种文化基质的影响,从而生成其内在的审美期待视野。也正因为如此,我们的阅读教学就不能不顾及这种具有民族文化基质的潜在影响,只有充分而有效地利用这种影响,那才能于审美层面收到事半功倍之效。这就是我们确认味象审美之为审美化阅读教学美学基础的原因。

味象审美是独具民族审美特性的审美,西方没有类似于我们一样的具有如此系统性的味象审美。早在亚里士多德就认为,审美愉悦主要源自于视觉与听觉对象的和谐,而不是味觉和嗅觉造成的愉快刺激。格兰·亚伦也说,美感仅限于耳、目两种高等感官,至于舌、鼻、皮肤等低等感官则不能发生美感。希尔特《论艺术美》定义:“美就是‘完善’,可以作为,或是实在作为眼、耳或想象力的一个对象。”①黑格尔断言,美是理念的感性显现。这种显现不可能通过物质性的感官获得,只能经由心灵与精神而感悟。实际上,整个西方对于物质性的感官,尤其是直接关乎饮食的味觉,那是不予重视的,且形成了这样一种文化氛围:如果过度关注饮食,反而不能进入天堂的社会心理。

古代中国人则不同,其并不把物质性感官与审美对立起来,相反倒是紧密地结合起来。《论语·述而》记载:孔子“在齐闻《韶》,三月而不知肉味”,音乐的“乐味”密切地联系着“肉味”,并且通过肉味而呈现其所获得的审美愉悦。难怪晏子说:“声亦如味,一气,二体,三类,四物,五声,六律,七音,八风,九歌,以相成也;清浊,大小,短长,疾徐,哀乐,刚柔,迟速,高下,出入,周疏,以相济也。”②事实上,我们的先人已发展了比较系统的味象审美理论,从其中内在逻辑而非时间逻辑来看,形成了这样一个发展序列:肉味—余味—滋味—韵味(味外味)—无味。“肉味”说之起于孔子,“余味”说,则生成于刘勰。刘勰《文心雕龙·宗经》认为《周易》《尚书》《礼记》《春秋》等经书“辞约而旨丰,事近而喻远。是以往者虽旧,余味日新”。③ 其《隐秀》篇又提出“余味曲包”的观点,主张文学作品应当具有含蓄美。钟嵘《诗品序》则明确提出“滋味”说:“夫四言者,文约意丰,取效《风》《骚》,便可

---

① [德]黑格尔:《美学》(第一卷),朱光潜译,商务印书馆 1986 年版,第 22 页。

② 左丘明:《左传·昭公二十年》,岳麓书社 1988 年版,第 1333 页。

③ 赵仲邑:《文心雕龙译注》,漓江出版社 1982 年版,第 32 页。

多得。每苦文繁而意少，故世罕习焉。五言居文辞之要，是众作之有滋味者也，故云会于流俗。”说明文学作品要经得起咀嚼，使人感到有滋味，就要既注重思想感情的表达，又要注重艺术形象的塑造。而司空图则在总结和吸取前人论述的基础上，更是提出了著名的“韵味”说，认为“辨于味而后言诗”，好诗必须具有“韵外之致”。又说“倘复以全美为工，即知味外之旨矣”。① “全美”即不仅有“味中味”，且还有“味外味”，这就是艺术形象中包孕的“全美”韵味。先秦的老子认为要“为无为，事无事，味无味”，②提出了“味无味”的命题。很显然，他是把“无味”作为对“道”的一种体验，“无味”是最高最美的味，具有哲学意义。

味象审美因为植根于饮食，而饮食在传统社会生活中占据着非常重要的地位，所谓“民以食为天”，生成了十分丰厚的饮食文化。也正因为如此，以味评美就成为独具民族特色的基本审美方式，其不仅限于纯粹的审美领域，而且还走向了社会生活的方方面面，成为颇具大众色彩的审美判断形式而为大众所掌握。“声亦如味”，是表征以味来评价音乐鉴赏的审美感受，这是纯然审美层面的。“《春秋传》曰：‘和如羹焉，酸苦以剂其味，君子食之以平其心。同如水焉，若以水济水，谁能食之？琴瑟之专一，谁能听之？’是以君子之行，周而不比，和而不同；以救过为正，以匡恶为忠”。③ 此时之味则不在于审美，而在于评定君子之德行，和味平心，匡恶为忠。如此，以味评美的思维方式，就不仅由其物质层面而走入审美，而且还深入了社会生活。这种深入不会只停留在对于人的品行评价上，还会由自然哲学的层面上升到政治哲学和社会哲学的层面。春秋战国时期，齐相晏子在回答齐侯“和与同异乎”时指出：“和如羹焉。水火醯醢盐梅以烹鱼肉，燀之以薪，宰夫和之，齐之以味，济其不及，以泄其过。君子食之，以平其心。君臣亦然，君所谓可而有否焉，臣献其否以成其可；君所谓否而有可焉，臣献其可以去其否。”④和味思想已经进入政治生活，已然成为衡量判定君臣关系的标尺。不仅君臣关系，整个社会人伦关系都可以通过味来维系，也就是通过饮食来表征。“世路难行钱作马，愁城欲破酒为军”。这虽然描绘的是一种腐败现象，但却是现实中通行的有效做法，说明“味”（饮食）已然成为社会机器运作的润滑剂，从而维系着社会的基本人伦关系。形容一个人有能力与人缘好，就是“吃得开”。传统的节日，集中的表现就是吃，也就是以味来表征亲情与友情，味的厚薄就体现关系的亲疏。反观西方的节日，其重在格调而不在于吃，全然异趣于中国的价值取向。日常生活中，我们评价

① 北京大学哲学系美学教研室：《中国美学史资料选编》（上），中华书局 1985 年版，第 316 页。

② 李耳：《老子》，山西古籍出版社 2001 年版，第 113 页。

③ 范晔：《后汉书·文苑列传第七十下》，中华书局 1965 年版，第 2639 页。

④ 左丘明：《左传·昭公二十年》，岳麓书社 1988 年版，第 333 页。

一个人的忠诚厚道，是够铁哥们，是够味。赞美一个女子的漂亮，则是秀色可餐。判定一件事的有益，那是挺有味道。这就充分说明以味评美的思维方式，确然已经深入到我们社会生活的各个层面，可以说难有例外。

味象审美之能深入我们的日常生活，这并非偶然现象，而是有着一定历史理据的。从见诸文字有案可查的“肉味”说起算，就有着两千多年的历史。在这历史长河中，历经历时与共时的双面碰撞，味象审美就不间断地沉积并融入中华民族的文化血液，从而积淀成为集体无意识。这种集体无意识就成为人们处理相关事情的先在结构而起作用，也成为人们审美的期待视野而隐在地影响着审美取向。只要生活在中华文化氛围之内，其不可避免地就会受到这种文化基质的影响，从而具有传统的审美趣味取向。有鉴于此，确定味象审美作为审美化阅读教学的美学基础，就具有充足的历史理据，当然也具有充足的人文理据。我们的学生就沐浴着中华文化的阳光，必定承接着传统的审美趣味取向，已然具有了审美的先在结构，那么，充分而有效地利用这种结构，就能更好地激活其潜在的审美意趣，从而可以有效地实现审美化阅读教学的目的。

第三，“澄怀味象”体味审美文本。唐代宗炳说：“圣人含道映物，贤者澄怀味象”，①这实际上提出了审美味象的基本途径，“澄怀”是前提，体味是审美鉴赏的心理感受过程，而“象”则是体味的客体——审美的文本意象。这种“澄怀味象”的实现就是审美主体与审美客体的互动交融，表征在教学层面就是已然实现了师生与文本的互动对话。“澄怀”本指道家的澄静心怀，可以表征为“心斋”与“坐忘”。《庄子·人世间》道：“一若志，无听之以耳而听之以心，无听之以心而听之以气。听止于耳，心止于符。气也者，虚而待物者也。唯道集虚。虚者，心斋也。”而“坐忘”，则《庄子·大宗师》云：“堕肢体，黜聪明，离形去知，同于大通，此谓坐忘。”这就是要“忘乎物，忘乎天，其名为忘己。忘己之人，是之谓入于天。”②可见，忘己是坐忘的最高境界。只有达到充分的“心斋”“坐忘”，那才能进入一个全然物我两忘的审美境界，才能真正体味审美之象的内在意蕴。因为象表面上存在于文本之中，蕴藏于语符之内，实际上却存在于文本之外并且制约着文本。王弼《周易略例·明象》就有着非常精辟、深邃的论述：“言生于象，故又寻言以观象；象生于意，故又可寻象以观意。言以象尽，象以言著，故言者所以明象，得象可以忘言；象者所以尽意，得意以忘象。”正因为“象”有如此之玄妙的特征，那么要充分地审美，就非要“澄怀”之“心斋”“坐忘”不可。

---

① 北京大学哲学系美学教研室：《中国美学史资料选编》（上），中华书局1985年版，第177页。

② 庄周：《庄子》，山西古籍出版社2001年版，第69页。

但是,如此严格的“心斋”“坐忘”,这对于拥有几十人的一个教学班,且就在45分钟的一个教学课时内,要全然达成则几乎是不可能的。这就要求必须有所变通,既具有“心斋”“坐忘”的氛围,又具有阅读教学所必需的教学气氛,形成独特的教学式“心斋”“坐忘”。这种独特性就在于受制于教学节律的控制,其主要表征为三个层面:教学时间节律,教师教学节律与学生认知心理节律。一个教学时间就只有45分钟,这对于审美所需的“心斋”“坐忘”而言,显然是较短的时间,不仅如此这个时间还必须被分割,从而不可能具有审美的整一时间。各个教学环节需要分割时间,教师为着完成其间的教学任务又有着时间方面的考虑,同时学生的认知注意也在影响着时间的分割,这就决定了“心斋”“坐忘”的时间有限性,并且这时间很可能不是整一而是分割存在。教学时间性就决定“心斋”“坐忘”的深入程度必定是有限的,而且这种审美状态因应教学节律所生成的迅速“出”“入”也构成了教学式的特征。教师教学节律由此也深刻地影响着“心斋”“坐忘”。教师总是带着特定的教学任务而尽可能充分利用一个教学时间,为着实现这个教学目标,必然有着自我的教学时段精心安排,这就决定不可能全然用于“心斋”“坐忘”。不仅不可能做到如此,而且教师还会特意安排一定的时段给予学生清醒的理性参与,从而实现在理智状态下的师生交往对话。其实,教师的教学时段安排还必然会考虑学生的认知心理节律,一个教学时间内青少年学生的有效注意时间一般在20分钟左右,小学生大致是15分钟,中学生大致是25—30分钟,都不可能全然保持自始至终的有效注意。这样的认知心理节律显然是与“心斋”“坐忘”的要求存在着差距,这也形成其独特教学式的一个因素。

那么,独具特色的教学式“心斋”“坐忘”其基本内涵又是什么呢?究其实,可以表征四个层次。第一层次是排除现实外界干扰,进入教学状态。铃声就是时间的阻隔,教室就是空间的割断,于是这就形成了教学的小天地,其于外在的现实世界相分离,从而生成一个相对自足的时空状态,这就是教学状态。第二层次就是其以无目的之合目的性进入文本境界,并以旁观者的身份观照文本世界。教学总是负载着一定的教学任务的,但是,在进入文本境界途中应该消解这种外在的负荷,化教学任务于无形,以无为而无不为的心态进入文本审美。这时的审美应该在潜入文本境界之时,还应与文本世界保持一定的距离,取旁观者的姿态观照之,以期获得清醒的认识,所谓旁观者清。第三层次则是追求物我同一的审美状态。在历经旁观者之后,那就应该追寻与文本形象的合二而一,潜入形象的内在心灵而与之同呼吸共命运,消解自我意识的存在,从而达成“我即形象,形象即我”的物我同一状态。第四层次应该是审美的最高境界:物我两忘。这就是纯然的“心斋”“坐忘”,也是进入“味无味”之“道”的境界,这在教学中是难以达成的,只是作为一个追求的理想目标而存在。

澄怀是前提,味象才是目的。要味象就要疏通文本,扫清语言文字方面的拦路虎,弄清文本的表层意思。这样就可以捕象了,就是捕捉文本的审美意象,这是蕴含文本审美滋味的主要承载者。只有有效而准确地捕获审美意象,那才能观照之,从而潜入文本而体味其中的审美滋味,这也就是味象了。意象往往是以个体的方式存在,而文本却是一个有机整体不容割裂,因此必须还原之而重构一个文本整体。其于重构之中,也就获得了文本的审美韵味,既在文本之中,又在文本之外,深刻体验文本之味外味。

第四、"出乎其外"体味"味外味"。"澄怀"讲究的是入,有入必当有出,于是就要"出乎其外"体味文本之"味外味"。此之"出"不是走出教学状态,而是走出文本世界,以理性的眼光反观文本世界。学生要始终处于教学状态,原本消解于无形的教学任务意识重新唤醒,从而带着责任意识审视文本学习文本,完成其中所规定的教学任务。

如此,其"味外味"也就不是纯然审美意义的,而是教学式的。其一,就表征为走出文本世界而回归教学状态,回到现实存在的特定的教学时空,从而与文本的内在境界保持一定的距离。这种审美距离的存在就有利于学生以理性的眼光审视文本世界,可以结合教学任务而有针对性地学习。这时,文本审视决然不只停留在文本审美层面,必定还要涉及语文基础知识层面,不仅是文本鉴赏,而且还是练习反馈,不仅有学生的学习,还要有师生的互动交往,这都是教学状态下应有的教学环节。其二,文本的体味不能止于文本,还应联系生活实际,实现文本与社会的互动交往。这个联系表征为两个层面,一是文本世界与学生现实生活的联系,文本提供的毕竟是一个假定的世界,而且大多与学生的现实生活存在一定距离,这就造成了学生理解的难度。为着更好地体味文本的审美意蕴,这就需要联系学生的自我生活,从而类比之,以此加深体验。二是文本世界与丰富多彩的社会现实生活相联系,学生一直生活在校园中尚未走向社会,因此其生活是有限的。但是,教学文本所提供的假定世界却并不仅限于青少年的生活,其中还涉及广阔的社会生活空间,因此就很有必要走出学生生活的狭小圈子,而走向丰富多彩的社会现实生活,并以之拓展文本的体验空间,从而获取更为深广的审美意蕴。这种与社会的互动交往,就使得审美化阅读教学之审美得以突破现实教学时空的限制而走向无限的社会时空,由有字之书而走向无字之书,由文本之味而拓展为社会滋味。其三,就是不仅由文本世界而走向教学状态,由教学状态而拓展至社会空间,更是由一般的文本意义而延伸至哲学玄思,从而由现实空间走向表征人生终极关怀的宇宙时空,从此获得纯粹审美意义的"味外味",乃至于"无味"。这种审美的最高境界虽然在一个教学时间之内难以捕获,但是作为一个审美理想,还是应当作为我们所应追求的目标。

审美化阅读教学的核心就是文本审美，味象审美理论不仅能够提供一种切实可行的审美理念，而且还提出一整套具体的审美程序与方法，从而具有教学可操作性。这种可操作性因为植根于民族的文化沃土，因而更具有现实意义，从而可以成为审美化阅读教学的美学理论基础。

第二节　审美和谐的教学环境

"味"作为古代审美的核心范畴之一，具有很强的粘连性，能够与其他核心范畴相结合，从而使之具有味的某种特征。"与'意境'理论构成'意味''境味'；与'韵致'理论构成'韵味''余味''遗味'；与'神形'理论构成'神味'；与'兴趣'理论构成'兴味''趣味'；与'文气'理论构成'气味'；与'妙悟'理论构成'无味''淡味''味外味'；等等。这样就使这些理论模块与'味'结合起来，在丰富自身理论系统的同时也构成了'味'的理论体系，形成'诗味'理论和'辨味'批评理论体系"。① 味象审美因其植根于食味，因而必然表现为"和"，也就具有和谐的审美特性。由于味的粘连而构成的味象体系，也应同时内蕴和谐因子，从而构筑味象审美的和谐观。

一、基于关系的和谐生命场

进入审美领域的"味"，其来源于饮食，取象于食味。饮食之味，往往不是单味而是和味，由不同食物与调料整合而成。于是食味就表征为和味，或者说必然趋向于和味。一种食物往往表征一种食味，也就至少涵盖一种以上营养素，那么和味就必然包含多种营养素。生命的健康发展不是一种营养素所能完成的，必须依靠多种营养素相互作用，才能达成生命的和谐发展。生命只有处于和谐的状态，才能表现最为强健的生命力。这就是说，生命富于活力必须以和味为基础，没有和味就没有充分的生命力。和就是多样的统一，和味所蕴含的各种味，不是分离独立而是相互交融，从而整合成具有别样新质的味。多样就意味着关系，关系必然涉及制衡，关系失衡就会挫伤生命力，关系谐和就能生成生命和谐，从而展现一种良好的生命状态。和谐就是关系制衡当中对立冲突的消解，各种关系在整合中生成的一种友好状态。和味所展现的就是这样一种友好的生命状态，其于关系的整合中展现鲜活的生命力。这就是和味所具有的生命内涵。

---

① 张利群：《辨味批评论》，广西师范大学出版社2000年版，第125－126页。

味象审美取象食味,因此,其味必和。《左传·昭公二十年》晏子说:“和如羹焉。水火醯醢盐梅以烹鱼肉,燀之以薪,宰夫和之,齐之以味,济其不及,以泄其过。”和如羹,羹则必和,和才能生成鱼肉的美味,美味方能更好地引起人们食欲,从而有利于生命力的生成。和味所内具的生命力,古人很早就有所认识,并且把它比附到生命力外化的艺术审美当中。因此,晏子同时还说道:“声亦如味,一气,二体,三类,四物,五声,六律,七音,八风,九歌,以相成也;清浊,大小,短长,疾徐,哀乐,刚柔,迟速,高下,出入,周疏,以相济也。”艺术各要素的相成相济就是关系之间的制衡,它们恰到好处地达到了友好状态。作为审美对象的“声”,因为和所表征的多样统一,恰如其所比附的食味,既具有食味的和,更给人以精神享受,于是生成艺术之美。这种艺术之和美并非随意而和,需要精心策划,因此强调意在笔前。王羲之《王右军题卫夫人笔阵图后》论书云:“夫纸者,阵也;笔者,刀稍也;墨者,鍪甲也;水砚者,城池也;心意者,将军也;本领者,副将也;结构者,谋略也;扬笔者,吉凶也;出入者,号令也;屈折者,杀戮也。夫欲书者先乾研墨,凝神静思,预想字形大小,偃仰平直,振动令筋脉相连,意在笔前,然后作字。”这充分说明审美对象的创作生成,就犹如一场战争必须统筹全局,把握各方面的关系,只有建立有机整体观,才能使各个要素各守其责各归其位,如此才能达成如《尚书·尧典》所云“八音克谐,无相夺伦,神人以和”之效。这样一种友好的生命状态就是文质彬彬,否则就会文质相互牴牾,“质胜文则野,文胜质则史”。

中和是古代味象审美的一个基本美学追求。所谓中,依朱熹就是“中者,无过、无不及之名也”。所谓和,阮籍《乐论》指出:“夫乐者,天地之体,万物之性也。合其体,得其性,则和;离其体,失其性,则乖。昔者圣人之作乐也,将以顺天地之性,体万物之生也。”中和就是圣人作乐的一个美学追求,因为圣人所具有的名人效应,更由于其所内具的权威意识,因而也就成为一个普遍的美学标准。中和首先就要求审美对象各要素之间的和谐友好,因此陆机在其《文赋》中就说:“或清虚以婉约,每除烦而去滥,阙大羹之遗味,同朱弦之清氾。虽一唱三叹,固既雅而不艳。若夫丰约之裁,俯仰之形,因宜适变,曲有微情。或言拙而喻巧,或理朴而辞轻。或袭故而弥新,或沿浊而更清。或览之而必察,或研之而后精。”这就从正反两个方面论述艺术所应具有的中和之美,艺术要素失衡即使典雅依然存在缺憾,只有各要素谐和,才能获得一种悠长的遗味。

具有中和之美的艺术,其不仅具有形式层面的中和,同时也要具有审美情感层面的中和。《中庸》有言:“喜怒哀乐之未发,谓之中。发而皆中节,谓之和。”这就在审美情感层面作了一个理性的要求,而在审美评论当中孔子也在运用着这个标准,《关雎》是“乐而不淫,哀而不伤”,整部《诗经》“一言以蔽之,曰:思无邪”。孔子的这种审美评价导向,也就生成了审美创作的一个基本要求。回顾两千多年来的审美创作,确实于总体上具有中和的特征。不讲究大悲大喜大开大合,而讲究中节有度余味悠长,没有西方式激荡人心的悲剧,只有大团圆式的悲剧结局,表现为"怨而不怒,哀而不伤,乐而不淫"。如此而给人的艺术审美感受就是心境的平和,可以充分地调理心绪,从而有利于和谐生命的生成。《周子通书·第十七》云:"乐声淡而不伤,和而不淫,入其耳,感其心,莫不淡且和焉。淡则欲心平,和则躁心释。"艺术审美可以谐和内在的生命关系,使得原本在现实生活中被紊乱了的生命关系,在具有中和之美的艺术感受中重新获得平衡,这就可以实现人体小周天与生命外显的艺术小周天的互动交融,也就实现了与宇宙大周天的互动策应,从而达成人与自然的生命一体化。这种艺术与生命的策应,同时也就要求审美主体必须具有一定的审美心境,如此才可以审美,也只有如此才有美的享受。《吕氏春秋·适音》就说:"耳之情欲声,心不乐,五音在前弗听;目之情欲色,心弗乐,五色在前弗视;鼻之情欲芬香,心弗乐,芬香在前弗嗅;口之情欲滋味,心弗乐,五味在前弗食。欲之者,耳目鼻口也;乐之弗乐者,心也。心必和平然后乐。心乐乐,然后耳目鼻口有以欲之。故乐之务在于和心,和心在于行适。"主体生命切合审美对象,相互策应,那么就会"使味之者无极,闻之者动心",从而可以充分体味那"味外之旨""韵外之致"。

和味之能成为古代审美的一个基本美学追求,还在于和所内蕴的生命力,它是一种表征相互制衡的关系的生命力。自然宇宙是一个无限开放的生命大系统,其内蕴着无限丰富的生命子系统,各个子系统又包含着各不相同的要素与层次,从而显示无限层级的和,也就蕴含无穷的生命关系。和所内蕴的自然之道,古人也早已认识,所谓:"中也者,天下之大本也;和也者,天下之达道也。致中和,天地位焉,万物育焉。"某种意义上,和(关系)是自然的本质,也是生命的本质,《国语·郑语》就记载西周太史史伯的分析:"夫和实生物,同则不继。以他平他谓之和,故能丰长而物归之;若以同裨同,尽乃弃矣。"和之能生物,首先就在于其内蕴的多样性,生物之能充分有效地生存,必须有着一个相互制衡的生态圈。如果"以同裨同",只有同一性质的生物间关系,而缺乏必要的生物多样性,缺乏相互制衡的生命关系,那么其结果就会"尽乃弃",造成物种生命的消失。因此要获取生命的存在,就必须关注相互间的关系,表现生命的关系可以说那是无限多样的,简而述之,古人云:阴阳也。《老子》就说:"万物负阴而抱阳,冲气以为和。"而"阴阳者",《内经·素问·阴阳应象》说,"天地之道也,万物之纲纪,变化之父母,生杀之本始,神明之府也"。可以说,这是从哲学层面论述生命关系,生命就是阴阳关系的谐和。

二、追求动态的健硕生命力

气周行于自然，充塞于天地，无所形迹，看不见摸不着，无在而无不在。但是，人们依然可以感触到它的存在，其中之一就是通过嗅觉而感知其味，是为气味。气与味虽为分属，但可以相互触发，气而生成味，味也可以生成气。《左传·昭公二十五年》中记述了子产的一个认识："则天之明，因地之性，生其六气，用其五行。气为五味，发为五色，章为五声。"徐上瀛在《溪山琴况》中也写道："味者何？恬是已。味从气出，故恬也。"由气而味，气味生成，气味一体，这不是主观愿望，实为"天之明，地之性"，是一种客观必然。因此，当历史上生成文气论的时候，其必然也会与味象审美相结合，生成气味观。

最先在审美讲"气"的是曹丕，由此而生成颇具影响的"文气论"。他在《典论·论文》中主张："文以气为主。气之清浊有体，不可力强而致。譬诸音乐，曲度虽均，节奏同检。至于引气不齐，巧拙有素，虽在父兄，不能以移子弟。"文是审美主体的创造物，是人本质力量的对象化，因此必然积淀生命气息。由此而知，此之气，言在文而实在人，作为审美文本是一种物化的存在形式，是无所谓气不气的，对于其中气之体悟，在于激活语符所蕴含的主体生命，因此实为生命之气。古人认为，气是生命的一种存在形式，庄子《知北游》称："人之生，气之聚也，气聚则为生，散则为死。"文之以气为主，当然是能够聚合的生命之气，而生命必然生存于一定的生态圈，由此生成一种相互联系。但是，生命毕竟还是以个体的形态存在，因此文气不能以移子弟。虽然不能以移子弟，却可以通过精神外显方式而物化生命，以其外显载体而获得自我生命的保存，因此，曹丕同时也说："盖文章，经国之大业，不朽之盛事。年寿有时而尽，荣乐止乎其身，二者必至之常期，未若文章之无穷。"物质的生命是有限的，精神生命可以无穷，无穷的载体就在于文章，因为文章是生命之气的物化。这就从本质上阐释了文艺的审美性质，就在于其内蕴的生命活力。因为主体生命的内在充实，所以韩愈在《答李翊书》中才说："气盛则言之短长与声之高下者皆宜。"语符已经不是外在于生命的存在，而是生命的自然流露，生命全然统摄着语符。生命对于语符的把握，就使之成为语符的自为之体，因此不管形式如何变化，都能够切合生命的需要。或者说，对于语符的自由运用，并非全然是一个技术性的问题，更多的是主体生命力的外显。审美主体内蕴生命活力，那么就如刘勰所言："是以缀虑裁篇，务盈守气，刚健既实，辉光乃新。"只要"务盈守气"，那么就能够展现刚健的文风，从而可以不断创新。审美创作贵在新，无新则不美。要生成无限的创新力，必须有着充盈的生命力作基础，如此才能外显刚健，否则就只能是柔弱无力。在文气论的时代，其所推崇的都是充分展现生命创造力的刚健文风，于其时就生成了颇具风力的建安风骨，其后还有充分展现积极进取之生命力的文艺创作上的盛唐气象。

“作为中国传统美学的基本范畴的‘气’,作为中国古代文艺思潮之一的‘文以气为主’的‘气’,其主要含义就是强壮的精神生命、强壮的心灵”。① 孟子就将其表述为“浩然之气”,“其为气也,至大至刚,以直养而无害,则塞于天地之间”。这是充盈自然宇宙一种健硕的生命力,如此才“天行健,君子以自强不息”。自强不息化为一种民族时代精神,其必然外显生命,在现实世界中主动进取,力求充分实现自我价值。因此,春秋战国时期,虽然战火纷飞,士人们依然不停地奔走各国,力求实现自己的政治主张。进入西汉,虽然有着“罢黜百家,独尊儒术”的思想禁锢,毕竟是历经诸侯林立之后的大一统,因而还是创建新生活展现自我价值的激情。到了东汉建安时期,国势衰微,群雄竞起,从而极大地激发了各路英豪建功立业的愿望,生命潜能也就得到了有效地激活。而唐朝,则是古代社会难得的各方面繁荣的鼎盛时期,各界人士意气风发建功塞外,充满着朝气与自信。这样的一种生活现实与精神状态,其必然反映在审美对象当中,从而也使得健硕的生命力成为评价的审美标准。因此,刘勰才说:“夫翚翟备色,而翾翥百步,肌丰而力沈也;鹰隼乏采,而翰飞戾天,骨劲而气猛也。文章才力,有似于此。若风骨乏采,则鸷集翰林;采乏风骨,则雉窜文囿;唯藻耀而高翔,固文笔之鸣凤也。”也做了具体的品评:“熟读初唐、盛唐诸家所作,有雄浑如大海奔涛,秀拔如孤峰峭壁,壮丽如层楼叠阁,古雅如瑶瑟朱弦,老健如朔漠横雕,清逸如九皋鸣鹤,明净如乱山积雪,高远如长空片云,芳润如露蕙春兰,奇绝如鲸波蜃气。”这就说明了当时不管是创作还是审美都提倡一种豪壮之文气。

浩然之气充塞天地之间,这就是刘勰所谓“盈”,盈就是满,满就要外放。饱蕴浩然之气的主体生命外放,必然呈现强烈的外王行动,力求获得主体生命价值的外在实现。这也是浩然之气的必然取向,没有外王行动,浩然之气就无所依托,行动不达到足够的宏伟雄壮,同样无显其“浩”。两者相互策应互为激荡,就会呈现类似的共振现象,促成两者的相互彰显。主体实现自我价值的强烈欲念,就会不断地显现主体能量,积极地入世态度,就是这种欲念的显现,其于世俗行动上就是决战沙场建功立业光宗耀祖,从而不断地征服外物,也就不断地实现自我价值。“立功”就是外王行为主要表征,但是,古人并不止于此,而是推崇“立德、立功、立言”三不巧。立德是立足于伦理层面,立功则立足于世俗功利层面,那么立言就是立足于精神审美层面。立言更是一件不巧的盛事,因此立功所具有的积极进取雄浑阔大的精神风貌,就必然反映在审美创作当中,因为文艺是时代的产物,审美层面由此也就获得了雄浑飞动的文气取向。“提倡‘气’并不仅仅是提倡‘气’而已,

① 成复旺:《中国古代的人学与美学》,中国人民大学出版社1992年版,第260页。

实际上是提倡雄壮的美、热情的美、动态的美”。①

气从来就是流动不居的，其所展现的美必然就是动态的美，所获取的平衡也必定是动态的平衡。《乐记·乐论》云：“地气上齐，天气下降，阴阳相摩，天地相荡，鼓之以雷霆，奋之以风雨，动之以四时，暖之以日月，而百化兴焉。如此则乐者，天地之和也。”天地之气的交合流动，其所引发的是剧烈运动，阴阳相摩，天地相荡，雷霆风雨，而后百物化兴，天地相和，达到一种新的平衡和谐。显然这种和谐不是静态下和谐，而是运动中获取平衡的动态和谐。审美的雄浑飞动就在于不断地获得内在生命与外在世界的平衡，从而表现为一种运动性而获得动态和谐。这种内外互动是主体生命主动释放内在的生命信息，而与外在的宇宙自然“浩然之气”、“大地正气”实现信息交互的过程，是一种主动的吸纳。主动的吸纳还会伴随两个动作：守气与养气。审美创作主体“务盈守气”，主体生命充盈着充沛的生命力，并且坚守之，那么其外显的生命载体才会熠熠生辉。这种光辉也确实在文艺创作史上显现了自身的存在与价值，审美创作上的光辉灿烂，得益于“守气”。气之能守可守，在于气之充盈，假如无气，何守之有？气之产生在于养，展现汪洋滋肆生命活力的文气，其源于天地自然。孟子提出养“浩然之气”，柳冕也表达了养气的观点，他在《答杨中丞论文书》中说：“天地养才，而万物生焉；圣人养才，而文章生焉；风俗养才，而志气生焉，故才多而养之，可以鼓天下之气，天下之气生，则君子之风盛。”正因为审美创作主体生命力源于天地之生气，这就为之提供了不尽的源泉，从而可以裕如地外显生命，展现生命的动态和谐。

三、表征静态的优美和谐

“‘韵’作为一个美学范畴，有一个演变的过程，在夏、商、周三代和秦汉期间，非声不言韵，韵指声韵；晋代开始舍声言韵，用于品评人物和诗文书画，‘韵’成为一个独立的美学范畴；唐代只有张彦远、司空图等少数人用‘韵’来论诗文书画；而到宋代，‘韵’则被苏轼、黄庭坚等人尊为极致，成为一种普遍的审美追求。元明清时期，更是扬其波而不衰”。② 陆机《文赋》：“或托言于短韵，对穷迹而孤兴”；“收百世之阙文，采千载之遗韵”；沈约《宋书·谢灵运传论》之“缀平台之逸响，采南皮之高韵”，这些都是以“韵”代指诗文。而首先提出“韵味说”的则是司空图，其于《与李生论诗书》中指出：“近而不浮，远而不尽，然后可以言韵外之致耳”；“偿复以全美为工，即知味外之旨矣”。此之“外”就预示着由实而虚，由具体而空灵，具体的实在只是一个外展的平台，其审美意味却在这具体之外。从这个意义上

---

① 成复旺：《中国古代的人学与美学》，中国人民大学出版社 1992 年版，第 263 页。

② 彭会资：《中国古代文论教程》，广西师范大学出版社 1996 年版，第 351 页。

说，韵味就是“象外之象”“景外之景”“味外之味”，于是就实现了韵与味的内在链接。

韵不仅与味相链接，而且还与气相结合，组成“气韵”。“一般地，笼统地讲‘气韵’，大意就是‘神’。但‘气’与‘韵’实有差别，可以说是两种不同的‘神’。从整体上看，中唐以前，是‘文以气为主’的时代；中唐以后，是‘文以韵为主’的时代。这种由‘气’而‘韵’的转化，反映了人们的心灵、即‘神’的由强而‘弱’、由浓而淡”。① 谢榛也认为“气贵雄浑，韵贵隽永”。气是主体生命的外显，是雄浑飞动，是具体的实在，而韵则走出了这实在之外，因而显出了虚灵。气是健硕的生命力，那么韵就是柔弱的生命力，这是文气与韵味的不同审美价值取向。

对于“文以韵为主”的发生，谢榛《四溟诗话》则认为：“盛唐人突然而起，以韵为主，意到辞工，不假雕饰；或命意得句，以韵发端，浑成无迹，此所以为盛唐也。”虽然在时序认为上有些差异，但都可以确认唐朝中叶以降，已经不是文气主潮的时代了，韵味已然走向审美前台，并且获得越来越高的地位，从而推挤文气至幕后边缘。韵曾一度获得无上的审美地位，陆时雍曾在《诗镜总论》中说：“有韵则生，无韵则死；有韵则雅，无韵则俗；有韵则响，无韵则沉；有韵则远，无韵则局。”韵已然成为基本的审美标杆。

那么，韵在审美上又具有怎样的特征呢？那就是远与淡。范温《潜溪诗眼》论“韵”曰：“有余意之谓韵”，其“于简易闲淡之中，而有深远无穷之味。”这实际上就是“韵外之致”“味外之旨”的阐述，也就进一步确证了韵的基本审美特征。韵的这种审美取向，不仅引导了韵的发展，而且成为艺术审美的一个尺度，甚至成为审美标杆。苏轼在《书黄子思诗集后》中评论相关文艺家时指出：“钟、王之迹，萧散简远，妙在笔画之外”；“李、杜以后，诗人继作，虽间有远韵，而才不逮意。”这显然就是以“远”“淡”为高。王士禛在《鬲津草堂集序》则中进一步指出：“昔司空表圣作（诗品）凡二十四”，其中“冲淡”“自然”“清奇”“是三者品之最上。”无须更多列举，韵的审美特性已经了然。气是主体充盈生命力的外显，其直接作用于客观外物，物象就是它的承载体。韵则不同于气，象只是引发韵的一座必要的桥梁，其审美意旨在象外。象外之旨就消解了气之“象”的雄浑飞动，在其走向远淡的途中，澎湃健硕的生命力也逐渐被消解，从而显现出恬静与平淡。远淡必然消解运动，任何剧烈的运动只要具有足够远，就必然以外在的恬静形态呈现，虽然其实际上是运动着。韵的远淡特征就是消解运动后的静态，在这里已经没有外在形态的健硕生命力，只静静地展现其内在生命的和谐，展现的就是柔弱的生命力。这种静态的和谐已然消解外在矛盾的剧烈冲突，使得整个生命处于友好状态，从而更有

---

① 成复旺：《中国古代的人学与美学》，中国人民大学出版社 1992 年版，第 258 页。

利于品味生命的本真。

韵味之崇尚远淡，在艺术创作规律层面看，确然有其自身的理由，所谓绚烂之极归于平淡。古代历史发展到唐朝，确然在诸多层面已经达到相当绚烂的层次，尤其是艺术创作层面，于是很自然地就会从追求生命外放的文气观，而走向生命内敛的韵味观。《竹坡诗话》就分析道："大凡为文当使气象峥嵘，五色绚烂，渐老渐熟，乃造平淡。"这种平淡就是自然本真的审美趋向，所谓"清水出芙蓉，天然去雕饰"。自然的本质就是平淡，在《天运》中，庄子论述了"天籁"的特点："听之不闻其声，视之不见其形，充满天地，包裹六极"，真正是"大音希声，大象无形"。其所追求的就是一种相对于文气动态和谐的静态和谐，表征为人与自然的和谐。

自然是生命之所，走向自然实际上就是回归生命本真，因而在某种意义上说，其内在的生命意蕴反而更强，而不是相反。正因为自然蕴含着生命的本真，因此人们在展现自身生命信息之时，就既可以像文气论那样外显生命，也可以内圣自我而保养生命。而且，从总体而言，自中唐以降，理论之由外王而转入内圣的声音日渐增强。程颐说："学也者，使人求于内也。不求于内而求于外，非圣人之学也。何谓不求于内而求于外？以文为主者是也。学也者，使人求于本也。不求于本而求于末，非圣人之学也。何谓不求于本而求于末？考详略，采同异者是也。是二者皆无益于身，君子弗学。"①这种理论的倡导并非起于宋代，早在春秋之时，老子在其《老子》篇就结生命内敛观点有着丰富且深刻的论述，"江海之所以能为百谷王者，以其善下之也，是以能为百谷王"，"强大处下，柔弱处上"。韵味就是收敛外在的锋芒而内聚生命，从而谐和自然，也就在更高层面张扬了生命本质。

四、构筑物物和谐的无我意境

境的运用源远流长，基本上是由实而虚，由自然地域而社会审美。最早运用"境"字作为审美价值取向的是唐代诗僧皎然。他在《诗式》及其他佚文中曾多次提到"境"字，其中对于"取境"则特加发挥："取境之时，须至难至险，始见奇句。成篇之后，观其气貌，有似等闲，不思而得，此高手也。"此之"境"当是象，而象与意偕。《周易略例·明象》云："夫象者，出意者也；言者，明象者也。尽意莫若象，尽象莫若言。言生于象，故可寻言以观象；象生于意，故可寻象以观意。意以象尽，象以言著。"而象、景都关乎着味，所谓"象外之象""景外之景""味外之味"。吴大受在《诗筏》中指出："其境愈熟，其味愈长。"元揭傒斯《诗法正宗》也论述了境味的关系："人之于饮食为有滋味，若无滋味之物，谁复饮食之。为古人尽精力于此；要见语少意多，句穷篇尽，目中恍然别有一境界意思，而其妙者意外生意，境外生

---

① 程颢、程颐：《二程集》，王孝鱼点校，中华书局 1981 年版，第 319 页。

境，风味之美悠然，甘辛酸咸之外，使千载隽永，常在颊舌。”境味的相互粘连就使得境必生味，虽言境而味在其中，不必言明味矣。

境的理论发展，王国维是集大成者，集中体现于《人间词话》。他将境进行细致的划分：有造境与写境，有有我之境与无我之境，有诗人之境界与常人之境界，其中最为人所称道的就是有我之境与无我之境。“有我之境，以我观物，故物皆著我之色彩。无我之境，以物观物，故不知何者为我，何者为物”。两种境界表征不同的审美趋向，“无我之境，人唯于静中得之。有我之境，于由动之静时得之，故一优美，一宏壮也”。这两种不同的审美理想，其更倾向于无我之境，这可以透过其对词人的评论可知，“古人写词，写有我之境者为多，然未始不能写无我之境，此在豪杰之士能自树立耳”。

“中国传统美学的一个重要特征是追求境界。但中唐以前只讲‘象’、而不讲‘境’。追求境界的美学是中国封建社会后期的美学。从‘象’到‘境’，是中国传统美学从前期至后期的又一个重要演变。‘境’实际上就是呈于心而见于物的人生境界；而中国封建社会后期所追求的，主要是‘无我之境’”。① 无我就是主体生命的消解，主体消融于客体对象当中，并不以独立主体的形象出现，展现眼前的就是客观外物。主体的无名隐匿，凸显的外物无形中就获得了某种主体地位，或者说取得了与从前主体相对平等的位置，人也就回到了自然生态圈所应有的位置。邵雍《观物内篇》：“圣人之所以能一万物之情者，谓其能反观也。所以谓之反观者，不以我观物也。不以我观物者，以物观物之谓也。既能以物观物。又安有我于其间哉？是知我亦人也，人亦我也，我与人皆物也。”人我皆物的时期就是生命的源初状态，其时所表征的生命和谐就是物物的和谐，所有的生命都处于同一平台，还没有任何一个物种产生自我意识，更没有自觉地从自然界抽身出来，从而使自己跃升成为万物灵长，大家遵循地都是出于自然生命的法则。

这种物物的和谐就是无我的生命力，这是自然界中唯一具有意识能力的人类的一种自身消解，人于审美层面主动放弃自己的主体地位而消融于客体对象当中。这其中展现了一个逐渐地消解过程，文气论重在展示充盈浩然之气的大我，而韵味论则退守自我生命，显现的就是小我，而境味观则推崇无我。王骥德《曲律》：“诗唯初盛之唐，其音响宏丽圆转，称大雅之声。中晚以后，降及宋元，渐萎薾偏诐工，以施于曲，便索然卑下不振。”袁宏道于《与丘长儒》中也说：“夫诗之气，一代减一代，故古也厚今也薄。”此正如《老子》所云：“为学日益，为道日损，损之又损，以至于无为，无为而无不为。”其实，境味这种审美取向也是内圣发展的必然，某种意义上，也是回归生命本身。

① 成复旺：《中国古代的人学与美学》，中国人民大学出版社 1992 年版，第 281 页。

五、建立师生和谐的课堂活力场

在现代学校体制下，学校构成具有四要素，即教师、学生、校舍和教材，作为人之存在的教师和学生，似乎处于同等重要的层面。但是，只要稍微深入思考，教师与学生的关系大有深意。学校的存在不是因为有教师，而是因为有学生，因此两者相较，学生是主体而非教师是主体。这个学生主体还可以从两者的关系得到进一步确证，不说在没有学校之时，学生大约先于教师而存在，就是在学校体制下，学生也是可以没有教师却仍然是学习者，教师没有学生却不能称为教师，从这个意义上说，教师也不能成为主体，主体只能是学生。

但是，回顾历史，在学校体制内，长期以来教师一直被当作主体，且是占据绝对地位的主体，学生作为对象存在，被教师塑造着，没有任何的主体性。反省教师曾为主体的理由，大致有四个方面：教师是长者，教师是知识权威，教师是教学活动管理者，教师是常客学生是过客。试着剖析各个理由的内涵，它们都不是充分条件。教师是长者，这是历史的基本常识，因为知识是一个累积的过程，从历时角度看，后代总比前代累积更多知识，因此知识的获取需要专门系统的学习，从共时角度看，年龄长者总比年龄少者累积更多知识，因为长者占据时间优势，因此“其闻道也固先乎吾”。在传统社会里，传统伦理建立了长者为尊的社会秩序，不管是年龄的长者，还是职务的长者，抑或只是辈分的长者，都较其对立面为尊，于是在确立主体客体之时，潜意识层面也就确立长者主体的地位。以长幼确立主体，既不符合哲学常识，没有主体对应的对象，也容易导向主观性，因为并非全世界都是以长者为尊，如果长者为尊成立，那么一个区域内理论上只有一个人能够成为主体，因为溯源上去或拓展开去，最尊者大约只有一人。

这在知识产生缓慢、知识传播缓慢的时代，教师是知识权威的命题大体可以成立，于是，教师就是社会的导师，是人类灵魂的工程师，由此获得较高的社会荣誉。这种知识话语权就使得传统教师不仅拥有较高的社会地位，而且能够代表社会良知，成为社会代言人，于是也就将主体的桂冠戴在教师头上。其实，这里存在着一个很大的误区，不仅将知识权威等同于主体，而且还暗含着强权就是主体的意识。教师掌握着知识话语权，也即掌握着权力，那么掌握权力者就是主体，这明显就是丛林原则，而非主客体原则。

教师是教学活动的管理者，这是从行政运行方面得出的结论，同样包含着权力运行的规则。管理者掌握着规范的制定、规范的执行，于是处于强者地位，以此确定主体地位，也是体现权力原则。其与知识权威定义主体，并没有本质区别。如果就此上溯，同样也会得出荒谬的结论，那就是全社会只有一人有资格成为主体，因为传统社会是“普天之下莫非王土，率土之滨莫非王臣”，皇帝以下的所有人都是奴隶,当然也就没有资格成为主体。

至于教师是常客学生是过客,于是教师应当是主体,这对于学校而言,似乎有一定道理。其实不然,因为其论据就是位居久者是主体,说穿了比的是时间。这显然不合逻辑,因为主体不是时间,且与时间之长短没有联系,因此常客就不能必然是主体。如果与时间短长论主体,那就回到年龄长者为尊的主体命题,谁的年龄最长,那谁就是主体,显然这是一个谬论。常客者,久居不迁之人也,教师属于学校的常客;过客者,流动不居之人也,学生属于学校的过客。常客与过客,其内隐静止和流动的理念,以动静定主客,显然也是不合适的。既不能以静止者为主体,也不能以流动(运动)者为主体,因为那是一种运动状态。即使常客与过客指向人,在共时层面看,"常"也难有一个数量上的界定,因此教师也并不必然是常客,总是在一所学校工作,也有调动工作的时候,是否没有调动工作时是主体,调动工作后就不是主体了?从历时层面看,"过"也难以给予一个数量上的限定,因此所有的人都是历史的过客,如此看来,那就所有的人都不能成为主体,不管是教师还是学生,这显然也不能说服人。

随着民主和公民意识的增强,教师单主体的思想逐渐被抛弃,于是提出双主体思想,即教师和学生都是教学活动的主体。这种观点看似科学,实则调和教师与学生主体论的矛盾,本质上是维护教师主体地位,并最终凸显教师主体。考察双主体之历史背景,核心还是人之平等思想的深刻影响,学生从传统附庸地位开始上升,在人格上取得与教师平等地位,由此原来教学双边活动的教师主体思想就受到挑战。学生上升主体地位已经势不可挡,教师只能心有不甘地接受现实,但又不想失去原有的主体地位,于是采取退守策略,机巧地提出双主体思想。因此,在强调双主体之时,特别表述教师是平等中的首席,其于平等的幌子下隐含着内在的不平等。这种不平等不是因为职业层面的差异,而是内隐对象性思维,首席具有最后的决定权,能够将自己的思想变成大家的共识决定,于是可以"塑造"学生。"当代教育理论强调'双主体',但局限于'主体—客体'关系无法对教育过程中的'双主体'做出合理的解释。因为教学过程有三个基本要素:教师、学生和教育内容。将教学过程仅仅看作是主体与客体之间的对象性关系,将实践主体'个体化'、'自我化',撇开了实践主体与主体之间的社会交往关系,只能揭示教育过程的两个要素:教师—学生或学生—教学内容。不仅主客体关系不能科学解释教育过程,更重要的是,教育中的主客体关系,一方为主体,容易形成对象性的思维方式、世界观和占有性的主体人格,把自身之外的一切都占为己有,为自己所用”。[1] 由此可见，在现实的教学活动中，双主体理论只是一种虚幻的理论空想，它是教师唯一主体的变形。

在教师主体思想已经不能为人所称道之时，转而提出“学生主体、教师主导”的观点，教师从单一单体退守双主体，再从双主体中退出，转而推出教师主导，似乎教师已经全然将主体之位让位于学生。其实不然，这与平等中的首席之表述没有本质区别，教师依然占有最终的话语权，依然可以将自己的本质力量强加给学生，使得学生事实上依然还是对象化的客体。因此，在师生关系中不仅需要交还学生的主体权，也还需要摒弃“教师主导”的思想，教师在教学活动中应当还原其在学生与知识之间穿针引线的线索人物地位，确保学生主体地位得到真正落实。

通过分析，可以确定在师生关系中，传统的教师主体思想是存在着问题的，不能以教师当作教学活动的主体。既然不能以教师为主体，那就只有学生才能成为教学活动的主体。学生主体的思想，能够有效地在师生关系中凸显学生的地位，可以更好地达到教育教学目标。

现代教育体制下的学校是工业化的产物，学校的基本任务是培养社会生产需要的人才，因此传授知识是学校的基本功能，学校是有目的、有计划、有组织地向学生系统传授科学文化知识的时空场所。在这样一个传授知识的时空场所，学习就是第一要务，大凡进入学校之人都是冲着学习而来，他们当是学校学习的主体，这是由学校的性质所决定的。学生是基于学习目的进入学校的唯一群体，因此学生也是学校教学活动的唯一主体，其他的各类群体都是基于服务学生群体的存在，全都从属于学生，自然不能与学生主体地位相提并论。教师虽然也是学校不可或缺的重要群体，但是由于这个群体不是学习群体，而是典型地服务学生有效学习的群体，因此教师也不能成为教学活动的主体，于是只有学生才有资格成为教学活动的主体，并且成为唯一主体。

教师虽然不是教学活动主体，却是不可或缺的重要人物，在现在教育体制下，学校教师学生处于共生状态，三者缺一不可。学校为教学活动提供必要的时空，学生进入学校的基本任务就是学习，在教师的帮助下建构属于自己的知识系统，因此基于学生视角的教学活动可以表述为“学生—教师—知识”，教师在这个系统中就是一个线索人物。教学活动的基本指向是“学生—知识”，人虽然可以于自然状态下通过自学获取知识，但是在现代社会情势下，在现代庞大的知识系统中，需要在有限时间内高速高效地建构知识系统，教师的帮助必不可少，这也是学校之所以产生的基本原因。教师不能代替学生建构知识系统，其基本功能就是在学生

---

① 冯建军:《主体教育理论:从主体性到主体间性》，载《华中师范大学学报》(人文社会科学版)，2006 年第 1 期，第 116 页。

主体与知识系统客体之间承担结构性的穿针引线任务,以便协助学生有效地建构知识系统。这种个体的独立性,也决定教师在“学生—知识”系统中只能出任线索人物角色,而不能居于教学活动中心成为主角。

教师传授的知识系统是为人所普遍公认的知识,学生在学校学习也是人类已有的知识,因此基于学生知识系统建构活动可以表述为“知识—教师—知识—学生—知识”。三个“知识”虽然在文字表述上一致,但内涵与外延都有着不同或差异。第一个“知识”是一种先于教师感知的客观外在系统,这个系统通过教师内化而变成携带个人特性的知识建构系统,这就必然有所损益,由此变成了第二个“知识”。教师将这样一种“知识”传授给学生,学生也并非照单全收,而是有所选择,依据自我取向建构自己的知识系统,于是生成第三个“知识”。学生进入学校学习的基本目的就是建构自己的知识系统,且倾向于复合第一个“知识”的内涵与外延,教师在这个过程起到传授知识的功能,且努力还原第一个“知识”的内涵与外延,虽然实际上不可能完全做到,但教师的线索作用还是明显存在,因此教师就是一个线索人物。

学校的教学活动不是单一教师对单一学生的活动,而是一对多的群体活动,在这个“学生—学生”的学习活动中,教师也是属于线索人物。首先,教师不能代替学生的学习活动,学习只能由学生自己完成。其次,学生的学习群体不是自由组合,而是由学校统一编组,因此必须服从学校的群体管理制度。第三,教师是学校委派的学习活动组织者,将原本独立的学生个体串联成一个群体是职业职责所在。

六、打造和谐交往的教学环境

中共中央《关于深化教育改革全面推进素质教育的决定》中明确指出“实施素质教育,必须把德育、智育、体育、美育等有机地统一在教育活动的各个环节中”,“使诸教育相互渗透、协调发展,促进学生的全面发展和健康成长”。要实现这样的目标,没有一个师生间民主平等的理念,那是难以办到的,所以,《决定》中又特别强调:教师“要与学生平等相处,尊重学生人格,因材施教,保护学生的合法权益”。因此,如要实现教学的和谐,教师必须具有民主平等的理念,它既是实施素质教育的必需,也是党和人民对教师的基本要求。

素质教育归根到底是人本的教育,是以学生为主体的教育。在教学环境关系中,“人—人”关系是核心,最能体现教育的本质特征。这当中之“人”,学生是主要方面,是决定教育的规定性本质,没有学生便没有教育,因此学生是第一性的。只有提高学生的地位,改变学生附庸于学校,依附于教师的从属身份,那才有真正的素质教育,否则难免陷入空谈,流于形式。这就要求必须树立民主平等的理念,学生作为接受教育的人,同样具有与教师平等的人格,具有民主的权利。只有赋予学生以平等民主的人格与权利,才有可能建构一个和谐的教学环境,才会具有艺术的审美意义。

和谐的教学环境就是艺术的审美教学环境,这就暗喻着其中必须融注情感,否则就不具备艺术的特质。情感是艺术的生命,创作艺术的过程就是创作主体情感外化的过程,是创作主体情感物化到艺术对象的过程,所以任何可以称之为艺术的东西,都必然地蕴含着某种情感。鉴赏艺术,则会表现为双向的情感交融,鉴赏主体需要激发自身的情感,以投注于艺术作品之中,同时还会激活物化于艺术作品之中的创作主体的情感,甚至于还会激活独立于创作主体之外的艺术作品自身的情感,于是形成全方位的双向情感交流。作为艺术的审美教学环境,其具有艺术创作与艺术鉴赏的一般特征外,还具有个性化的特征,它往往表现为建构与鉴赏的共时性,生产与消费的一体性,其内在的情感交融也就更为直接与强烈。如果有效地激活这种情感交融,就会形成一个情感引力场,引发师生之间的情感共鸣,充分展示艺术审美的魅力。

和谐的教学环境最终要通过绘声绘色神形兼备的教学过程予以生动的展现。教师要以情施教,充分调动自身的情感,全身心地投入到教育教学中去,使自身成为和谐教学环境的一部分。同时还应发挥教师的主导作用,千方百计地激活学生的情感,使他们也成为和谐教学环境的一部分,而且是最为重要的一部分,因为学生是教学的主体。师生的情感都充分调动起来之后,还要体验与鉴赏教材内容的人文情感,这是与长者或先人乃至于哲人的情感交流,这是一种情感教育与艺术熏陶。三方情感互动,不仅可以丰富学生的情感体验,增添情感阅历,纯洁情感品质,更重要的是体味人生百态,增强人文关怀精神,促成身心的全面健康发展,提高情感的艺术品位。

教学环境的最直观的外在呈现方式就是教与学,教与学是教师与学生的双边活动,就必然要求教师与学生之间的交流参与。任何的单边活动都不构成和谐,和谐是对立间的和谐,是对立间的有机统一。因此,这就要求教师必须发挥主导作用,学生必须参与到整个课堂教学中来,充分地占据主体地位,做课堂教学的主人。

《义务教育语文课程标准》(2011 年版)明确指出“语文课程必须根据学生身心发展和语文学习的特点,关注学生的个体差异和不同的学习需求,爱护学生的好奇心、求知欲,充分激发学生的主动意识和进取精神,倡导自主、合作、探究的学习方式”。如此,就明确了师生的双边活动是一种合作学习。合作学习的精髓是确立了学生的主体地位,提供了学生平等参与课堂教学的交流平台,明确了教师的主导作用。合作就意味着师生双方都是独立的主体,都有平等的发言权,不应该出现强势的霸权话语,而应该是平等的交流协商。其中当然可能有争论,有冲突,甚至于有矛盾,但都可以通过参与交流而找到某个契合点,达到双赢的理想状态,从而获得对立间的和谐统一。

教学中的合作学习其实就是一种交往行为,如同季亚琴科所说的,"教学——这是交往的特殊变体","教学是有知识和经验的人与获得这些知识和经验的人之间的交往"。① 师生主体间的这种交往行为,其必须通过教材这一媒介符号才能实现有指向性的协调互动,从而体现教学交往的个性,实现教育的目的。教学是主体间文化的传承,是对人的自由天性的启迪,并由此使个体自由生成和展示,使其各方面潜能不断丰富和完善。这一过程需要师生双方内心世界的敞亮与对话,需要双方精神的交流与契合,它强调通过对话,达到人与人之间的相互理解和一致。在教学实践中,师生通过教学交往传递信息、增进了解、交流感情,同时,在教师的言行举止和人格力量的示范和感召下,学习者的内心世界受到触动,从而才会"亲其师而信其道",进一步内化为自己的心理结构或转化为实际行动。

和谐教学环境的核心是"人—人"关系,它体现了教育的本质。也就是说,教师与学生都是教学环境的主体,主体间性也正是这个意思,有主体才有审美,有学生主体才有审美的和谐教学环境。在审美的教学环境中,学生不是审美的物化对象,而是有着鲜活生命活动的审美主体。学生不仅参与和谐教学环境的建构,是审美艺术的创作主体,外化了自己的审美情感与理想,而且还是艺术的审美教学环境的鉴赏者,作为审美主体,其充分地行使着接受者的自主权利。教师也同样是审美教学环境的主体,也具有双重身份,既是创作主体,又是审美主体,而且较之于学生,应该更具有超脱的洞察力。因为教学环境的独特个性,创作与鉴赏共时,生产与消费一体,师生就集审美主体与审美对象于一身,既是观照者又是被观照者。这时,教师就应该发挥主导作用,明示学生的主体身份,而不至于身份迷失,造成自我的失落。

主体间性也就意味着主体间审美意义的产生,不能依靠单一方面的主体,而必须是主体间相互参照,如此都能产生审美意义。这就破除了教师作为意义阐释者的话语霸权地位,其必须放下身子,树立民主平等的理念,与学生交流参与中揭示审美意义,这才能确保学生主体地位的有效实施。学生掌握了发言权,就可以摆脱失语状态,从而发出自己的声音。只有充分的发言权,才能避免被边缘化与物化的危险,摆脱被塑造的对象命运,从而获得身心健康的全面发展。审美意义的相互参照,既可避免片面性,又可互相启迪,还会形成一个意义交流场,从而产生"1 +1"大于"2"的系统效应,不仅学生的思维得到激活,而且教师的思想也会

① 转引自邹群:《教育学原理》,辽宁师范大学出版社 2010 年版,第 153 页。

得到触发,从而产生新质,真正做到"教学相长"。

获得审美主体地位的学生,因其掌握了审美意义发言权,这就必然出现审美意义多元化的现象。在学生中间,各个学生的知识结构、生活阅历、情感体验、审美情趣等诸多方面都不尽相同,对同一文本的阐释就不可能一致,就会出现"一千个读者有一千个哈姆雷特"的现象。教师与学生之间,因为教学是有着较强审美知识和能力的人与获得这些知识和能力的人之间的交往,这些现实的差距,也会导致审美意义阐释的不尽一致。这也就打破了教师一统审美意义的状况,也就充分地调动了学生自主学习的积极性,成为学习的主人。当然,多元性不等于胡乱性,还是需要以文本为基准的,教师的主导作用就体现在这里,要活而不乱。审美的多元性,其不仅激活了学生的主体地位,而且尊重了学生的差异性,促成了学生的个性发展。只有差异才有创新,有创新才有艺术,有艺术才有身心的全面发展,才能造就素质教育所需的人才。

第三节　审美化教学模式

一种教学模式的建构大抵总是建立在某种理论基础之上,只有如此,模式才具有根基与活力。审美化阅读教学模式依据的理论是传统的味象审美理论,这是潜入中国人审美集体无意识的一种审美取向,已然成为民族审美先在结构,具有深厚的民族文化内涵。正是具有丰厚的民族性,这才成为一般性文本审美的无意识取向,因此也成为文本阅读教学模式建构的理论取向。顺从内在的逻辑发展,审美化阅读教学必须表征文本审美,文本就不简单只是教学媒介对象,更是师生激活审美情感获取审美享受的审美对象,于是文本是审美化的文本,文本教学也因此成为审美化的阅读教学。

一、生成游戏冲动的审美心态

审美化阅读教学的基本性质就是审美,促成整个文本阅读教学的审美化。审美必须具备审美心态,这是前提。游戏冲动属于审美心态,审美具有无功利性特征,它是一种无目的性的合目的性活动,游戏冲动就具有这种特性。游戏冲动不能执着于现实世界,它必须暂时远离现实世界而进入游戏境界,并于其中达成身心同一。人类从远古混沌世界走来,人与自然浑然一体,人自身也是浑然一体身心同一。随着文明的进化,人自我也随之发生分裂,呈现身心二元。从此人就在现实的二元分裂中苦苦挣扎,身心不时处于矛盾激烈冲突中。游戏冲动能够消解现实世界的身心二元,可以冲破现实干扰造成的身心分裂,从而于游戏活动中实现身心同一。正因为游戏冲动与审美心态相通,而游戏不仅是人的天性,而且为所有人所熟悉并掌握,因此生成游戏冲动而迁移审美心态,就不仅可行而且具有广泛适应性。

审美化阅读教学作为教学活动总是师生互动的过程,因此师生双方都应当进入游戏冲动的审美状态。游戏的基本原则就是平等参与,不允许出现特殊化的游戏个体,否则就不是真正的游戏。素质教育提出一个崭新的教师观:教师是整个教学活动中的平等一员,是平等中的线索人物。游戏特性就为师生平等参与教学活动建构了一个平台,在游戏活动中,教师无须特别降格,学生也无须提升,因此可以去除传统教学理念所生成的心理障碍。游戏行为能够真正消解教学活动中的不平等,可以建立一种新型的和谐师生关系,从而奠定高效学习的基础。在游戏教学活动中,学习已经不是传统意义的学习,学习变成了游戏,实际上学习也应当是游戏。动物生存技能的学习就是一种游戏性的学习,人类最初的生存技能传授也是在劳动生产实践过程中具有游戏性质的传授,并无正儿八经八股经典式的传授,因此游戏性学习具有某种本源性。

既然教师已然成为教学游戏冲动的一员,那么就要消解“教”的意识,生成“无为”心态。无为的思想源于老子,其基本内涵就是不要刻意为之,尤其不要逆客观对象之意而动,应当顺其自然,顺应客观对象内在需求并助其生长。由此可见,无为只是一种行为策略,讲究掌握客观对象的内在规律,并且依照规律行事而不逆规律而动,因此这正是大为。教师应当生成无为心态,顺应学生的游戏心理,借助这种具有人类本源性的社会学习心态而达成教学目标。教师于“无为”中机巧地融教学目标于无形之中,使之成为游戏的有机组成部分,如此就嵌入学生的内在机理。因此,表面上没有了“教”,实际上潜隐在学习游戏中,反而变得无所不在,实为大巧大为的“大教”,它是“教”的最高境界。

二、审美化阅读教学基本程序

审美化阅读教学依据的是味象审美理论,味象审美的逻辑起点在于味,其审美对象就是饱含韵味的审美意象。语文文本阅读教学并非严格意义的审美活动,具有泛审美的性质,因此审美化阅读教学模式建构必须适应自身特点,既体现味象审美基本内涵,又切合教学活动基本要求,于是建构这样一个教学模式:捕象—味象—味外味—述味。

第一个环节:捕象。所谓捕象就是捕捉审美意象,这是进入语文文本审美阅读的前提,也是学生获取审美愉悦的关键。任何审美都不能脱离审美对象,主体只有获取其中的审美信息,尤其是集中凝聚生命信息的审美意象,才能实现主客体的生命信息交往。主体对于审美对象的认知,一般表现为两种方式:一是整体感知，这通常只适用于图像类审美，二是先部分认知而后整合感知，文字文本通常就只能如此，因为它是一维性的线性存在方式，主体必须随着时间推移才能逐步认知。而且作为教学活动也有时限性，一个文本通常需要几个学时才能完成，这就产生审美分割，因此也就意味着部分把握具有某种必然性。审美意象严格意义上只存在于审美对象之中，能够成为审美对象的文字文本，通常意义上只限于文学作品，并不包含非文学作品。但是，语文文本阅读教学并不仅限于文学作品，还包括非文学作品，因此教学文本审美就是泛审美，由此本模式所谓文本就包含这两者。如此一来，捕象之象就不能仅限于审美意象，还必须指称一般文本构成的基本物象，它一般包括人、物、景和事。文艺审美必须善于捕捉审美意象，这已经成为常识，因而不必特别提示。倒是非文学文本蕴含的物象很有必要说明之，因为这是本模式的特别规定。在语文教学活动当中，一般划分四类教学文体：记叙文、议论文、说明文与应用文，除应用文外，其他三类教学文体都可以适用本模式。记叙文的物象捕捉，基本上落实在记叙文六要素：时间、地点、人物、事件、原因、结果。如果说记叙文还具有较明显的审美特性，因为一些记叙文本身就是文学作品，那么议论文就不属于审美文本，它重在说理议论并不表征文学形象，但是因为议论文本身也可以包括物象，因此同样可以运用本模式实施审美化阅读教学。议论文构成三要素：论点、论据及论证，其中最具物象特征的就是论据，尤其是事实证据。在说明文层面，多数情况下是非常客观的说明陈述，但是依然可以捕捉其中介绍的物象而进行审美化教学。总之，应当依据不同的文体，尤其是不同的文本而捕捉其中的物象，它既是理解文本意义内涵的基本前提，也是文本审美的必需。

第二个环节：味象。此之味象的“味”乃动词，是为体味之意，味象也就是体味文本的审美意象。捕捉语文文本的物象并非只是把它搜寻出来，也并非为了解剖分析，虽然物象分析在阅读教学过程中必不可免，但在审美化阅读教学中并非目的，它只是其中的一个必不可少的环节。物象在此具有引信的功能，能够引发学生作为主体的审美情感，教师在这个审美场中可以发挥助燃剂的作用，于是师生一起进入游戏冲动的审美状态。在这个状态里，外在的现实世界被暂时忘却，师生于精神层面进入“心斋”“坐忘”境界，于是物我同一。物象已经不是文本当中的物象，而是融入学生主体精神的物象，学生也不是现实世界的学生，而是文本世界中的主体，于是，文本物象的审美客体与学生主体实现有效的生命互动，仿佛庄周梦蝶。文本审美之基在于物象，首先是单个物象的体味。当然不能止于单个物象的体味，因为它们只是文本系统的构成要素，并非文本系统本身。其次就是整体的体味。文本物象的整合就构成整体，但是整体并不等于物象的简单相加，整体大于要素之和。因此，必须引导学生整合各个物象而使之成为一个有机整体，并于其中消解第一个环节分割的各个物象,使之不能具有任何独立倾向的特性,只成为一个相互依存不可分割的关系节点。这是本环节的关键,只有实现整体性的整合,一切才有意义,才具备审美特性,因为审美的最高体现从来都是整一性,这也是文本系统性的必然要求。

第三个环节:味外味。这是体味的发展,味象阶段的基本任务在于文本物象的体味,不管是单个物象体味,还是物象整合的整体性体味,它们都限于文本本身,但是味外味则并不止于文本,而是延伸文本之外,这正是它的特性所在。因此,此处之“味外味”之义,前一“味”作为动词,就是体味的意思,而“外之味”就是本于物象但超出物象的韵味,或言“言外之意、画外之音、味外之味、象外之象、境外之境”。我们知道,任何文字文本都是运用语符建构的文本系统,文字作为语符必然具有符号的基本特征,能指与所指之间永远存在裂隙,也就是说能指永远不能完全指称所指,即能指总是处于某种漂浮状态,所指也同样总是处于某种滑动状态。这就意味着空白就是一种常态,而空白总是指向物象之外,从而形成余味引发无限的审美想象,这也正是文本的魅力审美所在。如果说文学作品文本空白是一种常态,那么应该没有什么异议,因为文学语言就是一种具有某种模糊性的审美化语言。而议论文与说明文,其语言则是一种科学性语言,它要求的是准确无歧义,怎么也会形成空白现象?确实它们的空白并不等同于文学文本的审美空白,它们是文本间性意义上的空白。议论文所论证的观点或说明文所说明介绍的事物并非独立的存在,它们必然存在于社会知识网络当中,因此也就只有延伸外在的知识文本,才能更为准确全面地理解把握,而外在的文本并不表现在自我文本当中,于是生成空白。我们历来提倡教学应当联系实际学以致用,文本只是媒介或桥梁,学在文本而突破文本,这就是教学行为所特有的“味外味”思想。“外之味”在教学行为中有着自身的独特个性,可以表征以下几个方面:由表层物象而深挖深层意蕴;由形而下的感性而提升形而上的理性;由文本物象而导向学生主体;由文本内涵而延伸社会现实;由文本理念而指向未来世界;由自我文本而连缀其他文本等等。大约只要能够连缀文本而走出文本,不是那种抛弃文本地走出,不是牵强附会地走出,更不是为了走出地走出,那么就是“出乎其外”,都是教学行为的“外之味”。

第四个环节:述味。所谓述味就是讲述自己的审美体验,述说自己游历文本虚拟世界的经历。审美历来都是个性化行为,不仅因为审美主体是个性化的存在,而且文本本身因为内蕴空白也变得是个性化的存在,它相对互文本是如此,相对不同审美主体也是如此。学生述说自己的审美体验与文本游历,就是展现自我的审美个性化生存,张扬自我个性,这对于培养学生独立思考能力大有裨益。学生讲述就是与人分享自己的独特审美体验,因为各人都有自己的独特性,这可以激发生生(师生)交流互动的愿望,于是一个互动平台就此搭建成功。当然,就教学层面而言,述味环节也是教学活动的基本常规,因为教学作为一种特殊的信息交际活动,不能只有信息的发出而没有信息的回收反馈,因此述味就是教学的一个反馈机制。学生于文本之内体味物象的情况怎样,走出文本之外的体味又如何,没有一定的反馈机制,教师将无从了解,也就不能确证教学任务的完成情况。也因为这点,我们说审美化阅读教学不是一般的文艺审美,它有自己的教学任务,虽然我们设想融教学任务于文本审美之中,在文本审美之时完成教学任务,但是任务毕竟还是任务,有任务就必须有检查与反馈,否则就难以保证任务完成的质量。因此,这种反馈就不可能像一般的审美反馈那样可以只表征回味,那可以是一种隐性的反馈,它只作用于主体自我而外人难以知晓,教学反馈则必须以显性的外在方式呈现,只有如此教师才能准确了解学生的任务完成情况,从而适时调整教学计划,以期达到每个学生都能完成基本教学任务的目的。

模式的四环节都体现与文本对话的游戏性。学生“心斋”“坐忘”进入文本虚拟世界,文本物象成为游戏角色的一方,学生戴上文本面具成为其中的另一方,从而生成文本游戏。游戏的进行也就是审美主体与文本对话的过程,这不是单向运动,而是双向互动,更是生命信息的交流,从而也是一个审美过程。四环节的审美,既呈现内在逻辑演进态势,后一环节必须以前一环节为前提条件,也表征回环深化的再审美特征,各环节并非决然泾渭分明可以相互反顾互相激发,甚至可以走出文本实现文本间性审美,因此它既表征文本中心的文本系统,又展现为外文本的开放系统。

本模式的核心关键词是审美,希望通过审美方式不仅破解传统教学中为着知识传授而将文本零散化的倾向,因为审美天然地存在着整一的趋势,而且更为重要的是培养学生的审美精神并提升审美能力。同时,本模式的理论基础选取具有中国特色的味象审美,因而也就指向传统文化,这对于塑造民族心理大有裨益。在当今文化全球化的情势之下,如何保持民族审美心理而不被同化,这是教育战线面临的一个重大课题,也是本模式的一个思维点,虽然不可能对它寄予厚望,但也希望能够有个尝试。文化全球化的一个重要策略就是魅力感染,运用魅力审美的手段使你成为他们的文化俘虏,进而于精神层面成为他们的人,而不在于你的生活区域与国籍。正因为魅力审美具有如此巨大的威力,因此我们不应弃而不用,应当运用具有民族特色的审美理论而强化民族审美心理,从而于文化全球化中保持民族自我个性。

在工业化社会之前,身心二元被特别强调就是“心”的层面之精神灵魂,身体被置于无足轻重的无名状态。可是在现代社会,其情况却正好相反,资本主义社会为了自身的制度政权的稳固,有意无意地引导人们关注物质生活抛弃精神追求,成为肯定现实屈从现实而不能批判现实改造现实的精神阳痿的“单面人”。西方的单面人也正透过文化全球化而悄然影响中国,有人对学习型社会作过“今年打算学点啥?”的调查,结果“感觉多数回答基本上是就业导向的,或者说是竞争导向、机会导向的,个人爱好的倾向表现得不明显。显然,这与‘纯粹的学习’和‘全面发展的人’这样的学习理想仍是有距离的,而且过于实用或功利取向的学习有一个危险,就是它可能产生‘单面的人’”!① 为了防止缺乏创造力的精神阳痿,审美教育就是一个很好的形式,因为它具有整合身心的功能,而且审美具有创造性的内在因子,任何成功的审美作品都是独特的这一个,具有独一无二性的审美韵味,因此可以成为预防单面人生成的小小围堰,从而成为促成学生全面发展的一条途径。

全面发展的人必须是精神自主的人,只有具有主体意识与主体地位者,才能真正具有精神的自主性,否则都只是一个美好的梦想。对于学生的主体性已然成为共识,成为共识并不等于落到实处,正如20世纪教育自身的遭遇,“说起来重要,干起来次要,忙起来不要”。为什么学生主体性难以真正落到实处,一个很重要的层面就是没有一个具有可操作性的平台,因为不可否认教师在教学过程当中的地位,于是师生都无从操作,因此就只能存在于理念当中而教学实践依旧。审美化阅读教学模式就是试图建构这样一个平台,不仅具有理念上师生平等关系,而且于教学实践操作层面也能够突出学生的主体地位,从而达成建构新型师生关系的目的。

三、构建语文标题教学法模式

语文老师都清楚文章标题在教学中的作用,也都有意无意地将其纳入教学环节,使之成为整体教学一个有机组成部分。但是,许多时候并没有有意识地将其上升到教学法模式的高度进行提炼,基本上流于随意状态,这就无法充分发挥标题在语文教学中应有的作用。标题既是篇章结构不可或缺的部分,也是文章内容重要的指向线索,能够有效地关涉内容与形式,应当成为教学的重要切入点。

第一,标题教学法内涵。学校要向学生传授系统性学科知识,因此所开设的科目都必须呈现学科的内在系统性和逻辑性。教材是学科知识的基本载体,为了呈现知识内在系统性,教材的知识架构一般都由章节板块构成,通过板块的方式不断推进知识的深广度。每个板块都使用树状结构建构,至少安排一级目录,多数由二级目录,甚至三级目录构成,这些目录之间就构成了知识架构的内在系统

① 马少华:《如何走向学习型社会:不要学成“单面的人”》,载《中国青年报》,2003年4月20日。

性和逻辑性。某种意义上说,这些目录同时也是学科知识架构的章节标题,它们具有揭示学科知识内容和逻辑性的作用。正因为如此,各科教师都善于利用标题的提示性引导教学,旨在发挥标题的提纲挈领作用。虽然广大教师都在运用标题从事教学,但真正提出标题教学法概念,较早者当是河北省的历史老师张勤彦,他从历史教学角度提出:"标题教学法是指在课堂教学中,着眼于对教材标题的分析与理解,引导学生对教材标题的联想、想象、设想,启发学生思维的教学方法。"① 很显然,这个界定比较狭窄,只是局限于标题自身,没有真正关注到标题与学科知识文本之间的内在关联性,没有表明标题在学科知识系统架构中的提示作用,因而也就降低了标题在教学中应有的地位。我们认为标题教学法是运用文本标题作为杠杆支点,撬动整个文本信息网络系统,追求以一驭多的简约化与最优化并行的一种教学方法。在各门学科中,语文学科尤其适用标题教学法,因为语文的文章标题与文本信息之间天然地存在着一与多的关系,透过标题这只眼睛可以充分透视文本内涵。因此,语文标题教学法就是运用文化模因理论,充分激活内在人文性,提取文章标题内蕴的文化模因,并以之为节点构建文化模因网络,通过以简驭繁的方法深入品味文本意蕴,实现内容与形式有效结合的一种教学方法。

第二,文化模因奠定教学模式理论。1976 年,模因理论由牛津大学动物学家道金斯(Richard Dawkins)在其著作《自私的基因》中首次提出,借用生物学的基因(gene)创造文化传递单位模因(meme)概念,认为模因旨在通过模仿和复制、变异和进化在人与人之间相互传染而进行传播。模因是信息单位,基本载体有语言文字、声乐色彩、行为服饰、风俗习惯、建筑影像等。模因是文化单位,基本文化意象有观念思想、文学艺术、图腾情感、崇拜信仰、意识形态、伦理道德等。模因是复制单位,复制基本阶段有同化、记忆、表达和传播,模因复制从来就不是完全复制,而是历经遗传、变异和选择的立体式传播,既有历时的纵向代际传播,也有共时的横向人际传播,形成模因复合体的传播网络。总之,模因属于文化因子,具有文化生成功能,包含文化意蕴。

语文教材基本文本是文学艺术,文学艺术是文化文本,属于文化模因复合体,内蕴丰富的文化因子。首先,文本之语符文字是文化产物,就是创生模因的载体。世界有众多民族,也有诸多文字,不同民族文字的产生都是民族发展的历史产物,都凝聚和承载着自身文化发展成果。正如怀特所说:"全部文化(文明)依赖于符号。正是由于符号能力的产生和运用才使得文化有可能永存不朽。没有符号,就没有文化,人就仅仅是动物而不是人类。"②文字就是怀特所言的符号。汉字是最

---

① 张勤彦:《初中历史标题教学法浅析》,载《金色年华》(下),2009 年第 6 期。

② [美]A. 怀特:《文化科学》,浙江人民出版社 1988 年版,第 31 ~ 32 页。

具悠久历史的文字之一，它是“仰则观象于天，俯则观法于地”创造出来的文字，是基于象形造字法基础上发展起来的文字，由此成为古代文化的活化石，因此透过汉字依然能够触摸历史脉搏，感受古代文化的鲜活场景，体验一脉相传的源远流长。汉字不仅积淀了古代文化意象，随着社会发展，汉字还不断累积着文化发展成就，形成丰富的文化层，因此透过汉字意义的变迁，还可以窥视社会不同时期的文化景观。由是观之，任何文字文本都必然蕴含文化意蕴，都可以运用文化模因理论进行解说。其次，文章是记载文化，传播就是模因播撒。著书是“经国之大业，不朽之盛事”，它高度概括了记述与传播的历史文化意义，并且成为古代文人的永远追求。前人面对灿烂文化创造了汗牛充栋的文本，如果未经传播（或阅读），就只是潜在文本，而要激活文本使之成为有效的陈述，就需要传播（阅读）且置于文本间性之中，这才能形成文化模因播撒并发挥文化效能。对此，福轲有深刻地哲学论述：“为了有陈述——为了涉及一个陈述，只说出一个句子是不够的，甚至只在一个对象范围的确定关系中或者只在一个主体的确定关系中说出这个句子也是不够的。因此，应该把句子放在它同邻近的整个范围的关系中。或毋宁说，因为这不意味着某种补充关系，而这种关系又要被迭放在其他关系上，所以，在邻近的空间没有被使用时，我们就不能说出一个句子，就不能使这个句子成为陈述的存在。”①文章从来都是模因复合体，任何一个模因都在其邻近的整个范围关系中，文本的自足性使之能够成为一个既封闭又开放的陈述。当然，真正的开放还需要读者的参与，文章就是为读者而存在的，读者的生成就是文化模因的播撒。再次，文章反映世界，模因只产生于社会。艾布拉姆斯提出“世界（宇宙）—作者—作品—读者”文学四要素说，他充分论述了文章与世界的关系，也就暗示文章必然蕴藏丰富的文化模因。“文本的根本特性在于，其书写保存了话语形式，成为一个有利于个体记忆和集体记忆的‘文化档案’”。② 这个“文化档案”构成的基本要素就是模因，模因不是想象的虚拟产物，它有实在的生成基础，这就是文化赖以生存的社会。文化是人类的创造物，社会是人类的栖居地，文章是文化的记述文本，因此运用模因思想品读文章，就可以有效地品味文化。

文章确实蕴藏丰富的文化因子，从标题教学法层面考量，还需要明白标题与文章在文化模因方面的关系。标题并非自有文章以来就存在，殷商时期没有文章标题，《尚书》之称为后人整理所加。春秋前后开始出现集子书名，如《诗》（诗经）、《论语》等，但也还没有具体篇章标题，后人只好选择诗文开篇之字句标明之。战国后期作者开始自觉地加上标题，一些著作不仅有书名，而且内中篇章也配以

① ［法］米歇尔·福轲：《知识考古学》，谢强等译，三联书店，2007 年版，第 106 页。

② 王岳川：《现象学与解释学文论》，山东教育出版社 2001 年版，第 235 页。

标题,但篇中纲目包含内容较宽,只相当于现在的大标题。秦朝前后,标题制作更加完善,既有书名,又分篇列目,每篇文章都有标题,这时作者已经意识到标题能够吸引读者兴趣(特别是大臣奏折能够引起皇帝注意),更能有效地发挥文章效能,于是力求标题能够成为文章的“眼睛”。可以说,在秦汉之时,古人已经充分意识到标题的功能与意义,它就主要体现在作者、读者和文本三个层面。对于作者而言,标题可以划定取材范围,能够提示文章体裁,可以指示文章内容,能够引导写作思路。对于读者而言,标题能够引发阅读兴趣,可以了解内容梗概,能够感悟文本情感,可以体察价值取向。对于文本而言,标题可以提供阅读线索,能够浓缩文章主旨,可以提升文本艺术,能够凝练文化蕴含。总之,标题已经成为文章构成不可或缺的部分,即使不便命题,也标以“无题”之称。标题能够有效地勾连作者、读者和文本,促成三者成为一个关系共同体,特别是在读者中心论的影响下,没有读者就没有作品,也没有作者,语文教学在某种意义上就是训练读者、培养读者,因此必须充分关注标题在教学中的独特作用。

标题与正文在文化模因涉及的外延上,它们在逻辑上存在包含于关系。虽然标题在拥有文化模因数量上较少,但其作用不容小视,它是文章的“眼睛”,所谓“好的标题就等于成功了一半”。标题拟定的方式方法很多,可以揭示主旨,可以标明范围,可以表明人物,可以提炼事件,可以虚实结合,可以比喻象征,不管如何拟题,都必须言简意赅地关涉正文,都应当提供尽可能大的信息量,都应该心中装着读者,这才是好的标题。特别是快节奏的现代社会存在着快餐式阅读倾向,标题就成为读者获取信息的重要参考标尺,因此标题必须提供足以引起读者阅读兴趣的文化模因内容,否则就可能错过正文的阅读。标题模因导向正文模因,两者构成一个亲密关联体,不仅在内容上相互策应,而且在结构上也浑然一体。文章是一个有序立体的模因复合体,标题模因具有方向标功能,可以导引读者进入正文模因复合体。这个模因复合体既有平行关系的模因,也有上下位层级关系的模因,既有浮于文本表层的显性模因,也有潜入文本深层的隐性模因,甚至于到达文化原型或故事母题。而要体味这个丰富的模因复合体,标题是第一步,据此提出标题教学法。

第三,建构标题教学法教学模式。理论思考总要转化变成实际的操作,模式建构就是提供一种操作程序。在充分认知文化模因理论,并且结合文章进行具体分析之后,就此提出基于语文教学的标题教学法操作模式:透析标题文化模因—构建文本文化模因网—品味模因的文化意蕴—深化理解标题文化模因。

其一,透析标题文化模因。既是标题教学法,就要首先关注和分析标题,提示标题内蕴的文化模因,并且通过标题文化模因分析,使之能够有效地导引正文的研读,能够最优化地开展语文课堂教学活动。要透析模因,必须确定标题内含的文化模因。模因在词语中的表现形态一定是实词,基本上不可能是虚词;实词中也主要集中在名词和动词,少部分涉及形容词。从语法结构层面考察,模因则主要分布在主谓结构的中心词,主语部分中心语、谓语部分中心语和宾语部分中心语。从学术角度看,模因必须表达某种概念,因此概念就是模因。只要从这三个视角考察,就一定能够确认标题内含的文化模因。确认之后,就要透析,既要区别内中的层级,也要揭示文化意蕴,以便为进入正文模因复合体提供充分的路引。例如课文《青海高原一株柳》的标题模因确认,柳(柳树)和青海高原是第一层,青海高原一株柳是第二层。然后分析文化意蕴。柳树易于生长、分布广泛,意指生命力强。青海高原自然条件恶劣,意味着生存不易。柳树遭遇青海高原,境况如何呢? 只活了一株。在其他树都不能存活的情况下,这一株柳树在克服恶劣环境后,顽强地生存下来,其生命力得到极大张扬,这就是标题模因所蕴含的文化价值,也成为理解正文的路引。很显然,标题的文化模因是正文内容的某种凝练,因此它就在内容与结构上关涉着正文,可以成为语文课堂教学活动不应忽视的重要切入点。

其二,构建文本文化模因网。教学应该致力于实现厚薄的转化,既能够充分地深入文本,又可以超越文本,实现举重若轻和举轻若重的并举。标题文化模因的透析是一个由薄到厚的过程,文本文化模因网的构建就是一个由厚到薄的逻辑思维过程,通过抽取一些必要的文化模因,将文本内在的逻辑系统以网络结构形式呈现出来,以期学生能够切中肯綮地把握文章主旨和体验艺术魅力,实现以简驭繁的教学最优化。

正文文化模因的确认,其方法与标题有所不同。正文内容丰富,模因众多,必须遴选根本,去粗取精,以一驭万,统摄全篇,因而也具有学法意义。方法一是提炼关键词。关键词已经深入人心,广泛运用于学术论文和公务文书,其实各类文章都可以提炼关键词,也都可以发挥关键词的作用,它是文章内容的高度浓缩。方法二是寻找文眼。文眼就是正文的眼睛,在文章中往往表现为主题句,透过它可以看清文章的内容、主题、情感、线索、结构等,具有极强的文本辐射力,具有模因传播功能。方法三是锁定情感基调。文章都饱含情感,或激越或平淡,总会有贯穿全文的情感基调。这个基调或在文章中显性存在,可以直接将文章的词语提取出来;或是隐性存在,这就需要概括提炼。方法四是凝练核心事件。文章涉及的事件可以很多,但往往会统一于某个核心事件中,这就需要运用简短的语句将其凝练出来。方法五是概括基于文本的上位概念。前之方法所提取的文化模因都是着眼于文本自身,或是直接的文本词语,或是文本内容的直接提炼,总之属于文本网络的直接系统。但是,依照文本间性理论分析,任何一个文本总是处于文本间性之中,或与其他文本发生关联,或与文化语境产生互动,孤立的文本是没有意义的。"没有一个陈述不是以其他陈述为前提的;没有一个陈述的周围没有一个共在的范围、序列和连续的效果、功能和作用的分配。如果说我们能够言及一个陈述,那是因为一个句子(一个命题)在某一确定点上,以确定的位置出现在超出它的限度的陈述游戏中"。① 于是,就可以在此基础上概括更为深层次的超出文本表层的上位概念文化模因,必要之时,可以概括到文化原型或故事母题,从而有效地拓展文本的文化意蕴,展现文本内在的味外味。模因的提炼就是由厚到薄的过程,检验模因提炼是否准确,就看能否纲举目张,能否体现文章主旨,能否揭示深层内蕴,能否构成相互关联的系统。

确认文本模因只是第一步,接着还需要构建文化模因网。通过不同方式提取出来的模因会有一定的数量,它们只是作为模因被散乱地提取出来,还需要进行必要地整理,构筑一个系统的模因网络,使之能够完全体现文章主旨。依照逻辑上下位层级关系将提取出来的所有模因进行序列化,区分不同的层级,疏理模因之间的逻辑关联性,既要把握同一层级的相互关系,更要关注上下位层级之间的制约关系,使之成为一个联动的有机整体。这个模因网络不能止于正文,还要延及标题,贯穿一个文章整体观。在这个网络系统中,还要依据文章主旨确定几个核心模因,它们对于整个系统能够起到统摄作用,真正具有牵一发而动全身的功能。依托核心模因可以左右拓展、上下伸展,既可以解释文章表层事件,也可以深入文本内部体味深层意蕴,还可以体察文本之外的文化意象,可以实现基于文本、超越文本的有效阅读。

其三,品味模因的文化意蕴。这是本教学模式的核心步骤,也是语文教学的重心所在。文章就是一个有机整体,具有某种不可切分性,任何割裂分析都有损于文章意蕴,因此在语文教学不得不分析的情况下,必须始终保持清醒的整体观。借助文本文化模因网不仅可以理解文本内容,把握文本主旨,看清事件发展脉络,疏理情感走向,厘清文本线索,了解文章结构,而且还可以实现整体把握,可以较为有效地于分析中体现整体性,在整体性观照下品味个体模因。

语文教学不仅需要整体把握,同样需要文本细读,因此具体地模因品味还是必不可少的。这种品味必须贯穿几个基本原则。一是文本系统思想原则。前之构建的文本文化模因网络就是庞大文本系统的简约化和微缩,因此在对任何一个模因进行品味之时,都不能只局限于这个词语,必须将其放到与其他模因词语关联中进行品读。这种关联还必须体现系统应有的层级性,既与同级的平行关系词语进行参照品读,还与上下位层级的制约关系词语进行比对品读,在这样的纵横关系中立体品读,更能准确把握模因的文化意蕴,从而充分发挥模因网的作用。

---

① [法]米歇尔·福柯:《知识考古学》,谢强等译,三联书店 2007 年版,第 108 - 109 页。

二是遵循语文味原则。语文味就是立足语言文字,挖掘文字在语境中蕴含的文化意蕴,感受文字在文本中运用的精妙,领略文字所蕴含的无穷艺术魅力,如此所展现出来的综合教学韵味。很显然,文化模因的品位不能是脱离文本的架空分析,也不能是基于文本的思想意义和文化意蕴分析,而应该是基于模因词语从音形义层面理解表层意义,从文本中演绎本义引申义和文本义的意义链,从语境中解读表层意义向深层意蕴的转化,从艺术魅力中解说用词的精妙和味外味。三是遵循感性体味原则。理性分析永远不能代替感性体味,只有"入乎其内""化身其中",才有真切感受,才能真正引发心底共鸣。四是核心模因重点品味原则。模因网涉及的文化模因词语众多,必须区分重难点,确定几个核心模因进行品读,不能平均用力。核心模因是文章主旨的重要支撑点,参透了它就可以说基本上吃透了文章,可以化他人之文为我之章。这个品读不仅需要将其放到简约化的模因网络系统中考察,更需要置于全文网络中体悟,不仅需要关注表层意义,更需要挖掘深层意蕴,不仅需要关涉正文,还需要联系标题,不仅需要挖掘文本内涵,更需要超越文本,超出文本之外。

我们例举《青海高原一株柳》核心模因之一"神奇"进行品味。神奇的字面意义是像神灵一样出奇,意指非常奇妙,其文化意蕴指向神。在文本文化模因中,神奇的主体是柳树,平凡的柳树为何神奇?柳树一般生长在生存条件优越的江南平原水边,它却生长在自然条件恶劣的西北青海高原。青海高原只长青草不长树,它却长成两合抱粗。没有树族的原野是简洁而开阔,高原上的柳树是天地间巍巍然撑立。自然飘来的树种和人工种植的幼树全都被青海高原杀死了,它却是依靠自身力量唯一生存下来的一株柳树。高原的风雪雷电虐杀无数生灵,它虽然伤痕累累却一次次起死回生。江南家乡灞河柳树三两年就长成本色的婀娜多姿风情万种,青海高原这株柳树历经无数岁月长成铁锭般粗实而坚硬。于是,得出神奇的文化蕴含就是顽强的生命伟力,柳树已经不是"树",而是"神",如此才创造了神奇。这种非人间的"神"之伟力促使这株柳树获得了与神一样的崇高地位,收获与神一样的人间敬畏和崇拜,享受如神一样的精神信仰和力量源泉,变成如神一样的文化象征符号,这就是基于文本超越文本的文化意蕴。

其四,深化理解标题文化模因。最初,对于标题文化模因的透析主要引出路径,通过文本模因的充分品味,而今需要回归标题,完成一个教学与文本结构的轮回。从教学层面看,教学起于标题,也应回归标题,但这是高层次回归,不是简单的重复。前此重在确认文化模因,分析也是基于标题自身,还不能有效地结合文本,因此会缺乏某种深度。此时不仅文本模因得到充分品味,而且标题模因也置于模因系统中得到品味,因此标题模因内涵得到进一步深化,重新品味标题模因,其内在感悟就得到进一步提升,更加巩固标题应有的作用。从文本结构层面看,标题模因具有路引功能,作为线索已然贯穿文本文化模因网,因此在结构上具有黏合作用。标题是文章的"眼睛",是高度浓缩的关键词,起于开篇,再止于结束,这就构成了前后呼应的浑圆一体性。

四、构建专题学习教学模式

素质教育要求"以培养学生的创新精神和实践能力为重点",为了落实这个目标,课程标准明确提出教学应该"倡导自主、合作、探究的学习方式"。这就是说,学生的学习研究能力被提上了议事日程,要求教学必须"授之以渔",以增强学生的发展后劲。专题学习就是为了解决学生的发展后劲而提出的,以求真正达到"教是为了不教"的理想境界。

专题学习,顾名思义,就是在教材精神的统领下,其充分地体现学科知识的系统性与科学性,从中选取若干专题进行学习的方法。知识性学习一般都具有以下两个特点:一是重在知识的传授,于是往往要关顾每一个知识点;二是要贯通整本教材,每一章节都必须讲授。而专题学习则不同,它重在教材的系统性,重在一个专题的系统性,并不需要关顾其中的每一个知识点,同时也不需要贯通整本教材,可以择其若干专题学习,其余的交给学生自学,以此而形成学生的研究能力。

其一,专题选题应是点线面的有机统一。既是专题学习,那么专题选题就显得特别重要了,必须遵循一定的原则。首先是坚持学科知识的系统性、科学性与完整性的原则。这是一个基本的前提条件,它既是课程教学计划的要求,也是学科系统的自身要求。在这个基础上,选题要注意学科系统中的基础性知识,因为这是系统中最基础的要素,是学科知识大厦的基石。如果学生连最基本的基础概念都掌握不好,理解不透,那么其学科知识系统就是建立在沙漠上的大厦,是没有基础经不起风暴的。最后,要考虑学科知识系统的多层次结构特征,各层次结构的选题都要有一定的比重,这样才充分体现系统的特点,发挥系统的优势。

依据以上选题原则,可以确定点线面三类专题。点,是学科知识系统中的最基本的要素,是系统构成的基本单位,其主要表现为学科的基础知识点或基本概念。一门学科系统,其知识点是众多的,这显然不可能都作为专题学习,也没有这个必要。应该从基本知识点、重点、难点三个角度来确定点的专题。基本知识点,是学科知识系统中最基础的概念,是学科系统的基本范畴,具有支撑学科系统的基石作用。这是必须突破的知识点,其对于演绎整个系统,把握系统的特质具有不可替代的作用。重点,当然就是学科知识系统中的重要知识点,犹如关键词。其往往能前后勾连,左右阐发,提起一个而牵起一片,这也是选题的关注点。难点,就是其本身具有一定难度,或是易与相邻概念混淆,或是似是而非的知识点,这无疑应专题讲解,以求条分缕析。

线与面,属于学科系统的结构,它们分属不同的层次,面是高一层次的结构,线则是低一层次的结构。线的层次结构表现为线性结构特征,其一为纵向结构,其一为横向结构。纵向结构的线,其重在一个论题的发展脉络,以之为专题,可以明了事物的演进过程,从而把握其发展轨迹,把握其发展规律。横向结构的线,其重在事物间的普遍联系,重在各个外在的不同因素对事物发展的影响与作用。以之为专题,可以明了任何一个事物的存在都不是孤立的,它必然存在于一定的环境中,环境各要素是相互影响,相互作用的。纵向与横向的专题各有侧重,相互补充,能够更为有效地把握学科知识系统

面的层次结构表现为网状结构特征,其低一层次结构为若干条纵横交错的线,是它的子系统;其高一层次结构为学科,面是学科这个大系统中的子系统。学科系统往往由若干个子系统,也就是面构成,因此面的专题就显得十分重要了。这种专题能较宏观地把握系统的性质,能够纵横捭阖,能够统领低层次结构的各要素,从而构成一个有机整体。

点线面三类专题既具有相对独立性,又表现为相互联系、相互制约、相互作用的关系,共同构成一个有机的整体。各类专题是相对独立的,它们各自研究不同的论题,各自处在不同的结构层次。然而它们又是相互联系、相互制约、相互作用的,高一层次的专题必定蕴含低一层次的专题。点是学科知识系统中的基础知识点,那么线则必定蕴含点及与点专题同级的其他非选题基础知识点的内容,面则必定蕴含线及与线专题同级的其他非选题的若干个层次结构的内容。而且,各层次专题间也表现为梯次演进关系,由点而线,由线而面,由面而学科,充分体现系统的结构特征。正是专题的这种系统性特点,才使我们的专题学习具备系统性、科学性、完整性的特征。

专题学习因为是择取若干专题学习,而非面面俱到,这会不会造成可能的知识缺欠呢?不会的。专题选题的原则,尤其是系统性、科学性、完整性的要求,就在源头把了关。同时,我们知道高一层次的专题必定涵盖许多低一层次的非选题内容,也就是说,选题对非选题具有辐射带动作用,虽非专题讲授,但必定涉及。确定非专题授课的内容,其知识坡度应是不大的,可以通过自学把握,其与旧有知识联系较为紧密,可以较为容易地实现旧知识向新知识的迁移。除此之外,还可专门安排非专题学习知识的学习情况汇报课,从而有力地保证其不至于造成知识缺欠。

其二,专题学习是深度与广度的统一。既是专题学习,当然就要对专题进行专门研究,对相关的材料进行重新组织、编排、提炼,因此,专题就必然是深度与广度的统一。这种深度与广度的统一贯穿于每一个层面的专题中,虽然在各层面专题中体现得不完全一致,有是侧重于深度,有的侧重于广度,有的则深广度并重,

总之,其必然是深广度的统一。

点的专题,其大都侧重于深度的挖掘,因为它是最基础的选题。在深度上延伸的同时,当然也必然涉及广度的问题,没有必要的广度,深度就无从谈起。线的专题,虽则有纵向与横向之别,实则也是深广度的统一,只不过或者侧重于深度,或者侧重于广度而已。侧重于深度研究的纵向结构专题,要注意广度的拓展,而侧重于广度研究的横向结构专题,应考虑深度的开拓。面的专题,因其自身就是由纵横交错的线组成的网状结构,当然就是深广度的有机统一了。

各类专题就其自身而言是深广度的统一,就其相互关系而论同样是深广度的统一。点线面就表现为一个梯次演进的纵向发展的层次结构,在这样一个运动结构中,其运动轨迹就是深度的有力体现,其深刻地揭示了事物的发展历程。与此同时,每一个层次结构,既包含若干个相互联系的低一层次结构,又与其同层次的其他结构发生联系,表现为横向联系的广度特点。

专题学习是深广度的有机统一,但也要防止其另一个倾向,那就是把专题学习上成专题学术报告而过度深奥化、专门化、学术化。那么,该如何给其深广度定位,才能使这“度”恰到好处呢?第一,以教材课程计划要求为基准;第二,在对专题相关的内容进行重新组织、编排、提炼的基础上,补充一些旁证;第三,只对专题中必要的观点进行展开阐述,以便透彻地探讨论题。

其三,专题学习是基础性与研究性的统一。这是基础教育,完成课程教学计划是首要的目标,因此,专题学习的基础知识性是不容置疑的。这一点在专题选题原则上就予以了保证,使之不至于脱离教材而加行一套。专题学习时,也是以学科教材系统的知识体例为母本,以此组织、编排、提炼相关知识,使之在专题这一系统内重新系统化,在普及的同时得以提高。

就学生而论,因为教师的专题授课具有研究性,那么其学习也就是一种研究活动。教师的专题授课内容,就是其研究成果的宣讲,是学生从事研究活动的示范。这个方面的研究性还不是最重要的,重要的是通过专题学习,可以学到从事学术的探究性学习方法,这才是更有价值的研究性。法国教育家弗雷内认为:知识不能单方面靠老师向学生提供,提供知识并不是教育的根本目的;获得探索方法,培养思想,具有批判精神,这才是重要的。基础性重在知识的发展脉络,研究性重在知识的创新与研究方法,而其研究思想与方法,这才是最为根本的,我们旨在播种种子,并不苛求马上收获,但可以肯定其后一定会有秋的辉煌。

第四节　游戏冲动审美心态

审美化阅读教学是基于传统的味象审美理论,在这理论下可以建构一个教学模式:捕象—味象—味外味—述味,实施这个模式的心理前提就是游戏冲动审美心态。如何建构那样一个平台,从而生成这样审美心态,正是本文所要力求回答的问题。

一、游戏冲动审美心态基本内涵

平台的建构需要基石,游戏既是审美化阅读教学的基石,也是游戏冲动审美心态平台的基石。这里的游戏是席勒所言审美状态下游戏冲动的游戏,"通常用'游戏'这个词来表示一切在主观和客观上都非偶然的,但又既不从内在方面也不从外在方面进行强制的东西"。① 换言之,游戏就是超脱现实遵循生命本真并由此进入自由闲暇状态的一种审美化生命活动。正因为如此,游戏就与艺术本质相通,"当代解释学美学家伽达默尔认为,艺术的本质即在于,艺术是一种游戏,而游戏即艺术作品本身的存在方式。游戏的特征首先是主体的自我表现性特征,游戏者并非是游戏的主体,而是游戏者通过游戏活动达到的表现。游戏不是直线式的,而是往返重复进行的,是一种自身的来回运动。其二,游戏具有无目的性和自动性特征,它是一种不束缚于目的的过程,是一种不谋求外在目的的自我生命力过剩表现。其三,游戏具有自律性和同一性,游戏能巧妙地超越自己所设立的目的而回归自身,而被看作绝对自身等同的重复现象"。②

表征游戏的游戏冲动,其内蕴着感性冲动与形式冲动(或言理性冲动)。感性冲动,"它是由人的物质存在或者说是由人的感性天性而产生的,它的职责是把人放在时间的限制之中,使人变成物质,而不是给人以物质"。③ 这就揭示了两个基本特性:一是时间的有限性,二是空间的物化性,因此,人于其中是遭受束缚不自由的,但那是人不能不依存的现实物质存在。形式冲动,"它来自人的绝对存在,或者说是来自人的理性天性;它竭力使人得以自由,使人的各种不同的表现得以和谐,在状态千变万化的情况下保持住人的人格"。④ 这也揭示了两个基本特性:

---

① 席勒:《审美教育书简》,冯至、范大灿译,北京大学出版社1985年版,第78页。

② 金开诚:《文艺心理学学术详解辞典》,北京大学出版社1992年版,第329~330页。

③ 席勒:《审美教育书简》,冯至,范大灿译,北京大学出版社1985年版,第62页。

④ 同上,第63页。

一是人在绝对存在的超然现实的理想状态下是自由的,二是与此同时人也具有同一人格,但是,这显然不是人的现实存在的人格,它具有乌托邦性质。于是,“理性根据先验的理由提出要求:应在形式冲动与感性冲动之间有一个集合体,这就是游戏冲动,因为只有实在与形式的统一,偶然与必然的统一,受动与自由的统一,才会使人性的概念实现(即完满人性,引者)”。① 这就是游戏冲动,它作为两者的对方统一而产生,同时成为两者结合的中介,是感性和理性(形式)相统一的自由活动。如此,它就可以摆脱两极的局限,立足于自我现实而获取二者之长。根据康德、席勒等人的思想,艺术起源于游戏,审美就是游戏,而审美化阅读教学的基本性质就是审美,促成整个文本阅读教学的审美化,因此很有必要借助游戏冲动理论生成审美心态。所谓游戏冲动审美心态,就是使用审美化的眼光关注对方,超脱世俗功利并力求进入生命本真状态,它表征为待人处世的一种审美态度与价值取向。

那么,依据游戏与游戏冲动的性质特征分析,游戏冲动审美心态具有哪些基本特征呢?第一,超脱现实功利性的无目的的合目的性审美状态。作为审美性质的游戏冲动,它具有那样的性质既是必然要求也是基本特征,教学也应该具有这样的心态特征。但是,教师也是世俗世界的现实存在,总不免受到现实世界名缰利锁的机制影响,如果带着如此强烈的功利心态进行教学,那么学生就成为教师博弈的棋子,学生就有如葛朗台眼中的女儿“仿佛金铸的一般”,这肯定不利于培养学生完满人性。因此,教师在进入教学状态的时候必须超脱现实功利性,以无目的的心态从事教学,从而进入教学审美活动。第二,去对象性而进入主体间性。人与自然的关系,其于进化之初是处于主客体不分的混沌状态,后来人从自然中抽身出来而出现了疏离,自然成为人的对象,也出现了审美。“只有当他在审美状态中把世界置于他自己的身外观赏世界时,他的人格性才与世界分开,对他来说才出现了世界,因为他不再与世界构成一体”。② 但是,教学的对象是人,长期以来我们习惯于将学生对象化,因而不是审美化教学状态。这里,我们需要将学生还原为人,剔除学生对象化思想而还其主体的本来面目,从而实现与教师的主体间性。不仅如此,还应该将教学文本也去除对象化,实现与文本对话,这样就构成三方的主体间性,从而可以进入游戏冲动审美状态。第三,回归本真生命的自由状态。席勒说:“只有当人是完全意义上的人,他才游戏;只有当人游戏时,他才完全是人。”③审美化阅读教学就是要实现教师、学生与文本三方的对话,因此不仅

① 席勒:《审美教育书简》,冯至,范大灿译,北京大学出版社 1985 年版,第 77 页。

② 同上,第 130 – 131 页。

③ 同上,第 80 页。

需要而且也必须进入游戏冲动审美状态，如此才能在完全意义上的人的层面进行对话，从而进入生命本真的自由状态。只有在如此状态下，才能实现教学的最大化，才能达成学生知、情、意的和谐发展，也才能实现教学现实目的的最优化。

二、培育修身养性的中和之气

审美化阅读教学必然表征一种审美化的教学状态，这就要求教学活动的师生双向主体都应当保有游戏冲动审美心态，这是一个基本的心理前提。这种心态的养成需要我们修身养性，培育自有生命的中和之气，如此可以更为有效地进入一种审美心态。教学是一种主体性教学，师生乃至文本就是教学的主体，但教师在师生双向主体间性中担当着平等中首席的角色，因此也就负有在教学场中培育审美心态之责。如此看来，教师必须首先培育自有生命的中和之气，生命体只有充盈厚重的中和之气，才能"入乎其内，出乎其外"，才能裕如地从事审美化教学。

对于中和的理解，这里倾向于朱熹《四书集注》的表述："喜怒哀乐之未发，谓之中。发而皆中节，谓之和。"人处于世俗的现实社会，都有七情六欲，都需要发泄释放与转移，但是这种个体性的七情六欲、喜怒哀乐，作为教师就不能在教学场中随性而发，必须有所节制，并且这种节制还得符合教书育人的要求，是谓之和。至于中和的作用，朱熹接着阐述得非常明白："中也者，天下之大本也；和也者，天下之达道也。致中和，天地位焉，万物育焉。"中和处于天地本位，万物由此生发，因此从某种意义上说，中和也就具有生态美学的意义。教学作为一个审美场，那是主体间性的生命互动，并在互动中更新主体生命且提升主体生命价值，从而收获一个崭新的自我，这就是中和于教学场中的生态美学意义。

基于味象审美的审美化阅读教学模式需要具有游戏冲动审美心态，那么为什么生成游戏冲动审美心态需要培育中和之气，其理由如次。首先，中和能够涵养生命和谐之气，其与游戏冲动的生命性质相通。游戏冲动的一个基本性质就是表征生命的自由状态，生命在这样一种状态中获得自由的发展，从而创生人的完满人性，促成人的和谐发展。中和也是追求一种和谐，追求生命在这样一种和谐状态中的充分发展，并使每个生命体都获得一个适合的生态位。游戏冲动，它是感性冲动与形式冲动的对立统一，是人的物质存在与绝对存在的中介，因此也就具有中和的某种特性，从而可以通过中和之气的修炼而到达游戏冲动审美心态。其次，中和对于世俗情感的节制，其与游戏冲动所要求超脱现实功利性的审美心态特征相切。"审美状态可以说是人的自由状态。在审美状态中，人完全抛开了利害考虑，不再斤斤于沉浮得失，摆脱了伦理道德的羁绊，也没有认识某种事物的迫切需要，暂时消除饥饿的煎熬和工作的辛劳，整个身心都处于自由状态，并以游戏的态度对待人生，真正处于时间的现在一维中，过去和将来对于特定主体来说都暂时停止存在。因此,可以说审美状态就是人的自由游戏的状态”。① 审美是无目的性的合目的性活动,虽然审美化教学不是纯粹意义的审美,但依然要求具有相类的品性。具有中和之气的教师,能够涤除世俗的消极情感,从而无负荷地进入生命的自由游戏状态。因为教师的无所负荷,因此可以全身心投入,可以更快捷地引领学生共同进入教学审美境界。第三,中和具有多样统一特征,其正与游戏冲动追求完满人性相符。单一就无所谓中和,中和必定是多样统一,并且在这种多样统一中追求和谐的完满状态。游戏冲动是感性冲动与形式冲动的中和,依照席勒的观点正是培育且达到完满人性的基本路径,只有在游戏状态下,人才是完全意义的人,否则就是不完满或异化的人。我们的教育目标就是要培养德智体美劳全面发展的具有健全身心的人,因此,游戏冲动的审美状态正可以成为培育的一个平台中介,由此教师就应该养成自己的中和之气,以期有效地进出这个平台。

中和之气不是自然生成的,需要修身养性自我培育,这就需要一些基本举措。第一,阅读大量的文艺作品,提高教师自身的文艺修养。我们从事的是审美化教学,那么教师自身就必须审美化,而文艺作品具有高度凝练的美质特征,因此接受文艺作品的熏陶可以更为集中有效地提升教师的文艺修养。同时,阅读教学是文本审美教学,内中的文本基本表征文艺作品,从这个角度看,提高文艺鉴赏水平也是情理之中。更为重要的是,传统的文艺作品大都追求中和之美,中和的美学理想贯穿着文艺创作的历史,因此,接受文艺作品的熏陶可以更为集中培育自己的中和之气。第二,淡泊名利,追求无目的的合目的性境界。审美以及审美化教学都需要超脱现实淡泊名利,但是,世俗现实社会运用机制力量构筑了强大的名利内驱力的倾向与现实,面对如此强大的名利场的诱惑与压力,要全然淡出似乎不现实,那么可以策略性在主观意愿上退出名利竞逐,以无目的性心态而达到目的性的结果。康德说:“美,它的判定只以一单纯形式的合目的性,即一无目的的合目的性为根据的;那就是说,是完全不系于善的概念,因为后者是以一客观的合目的性,即一对象对于一目的的关系为前提。”②这似乎不是纯美的审美态度,却是一种基于现实的可行性态度,也是老子的行为策略:无为而无不为。这就可以使自己淡出孜孜以求的名利场,养成一种平和心态,从而生成中和之气。第三,以天地为师,寄情自然山水。天地自然相对于世俗社会,它是一个无所争的另一世界,因而可以成为世俗社会的净化场与避难所,不仅可以平和净化人的心灵,而且可以抚慰人的创伤,从而培育纯美的心性。庄子说:“天地有大美而不言,四时有明

① 曹俊峰:《康德美学引论》,天津教育出版社 1999 年版,第 242 页。

② [德]康德:《判断力批判》(上卷),宗白华译,商务印书馆 1985 年版,第 64 页。

法而不议,万物有成理而不说。”天地自然以其深厚的大美品性,不仅可以培育无言的无所争心态,而且可以培育海纳百川的包容之心,胸间中和之气自然也应可以生成了。

三、营造教学审美场心理区间

游戏冲动审美心态不是日常生活心态,它是一种审美心态且不同于纯粹意义的审美心态,它只作用于教学活动,因此必须明确其适用的时空,由此就要生成相呼应的心理区间。既是审美化阅读教学,那么就应当营造一个教学审美场,从而使得进入这个场域的人都受到审美气息的感染,如此相互激荡而不断浓厚审美氛围。而“所谓教学审美场是指在教学中师生共同创造的整体审美化的一种氛围和情调,在这种氛围和情调中,教学主体可以淋漓尽致地进行教学美的创造,并将其育人效应发挥到极致”。① 教学审美场具有三个基本特点:首先是具有整体弥散性,教学活动主体一旦生成强烈的审美情感,它就会不断地播撒生长,并且促成身处审美场的个体相互整合构成有机整体,从而消解其中的不良情感。其次是无形感染性,师生处于审美场的心灵接触,积极的情感对认知具有支持功能,能够激发学生更有效的学习。再次是迭代控制性特点,“迭代”理论表明,千万次重复同一坏的或好的因素,事物的整体也会变坏或变好,因此教师在教学时应注意通过有效的迭代控制,促使审美情感不断“迭代”,从而创生良好的审美场倍增效应。

教学审美场的心理区间,实际可以表征两个层面:物理区间与心理区间。物理区间就是教学场所的基本物理界限,这个界限可以有三个层次,最大的层次就是学校所属地界,第二层次是学校内的教学区,第三层次是教室。很显然,物理区间是可视区间,它的作用在于确认身份,进入这个区间者或者是教师或者是学生,它具有促成身份认同的心理功能。心理区间就是确认进入审美化阅读教学游戏冲动审美心态的心理界限,它也有两个层次,一个层次是教师身份的心理认同,从而以教师职业道德约束自己;另一层次是进入相关的教学物理区间后,暗示自己已经进入教学状态,必须保持良好的游戏冲动审美心态。两个区间互为表里相互作用,物理区间以可视的方式规范教师,必须以审美的心态呈现于学生面前,心理区间则以内省的方式暗示教师,必须提升自我修养,运用魅力感染策略无形迹地感染学生,达成审美状态下无为而无不为的教育功效。

进入教学审美场区间,就应当有意识地生成游戏冲动审美心态,如此才能更高效地从事审美化教学。首先,树立边界意识。如前所述,教学审美场是拥有心

① 李如密、丛英姿:《教学审美场及其营造策略》,载《江西教育科研》,2007 年第 6 期,第 3 页。

理区间的，因此教师必须在意识层面心理深处牢固地对立边界意识，只要踏入这个区间边界，尤其是物理区间边界，就告诫自己已经开始进入审美化教学状态。心理区间边界意识是一种常态的自我告诫，它体现为日常的教师职业的修身养性。物理区间边界意识则具有当下的警示功能，提示你应当即刻进入审美心态，尤其是迈入教室门槛这最后一关的边界之处，某种意义上可以将其视为人生的通过仪式。其次，采取心斋坐忘措施。这里的心斋坐忘当然不能等同于老庄的意思，它大致相当于练习气功的凝神静气排除杂念状态，就是说教师在迈入教室的那一刻起，应当气沉丹田主动排解世俗的消极情绪，努力进入一个相对纯粹的无欲状态。第三，加强心理暗示。心理学认为，自我暗示能够强化自我某一方面的功能，它可以调集整合主体生命的能量与注意从事所专注的功能，因而也就对其他层面的功能具有抑制作用。基于这种理解，我们要求教师每当进入教室之时，就给予自我一个暗示：我已经进入游戏冲动审美心态。如此反复操作，那么它就可以养成一种无条件反射心理，此后只要进入教室，乃至于所有教学审美场物理区间，都能够快速进入游戏冲动审美心态。与此同时，它也必然作用于心理区间，促成教师时刻处于审美化人生状态，那么教师也会逐渐生成审美化的完满人性，养成内在丰厚的中和之气。如果以教师趋于审美化的完满人性，而培育学生具有审美化的完满人性，那应当是较为理想的一条途径吧。

四、促成主体间性的审美互动

教师进入了教学审美场，而且已经生成游戏冲动审美心态，那么就要发挥作为平等中首席的角色作用，促成师生主体间性的审美互动。因为这不是纯粹意义的审美，也不是基于个体的教学审美，而且师生主体间性的互动审美，具有群体审美效应，因此教师有责任充分调动学生的审美情感，从而共同进入文本的审美状态。基于群体审美的特性，师生的情感交融就显得格外重要，包括世俗情感与审美情感，因为亲其师则信其道也。虽然这种情感的交融不能全然仰仗于现场当下的激发，需要依赖教师长期修身养性所获得丰厚的中和之气，但是，依据具体情境而生发的审美情感交融，还是不能缺少的，否则就会缺乏某种具体针对性。

审美情感的交融已经暗含着去对象化而主体化的内涵，因为情感交融不可能发生在主客体之间而表现审美交互性，只有主体之间才得以存在。这就意味着不仅教师处于当然审美主体地位，而且学生也获得了审美主体地位，同时审美文本背后的主体也从幕后走到前台，获得了某种程度的主体在场。学生从对象化的物的存在中解放出来，由此就获得了话语权，于是他们就不是填装的容器，而是审美状态平等对话的一极，知识与审美的建构就此可以生成。审美文本主体在场的意义也不容忽视，这就不仅表征为与作者的对话，而且对于文本就意味着必须整体把握,不能将其作为客观外物对象化而肢解,它是活生生的主体生命存在。既然都处于同一主体层面,那么就必然具有主体间性,于是对话得以生成。

长期的游戏冲动审美心态准备,当然不能总是停留在心理层面,必须使之现实化,自始至终地贯穿整个游戏冲动审美化过程,从而发挥其应有的作用。审美化阅读教学游戏冲动的实现平台,依照笔者的想法应当是"捕象—味象—味外味—述味"这样一个审美化阅读教学模式。捕象就是捕捉审美意象,它是在审美心态下进入文本游戏的第一步,主要体现为两方主体间性的互动。味象乃是体味文本的审美意象,这时明显表征主体间性对话,尤其是师生主体与审美文本主体间的对话,当然也会包含师生主体之间的对话。味外味则是体味本于物象但超出物象的韵味,在这个阶段,三方主体与环境主体的对话就成为一个重要内容。述味即为讲述自己的审美体验,述说自己游历文本虚拟世界的经历。这四个环节总体上与伽达默尔所言游戏特征相吻合,充分展现主体的自我表现性,显现审美的无目的的合目的性,以及游戏模式所具有的重复性。基于模式的基本实现方式应当是审美对话,它不仅体现在教师与学生之间,同时体现在师生与文本之间,还体现在三方与相关的环境之间。依照所构筑的审美化教学模式,每一环节都隐含着四方的共同作用,也同时需要四方的圆桌对话,虽然在具体环节中相关主体会有所侧重。最后,通过游戏冲动审美化教学可以达到的一些基本目的:一是知识建构,二是美化人生,三是完满人性。

进入资本主义社会之后,马克思说人出现了异化,马尔库塞则认为现在又出现了单向度的人,因此我们的教育方针特别强调培养全面发展的人,从而具有完满人性。培养的途径很多,其中之一可以通过审美化阅读教学促成,而要实施审美化教学则需要具备游戏冲动审美心态。只有这种表征生命自由的审美心态,才能真正进入审美化教学,也才能有效地养成完满人性,这就是构建平台的出发点与落脚点。

第五节 审美化教学课堂评价

课堂评价都有它的通则,这里不予赘述。这里所探讨的课堂评价是基于审美化阅读教学的评价,阅读教学的基本教学资源是文本,审美化是教学语境下文本教学的审美化,由此希望获取个性化的评价准则。这些准则主要表征三个层面:游戏冲动审美心态、文本分析审美化与审美的"入乎其内,出乎其外"。

一、是否呈现游戏冲动审美心态

审美化阅读教学基本表征文本审美,既为审美,它就具有审美活动的基本特性,既为教学,它也需要体现教学特征。审美之能进行,审美知识当然是必需,但审美心态也非常重要,尤其是教学活动的文本审美。因为教学活动不仅是文本审美的过程,而且更是知识传授的过程,因此先在的审美知识就不像纯然审美活动那样处于突显位置,相反,审美心态可以居于其上,因为学生的审美知识正处于并需要这种审美活动的建构。同时,我们还知道,教学区间具有某种区格作用,使之不同于日常生活区间,形成独具特色的教学审美场区间。正因为存在着如此区间,因此不能将日常生活心态带入其中,必须生成与教学审美场区间相适应的心态,这就是游戏冲动审美心态。于是,审美心态就成为区格的一个标志,成为从事审美化阅读教学活动的一个前提条件,这也就是为什么将其作为课堂评价第一准则的原因所在。

如前所述,这个课堂评价是基于审美化阅读教学语境下的评价,因此需要对这个教学模式有一个基本了解。所谓审美化阅读教学之审美显然不同于纯然的审美,它是带有明显功利性的,也就是必须有着明确的文本教学目的,是带着责任意识的审美……很显然,这种审美化阅读教学的实现,其审美文本是关键,没有文本就没有审美的凭借,因此,审美化阅读教学必然表征文本审美。于是,要实现这种教学目的,就需要构筑与之相适应的教学模式,其模式笔者认为可以表征如下:捕象—味象—味外味—述味。这个教学模式能否有效实施,游戏冲动审美心态是前提条件,于是,它也就成为课堂评价的首先要因素。所谓游戏冲动审美心态,就是使用审美化的眼光关注对方,超脱世俗功利并力求进入生命本真状态,它表征为待人处世的一种审美态度与价值取向。游戏冲动审美心态具有哪些基本特征呢?第一,超脱现实功利性的无目的的合目的性审美状态。第二,去对象性而进入主体间性。第三,回归本真生命的自由状态。这些基本特征是本教学模式的实施的前提,因此可以成为判定是否具有游戏冲动审美心态的基本标尺,从而也可以成为课堂评价的基本准则。

审美化阅读教学区别于其他阅读教学之突出层面就是审美化,教学审美化虽然不是纯粹审美,但也具有审美的基本特性,这就要求必须具有审美心态。这种审美心态就是既具有“心斋”“坐忘”的氛围,又具有阅读教学所必需的教学气氛,形成独特的教学式“心斋”“坐忘”。独具特色的教学式“心斋”“坐忘”其基本内涵又是什么呢?究其实,可以表征四个层次。第一层次是排除现实外界干扰,进入教学状态;第二层次就是其以无目的之合目的性进入文本境界,并以旁观者的身份观照文本世界;第三层次则是追求物我同一的审美状态;第四层次应该是审美的最高境界:物我两忘。这是审美活动所要求的基本心态,只有进入这样一个心态,才可以说已然进入了真正的审美状态。

那么,如何判定是否进入审美心态呢?依据游戏冲动审美心态特征以及教学式"心斋""坐忘"基本内涵,可以从三个方面立则。一者考察师生是否已经进入教学状态。如果依然停留在日常生活状态,受着现实世界的纷扰,那就说明还没有进入审美状态。二者考察师生之间是否形成平等氛围。游戏活动的一个重要特征就是消解等级,参与游戏的每一个体都是平等的个体,具有自身的独立地位,因此必须考察教学活动过程中的独立性情况。三者考察师生是否都进入文本艺术情感世界。任何艺术都创造了一个独立于现实世界的艺术世界,因此是否进入艺术世界就成为审美层次的重要标尺。只要真正进入艺术世界,则必然表征某种意义的艺术情感外显,因此考察情感外显程度也就成为判定进入艺术世界的层次的一个基本路径。

二、文本分析是否表现审美化

保有游戏冲动审美心态是必要的,它是审美活动之能进行的前提,但毕竟不是审美本身,因此还必须考察阅读教学的文本审美情况。只有文本教学本身具有了审美化,那么这才可以说它是审美化阅读教学。克罗齐说:"真正的艺术批评当然是审美的批评,但并不是因为它像伪美学那样蔑视哲学,而是因为它起到了和哲学、艺术概念一样的作用;真正的艺术批评是历史的批评,并不因为它像伪历史那样只涉及艺术的外部,而是因为,在利用历史资料复制想象之后(至此它还不是历史),当得到想象的复制品时,真正的艺术批评确定什么是用想象复制出来的事实,并用概念表示出这一事实的特征,并且确定什么是的确发生过的事实,这样一来,它就变成了历史。"①也就是说,文本分析应当表现为审美批评与历史批评两个层面,如此才相对完整地揭示文本的内在美质。由此,艺术审美就需要整体把握,因为文艺作品本身是一个整体存在,不能随意割裂,否则就会肢解美。但是,教学又有自身特点,它必须进行一定的割裂分析,否则无从进行知识点教学,这是阅读教学审美化自有的特点。依据这个特点,审美化阅读教学在总体教学思路上必须体现"综合—分析—综合"这样一个教学整合过程,否则就不能于总体层面表征审美化教学。罗丹曾经说过,任何一部优秀作品都是一个整体存在,任何一个部分都不能超越整体,不能表现高于整体的所谓优点。作品的各个部分都必须依附整体存在,于整体中获得艺术存在生命。因此,审美化教学必须立足于综合,这是贯彻始终的教学思想,不管其中采用何种方式方法,都必须包含这个思想,并体

① 克罗齐:《美学原理、美学纲要》,朱光潜译,外国文学出版社1983年版,第284页。

现在整个教学审美活动当中。

具体而言，考察文本分析是否表现审美化，可以从以下几个方面审视。第一，是否表现教学文体的核心特征。教学不是纯粹审美，自有教学目的与任务，因此也就要求掌握相应教学文体的知识内容。基于此，教学文本分析就要依据文体特点进行教学，从而于此体现审美性，因为任何文艺作品都依附一定文体才得以存在。举例而言，大凡记叙文都应当整合分析六要素，如果是写人记叙文，则突出人物中心；如果是叙事记叙文，则突出事件；如果抒情记叙文，则突出情感，总之应当抓住文体特点从事文本的审美教学。其他的，诸如散文、诗、小说等，其理一样。第二，是否关注作品艺术要素间的关系。朱光潜说："遇见一个作品，我们只说'我觉得它好'还不够，我们还应说出我何以觉得它好的道理。说出道理就是一般人所谓批评的态度了。"①这个道理在哪里呢？相当的秘密就存在于艺术要素之间，它包括语言、结构、修辞与主题等，因此必须对它们进行整合分析。这里特别强调整合分析，就因为一些的教学模式分析这些要素，但大多表现为孤立性分析，于是它是肢解，不是审美，它只是知识点的传授例证。审美化教学则采取不同的教学策略，要素的分析只是通往审美的一级台阶，不是终点，终点是各个要素整合的艺术整体，学生并于整体把握中获得审美享受与陶冶。这就要求在进行各个要素分析的同时，必须具有整体思想，以整体统合要素，重在阐明要素间的联系，体现整体大于要素之和的系统论思想。第三，是否表现为审美批评与历史批评的结合。恩格斯在《致斐·拉萨尔》的信中说："我是从美学观点和史学观点，以非常高的、即最高的标准来衡量您的作品的。"②这就告诫我们的教学文本分析，不能只关注艺术本身的分析，还必须将艺术置于特定的历史语境中，在历史中揭示美的内涵，如此才有可能获取美的真谛。这实际上也是引领学生如何判定美，美总是存在于历史中，不能脱离特定的历史语境抽象地谈论美，否则容易误入歧途。第四，是否实现审美陶冶。艺术不同于其他文本存在，就在于借助审美情感的春风化雨，从而实现润物细无声的功效。因此，必须考察师生是否进入艺术文本的情感世界，只有进入了艺术情感世界，那么才能表征那是真正的文本审美，否则就只是外在审视与文字分析，不是真正的审美。

三、是否"入乎其内，出乎其外"

文本分析重在"入"，这只是审美的第一层面，审美还必须"出"，因为更深层

① 朱光潜：《朱光潜全集》（第3卷），安徽教育出版社1987年版，第41页。

② 恩格斯：《致斐·拉萨尔》，《马克思恩格斯选集》（第4卷），人民出版社1995年版，第561页。

的审美意蕴是“生于境外”的。正如刘禹锡所言：“诗者其文章之蕴邪？义得而言丧，故微而难得，境生于象外，故精而寡和。”①正因为艺术有此特性，于是，王国维就非常精到地概括了艺术鉴赏基本方法：“入乎其内，出乎其外。”并且对此有着精到的论述：“诗人对宇宙人生，须入乎其内，又须出乎其外。入乎其内，故能写之；出乎其外，故能观之。入乎其内，故有生气；出乎其外，故有高致。”②这也成为我们确定出入法之为判定准则的基本理由。

当然，审美化阅读教学的出入法与纯粹审美的出入法，还是有些不同的，它有自身教学所规定的一些特质。首先，其“入”的时间不能过长。因为一个课时只有45分钟，且学生有效注意的时间一般在20分钟左右，这就决定其中必然存在着“出”的心理可能。其次，课堂教学还存在传授知识的任务。这个任务的存在就意味着必须不时打断审美活动，如此才有时间进行知识传授。第三，教学文本通常不是学生审美视野中的生活体现。这种情况就意味着需要不断建构学生的审美期待视野，因而必然涉及文本间性，勾连其他文本，于是也会生成出入状态。同时，还会涉及主体间性层面，促成学生主体与文本主体、社会主体等的交往，只有采取如此策略，学生才能有效实现审美体悟。

那么，如何判定师生是否“入乎其内，出乎其外”呢？依据教学特点，可以从两个基本的方面判定。一者考察师生是否具有深入的文本解读分析。这就是第二部分所阐述的内容，不予赘述。二者考察是否联系学生生活实际拓展文本内容加深理解。布洛主张审美需要一定的心理距离，他说：“当人与艺术接触，或者仅仅作为欣赏者或者作为创作的艺术家，与艺术发生一种无我的但又如此有我的关系之时，心理距离在审美欣赏和艺术创作上就代表着此种关系所固有的一种特质。”“距离成为‘美感’的一种显著特征，亦即那种特殊的心理状态或者说对经验和人生的看法……这种看法达到其最富于想象和最充分发展的形式，便导致艺术的欣赏和艺术的创作。”③文本审美不仅需要布洛所言的心理距离，而且还要结合教学特质，创新心理距离内涵。学生与文本之间往往存在着生活体验层面的距离，于是不可避免地存在心理隔膜式的心理距离，因此必须借助学生生活体验以达成文本审美体验，这就需要出入的交融，也是教学所独有的出入法。正因为如此，因而需要特别强调文本分析必须与学生生活实际的联系，从而于思想和情感上建立迁移的桥梁，实现文本与学生的互动。

---

① 郭绍虞、王文生：《中国历代文论选》（第2册），上海古籍出版社1979年版，第90页。

② 陈鸿祥：《人间词话、人间词注评》，江苏古籍出版社2002年版，第170页。

③ 童庆炳、马新国：《文学理论学习参考资料新编》（中），北京师范大学出版社2005年版，第1124页。

后　记

本人2007年以文艺学方向获得教授职称，主要关注传统文论的研究工作，撰写了一本专著《味象审美的现代转型》，因此比较钟情传统文化。也正因为如此，当贺州兴起族群文化研究热的时候，转而从相对纯粹的文艺学层面的研究，转向传统文化的族群研究，关注研究的两个热点族群，即瑶族研究和客家研究，并且出版了两部客家研究著作，一是《贺州客家》，二是《客家人生态性生存》。至于瑶族研究，却只有一些零星的文章，显得比较薄弱。而今，能够形成这部《瑶族文化之教育传承》，算是了却了瑶族研究没有专著的心中缺憾。

这部小著之能够成型，当然有着一些机缘。在我们二级学院，因为分管科研工作，而且协管学科建设，因为自己也需要在科研方面带头。作为教师教育学院，课程与教学论已经成为广西重点学科，教育学也被列入学校硕士点建设学科，相应的小学教育专业被确定为专业硕士建设单位，因此也需要在教育学方面做些事情，否则不能很好地向单位和老师交代，这才下定决心要做一些教育学方面的研究工作。虽然之前也关注教育学方面的问题，主编出版《儿童文学理论与实践》，参与华中师范大学夏家发主编研究生教材的编写工作，诸如《小学语文教学研究》和《小学语文教学设计与案例研究》等，但毕竟只是其中一个章节，而且那也只是语文课堂研究，并没有更深入的理论性或实证性的教育研究，特别没有结合族群进行的族群教育。由课堂走向社会的教育研究，应该能够有效地拓展我们的研究视野，也能够充分利用自己原有的研究资源，于是尝试着进行族群教育研究。因为之前曾对贺州瑶族，特别是土瑶做过一些具体工作，也积攒了一些第一手资料，于是选择瑶族教育作为基本的研究对象。为了能够在短期内形成研究成果，能够以短平快的方式为学科建设积攒一些东西，于是拟从比较熟悉的味象理论作为突破口，试着进行瑶族教育挖掘，不想还真有些心得，这就草率地付诸文字。因为时间仓促，无法有效地认真深入地研究思考，更因为缺乏深厚的教育理论素养，不能从更高的视角俯瞰教育现象，因此拙著不免显得浅陋或有所失误，在此敬请各位专家学者和内中人士批评指正。

2014 年的寒假是我校历史上最长的一个寒假,利用这点时间就做着这项工作,之所以能够全身心地做着这项工作,全赖家人的支持。在此,也特别感谢我的爱人张弘女士,正是她承揽了全部的家务劳动,我才能集中时间与精力草就本书,完成预定计划。谢谢了!

是为记。

韦祖庆

2015 年春节于贺州学院